VOCABULARY BUILDING IN
INDONESIAN
An Advanced Reader

Soenjono Dardjowidjojo

Ohio University
Monographs in International Studies
Southeast Asia Series, No. 64

The books in the Center for International Studies
Monograph Series are printed on acid-free paper ∞

Library of Congress Cataloging-in-Publication Data

Dardjowidjojo, Soenjono, 1938–
    Vocabulary building in Indonesian.

    (Monographs in international studies. Southeast Asia
series ; no 64)
    Introductory matter in English; text in Indonesian and
English.
    Includes index.
    ISBN : 0-89680-118-7
    1.Indonesian language-Readers. I. Title. II. Series.
PL5075.D35 1984   499'.22186421   84-5093

    The research reported herein was performed pursuant to
a contract with the United States Department of Health,
Education, and Welfare, Office of Education, under Public
Law 85-864, Title VI, Section 602, as amended.
    This edition is published as S.E.A. Series #64 through
the kind permission of the University of Hawaii.

Kupersembahkan

kepada almarhum Ibu yang telah

rela mengijinkan puteranya berlelana dan

berpisah begitu lama

CONTENTS

FOREWORD

Three summers of experimentation with third-year classes at
the Indonesian Studies Summer Institute have convinced me that
Soenjono's <u>Vocabulary Building in Indonesian: An Advanced Reader</u>
deserves a wider audience. The First Edition of VBI, which was
produced exclusively for ISSI in an oversize-book format, totaled
only fifty copies. I am extremely pleased that SE Asia
Publications is now able to offer this title as part of its
regular series.

In a sense VBI is two books that should be considered
separately. The first is based on eighteen original essays
written by the author himself; the other draws from an equal
number of excerpts from scholarly articles, books, government
publications, and literary works. All thirty-six passages are
tied together in class-size bytes complete with glosses of new
words, comprehension questions, grammar review, exercises on the
grammar, and -- the largest section -- vocabulary exploration.
Not only does authorship of the reading passages differ in the
two "books" comprising VBI, but also the level of difficulty.
With a few exceptions, Soenjono's essays are easier reading than
the exerpted materials so that users who select only these
essays plus a few of the literary selections may treat VBI as an
Intermediate textbook. Used in this way, VBI can be introduced
as early as the latter half of the second year.

The book is arranged topically around scientific and
literary subjects selected for graduate students in Indonesian
studies programs or professional schools. Although the text can
be read from beginning to end, the lessons may in fact be taken
up in any order, which gives the book great flexibility. Within
each lesson the topic is developed in a series of four essays of
approximately 1,000 words each. Of the four essays, two are
presented in the form of an overview of the field written by the
author, and two are excerpts from well-known journals or books.
Again, student needs may determine the choice of which essay to
read. Since in practice the user may choose whether to read the
author-produced essays or the excerpts (or both), I shall
discuss them separately.

Students and teachers whom I have observed using this text
are unanimous in their appreciation of the essays written by the
author. Since Soenjono's essays are somewhat easier going for
most students than the excerpted materials, a careful textual
analysis might reveal some interesting reasons for the inherent
linguistic difficulty of the excerpts when compared with
Soenjono's pedagogical style. However, the author's essays are
not in any way "canned" or unnatural; on the contrary Indonesian
teachers agree that the style is both lucid and stylistically
suitable. Moreover, the author's essays are aesthetically
satisfying, having been written as complete articles. My own
conclusion is that no one but a native speaker writing
specifically for an audience of intermediate level students of
Indonesian could have produced these essays, which to my mind
are the most valuable part of the book. It is precisely this

level of Indonesian that is most needed and most appreciated by
students and teachers; and of course it is extremely difficult
to find. Students of languages usually search in vain through
newspapers, children's books, comics, and cheap magazines in
search of "intermediate" material that they can read with some
ease of understanding. It is a great discovery when style,
subject matter, and above all a vocabulary within the student's
range, meet in an essay, article, or book. Soenjono's essays
seem to represent just that sort of discovery for many students.

The excerpted materials are also well chosen and blended
into the framework of the lessons; they provide a natural
graduation of linguistic difficulty for each lesson. Excerpts
are always difficult to judge pedagogically, since what counts
as interesting and relevant depends heavily upon the reader.
What is important about Soenjono's selections is therefore not
the selections themselves, but the fact that they have been
integrated into the four-essay sequences.

The most innovative part of the book is the vocabulary
exploration device which forms about a third of each lesson.
In this section words from the readings are presented together
with (a) cultural content, (b) alternative uses of the same
word, (c) idiomatic grammatical points associated with the word,
(d) warnings to the reader to avoid associating the word with
an English gloss having broader or narrower scope (e.g. rice
vs. beras/padi/nasi on the one hand, or hand/arm vs. tangan on
the other), and finally (e) synonomous words in Indonesian.
An added bonus of Soenjono's free-wheeling approach to
vocabulary is that he not only provides warnings to avoid non-
existing associations, but in a highly sensitive way he also
gives license to make second-level associations between English
and Indonesian whenever individual items permit. To illustrate
this point, we contrast the author's treatment of derajat and
lapisan. The word derajat can be glossed as English "degree,"
and in both languages the word refers to temperature. But the
secondary associations do not match (Indonesian derajat refers
also to "level of knowledge attained" and "social status,"
whereas English degree refers to an academic certificate).
But the word lapisan, ("layer; stratum") may refer not only to
geology (lapisan tanah di gua, "the layers of earth in a cave")
but also to society (lapisan masyarakat, "social strata") in
both English and Indonesian.

It is true that felicitous overlapping of meaning, either
denotative or connotative, is extremely rare in the basic
vocabulary of Elementary textbooks, which are rich with
cultural content. Therefore, beginning students are dis-
couraged from translating directly between English and Indone-
sian. But this picture can change dramatically when scientific
and technical material is introduced. Paradoxically,
scientific styles are in most cases simpler than those of the
average newspaper article; what makes scientific language
difficult is not style but the concepts that lie behind it.
Scientific ideas are developed within a strict limitation of
technical vocabulary, which is in many cases international.

Therefore, phrases like <u>trend produksi beras</u> and <u>lapisan masya-</u><u>rakat</u> contain technical concepts (and sometimes words) familiar to readers with the appropriate background. The modular arrangement of readings, plus the discursive approach to vocabulary exploration, makes VBI an ideal tool for self-study. Highly advanced students of the language who may not be able to benefit from further classroom study will still find in the readings much useful practice. The vocabulary sections are a veritable treasure-trove of information about forgotten grammar points and vocabulary subtleties unavailable in any other Indonesian reader.

Finally, the appearance of VBI should be hailed because it adds another substantial textbook at the higher Intermediate and Advanced levels, giving teachers and students some choices in the development of syllabi. While VBI is self-contained within its intended scope, it is not a substitute for an Intermediate textbook, nor is it a complete course of Advanced Indonesian. The past five years have witnessed more activity in Indonesian language materials development than the previous twenty-five. Soenjono's <u>Vocabulary Building in Indonesian:</u> <u>An Advanced Reader</u> represents a solid achievement which may not (and should not) unseat its too few rivals in the field, but complement and supplement them. While teachers pick and choose their materials to develop individual courses, serious students always want more. With the publication of VBI, more is now available.

Richard McGinn
Athens, Ohio
December, 1983

PREFACE

The history of Indonesian/Malay language teaching in the
United States of America can be traced back to the pre-war period
when the American government felt the need to prepare their
officials for overseas duties. This need prompted the government
to begin looking into the possibility of preparing, among others,
Indonesian/Malay language materials. Dyen's *Spoken Malay* (not
Indonesian), published in 1945, was the first attempt to present
the grammatical patterns based on linguistic principles. It was
not until 1955 that the Army Language School and the Foreign
Service Institute produced another set of textbooks -- this time
on Indonesian. We had to wait for sixteen years before a more
sophisticated textbook, John Wolff's *Beginning Indonesian*, became
available. Now, another textbook, Dardjowidjojo's *Sentence
Patterns of Indonesian*, is also available to our students.

Although progress has been slow, textbooks treating of
grammar have at least been available whereas textbooks concerning
reading materials have been totally wanting. Once the student
passes the stage of learning the mechanics of grammar, he has
nothing to guide him. Those teaching the language are compelled
to use whatever materials are at their disposal. The disadvan-
tage of this haphazard solution is that the development of the
student's vocabulary cannot be planned.

Vocabulary Building in Indonesian (VBI) is an attempt to
partially remedy the situation. After the student has mastered
the grammatical patterns of the language, he needs to expand his
vocabulary while at the same time to practice the grammatical
patterns which he has just learned. The question that immediately
arises is "which vocabulary items are to be learned?" This is
particularly difficult to answer because so far there has been no
study on Indonesian word frequency. It is this situation which
compelled the author to look for a point of departure.

Recognizing the fact that most of the students taking Indo-
nesian come from various fields of study, we feel that it is only
logical that the building of their vocabulary be oriented toward
these diverse fields. This is the reason why we have chosen
topics such as language, agriculture, religion, and population.
In addition to this orientation, *VBI* is also partially based on
Sentence Patterns of Indonesian.

VBI covers nine subjects: anthropology, language and litera-
ture, arts, religion, education, population, agriculture, econo-
mics, and politics. Each subject consists of four chapters.
Except for chapter IVB, the reading passages in the first two
chapters are written by the author and intended as an introduc-
tion to the fields under discussion. These chapters are not to
be viewed as a scholarly presentation of the various fields.
They are, rather, extremely brief accounts in which vocabulary

items that are to be expanded are introduced, or in which vocabulary items used in the preceding chapters are repeated for the purpose of reinforcement.

In order to provide students with accounts by experts in these fields or to provide a variation of language style and dialect, the last two chapters in each field are taken from other articles or books.

Apart from the reading passage, each chapter consists of five parts:

(I) Daftar Kata Penolong -- a glossary of words to help the student understand the passage.

(II) Jawablah Pertanyaan2 Berikut dengan Kalimat2 Lengkap -- a set of questions to check the student's comprehension. Since the student using this book is assumed to have studied Indonesian culture in considerable degree, some of the questions are culturally bound, the answers having to be sought outside the reading passage.

(III) Pengembangan Kosa Kata -- this part, which is the bulk of the book, is intended to expand the student's vocabulary. Two types of vocabulary are developed in each chapter. The first is based on the subject matter under consideration. In the field of economics, for instance, the Indonesian terms for supply and demand, foreign capital investment, chamber of commerce, black market rate, general excise tax, etc. are introduced. The second type is, frankly, based on whatever words are found in the reading passage which we consider useful for the student's overall knowledge. This type is less structured and somewhat arbitrary.

In developing the vocabulary we follow three approaches: (i) the radiation approach, which tries to expand the student's vocabulary by starting with a single item and building the repertoire around it. Thus, in discussing the problem of population, for instance, we expand the (presumably old) word penduduk "population" into kepadatan penduduk "density of population," penyebaran penduduk "population distribution," pertumbuhan penduduk "population growth," pemindahan penduduk "population movement," etc. These are the terms which native speakers use, and, therefore, can be regarded as more or less idiomatic expressions; (ii) the concatenation approach, which tries to develop the vocabulary through semantic interrelatedness. Thus, given the (presumably old) word sembahyang "to pray," an advanced student is expected to know in some detail other concepts related to it, such as

rukun Islam "foundations of Islam and the five parts
which go with this term, imam "one who leads an Islamic
prayer," kyai "a Moslem considered to be knowledgeable
in Islamic matters," and batal "religiously invalid";
and (iii) phonological similarity approach. Sometimes
we find a word which differs in appearance only slightly
from another word. It is important for the student to
keep these words apart. Words such as imam "one who
leads an Islamic prayer" and iman "faith; confidence,"
or menopang "to support physically" and menumpang "to
stay temporarily" are given in contrast despite their
distant semantic similarities.

Occasionally, a word which we believe is known to
the student is listed for semantic contrasts. Thus, the
word terima kasih "to thank" is listed not because we do
not think that the student knows this word, but because
we want to contrast this word with bersyukur "to thank
(to God)."

Whatever approach is taken, an attempt is made to
develop the vocabulary items on the basis of their
semantic features. It is crucial for an advanced stu-
dent to know, for instance, that even the borrowed word
piknik has features peculiar to Indonesian in that it
signifies: (1) an outing to a distant place which in-
volves (2) no meals, and it is (3) carried out in large
groups, usually by (4) chartering a bus, truck, or any
other public transportation. This is obviously dif-
ferent from the semantic features of English picnic.

The elaboration of the semantic features often
reveals minute or subtle differences among words, thus
making the student aware that while words such as mati,
wafat, mangkat, tewas, gugur, and modar do share the
common meaning of "to die," each has its own additional
features which render the semantic overlapping only
partial.

In the attempt to elaborate the semantic features,
the author often finds himself in a difficult position,
because, even as a native speaker, he is quite often not
certain how far he can go. He can only rely on his own
intuition and the intuition of those around him in
judging the acceptability or unacceptability of certain
forms. It is only because of his desire to begin work
on such an approach that he ventures the risk of being
incomplete, inaccurate, or even controversial.

(IV) Remediasi Tatabahasa -- remedial grammar. Although we
assume that students using this book have studied the
grammatical patterns of Indonesian, there are problema-

tical points that need further explanation and practice.
Constructions such as <u>mulai</u> - <u>memulai</u>, <u>jadi</u> - <u>menjadi</u>,
<u>jatuh</u> - <u>menjatuhkan</u> - <u>menjatuhi</u> - <u>kejatuhan</u> are known to be
"very tricky."

(V) <u>Latihan</u> -- exercises. To test the student's accurate un-
derstanding of the new items and remedial grammar, an ex-
ercise is given at the end of each chapter. The student is
to choose the vocabulary item which native Indonesian
speakers are likely to use.

The materials in this book are presented in the new spelling
acopted in 1972. Except for proper names, passages written prior
to that date have been rewritten in the new spelling. No other
attempts, however, have been made to alter the originality of the
passages used here. This means that occasionally we find sen-
tences which are "hard to understand" simply because the punctua-
tion, spelling, bracketing, or even the syntax is "unusual." This
is a reflection of the real language in its development toward the
standard form.

For reasons of economy, reduplicated forms are often written
as single words with number 2 after them. Compound words are
written as single words or as two words with a hyphen. Three dots
before or after a passage indicate the omission of some portion of
the material at the beginning or the end.

To help the student with the pronunciation of new words, the
following symbols are used in the <u>Daftar Kata Penolong</u> and <u>Pen-
gembangan Kosa Kata</u>:

e   to represent the schwa sound as in <u>besar, pergi</u>, and
     <u>membeli</u>

é   to represent the sound /I/ as in <u>sore, becak</u>, and <u>pesta</u>

è   to represent the sound /ɛ/ as in <u>bebek, golek</u>, and <u>kretek</u>

ò   to represent the sound /o/ as in <u>toko, bakso</u>, and <u>kota</u>

o   to represent the sound /ɔ/ as in <u>rokok, kopi</u>, and <u>botol</u>

Please note that people from different parts of Indonesia may pro-
nounce these words differently.

The index at the end of the book consists of English entries
with three exceptions: (I) Indonesian concepts which cannot be
glossed briefly in English, e.g. <u>ijon</u>, <u>kebatinan</u>, and <u>santri</u>; (2)
proverbs; and (3) grammatical items which cannon be rendered
easily into English, e.g. <u>pun</u>, <u>ke-an</u>, <u>se+Adj+Adj+nya</u>.

After using the materials in class for two years, the author found that in order to improve further the student's aural-oral skills, it is best to have the student prepare the reading passage before the class. The question and answer period can then be used effectively in the form of a conversation. To help learn the new vocabulary items, the student should be encouraged to use these items for conversation or composition at the end of each topic presented.

SD

ACKNOWLEDGMENTS

This book was prepared under grant No. 300-75-0259 from the Office of Education, Department of Health, Education, and Welfare, and under the auspices of the Department of Indo-Pacific Languages, University of Hawaii. The work began in 1975 and was completed in the summer of 1977.

I would like to express my sincere thanks to my students, Ernest Perret, Florence Lamoureux, and Susan Wheeler, who have not only become the first "guinea pigs" of the project, but who have also given their most valuable suggestions as they used the first draft in class. My thanks also go to my colleagues, Poerwanto Danoesoegondo, University of Hawaii and Western Australian Institute of Technology, and Charles Mathews, formerly of the University of Wisconsin-Madison, who were kind enough to try the materials in their classes. Sarah Wirawan assisted me with the raw data for the reading passages and also typed approximately two-thirds of the materials here. Susie Yasin, who joined the project later, typed the rest of the first draft. Alberta Freidus not only typed the final manuscript, but she also suggested numerous refinements for the glosses. To these people, especially to Ms. Freidus, I would like to express my special thanks.

Last, but not least, I am grateful to my wife, Bawuk Pratiwi, and the kids, Angi, Lana, who, as usual, suffer, when I am at work!

SD

Honolulu
October, 1981

BAB I. A.

ANTROPOLOGI DI INDONESIA

Minat terhadap antropologi di Indonesia bisalah dikatakan mulai

sekitar pertengahan abad ke-19, meskipun pada waktu itu hanya baru ada

beberapa antropolog saja. Mendekati abad ke-20 dan juga permulaan abad

itu timbullah minat yang lebih besar, terutama dengan diangkatnya G. A.

Wilken sebagai gurubesar di Universitas Leiden pada tahun 1885. Penelitian2

selanjutnya yang dilakukan oleh sarjana2 Belanda, seperti Snouck Hurgronje

di Aceh dan A. W. Nieuwenhuis di Kalimantan Tengah, makin menambah besar-

nya minat para ahli dalam bidang ini. Di samping ahli2 dari negeri

Belanda, ada juga ahli2 dari negara lain. Lihat saja umpamanya A. E.

Jensen, M. Niggemeyer, dan J. Roder, dari Jerman, yang mempelajari   10

kebudayaan di Indonesia Timur; W. Kaudern, dari Skandinavia, yang lama

bekerja di daerah Toraja; E. M. Loeb, dari Amerika Serikat, yang pernah

bekerja di Sumatra Barat.

Menjelang Perang Dunia ke-2 suatu periode baru dalam ilmu antropologi

timbul dengan karya dan pengaruh seorang ahli dari Belanda yang bernama

J. P. B. de Josselin de Jong. Dia dan beberapa muridnya mengetrapkan

metode "struktur sosial" yang pada waktu itu sangat populer. Kemudian

dia mencoba merekonstruksi struktur masarakat purba dengan memakai

penemuan2 dari struktur masarakat waktu itu. Dengan metode ini mulailah

muncul banyak karya yang membahas struktur sosial dari masarakat2 di   20

Indonesia, seperti yang dilakukan oleh J. P. Duyvendak di daerah Maluku,

H. J. Friedericy dan R. E. Downs di Sulawesi, dan P. E. Josselin de Jong

di Sumatra Barat. Ahli antropologi yang berkebangsaan Indonesia yang

pertama adalah Koes Sardjono yang menyelidiki masalah "Bocah Angon" dalam

2

kebudayaan Jawa.

Pada tahun2 pertama setelah Indonesia merdeka, kegiatan dalam bidang antropologi menurun sedikit, karena sudah tidak banyak lagi penyelidik Belanda yang tinggal di Indonesia. Pada waktu itu Indonesia sendiri belum mampu untuk menghasilkan sarjana2nya sendiri. Sebaliknya dengan merdekanya negara kita, banyak penyelidik dari negara2 lain yang menceburkan   30 diri dalam bidang penelitian di Indonesia, umpamanya saja, suami-istri Geertz dan Alice C. Dewey dari Amerika. Di samping ahli purbakala yang terkenal, almarhum Purbotjaroko, Indonesia sekarang mempunyai bibit2 yang baik, seperti R. P. Soejono dan Koentjaraningrat, dsb.

Apakah sebenarnya antropologi itu? Secara singkat bisalah kita katakan bahwa antropologi adalah ilmu yang mempelajari seluk-beluk manusia, ditinjau baik dari segi fisik maupun kebudayaannya. Ini menimbulkan adanya dua cabang ilmu itu: antropologi fisik dan antropologi budaya. Dalam antropologi fisik kita mencoba mencapai suatu pengertian tentang sejarah aneka-warna manusia, dipandang dari bentuk-lahir dan dalamnya,   40 seperti ciri2 tubuh, bentuk rambut, muka, tengkorak, dsb. Sebaliknya, antropologi budaya mencoba memahami manusia dari segi kebudayaan yang dimilikinya, umpamanya saja, bahasa, hubungan sosial, sistim kemasarakatan, dan adat-istiadat yang lainnya.

Berdasarkan atas alat2 atau benda2 yang dipakai oleh manusia pada waktu itu, pembagian jaman dalam pra-sejarah adalah sebagai berikut: (a) Jaman Batu dan (b) Jaman Logam. Jaman Batu dibagi lagi menjadi tiga bagian, yakni, Jaman Batu Tua, Jaman Batu Pertengahan, dan Jaman Batu Muda. Perbedaan antara ketiga jaman batu itu terletak pada halus-tidaknya dari alat2 batu yang mereka pakai. Jaman Logam di Eropah juga   50 dibagi menjadi tiga bagian, yakni, Jaman Tembaga, Jaman Perunggu dan

Jaman Besi. Menurut sebagian ahli purbakala, di Indonesia dan di Asia

Tenggara umumnya Jaman Tembaga dan Jaman Besi tidak dikenal, karenanya

Jaman Logam biasanya dinamakan juga Jaman Logam dan Perunggu. Benda2

yang ditemukan pada Jaman Logam dan Perunggu tidak terbuat dari batu2

lagi, tetapi dari logam dan perunggu, dan juga sudah mempunyai hiasan2

yang halus dan menarik.

Antropologi dalam arti yang luas tidak hanya terbatas pada masa-

rakat yang primitif saja, tetapi juga pada masarakat yang moderen.

Jadi jelaslah bahwa ilmu ini sangat penting untuk negara2 yang sedang   60

berkembang seperti Indonesia ini. Untuk bisa mempertahankan Indonesia

sebagai satu negara, kita harus bisa mencapai keharmonisan hidup di

antara suku2 bangsa yang jumlahnya lebih dari tiga ratus. Ini bukan-

lah suatu hal yang mudah, karena sudah menjadi kenyataan hidup bahwa

kalau ada beberapa suku yang hidup dalam satu naungan, ketegangan

dan keretakan bisa timbul sewaktu-waktu. Jadi dalam segala hal pe-

merintah harus bertindak secara hati2 dan adil, sehingga tidaklah

terjadi perpecahan yang merugikan.

Ditinjau dari segi sejarah, kedudukan ilmu antropologi di Indo-

nesia juga sangat penting, karena Indonesia merupakan salah satu   70

tempat di dunia di mana ditemukan fosil2 dari mahluk purba, seperti

Pithecanthropus erectus dan *Homo soloensis*. Fosil2 inilah yang meng-

hubungkan sejarah pertumbuhan manusia dari mahluk yang merangkak

dengan mahluk yang berjalan tegak.

4

I. DAFTAR KATA PENOLONG

adat-istiadat	"customs and traditions"
anéka-warna	"all sorts of; miscellaneous"
bentuk-dalam	"inner form"
bentuk-lahir/luar	"outer form"
bibit	"(Jav.) seed; seedling"
ciri-ciri	"characteristics"
ketegangan	"tension (figurative/literal)"
keretakan	"crack; split (figurative/literal)"
mampu	"capable; well-to-do; to afford"
mempertahankan	"to defend"
mengetrapkan	"to apply (of theories, methods, etc.)"
merangkak	"to crawl"
minat	"interest (in science, history, etc.)"
naungan	"shelter; protection"
penelitian	"research"
pengertian	"understanding"
penyelidik	"investigator; researcher"
sebaliknya	"on the other hand; the other way around"
seluk-beluk	"everything that has to do with (X)"
sewaktu-waktu	"any time"
suku bangsa	"ethnic group; tribe"
tegak	"upright"

II. JAWABLAH PERTANYAAN2 BERIKUT DENGAN KALIMAT2 LENGKAP

1. Sudah banyakkah ahli antropologi di Indonesia sebelum abad ke-20?

2. Faktor utama manakah yang menyebabkan minat terhadap antropologi lebih berkembang mendekati abad ke-20?

3. Sarjana2 dari negara mana sajakah yang mengadakan penelitian antropologi sebelum Perang Dunia ke-2?

4. Tahukah saudara apa yang dinamakan metode "struktur sosial"?

5. Bagaimana metode ini ditrapkan untuk menyelidiki masyarakat purba?

6. Bagaimana keadaan antropologi di Indonesia sekitar tahun 1950?

7. Berilah definisi untuk antropologi!

8. Antropologi bisa dibagi menjadi berapa cabang? Apa perbedaannya?

9. Dasar apakah yang dipakai untuk membagi jaman pra-sejarah menjadi dua jaman?

10. Apakah pada Jaman Batu sudah kita temukan hiasan2 yang indah? Kapan hiasan2 itu terdapat?

11. Mengapa ilmu antropologi sangat penting untuk Indonesia?

12. Mengapa fosil2 seperti *Pithecanthropus erectus* dan *Homo soloensis* sangat penting untuk antropologi?

III. PENGEMBANGAN KOSA KATA

1. adat   "custom; tradition"

   Adat di daerah Aceh sangat kuat.

   Tiap suku mempunyai adat yang berbeda-beda.

adat-istiadat   "customs; traditions"

    Adat-istiadat bangsa kita sangat menarik.

    Seorang antropolog harus mengetahui adat-istiadat manusia.

kebiasaan   "habit"

    Kebiasaan suatu masarakat bisa menjadi adat kalau terus

    dipakai.

    Kebiasaan saya adalah makan pagi jam 6.

hukum adat   "traditional law"

    Perkawinan di beberapa daerah di Indonesia berdasarkan

    hukum adat.

    Biasanya orang tidak mau menentang hukum adat.

2. antropolog [antropoloh] = ahli antropologi   "anthropologist"

   arkéolog [arkéoloh] = ahli arkeologi = ahli purbakala   "archae-

   ologist"

    Tugas antropolog/ahli antropologi ialah mempelajari ke-

    budayaan manusia.

    Arkeolog/ahli arkeologi/ahli purbakala lebih menekankan

    peninggalan-peninggalan manusia.

   antropologi [antropolohi]   "anthropology"

   antropologi budaya   "cultural anthropology"

   antropologi fisik   "physical anthropology"

   arkéologi [arkéolohi]   "archaeology"

    Dalam antropologi budaya kita mempelajari kebudayaan

    manusia.

    Dalam antropologi fisik kita mempelajari bentuk manusia.

    Bidang arkeologi di Indonesia belum mendapat perhatian

    yang cukup.

7

3. bentuk-lahir/bentuk-luar   "outer form"

   bentuk-dalam   "inner form"

      Bentuk-lahir manusia di dunia ini tidak sama.

      Bentuk-dalam manusia tidak mudah diselidiki.

4. ciri   "defect; characteristic"

   ciri-ciri   "marks; characteristics"

      Ciri dia adalah kakinya pincang.

      Selamatan adalah ciri khas bangsa kita.

      Ciri-ciri Jaman Perunggu adalah adanya benda2 yang sudah

      mempunyai hiasan.

5. fòsil   "fossil"

      Fosil2 yang ditemukan di Wajak itu sangat penting untuk

      antropologi.

6. jaman/zaman/pèriode   "era; period"

   jaman d(ah)ulu   "the old days"

      Pada jaman Belanda tidak banyak orang Indonesia yang

      bisa sekolah.

      Pada jaman dahulu di sana ada kerajaan Mataram.

   jaman pra-sejarah   "pre-historic period"

   jaman modèr(e)n   "modern time"

      Pada jaman pra-sejarah belum ada tulisan.

      Manusia di jaman moderen tidak bisa hidup tanpa mobil.

   jaman ès   "glacial period"

   jaman batu   "stone age"

   jaman logam   "metal age"

   jaman besi   "iron age"

   jaman perunggu   "bronze age"

Pada jaman es Indonesia masih menjadi satu dengan daratan Asia.

Manusia di jaman batu hidup dari berburu.

Jaman logam terdapat di Asia dan Eropah.

Beberapa benda dari jaman perunggu dan jaman besi disimpan di musium Jakarta.

7. mampu   "capable; to afford; well-to-do"

    kemampuan   "capability"

       Indonesia belum mampu untuk menghasilkan banyak antropolog.

       Kami tidak mampu membeli rumah di Menteng.

       Dia berasal dari keluarga yang mampu.

       Kemampuan pegawai negeri untuk membeli mobil masih sangat kecil.

       Orang harus hidup sesuai dengan kemampuannya masing2.

8. mengeterapkan   "to apply" (of theories, etc.)

    pengeterapan   "application"

    terapan   "applied"

       Kita tidak bisa mengeterapkan teori2 dari Barat begitu saja.

       Pendapat dia tidak bisa diterapkan di negara kita.

       Pengeterapan metode ini sangat sukar di Indonesia.

       Linguistik terapan sangat berguna untuk negara kita.

9. minat   "interest" (in a subject matter)

    bunga   "interest" (in bank); "flower"

       Minat untuk mempelajari struktur masarakat Minang sangat besar.

       Dia mempunyai minat besar dalam antropologi.

       Bunga simpanan itu 2% tiap bulan.

Di taman itu ada banyak <u>bunga</u>.

10. <u>menyelidiki</u> "to investigate; research"

    <u>penyelidikan</u> "investigation; research"

    <u>meneliti</u>   "to examine very carefully; research"

    <u>penelitian</u> "research" The synonym <u>riset</u> is also used, either

as a noun or as a verb.

Dia sedang <u>menyelidiki</u> (not <u>meneliti</u>) perbuatan istrinya.

Dia sedang <u>menyelidiki</u> struktur sosial di Bali.

<u>Penyelidikan</u>/<u>penelitian</u> yang dia lakukan tidak berhasil.

Dia sedang <u>meneliti</u> (= <u>menyelidiki</u>) seluk-beluk struktur

sosial di Bali.

11. <u>negara</u> "state; country"

    <u>negeri</u> "state; country" The difference in usage is idiomatic.

Dia akan belajar di <u>negara</u> (= <u>negeri</u>) Inggris.

Di sekolah2 <u>negeri</u> (not <u>negara</u>) kita tidak harus membayar

banyak.

Yang belajar di luar <u>negeri</u> (not <u>negara</u>) akan dipanggil

pulang.

Itu adalah urusan dalam <u>negeri</u> (not <u>negara</u>) mereka.

Hawaii adalah <u>negara</u> (not <u>negeri</u>) bagian yang ke-50.

Uang <u>negara</u> (not <u>negeri</u>) tidak boleh dipakai untuk keperluan

pribadi.

<u>negara (yang sedang) berkembang</u> "developing country"

<u>negara yang sudah maju</u> "developed country"

Musuh utama dari <u>negara2 (yang sedang) berkembang</u> adalah

kemiskinan.

Jepang termasuk <u>negara yang sudah maju</u> di dunia.

10

12. bangsa "nation"

suku (bangsa) "ethnic group; tribe"

Bangsa Indonesia memproklamasikan kemerdekaannya tahun 1945.

Ada kira2 300 suku bangsa di Indonesia, seperti suku bangsa

Aceh, Batak, Minangkabau, Sunda, dsb.

berkebangsaan "of (x) nationality"

Alice C. Dewey berkebangsaan Amerika.

13. hal "thing" (intangible)

barang "thing" (tangible)

benda "thing" (tangible, but not usually possessed by an

individual)

Ada dua hal yang ingin saya bicarakan.

Barang2 (not benda2) anda bisa diambil sewaktu-waktu.

Benda2 milik orang2 purba itu kelihatan aneh.

IV. REMEDIASI TATABAHASA

1. mulai vs. memulai "to begin"

While these two words mean the same, they are interchangeable
only to a certain extent. Mulai is used when the subject is
either animate or inanimate. It is also more commonly used
when the following word is a verb. Memulai, on the other hand,
is used only with an animate subject. Although memulai can
be used immediately before a verb, its counterpart mulai is
usually preferred.

Kami mulai/memulai penelitian itu tahun 1972.

Penelitian itu mulai (not memulai) tahun 1972.

Saya mulai (preferred over memulai) bekerja di sini
tahun 1975.

2. ± dengan + di-passive + nya   "with the (noun form derived
   from a verb) of"

   Dengan diangkatnya Wilken sebagai gurubesar. . . .

       "With the appointment of Wilken as professor. . . ."

   Ditemukannya tengkorak itu membuktikan bahwa. . . .

       "The finding of the skull proves that. . . ."

   Diterapkannya teori itu mempermudah penelitian kita.

   "The application of the theory simplifies our research."

3. turun   "step down; to go down" (used in both physical and non-
   physical sense)

   menurun   "to go down" (used only in non-physical sense)

   menurunkan   "to lower (x)"

   menuruni   "to go down (x)"

       Kegiatan antropologi turun/menurun sejak tahun 1950.

       Harga bahan makanan tidak akan turun/menurun.

       Dia turun (not menurun) dari rumahnya.

       Kami harus menurunkan harga bahan makanan.

       Dia akan menurunkan bendera itu.

       Dia menuruni bukit itu.

       Dia menuruni gunung itu.

       Dia turun dari gunung/bukit itu.

4. bentuk   "form"

  berbentuk   "to have the form of"

  membentuk   "to form (x)"

  pembentukan   "the act of forming (x)"

    Bentuk manusia purba itu seperti kera.

    Pithecanthropus erectus berbentuk kera yang berjalan tegak.

    Dia mau membentuk Masyarakat Antropologi Indonesia.

    Pembentukan Masyarakat itu sangat penting untuk Indonesia.

5. katadepan (prepositions)

  berdasarkan (atas/pada)   "to be based on"

    Berdasarkan atas benda2 yang dipakai, pembagian jaman
    adalah sebagai berikut.

    Pendapat ini berdasarkan pada penelitian dia.

  dibagi (menjadi)   "to be divided into"

    Jaman Batu dibagi menjadi tiga bagian.

    Ilmu antropologi dibagi menjadi dua cabang.

  terletak pada   "to lie in"

    Perbedaan ketiga jaman itu terletak pada ciri2 mereka
    masing2.

    Penyelesaian masalah ini terletak pada ada-tidaknya bantuan
    dari Amerika.

  terbuat dari   "made of"

    Benda2 itu terbuat dari perunggu.

    Alat2 berburu mereka terbuat dari batu.

6. belajar   "to study" (in classroom, etc.)

mempelajari   "to make a study (of x); to study (x) for research

purposes"

Saya sedang belajar bahasa Indonesia supaya saya bisa

berbicara bahasa itu dengan baik.

Saya sedang mempelajari tatabahasa Indonesia untuk

disertasi saya.

V. LATIHAN

Pilihlah kata2 yang paling tepat untuk kalimat2 berikut.

1. Bangun pagi sudah menjadi (adat/kebiasaan) dia.

2. Orang2 Hindu datang ke Indonesia sesudah (waktu/jaman) es.

3. Ada tiga (hal/barang/benda) yang mereka bicarakan.

4. Kami tidak (mampu/bisa) membeli mobil, karena kami miskin.

5. Ada tiga (barang/hal) yang harus saya selesaikan hari ini.

6. Mereka tidak mempunyai (minat/bunga) untuk belajar antropologi.

7. Penelitian itu (memulai/dimulai) dua tahun yang lalu.

8. Soal itu sedang (diteliti/diselidiki) oleh polisi.

9. Orang Indonesia lebih suka belajar di sekolah (negeri/negara).

10. Penyelidik itu sedang (belajar/mempelajari) sistim perkawinan

di Mentawai.

11. Perkawinan mereka dilakukan menurut hukum (kebiasaan/adat).

12. Berapa (minat/bunga) yang kamu terima dari bank itu?

13. Maaf, kami tidak (mampu/bisa) datang ke pestamu.

14

14. Minangkabau adalah salah satu (bangsa/suku bangsa) di Indonesia.

15. Berat (hal2/barang2/benda) saya kira2 30 kilo.

16. Saya akan pergi ke Indonesia untuk (belajar/mempelajari) masyarakat Madura.

17. Ketegangan di antara suku2 itu (mulai/memulai) tahun 1957.

18. Bangsa Indonesia bisa dibagi (menjadi/dalam) kira2 300 suku.

19. (Membentuknya/dibentuknya) Masyarakat Antropologi Indonesia itu sangat menguntungkan kita.

20. Samoa bukan (negeri/negara) bagian Amerika.

21. Dia belum bisa bicara bahasa Indonesia. Dia sedang (belajar/mempelajari) bahasa itu sekarang.

22. Minat terhadap antropologi (timbul/menimbulkan) sejak tahun 1885.

23. Pemerintah akan (turun/menurunkan/menuruni) harga makanan.

24. Harga makanan sudah mulai (menurun/menurunkan/menuruni).

25. Setelah (menurun/menurunkan/menuruni) gunung itu, kami beristirahat.

26. Dia jatuh, waktu dia (turun/menurun/menuruni) dari pohon itu.

BAB I. B.

SISTIM PERKAWINAN DI BEBERAPA MASYARAKAT

DI INDONESIA

Tidak mudah bagi kita untuk membikin "generalisasi" tentang hubungan
kekeluargaan di Indonesia, karena di samping adanya bermacam-macaṃ suku
bangsa, hubungan antara satu anggauta dengan anggauta lain dalam suatu
keluarga banyak sekali dipengaruhi oleh kedudukan keluarga itu di dalam
masyarakat, tempat keluarga itu tinggal, pendidikan dari anggauta2
keluarga itu, dsb. Tetapi pada umumnya kita bisa mengatakan bahwa sisa2
dari adat lama masih sering bisa kita lihat dalam keluarga yang moderen
sekalipun. Hubungan antar-anggauta, baik dalam keluarga batih maupun
keluarga luas, masih sangat erat. Rasa gotong-royong serta tanggung-
jawab terhadap satu sama lain masih merupakan ciri yang khas di Indonesia. 10
Memang benar bahwa dalam banyak hal seorang anggauta keluarga bebas untuk
berbuat sesuatu, tetapi dalam beberapa hal tertentu dia terikat oleh
adat-istiadat keluarganya, meskipun keluarga tadi boleh dikatakan termasuk
keluarga moderen. Hal ini nampak sekali dalam masalah perkawinan.

Masalah perkawinan di Indonesia bukanlah masalah pribadi antara
seorang laki2 dengan seorang perempuan. Ini merupakan masalah yang
menyangkut tidak hanya keluarga-batih saja, tetapi sering juga keluarga-
luas. Bukti untuk pernyataan ini masih bisa kita lihat di pelbagai
suku di Indonesia. Umpamanya saja dalam hal meminang. Meminang adalah
proses di mana kunjungan dilakukan oleh pihak lelaki kepada pihak perem-   20
puan untuk meminta gadis yang bersangkutan menjadi istri dari lelaki tadi.
Di kebanyakan masyarakat Indonesia, seperti Batak, Bugis, Bali, Jawa,
dan Sunda, peminangan seperti ini tidak pernah dilakukan oleh si pemuda

16

itu sendiri, tetapi selalu oleh keluarga dari pemuda itu. Orang-tua si

gadis akan merasa terhina, kalau pemuda itu sendiri yang meminang. Jadi,

kalau tidak ayah, ya kakek, paman, atau kakak laki2 dari si pemudalah

yang harus datang meminang.

Pada jaman sekarang, biasanya sudah ada hubungan antara si gadis

dengan si pemuda, sebelum kunjungan itu dilakukan, sehingga kemungkinan

pinangan itu ditolak sangat kecil. Tetapi pada jaman dahulu, bisa ter-   30

jadi bahwa si gadis sama sekali belum pernah melihat, apalagi kenal

dengan, si pemuda. Juga pada waktu itu si pemudi sering2 tidak bisa

menolak pinangan yang diterima oleh orang-tuanya. Ini adalah apa yang

dinamakan kawin paksa.

Setelah pinangan itu diterima dan mas kawin, seperti uang, pakaian,

atau ternak, diberikan oleh pihak laki2, maka perkawinan dilaksanakan.

Upacara resmi, yang disebut nikah, dilakukan oleh seorang pegawai Kantor

Agama atau pegawai gereja. Biasanya upacara ini diikuti oleh suatu

pesta yang meriah dengan mengundang para saudara dan kenalan2 dari kedua

belah pihak. Pada pesta2 seperti inilah biasanya diadakan pertunjukan2   40

tertentu, seperti wayang kulit, wayang orang, musik, dsb.

Pada kebanyakan masyarakat Indonesia, beberapa hari setelah per-

nikahan itu selesai, kedua mempelai tadi harus mengadakan kunjungan2

ke beberapa orang tertentu di daerah itu, terutama orang2 tua dan para

pembesar yang telah ikut datang menyaksikan perkawinan mereka. Maksud

dari kunjungan ini tidak lain hanyalah merupakan pernyataan terima kasih

atas doa restu serta bantuan yang telah mereka berikan.

Keadaan yang digambarkan di atas tadi berbeda sedikit di daerah

Minangkabau, karena masyarakat di sana mengikuti sistim matrilineal.

Di Minangkabau garis keturunan serta harta-benda ada di pihak perempuan.   50

Demikian juga dalam hal mas kawin. Pihak perempuanlah yang memberikan

"uang jemputan" kepada pihak laki2, dan bukan sebaliknya. Demikian juga

dalam hal tempat tinggal. Kalau, umpamanya, waktu kawin mempelai lelaki

belum mempunyai tempat tinggal, maka di kebanyakan masyarakat Indonesia

mempelai perempuanlah yang pindah dan tinggal di keluarga suaminya—

sistim virilokal. Di masyarakat Minangkabau, kebalikannya; suamilah

yang tinggal dengan keluarga istrinya—sistim uxorilokal. Malah pada

jaman dulu, si suami hanya bisa berkunjung ke rumah istrinya pada malam

hari saja.

Di samping cara pinangan yang tersebut di atas, ada lagi satu cara   60

yang dinamakan kawin lari. Ini terdapat, umpamanya, di suku Bali, Bugis,

Makasar, dan Batak. Cara ini biasanya dilakukan kalau pihak si gadis

menolak pinangan dari pihak si pemuda. Dalam hal ini si pemuda bisa

melarikan dan kawin dengan gadis tadi, dan kemudian bersembunyi. Setelah

beberapa waktu lamanya, dengan lewat keluarga atau orang2 tua di daerah

itu mereka menghubungi orang-tua si gadis untuk meminta agar perkawinan

mereka direstui.

Masing2 suku di Indonesia mempunyai apa yang bisa kita namakan

perkawinan yang ideal. Untuk orang Batak, umpamanya, perkawinan yang

ideal adalah perkawinan antara seorang pemuda dengan anak perempuan   70

dari saudara laki2 ibunya. Menurut adat lama di Bali suatu perkawinan

baru dianggap ideal kalau kedua mempelai berasal dari satu klen dan

termasuk kasta yang sama atau sederajat. Yang sempurna adalah perkawinan

antara anak2 dari dua orang saudara laki2. Perkawinan dari satu kasta

ini dimaksudkan untuk menjaga agar anggauta keluarga dari suatu kasta

tidak terseret ke bawah oleh perkawinan dengan orang dari kasta yang

lebih rendah.

18

Dengan masuknya pengaruh dari luar, adanya hubungan yang lebih mudah
antara satu pulau dengan pulau yang lain, makin meluasnya pendidikan
untuk para pemuda, maka apa yang kita sebut perkawinan yang ideal seperti   80
tersebut di atas sudah tidak dipegang teguh lagi. Sekarang ini sering
terjadi perkawinan tidak hanya antar-kasta dan antar-klen saja, tetapi
juga antar suku di seluruh Indonesia, misalnya saja, antara orang Sunda
dengan orang Bali, Bugis dengan Minang, Menado dengan Jawa, dsb.
        Dalam soal perkawinan ada juga hal2 yang dianggap pantang. Di ma-
syarakat Jawa, umpamanya, seorang gadis tidak boleh kawin dengan anak
dari saudara laki2 ibunya, karena si pemuda itu termasuk "pancer lanang."
Artinya, kalau betul2 diperlukan si pemuda itu mempunyai hak untuk ber-
tindak sebagai wali dari gadis itu waktu dia kawin. Pantangan ini masih
berlaku sampai sekarang di Jawa. Di suku Batak pada jaman dahulu yang   90
merupakan pantangan adalah perkawinan endogami, yakni, antara dua orang
dari marga yang sama.
        Ditinjau dari segi adat perkawinan dan agama, kedudukan kaum wanita
di Indonesia pada umumnya belum bisa dibanggakan. Dalam kebanyakan hal,
seorang wanita lebih banyak mempunyai kewajiban daripada hak. Hal ini
bisa kita lihat, misalnya, dalam soal perceraian. Meskipun Undang2
Perkawinan sudah mulai menunjukkan adanya perbaikan nasib untuk kaum
wanita, tetapi masih sangat lebih mudah bagi seorang suami untuk men-
ceraikan istrinya daripada kebalikannya. Dalam kebanyakan hal seorang
istri hanya bisa minta cerai, tetapi tidak bisa menceraikan suaminya.   100
Keadaan seperti ini bisa sangat menyedihkan, karena di Indonesia sampai
sekarang ini belum ada sistim alimoni, sehingga tidak jarang terjadi
bahwa si istri beserta anak2nya terpaksa kembali ke rumah orang-tuanya.
        Di Minangkabau keadaannya berbeda, karena adanya sistim matrilineal.

Kalau perceraian terjadi, meskipun kata terakhir masih saja ada di tangan
sang suami, semua harta-benda yang mereka miliki bersama menjadi milik
si istri dengan anak2nya. Di beberapa daerah di Minangkabau malah si
suami harus mengembalikan "uang jemputan" yang dia terima dari pihak
istrinya.

I. DAFTAR KATA PENOLONG

derajat	"prestige"
doa restu	"blessing"
erat	"tight; close (of relationship)"
gòtòng ròyòng	(concept of) "mutual help"
kawin paksa	"prearranged/forced marriage"
keluarga batih	"nuclear family"
keluarga luas	"extended family"
menyaksikan	"to witness"
menyangkut	"to involve"
pada umumnya	"in general"
pantang	"taboo"
perceraian	"(a) divorce"
sisa	"left-over; residue"
tanggung-jawab	"responsible; responsibility"
terhina	"to be offended"
wali	"a certain male relative having the right to become an official witness in the marriage of

his female kin"

II. JAWABLAH PERTANYAAN2 BERIKUT DENGAN KALIMAT2 LENGKAP

1. Faktor2 apakah yang menyebabkan kita sukar mengadakan generalisasi tentang hubungan kekeluargaan di Indonesia?

2. Apakah pada umumnya keluarga moderen sudah betul2 terlepas dari adat mereka? Buktikan.

3. Apakah ada kebebasan pada anggauta2 suatu keluarga?

4. Apa perbedaan yang menyolok antara perkawinan di Indonesia dengan perkawinan di negara saudara?

5. Di kebanyakan masyarakat Indonesia, apa yang akan terjadi kalau si pemuda itu sendiri yang melakukan peminangan?

6. Apakah sebabnya peminangan selalu dilakukan oleh ayah, kakek, paman, ataupun saudara laki2 yang lain yang lebih tua dari si pemuda?

7. Bilamana biasanya kawin paksa dilakukan?

8. Apa tujuan dari kunjungan kedua mempelai kepada orang2 tua dan para pembesar setelah perkawinan dilakukan?

9. Ceritakan sedikit tentang "mas kawin" di Minangkabau dan di beberapa suku lain di Indonesia.

10. Apa yang saudara ketahui tentang masalah "tempat tinggal setelah kawin" di beberapa masyarakat di Indonesia?

11. Bagaimana keadaan "perkawinan yang ideal" sekarang ini di Bali?

12. Mengapa di Jawa seorang pemuda yang "pancer lanang" tidak boleh kawin dengan anak perempuan dari bibinya?

13. Bagaimana kedudukan kaum wanita dalam perkawinan pada umumnya?

14. Apa keuntungan dari sistim matrilineal bagi kaum wanita dalam soal perceraian?

III. PENGEMBANGAN KOSA KATA

1. **gòtòng ròyòng**   "concept of mutual help among members of a family or members of a community" This concept, well established for centuries, seems to be decreasing in popularity outside family circles. Services which used to be given free to individuals by members of a community are now performed for a fee only.

   kerja-bakti   "work also performed collectively, but normally at the request of a village chief or supervisor and without fee; corvée labor"

   > Pada jaman dulu orang bisa membangun rumah secara gotong royong.

   > Para penduduk mendirikan mesjid itu dengan gotong royong.

   > Kerja-bakti di desa2 biasanya dilakukan tiga bulan sekali.

2. **keluarga**   "family"

   keluarga batih   "nuclear family" The concept of nuclear family is not very well defined in Indonesia because in most cases a house is occupied not only by a husband and wife and their children, but also by their relatives. The term keluarga batih is therefore used primarily in scientific writing where similarity or dissimilarity between the concept of nuclear

and extended family is to be distinguished. The term <u>keluarga</u>
<u>batih</u> becomes more meaningful when it relates to inheritance
rights because it is here that one's children and nephews, for
instance, are to be clearly distinguished. Please note that
<u>batih</u> is not used for "nuclear" age, reactor, etc. For these
concepts, the word <u>nuklir</u> is used.

Ditinjau dari segi hak dan kewajiban, <u>keluarga batih</u> ter-
diri dari orang-tua dan anak2nya.

Ditinjau dari isi rumah sebenarnya di Indonesia tidak ada
<u>keluarga batih</u>.

<u>keluarga luas</u>   "extended family" In a day-to-day sense, most
families in Indonesia can be called <u>keluarga luas</u> because in
practice, a husband and wife (ego and spouse) are also respon-
sible for the welfare of their relatives. Only in certain
cases, such as the right to inheritance, is the distinction
made between <u>keluarga luas</u> and <u>keluarga batih</u>.

Hampir semua keluarga di Indonesia bisa dikatakan sebagai
<u>keluarga luas</u>.

<u>Keluarga luas</u> terdiri dari <u>keluarga batih</u> beserta saudara2
yang lain.

<u>hubungan kekeluargaan</u>   "family relationship"

<u>hubungan kekerabatan</u>   "kinship relation"

<u>Hubungan kekeluargaan</u> di Indonesia sangat erat.

<u>Hubungan kekeluargaan</u> tidak sama dengan <u>hubungan kekerabatan</u>.

<u>Hubungan kekerabatan</u> di Jawa berbeda dengan di Minangkabau.

3.

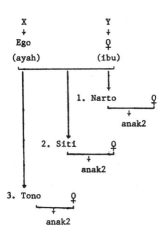

adik   "younger brother or sister"

Siti dan Tono adalah adik Narto.

Siti adalah adik Narto, tetapi bukan adik Tono.

The term adik in many Indonesian societies is also used by a person to refer to his/her younger cousins. Thus, Narto's children consider Siti's and Tono's children as their adik. In day-to-day use the word adik is also used to refer to someone who the speaker considers to be younger than himself, with no kin relationship at all. This usage is one of respect since Indonesians usually do not call each other by (first) name unless they are very close friends.

kakak   "elder brother or sister"

Siti dan Narto adalah kakak Tono.

Siti adalah kakak Tono, tetapi bukan kakak Narto.

The term kakak in many Indonesian societies is also used to

refer to one's elder cousins. Thus, Tono's children will call
Siti's and Narto's children kakak. In some areas, such as
North Sumatera, the term kakak refers only to elder sister,
and abang, to elder brother. The Javanese word mas is now
commonly used to refer to any male slightly older or of the
same age as the speaker. This is merely to show respect.
For a woman, the Javanese use mbak.

kakèk   "grandfather" If X in the diagram is male, then he is
         the kakek of Narto, Siti, and Tono. Y, if male, is also
         referred to as kakek.

nènèk   "grandmother" If X is female, then she is the nenek
         of Narto, Siti, and Tono. Y, if female, is also referred
         to as nenek.

cucu   "grandson/granddaughter" Narto, Siti, and Tono are the
         cucu of X and Y.

kemenakan   "nephew/niece" Tono's children are the kemenakan
         of Siti and Narto (plus their spouses). Siti's children are
         the kemenakan of Tono and Narto, and Narto's children are the
         kemenakan of Siti and Tono.

paman   "uncle" Narto is the paman of Siti's and Tono's children
         while Tono is himself the paman of Siti's and Narto's children.
         In some societies such as the Javanese, a distinction is made
         between "big" paman (Narto) and "little" paman (Tono).

bibi   "aunt" Same patterns and rules as for paman.

ayah/ibu/anak tiri   "stepfather/mother/child"

         Hidup anak tiri biasanya menyedihkan.

         Lebih baik punya ayah tiri daripada ibu tiri.

anak   "child" In some cases, it also refers to adults.

Karena tidak punya anak, paman sering tidak di rumah.

Apa anak2 sudah akan mulai rapatnya?

anak angkat   "adopted child"

anak kandung   "one's own flesh and blood"

Dalam soal warisan anak angkat tidak punya banyak hak.

Anak angkat diambil kalau keluarga tidak punya anak kandung.

anak jadah   "illegitimate child" (considered very undesirable)

Kamu anak jadah masih saja banyak ngomong.

anak emas   "favored child" (also figurative)

Dari tiga anak dalam keluarga itu, Alilah yang menjadi anak emas.

Karena Pardi pandai, dia menjadi anak emas guru2nya.

3. perkawinan   "marriage/wedding"

Perkawinan mereka sangat bahagia.

Pesta perkawinan itu diadakan di Gedung Kesenian.

kawin   "to be/get married"

Dia sudah kawin.

Dia akan kawin minggu depan.

(akad) nikah   "official marriage ceremony witnessed by a Moslem priest" Since nikah refers to the official aspect of the marriage, people jokingly make a distinction between nikah and kawin in that nikah is official and legal while kawin is biological.

Nikah mereka akan dilakukan jam 7:05 pagi.

Dia belum nikah, tapi sudah sering kawin.

kawin gantung   "a marriage which is already official and legal

but not widely announced yet, nor has a party been given" This
is usually done where legality is required for some purpose--
for example, when the husband will go abroad or the wife will
work in a distant place, and so forth. This term is also used
as a verb.

Sebelum pergi ke Amerika, Narto kawin gantung dengan Ida.

Kawin gantung biasanya dilakukan tanpa pesta.

kawin lari   "abduction; elopement" This is commonly done in
certain societies when the girl and/or her family does not
accept the man's proposal. This term is also used as a verb.

Kawin lari terdapat di Bali, Batak, dan beberapa suku lain.

Setelah kawin lari, si pemuda memberitahu orangtua si gadis.

kawin paksa   "forced/pre-arranged marriage" This is usually done
when the girl's parents accept the man's proposal, but the girl
does not. This used to be quite popular in the past, but it
is very seldom practiced nowadays.

Kawin paksa sudah tidak terdapat di kota2 besar.

Jaman dulu kawin paksa sangat populer.

(ber)tunangan   "to be/get engaged"

Mereka sudah (ber)tunangan sejak tahun 1974.

Sebelum (ber)tunangan, orangtua si pemuda harus meminang
dulu.

meminang   "to propose (marriage)" This is usually done by the
man's parents or a male relative, preferably of older age, on
the man's side. Melamar means the same as meminang, but
melamar can also mean to apply for a job.

Meminang/melamar adalah suatu keharusan di masyarakat

Indonesia.

Setelah meminang/melamar, barulah bertunangan.

Saya mau melamar (not meminang) pekerjaan di kantor pos.

(ber)cerai   "to be divorced"

Karena tidak bisa hidup bahagia, mereka (ber)cerai.

Mereka (ber)cerai karena si suami nakal.

mas kawin   (1) "a token amount of money, gold, or other valuables
which the bridegroom is to give to the bride" During the nikah
ceremony, the Moslem priest will ask whether or not the mas
kawin has been given. The bridegroom is to answer this ques-
tion.   (2) "brideprice"

Dalam upacara nikah penghulu selalu bertanya apakah mas
kawin sudah diberikan apa belum.

Mas kawin di beberapa daerah di Indonesia bisa sangat mahal.

janda   "widow; divorcée"

duda   "widower; divorcé"

Bu Karni jadi janda karena diceraikan suaminya/sebab suaminya
meninggal.

Pak Amat jadi duda karena istrinya meninggal.

menantu   "son/daughter-in-law"

Menantu Richard Nixon adalah David Eisenhower.

mertua   "father/mother-in-law"

Richard Nixon adalah mertua David Eisenhower.

peng(h)ulu   (1) "a man from the Moslem Religious Services charged
with attending to marriage/divorce matters"; (2) "in Sumatera,
a village chief"

Untuk orang Islam nikah itu dipimpin oleh seorang penghulu.

4. <u>wanita</u> vs. <u>perempuan</u> vs. <u>gadis</u> vs. <u>putri</u> vs. <u>cèwèk</u>   "girl; female"

The word <u>wanita</u> is often used when one would add a respectful and somewhat poetic or literary connotation. While the word <u>perempuan</u> is perhaps the one most commonly used to refer to a girl or woman, in some contexts, it may also have a pejorative connotation. The word <u>gadis</u> is used to refer to an unmarried young girl. In certain contexts, it means a virgin. The term <u>putri</u> originally referred to girls of royal lineage, but it is now used for girls in general with the connotation of respect. The slang term <u>cewek</u> is used mostly in Jakarta to refer to girls in general and is close to the English word "chick." The Javanese word <u>perawan</u> is often used for virgin.

<u>Wanita</u> bukanlah sangkar madu kaum lelaki.

Di kelas kami ada dua laki2 dan tiga <u>perempuan</u>.

Dia suka main sama <u>perempuan</u>.

Anak pak Gombloh sekarang sudah <u>gadis</u>.

Sarinah bukan <u>gadis/perawan</u> lagi, setelah kejadian itu.

Bapak mempunyai dua orang <u>putri</u> dan satu orang putra.

Kerja dia cuma cari <u>cewek</u> melulu.

5. <u>pria</u> vs. <u>laki2</u> or <u>lelaki</u> vs. <u>putra</u> vs. <u>còwòk</u>   "man; male" The terms <u>pria</u>, <u>laki2</u> or <u>lelaki</u>, <u>putra</u> and <u>cowok</u> are the counterparts of <u>wanita</u>, <u>perempuan</u>, <u>putri</u>, and <u>cewek</u> respectively. The closest counterpart of <u>gadis</u> is <u>jejaka</u>, but this term refers only to the fact that the young man has never been married. The term <u>putra</u> is also often used to refer to children in general (both male and female).

Mereka adalah <u>pria</u> yang bisa dipercaya.

Lelaki di Indonesia lebih berkuasa daripada wanita.

Keluarga itu mempunyai dua orang _putra_ dan dua orang putri.

Putranya berapa, pak? Lima, dua _laki2_ dan tiga perempuan.

Cowok2 di sekolah itu anaknya orang2 kaya.

6. _klèn_ (often written as clan) "clan" Several words are used in

Indonesia to refer to clan--e.g., _suku_ and _marga_ (the latter in

Batak), but some anthropologists prefer to use the term _klen_.

Ada paling tidak lima _klen_ di Batak.

Sistim _klen_ di Bali sudah tidak jelas lagi.

7. _kasta_ "caste"

Di Bali ada empat kasta: Brahmana, Ksatria, Vaisya, dan

Sudra.

8. _pantang_ "taboo"

Perkawinan di mana si lelaki pancer lanang adalah _pantang_

untuk orang Jawa.

Pantang bagi saya untuk mundur dari rencana itu.

9. _wali_ (1) "a kinsman who, acting as the official witness for the

bride, gives her away in an official wedding ceremony" (If

the bride's father is still alive and available, he usually

acts as the _wali_. Otherwise, the bride's grandfather, uncle,

elder brother, or certain male cousin can perform this duty.);

(2) "a proxy" (who does not have to be male); (3) "religious

leader(s)" (a term applied under certain circumstances, such

as during the period when Islam was penetrating throughout

Java.)

Upacara nikah tidak bisa dilangsungkan tanpa _wali_.

Dalam perkawinan _wali_ harus orang laki2.

Dia menjadi wali saya dalam urusan itu.

Kamu bisa menyerahkan soal itu kepada seorang wali.

Mesjid di Demak dibangun oleh para wali.

Please note the distinction in meaning between wali and saksi.

Saksi is the general term for "witness," as, for example, in court, to an accident, etc.

Untuk membuktikan bahwa kamu benar dalam perkara ini, kamu memerlukan saksi (not wali).

10. hak   "right"

kewajiban   "obligation"

tanggung-jawab   "responsibility; responsible"

Wanita di Indonesia hanya punya hak untuk minta cerai.

Kewajiban wanita di Indonesia sangat banyak, tapi haknya sangat sedikit.

Tanggung-jawab seorang ibu sangat berat.

IV. REMEDIASI TATABAHASA

1. kawin   "to be/get married"

mengawini   "to marry" (in the sense of "be the husband of (x)")

mengawinkan   "to arrange a marriage (as parents); perform a marriage ceremony (as a priest)"

Tono dan Ida kawin tahun yang lalu.

Apa dia sudah kawin?

Tono mengawini Ida tahun yang lalu.

Ida kawin dengan Tono tahun yang lalu.

Ayah Ida mengawinkan dia tahun yang lalu.

Penghulu itu mengawinkan Tono dengan Ida tahun yang lalu.

While the sentence Tono mengawini Ida tahun yang lalu is

acceptable, the sentence Ida mengawini Tono tahun yang lalu

is culturally unusual because a woman does not "marry" a man,

but rather "is married" to one. So, if one wants to use Ida

as the subject, the acceptable sentence would be Ida kawin

dengan Tono tahun yang lalu.

2. (ber)tunangan   "to be/get engaged"

   tunangan   "fiance(e)"

   menunangkan   "to arrange an engagement (as parents)"

   pertunangan   "engagement (of marriage only)"

   > Tono dan Ida (ber)tunangan dua tahun yang lalu.

   > Ida adalah tunangan Tono; Tono adalah tunangan Ida.

   > Ayah Ida menunangkan Ida dua tahun yang lalu.

   > Ida sudah ditunangkan dengan Tono.

   > Pertunangan itu diadakan di Surabaya.

3. (ber)cerai   "to be/get divorced"

   menceraikan   "to divorce (a wife)"

   perceraian   "a divorce"

   > Tono dan Ida akan (ber)cerai bulan depan.

   > Tono mau menceraikan Ida bulan ini.

   > Ida mau minta cerai dari Tono bulan ini.

   > Perceraian itu tidak bisa dihindarkan lagi.

   Note that the word menceraikan is usually used with a man as

   the subject. Thus, Ida menceraikan Tono is culturally awkward.

32

V. LATIHAN

Pilihlah kata2 yang paling tepat untuk kalimat2 berikut.

1. Keluarga (batih/luas) terdiri dari ayah, ibu, dan anak2.

2. Hubungan (kekeluargaan/kekerabatan) di Amerika tidak begitu erat.

3. Karena dia dan saya bukan saudara dan dia jauh lebih muda, maka saya memanggil dia (adik/kakak/abang).

4. (Kemenakan/paman) adalah anak dari adik saya.

5. Ibu dari ayah saya adalah (kakek/nenek/kakak) saya.

6. Mereka akan (mengawini/kawin) di Medan.

7. (Bertunangan/tunangan) saya akan ke luar negeri tahun depan.

8. Anak saya adalah (cucu/kemenakan) dari ayah dan ibu saya.

9. Orang yang memimpin upacara nikah dinamakan (wali/penghulu/saksi).

10. Anak saya yang diambil dari keluarga lain adalah anak (tiri/angkat/ kandung).

11. (Nikah/kawin)-nya dilangsungkan jam 7, tapi pestanya jam 9.

12. Menurut adat Indonesia mereka yang baru (tunangan/kawin gantung) tidak boleh tinggal bersama.

13. Waktu upacara nikah, mempelai laki2 akan ditanya apa dia sudah memberikan (mas kawin/cincin kawin) atau belum.

14. (Menantu/mertua) adalah suami atau istri anak saya.

15. Kawin (lari/paksa/gantung) terjadi bila orangtua setuju tapi si gadis tidak.

16. Di kelas bapak ada berapa (wanita/cewek/cowok)-nya, pak?

17. Sistim (kekeluargaan/kekerabatan) di Minangkabau berdasarkan sistim matrilineal.

18. Kawin (lari/gantung/paksa) biasanya dilakukan kalau pinangan si pemuda ditolak.

19. (Saksi/wali) dalam perkawinan selalu orang laki2.

20. Ayah atau ibu dari istri saya adalah (menantu/mertua) saya.

21. Pekerjaan seorang penghulu adalah (mengawini/mengawinkan/kawin dengan) orang.

22. Pak Sastro mau (menunangkan/bertunangan dengan) anaknya bulan ini.

23. Siti akan (menceraikan/minta cerai dari) suaminya segera.

24. Narto tidak mau mengawini dia, karena dia sudah bukan (gadis/ perempuan) lagi.

25. Untuk membuktikan bahwa kamu tidak di sana waktu itu, kamu harus punya (saksi/wali).

26. Raja di negara itu mempunyai dua orang (anak perempuan/putri).

27. (Putra/pria) bapak ada berapa, pak? Ada tiga.

28. Pak Hardjo akan (mengawini/mengawinkan) Narti, meskipun umur mereka berbeda 20 tahun.

29. Si Tato belum (kawin/nikah), tapi sudah sering (nikah/kawin).

30. Kerja dia cuma cari (wanita/perempuan) melulu.

31. Saya ada (pertunangan/janji) untuk menemui dia nanti malam.

BAB I. C.

PERKAWINAN DI JAWA

. . . Sebelum dilangsungkan peresmian perkawinan, terlebih dahulu
diselenggarakan serangkaian upacara2. Seorang pria yang ingin kawin
dengan seorang gadis pertama-tama harus meminta orang-tuanya sendiri,
atau anggauta keluarga laki2 yang lebih tua, untuk datang ke rumah
orang-tua si gadis untuk menanyakan apakah si gadis itu sudah ada yang
empunya apa belum. Proses semacam ini dalam bahasa Jawa dinamakan
nakokake. Sampai sekarang di desa2 masih ada juga perkawinan2 di mana
kedua orang yang bersangkutan itu belum saling mengenal. Dalam hal
seperti ini upacara nontoni harus dilakukan sebelum upacara nakokake.

Dalam proses nontoni ini si pemuda bersama dengan orang-tuanya atau   10
orang tua lain di desa itu datang ke rumah orang-tua si gadis untuk
melihat gadis itu dan juga untuk memberi kesempatan kepada gadis tadi
melihat si pemuda yang menaruh hati padanya. Kalau ternyata bahwa kedua
anak muda itu saling menyukai, maka proses nakokake dilaksanakan beberapa
minggu berikutnya. Kalau salah satu tidak cocok, terutama kalau anak
gadis itu tidak setuju, maka penyelesaiannya tergantung pada orang-tua
si gadis--mereka bisa memaksa gadis itu untuk kawin, kawin paksa, atau
mencari alasan untuk menghentikan niat pemuda itu.

Baik nontoni maupun nakokake sebenarnya sudah bisa dikatakan
sebagai proses meminang, yang dalam bahasa Jawa disebut nglamar. Dalam   20
proses nakokake kalau kemudian diketahui bahwa gadis itu masih legan,
artinya, masih belum ada yang empunya, maka ditetapkan kapan akan di-
adakan paningsetan, yakni, upacara pemberian sejumlah harta dari calon
suami kepada pihak si gadis. Biasanya barang2 paningset ini dalam

36

bentuk sepasang kain dan kebaya, tetapi kadang2 juga ditambah dengan

sebuah cincin kawin yang dibuat dari emas. Dengan diadakannya upacara

paningsetan seperti ini, yang biasanya disaksikan juga oleh orang2 tua

di luar keluarga-batih, maka kedua anak muda itu sudahlah bertunangan--

istilah Jawanya wis dipacangake.

Setelah pertunangan orang-tua dari kedua belah pihak menentukan   30

hari perkawinan. Penentuan hari perkawinan ini berdasarkan atas per-

hitungan weton, yakni, hari kelahiran dari calon mempelai laki2 dan

perempuan. Hari kelahiran bagi orang Jawa berdasarkan atas kombinasi

dari nama hari menurut tanggalan Masehi dan rangkapnya menurut tanggalan

Jawa. Jadi hari kelahiran orang Jawa tidak hanya Senin atau Selasa

saja, tetapi Senin atau Selasa plus pon, paing, manis, wage, atau kliwon.

Perhitungan weton untuk perkawinan sangat diperhatikan oleh orang Jawa,

karena mereka percaya bahwa kalau wetonnya tidak cocok, perkawinannya

tidak akan mendatangkan kebahagiaan.

Beberapa hari sebelum hari perkawinan diselenggarakan upacara   40

sasrahan, yakni, upacara penyerahan harta-benda dari pihak laki2 kepada

pihak perempuan, seperti uang, alat2 rumah tangga, ternak, dsb. Pada

malam hari sebelum hari nikah diadakan selamatan di antara orang2 tua

serta kenalan2 dari kedua belah pihak. Malam ini disebut malam mido-

dareni, karena orang Jawa percaya bahwa pada malam itu para bidadari

turun dari sorga untuk merestui kedua calon mempelai, yang dalam bahasa

Jawa disebut calon temanten atau penganten.

Kemudian datanglah hari pernikahan. Upacara pernikahan selalu di-

lakukan di rumah pihak si gadis. Kalau keluarga calon penganten itu

cukup kaya, mereka bisa mengundang pegawai dari Kantor Agama, yang di-   50

sebut pengulu, untuk datang ke rumah dan mengawinkan kedua calon

penganten. Kalau tidak, upacara ini bisa dilakukan di mesjid oleh mem-
pelai laki2. Dengan diiringi oleh ayah atau walinya serta handai-
taulannya calon mempelai laki2 datang ke rumah si gadis yang sudah
menunggunya untuk upacara pernikahan, yang menurut istilah Islam disebut
ijab kabul atau akad nikah. Setelah upacara itu selesai diadakanlah
upacara pertemuan dengan penganten perempuan kira2 satu jam, di mana
kedua penganten itu duduk berjejer di suatu tempat yang dihias dengan
indah. Upacara temon ini disaksikan oleh banyak orang yang diundang
kedua belah pihak. Dalam proses upacara temon ini ada beberapa upacara   60
kecil yang harus dilakukan. Umpamanya saja, setelah ijab kedua mempelai
yang datang dari jurusan yang berlawanan masing2 membawa ikatan daun
sirih. Sirih ini dilemparkan ke satu sama lain. Menurut kepercayaan
Jawa, siapa yang melempar lebih dulu dan mengenai sasarannya, dialah
yang akan menang dalam keluarganya. Sesudah itu si mempelai laki2
harus menginjak sebutir telur, dan si istri membersihkan kaki suaminya.
Katanya, ini adalah tanda kesetiaan. Masih ada beberapa upacara kecil
lainnya yang harus dilakukan sebelum kedua mempelai itu duduk berjejer.

Setelah semua upacara di keluarga mempelai perempuan selesai, dan
keluarga mempelai laki2 juga ingin merayakan perkawinan itu, maka se-   70
telah lima hari dari hari pernikahan pihak lelaki bisa ngunduh penganten,
artinya pihak lelaki membawa kedua penganten baru itu ke rumah si lelaki
dan mengadakan perayaan di sana.

Kalau perkawinan itu tidak berhasil, maka terjadilah perceraian,
yang dalam bahasa Jawa disebut pegatan. Seorang suami dapat menceraikan
istrinya dengan menjatuhkan talak, tetapi seorang istri hanya bisa
minta cerai yang dinamakan taklik. Tidak sering terjadi bahwa meskipun
seorang istri sudah memberikan takliknya, sang suami tetap saja tidak

mau menjatuhkan talaknya. Kalau ini terjadi si istri harus mengurusnya
ke Kantor Agama yang lebih tinggi. Kalau ketidak-cocokan dalam rumah   80
tangga itu bersifat sementara atau tidak terlalu berat, suami-istri itu
bisa menangguhkan perceraian itu dengan lewat pirakan, yakni, kedua
orang itu berpisah untuk sementara. Baik setelah pirakan maupun pegatan
suami-istri itu bisa bersatu kembali, masing2 dengan istilah rujuk atau
balen. Tetapi kalau talak itu sudah dijatuhkan tiga kali, tidak mungkin
lagi bagi kedua orang itu untuk hidup sebagai suami istri.

Karena perceraian tidak boleh dilakukan waktu si istri sedang hamil,
maka seorang janda harus menunggu tiga bulan sepuluh hari sebelum dia
boleh bergaul dengan lelaki lain. Jumlah waktu ini sama dengan tiga kali
lingkaran haid. Sebaliknya, seorang lelaki boleh kawin lagi segera se-   90
telah perceraian itu beres. . . .

(Disadur dari Drs. Kodiran, "Kebudayaan
Jawa," dalam *Manusia dan Kebudayaan di
Indonesia*, Ed. Koentjaraningrat, 1971.)

I.   DAFTAR KATA PENOLONG

berjèjèr   "to be in a row"

daun sirih   "a particular kind of leaf used in betelnut chewing"

haid   "menstruation"

   lingkaran haid   "monthly period"

hamil	"to be pregnant"
handai-taulan	"friends; buddies"
ikatan	"a bundle; bunch"
menangguhkan	"to postpone"
menaruh hati pada	"to be romantically interested in"
menentukan	"to decide; make (x) definite"
mengenai sasarannya	"to hit the target"
menyelenggarakan	"to hold (meeting, party, etc.)"
merayakan	"to celebrate"
perayaan	"celebration"
niat	"intention"
pertama-tama	"first of all"
selamatan	"a religious get-together, usually with meals, to thank or ask blessing from God"
serangkaian	"a series; string (of)"
sorga	"heaven; paradise"
terlebih dahulu	"first of all"
ternyata	"(x) turns out to be (good, wrong, etc.)"

II. JAWABLAH PERTANYAAN2 BERIKUT DENGAN KALIMAT2 LENGKAP

1. Siapa yang berhak melamar?

2. Mana yang lebih dulu: nontoni atau nakokake?

3. Bilamana nontoni dilakukan?

4. Apa tujuan dari nontoni?

5. Apa yang terjadi kalau si gadis tidak suka setelah proses nontoni?

6. Apa yang terjadi dalam upacara paningsetan?

7. Dasar apa yang dipakai untuk menentukan hari perkawinan?

8. Ceritakan sedikit tentang "hari kelahiran" menurut adat Jawa. Jadi, hari kelahiran orang Jawa berulang pada tiap berapa hari?

9. Kepercayaan apa yang ada pada orang Jawa mengenai weton?

10. Menurut kepercayaan Jawa apa yang terjadi pada malam midodareni?

11. Bolehkah upacara nikah dilakukan di rumah si pemuda?

12. Apa pekerjaan seorang penghulu?

13. Ceritakan sedikit kepercayaan orang Jawa tentang "daun sirih" dalam proses perkawinan.

14. Bukti2 apa yang bisa saudara berikan untuk "membuktikan" bahwa kedudukan kaum wanita tidak sama dengan kedudukan kaum pria di kebudayaan Jawa?

15. Kapankah suami-istri yang bercerai tidak mungkin bisa kembali lagi sebagai suami-istri?

III. PENGEMBANGAN KOSA KATA

1. cinta   "to love; to be in love" Usually used with human objects,
        cinta is followed by the preposition pada or dengan.
            Aku cinta padamu.
            Dia cinta dengan/pada gadis itu.
        cinta itu buta   "Love is blind"
        menaruh hati   "to be romantically interested (in)" The preposition

used is <u>pada</u>.

Dia <u>menaruh hati pada</u> gadis itu.

Saya tidak <u>menaruh hati pada</u> anak pak Ali.

<u>tergila-gila/kegila-gilaan</u>   "to be crazy about" <u>Tergila-gila</u>

requires a human object, while <u>kegila-gilaan</u> does not. Both

take the preposition <u>pada</u>, <u>dengan</u>, or <u>sama</u>.

Waktu itu dia <u>tergila-gila dengan</u> gadis tetangganya.

Si Ali bisa <u>tergila-gila sama</u> siapa saja.

Aneh tapi nyata; Narti <u>kegila-gilaan sama</u> lelaki itu.

Pemuda itu <u>kegila-gilaan dengan</u> sepeda motornya.

<u>sayang</u>   "platonic love" <u>Sayang</u> is often combined with <u>kasih</u>

to become <u>kasih-sayang</u>—honey, lovey, etc. (of one's beloved

or children).

Anak itu jadi nakal karena tidak mendapat <u>kasih-sayang</u>

ibunya.

Bagaimana sekolah hari ini, <u>sayang</u>?

Please note that <u>sayang</u> can also mean "unfortunately."

<u>Sayang</u> saya tidak tahu bahasa Jawa.

2. <u>cincin kawin</u>   "wedding ring" At the time of the engagement, the
prospective bridegroom buys two simple (i.e., without jewels)
gold wedding bands. The couple's names are engraved on the
inner surface of the bands. During the engagement period, the
rings are worn on the ring finger of the left hand, but when
the couple is married, the rings are switched to the right hand.

Sebelum kawin <u>cincin kawin</u> itu dipakai di tangan kiri.

Sesudah kawin <u>cincin kawin</u> itu dipindah ke tangan kanan.

<u>tukar cincin</u>   "to be engaged to marry" This is synonymous with

bertunangan. It is also used as a noun.

Mereka akan tukar cincin bulan depan.

Tukar cincin itu akan diadakan di Medan.

3. selamatan   "a religious gathering held for the purpose of asking
   God's blessings" A selamatan is occasioned by events such as
   death, circumcision, a wayang show, etc. The host provides
   food which can be eaten there or taken home. On certain
   occasions, such as death, only men can participate in the
   selamatan, but for other events, such as moving house, women
   can also join.

   Selamatan pertama itu diadakan 7 hari setelah seseorang
   meninggal.

   Sebelum pertunjukan wayang mulai, para pemainnya mengadakan
   selamatan.

4. handai-taulan   "a term to refer collectively to all the people
   one knows who can be considered as friends"

   teman/kawan   "friend"

   sahabat   "close friend" The word karib can be added to kawan/
   teman/sahabat to indicate a closer relationship.

   Perkawinan itu dihadiri oleh handai-taulannya.

   Ketika dia pergi ke luar negeri, banyak handai-taulannya
   mengantarkan dia ke lapangan terbang.

   Teman2 dia di sekolah sering menolong dia.

   Dia mempunyai banyak kawan.

   Dia bukan sahabat saya, hanya teman saja.

   Dia tidak mempunyai sahabat di sini.

5. lingkaran haid   "menstruation cycle" This term is used mostly

in writing or by people with a strong Islamic background.

<u>mèns(trasi)</u>   "menstruation" This is the more commonly used term,

often abbreviated as <u>M</u>.

<u>datang bulan</u>   "to be in monthly cycle" (a general term)

Janda baru harus menunggu sampai <u>lingkaran haid</u>nya selesai,

sebelum dia boleh kawin lagi.

<u>Lingkaran haid</u> dalam Islam adalah satu bulan tiga hari.

Dia tidak bisa ikut; dia sedang <u>mens/datang bulan/M</u>.

6. <u>istilah</u>   "terminology"

<u>Istilah</u> batih tidak dipakai dalam "nuclear age."

Mas kawin adalah <u>istilah</u> resmi dalam perkawinan Islam.

7. <u>merayakan</u>   "to celebrate"

<u>perayaan</u>   "celebration"

Kami <u>merayakan</u> hari kemerdekaan kami tanggal 17 Agustus.

<u>Perayaan</u> itu disaksikan oleh para pembesar.

8. <u>hamil/mengandung/bunting</u>   "to be pregnant" The term <u>hamil</u> is

perhaps the most neutral with no connotation one way or another.

The term <u>mengandung</u> does have a rather polite connotation

similar to the English expression "to be expecting." The term

<u>bunting</u> has a rather less polite connotation and is often used

by people of low status or for animals.

Ibu saya sedang <u>hamil/mengandung</u>.

Anjing itu sedang <u>bunting</u>.

9. <u>surat kawin</u>   "marriage certificate"

<u>Surat kawin</u> di Indonesia berbentuk buku.

Dia kehilangan <u>surat kawin</u>nya.

10. Despite the fact that the following terms are either Javanese or

Islamic, many Indonesians know what they mean:

pengantèn   "bride/bridegroom" If one wants to indicate whether
the married person is male or female, he adds laki2 or perem-
puan after penganten.

Waktu duduk berjejer penganten laki2 duduk di sebelah kanan.

ijab   "the ceremony in which the penghulu officially marries the
betrothed couple" (synonymous with nikah)

Setelah ijab mereka duduk berjejer.

talak   "the final say from a man in divorcing his wife"

Setelah talak dijatuhkan, perceraian itu menjadi resmi.

taklik   "the final say from a woman in requesting a divorce from
her husband"

Takliknya sudah diberikan, tapi suaminya belum mau memberi
talak.

Seorang istri hanya mempunyai taklik, tapi tidak mempunyai
talak.

11. The following terms are specifically Javanese and are to be learned
only by those whose area of study is Java:

nòntòni   "a process whereby a man, accompanied by his elders,
goes to the house of the girl in whom he is interested with
the idea of making himself available for "observation" both
by the girl as well as her parents"

nakòkake   "a process whereby the man, through his elders, tries
to find out whether or not the girl is still available for
marriage"

nglamar   "a process whereby the man, through his elders, proposes
to the girl in marriage"

ningseti "a process whereby the man, through his elders, gives something to the girl's parents to officially tie the relationship"

pacangan "to be engaged; fiance(e)"

wetòn "birthday according to the Javanese calculation" In addition to the seven day cycle (Monday, Tuesday, Wednesday, etc.), the Javanese also have what is called rangkep, meaning "double." This rangkep consists of only five days, namely, legi (or manis), paing, pon, wage, and kliwon. A Javanese birthday is not just a Monday or Tuesday, but a Monday or Tuesday plus a rangkep. Thus, it can be Monday pon, paing, manis, etc. This is what is called a weton.

midòdareni "the night before the nikah ceremony when the girl's parents invite guests to come and give their blessings" The Javanese believe that on this night the widodari, or angels, will descend from heaven bringing happy wishes and blessings.

temòn "a ceremony after the nikah wherein the bride and bridegroom sit side by side on an elaborately decorated sofa for the guests to view and witness"

ngunduh pengantèn "a process wherein the groom's parents celebrate the wedding of their son in their home" This is done at least five days after the nikah.

pirakan "separation" (when the marriage separation is only temporary and there is hope of reconcilliation)

pegatan "to be divorced" (when each feels that reconcilliation is not possible)

rujuk "reconcilliation after a separation"

46

balèn   "to remarry each other after a divorce"

IV. REMEDIASI TATABAHASA

1. punya vs. mempunyai   Punya is the informal form of mempunyai.
    An unusual phenomenon here is that while the informal form
    usually drops the prefix meN- but retains the suffix, either
    -kan or -i, in the case of punya, the suffix -i is also
    dropped.

        Dia punya banyak uang.

        Dia mempunyai banyak uang.

    If the passive form is used, the suffix must be retained.

        Mas kawin itu dia punyai sejak dia kawin.

    kepunyaan   "to belong to"

        Cincin kawin itu kepunyaan Narti.

        Daun sirih itu kepunyaan siapa?

    empunya   "to possess" Usually used after yang, this expression
    is rather archaic.

        Gadis itu belum ada yang empunya.

        Yang empunya gadis itu sekarang ada di luar negeri.

2. lahir vs. dilahirkan vs. kelahiran   "to be born" Lahir and di-
    lahirkan are used interchangeably. Kelahiran has the same
    meaning as lahir and dilahirkan, but it is followed directly
    (without the preposition di) by the place name.

Dia <u>lahir</u> di Semarang.

Dia <u>dilahirkan</u> di Semarang.

Dia <u>kelahiran</u> (without <u>di</u>) Semarang.

Another difference between <u>kelahiran</u> and <u>lahir/dilahirkan</u> is

that <u>kelahiran</u> obligatorily requires the presence of the place

name but <u>lahir/dilahirkan</u> does not.

Setelah dia <u>lahir/dilahirkan</u>, kami pindah ke Medan.

(but not "setelah dia kelahiran" or "setelah kelahiran")

<u>melahirkan</u>   "to give birth to"

Narti <u>melahirkan</u> anak pertamanya di Rumahsakit Cikini.

3. <u>datang</u>   "to come"

<u>mendatang</u>   "coming" Primarily restricted in use to such phrases

as "the coming month, week, year," etc., <u>mendatang</u> is also used

to refer to waves approaching the shore.

<u>mendatangi</u>   "to come to (x)"

<u>mendatangkan</u>   "to bring in; invite; import; make (x) come to (y)"

<u>kedatangan</u>   "to be unexpectedly visited by; arrival"

Dia akan <u>datang</u> ke rumahmu.

Pesta itu akan diadakan bulan <u>mendatang</u>.

Dia akan <u>mendatangi</u> rumahmu.

Dia akan <u>mendatangkan</u> bintang film dari Jakarta.

Dia bisa <u>mendatangkan</u> tembakau dari Indonesia.

Kemarin kami <u>kedatangan</u> tamu.

<u>Kedatangan</u> dia sangat mengejutkan.

48

4. jatuh   "to fall; fail" (intransitive)

   menjatuhkan   "to drop (x); to topple"

   menjatuhi   "to fall on (x)"

   kejatuhan   "to be struck by a falling (x)"

   Kemarin dia jatuh di kamar mandi.

   Ujian dia jatuh semester ini. Dia jatuh dalam ujiannya.

   Dia menjatuhkan piring itu.

   Para mahasiswa menjatuhkan Soekarno.

   Dia menjatuhi kacamata saya.

   Mobil saya kejatuhan kelapa.

5. Dia akan menang.   "He will win."

   Dialah yang akan menang.   "It is he who will win."

   Selamatan itu harus dia adakan segera.   "The selamatan must be
      given soon."

   Selamatan itulah yang harus dia adakan segera.   "It is the
      selamatan that must be given soon."

   If the subject of a sentence is being emphasized, the particle
   -lah is usually added and the rest of the sentence changed
   into a relative clause. Please note that -lah is added at the
   very end of the subject construction.

6. berpisah   "to be separated"

   bersatu   "to be united"

   memisah(kan)   "to separate (x); distinguish"

   menyatukan   "to unite (x)"

   Mereka sekarang sudah berpisah.

Kamilah yang <u>memisah(kan)</u> mereka.

Kami semua harus <u>bersatu</u>.

Kami harus <u>menyatukan</u> tenaga2 muda.

V. LATIHAN

Pilihlah kata2 yang tepat untuk kalimat2 berikut.

1. Tono (tergila-gila/kegila-gilaan) pada mobil barunya.

2. Waktu dia berkata "Aku cinta (padamu/mu)," aku terkejut.

3. Dia sangat (suka/sayang) pada anak2-nya.

4. Setelah sakitnya sembuh, dia mengadakan (pesta/selamatan) untuk menyatakan terima kasihnya pada Tuhan.

5. Narti hanyalah seorang (teman/sahabat), bukan seorang (sahabat/teman).

6. Narti tidak bisa main badminton karena sedang (mendatangkan/datang) bulan.

7. Dalam ilmu pengetahuan Bahasa Indonesia memerlukan banyak (istilah2/kata2) yang penting.

8. Kucing kami sedang (mengandung/bunting/hamil).

9. Setelah ijab mereka menerima surat (kawin/perkawinan).

10. Wanita hanya mempunyai (talak/taklik) saja dalam hukum perkawinan Islam.

11. Kami tidak (punyai/punya) uang banyak.

12. Dia (kelahiran/kelahiran di/dilahirkan) Aceh.

13. Bulan (datang/mendatang) ibu akan melahirkan anak yang ketiga.

14. Ujian dia semester ini (jatuh/kejatuhan).

15. Suami istri itu sekarang sudah (berpisah/dipisahkan) selama tiga bulan.

16. Selama kita (disatukan/bersatu) kita akan menang.

17. Bu Prapto sekarang sedang (hamil/bunting).

18. Daun sirih itu (empunya/kepunyaan) bu Karto.

19. Saya (lahir/kelahiran) di Padang.

20. Wanita Islam tidak bisa bercerai tanpa (talak/taklik) dari suaminya.

21. Sinonim untuk "mempelai" adalah (tunangan/penganten).

22. Handai-taulannya (didatangkan/didatangi/mendatang) dari seluruh desa.

23. Di bawah pohon itu bis kami (menjatuhi/kejatuhan/menjatuhkan) kelapa.

24. Para mahasiswalah yang (menjatuhkan/menjatuhi) pemerintah itu.

25. Waktu kami sedang makan, kami (kedatangan/didatangkan) orang yang rambutnya gondrong.

BAB I. D.

PENELITIAN PRASEJARAH DI SULAWESI SELATAN

Dalam masalah kepurbakalaan daerah Sulawesi Selatan sejak lama
menarik perhatian dunia ilmu pengetahuan, terutama bidang ilmu pengetahu-
an alam dan adat-istiadat suku2 bangsa. Khususnya ketika perhatian di
Indonesia pada permulaan abad ini digiatkan terhadap peninggalan2 yang
bersifat non-hinduistik atau yang bersifat prasejarah, maka daerah
Sulawesi Selatan dijadikan sasaran penelitian yang sangat penting. Obyek
yang menarik ialah terutama benda2 peninggalan manusia yang terpendam
dalam lapisan2 tanah di gua2 Sulawesi Selatan. Dalam perjalanan pada
tahun 1902 guna penelitian keadaan alam dan penduduk Sulawesi, sarjana2
Swiss Fritz dan Paul Sarasin pernah melaksanakan penggalian2 di gua2   10
sekitar Lomoncong yakni di Leang Cakondo I-II, Leang Ululeba dan Leang
Balisao, terletak di daerah pegunungan kapur Bone. Di daerah pegunungan
ini kedua Sarasin menjumpai suku bangsa Toala, yang pada waktu itu hidup
di hutan2 dan di gua2. Menurut pendapat mereka suku bangsa Toala ini,
yang hidupnya terpencil dan kadang2 mengadakan hubungan dagang barter
dengan suku bangsa Bugis di daerah sekitarnya, tergolong serumpun dengan
bangsa Wedda, yang ditemukan untuk pertama kalinya di Ceylon. Pendapat
Sarasin selanjutnya mengatakan bahwa suku bangsa Toala ini menunjukkan
perbedaan dengan suku bangsa Bugis dalam hal ciri2 jasmaniah maupun
cara penghidupannya. Ekskavasi2 yang dilakukan oleh kedua Sarasin di   20
keempat gua tersebut tadi menghasilkan alat2 batu serpih dan bilah
(flakes and blades), alat2 ujung yang bergerigi (serrated points) dan
fragmen2 rangka2 manusia. Sarasin menganggap benda2 penemuan itu se-
bagai buatan moyang suku bangsa Toala yakni bangsa Wedda sendiri.

52

Dengan landasan anggapan semacam ini, maka kemudian alat2 hasil peng-

galian dari lapisan2 tanah gua2 di Sulawesi Selatan diklasifikasikan

sebagai rumpun kebudayaan prasejarah dengan istilah "kebudayaan Toala."

Penelitian terhadap kebudayaan Toala ini yang telah dirintis oleh

kedua Sarasin terhenti untuk jangka waktu yang lama dan baru dilanjutkan

lagi oleh P. V. van Stein Callenfels pada tahun 1930 dengan mengadakan   30

ulangan penelitian anthropometris terhadap suku2 bangsa Toala dan Bugis.

W. Mijsberg yang memperluas penelitian Stein Callenfels tadi berke-

simpulan bahwa pada dasarnya tidak terdapat perbedaan2 jasmaniah antara

kedua bangsa tersebut.   Sejak tahun 1930 ini, maka ekskavasi di gua2

Sulawesi Selatan dilakukan oleh peneliti2 prasejarah secara bertahap-

tahap untuk mengetahui luasnya persebaran kebudayaan Toala dengan unsur2

yang dikandungnya serta umur relatifnya.   Hubungan unsur2 kebudayaan Toala

ini dengan unsur2 kebudayaan2 lain di beberapa daerah di dalam maupun

di luar Indonesia telah dicari melalui persamaan2 bentuk alat2 dan

menimbulkan pendapat2 tentang penyebaran umum unsur2 kebudayaan di Asia   40

Timur dan Australia dengan bertolak dari tipe2 alat tertentu seperti

ujung batu (bercorak polos maupun bergerigi), ujung2 tulang beruncingan

kembar (ujung kembar atau "bipoints"), alat2 bertangkai (tanged imple-

ments), alat2 kecil berbentuk geometris (microliths), dan alat2 serut

dari kulit kerang.

Dua orang sarjana yang memberikan sumbangan terpenting dalam pe-

mecahan2 persoalan2 kebudayaan Toala dengan cara melakukan ekskavasi2

langsung di tempat2 tersebut di Sulawesi Selatan adalah P. V. van Stein

Callenfels dan H. R. van Heekeren.   Di samping mereka ini masih ada

beberapa orang peneliti lain yang telah berusaha melengkapi hasil2 yang   50

telah dicapai.   Stein Callenfels secara intensif melakukan ekskavasi2

53

dan dianggap sebagai penggerak utama dalam segi interpretasi kebudayaan

Toala, namun sangat disayangkan, bahwa sarjana ini tidak pernah memberi-

kan laporan2 lengkap tentang hasil2 penelitiannya. Sebaliknya van

Heekeren berusaha mengisi kelemahan2 dalam penelitian terhadap kebudayaan

Toala dengan melaksanakan ekskavasi2 sistematis dan mengeluarkan publi-

kasi2 tentang hasil2-nya secara lengkap dan teratur. Pada tahun 1933

Stein Callenfels mengadakan ekskavasi2 di sekitar Lomoncong dan Lapakanru

untuk membuktikan kebenaran hasil2 yang diperoleh Sarasin. Stein

Callenfels menemukan artefakta2 (benda2 peninggalan) yang pada dasarnya   60

sama dengan hasil Sarasin. Di antaranya dia menemukan di Leang Tomatua

Kacincang fragmen2 gelang kaca berwarna hijau di antara alat2 kebudayaan

Toala dan bertumpu pada penemuan khusus ini ia menarik kesimpulan,

bahwa kebudayaan Toala mencapai batas perkembangan sampai permulaan

abad Masehi, sebab gelang sejenis ini merupakan suatu unsur dari jaman

besi di Indonesia dan Filipina. Selanjutnya Stein Callenfels menduga,

bahwa kebudayaan Toala bukannya rumpun kebudayaan yang bercorak setempat,

akan tetapi besar kemungkinannya bahwa daerah persebarannya meluas di

tempat2 lain di Sulawesi Selatan. Pada tahun 1937 ia bersama W. J. A.

Willems dan seorang sarjana Australia, F. D. McCarthy, mulai berusaha   70

mengadakan penelitian tentang penyebaran geografis kebudayaan Toala

di Sulawesi Selatan dan menggali gua Panisi Ta'buttu di sekitar Watam-

pone. Hasilnya di sini berupa ujung2 bergerigi, ujung2 batu dan tulang,

serta jenis2 artefakta lain yang umum dari kebudayaan Toala dan sebuah

tipe alat baru, yakni alat2 bertangkai. Adanya berita2 tentang penemuan

artefakta di gua2 Besuki oleh van Heekeren, di pulau Timor dan Roti,

sebagai hasil ekskavasi A. Buhler, dan penemuan2 di tanah Australia,

yang kesemuanya menunjukkan kemiripan dengan beberapa tipe alat Toalean, maka Stein Callenfels kemudian memusatkan perhatiannya kepada usaha

untuk memperoleh lebih banyak data tentang tipologi kebudayaan Toala.   80

Dua buah gua, terletak di bagian sekitar Bantaeng, yaitu Batu Ejaya

dan Panangreang Tudeya digalinya berturut-turut pada tahun 1937.

Penemuan di sini berupa artefakta tipe2 umum Toalean, sisa2 kerangka

manusia dan binatang dengan catatan bahwa di gua2 tersebut ditemukan

pula pecahan2 periuk yang berhiasan aneka ragam (a.1. dengan pola

hiasan sisir, pilin, pita lengkung, roset, daun2-an dsb.) dan di-

konstantir susunan lapisan2 kebudayaan yang memisah-misahkan tingkat

kebudayaan Toala. Lapisan teratas Ejaya mengandung mata2-uang Belanda

kuno, disusul kemudian oleh lapisan yang mengandung beberapa kapak

Neolithik, kreweng2 berhias dan fragmen2 benda perunggu. Lapisan   90

kedua ini oleh Stein Callenfels dikira-kirakan berumur 300 SM. Salah

satu gua mencapai titik kedalaman ekskavasi 3 meter di bawah permukaan

tanah, akan tetapi laporan2 lengkap tentang penemuan2-nya yang penting

ini tidak pernah diterbitkan. Willems dan McCarthy pada tahun 1937

itu juga menggali Leang Codong (dalam literatur tentang penelitian Toalean

disebut "Cadang"), yang terletak di bagian tengah Sulawesi Selatan,

tetapi hasilnya kurang memuaskan, karena artefakta2 yang terdiri dari

sisa2 benda logam, alat2 kulit kerang, kreweng2 dan ujung2 bergerigi

ditemukan tercampur aduk dengan sisa2 rangka manusia. Van Heekeren

mulai melaksanakan ekskavasi2-nya di Sulawesi Selatan sejak tahun 1937.   100

Tempat penting yang digalinya ialah gua di Ara, terletak di ujung

tenggara Sulawesi Selatan, kemudian Leang Karassak dan Leang Sarippa,

yang keduanya terletak di daerah Maros. Gua di Ara mengandung alat2

yang dipandang sebagai unsur2 muda Toalean, yaitu ujung2 batu bergerigi

(unsur dominan), ujung kembar dari tulang, kreweng2 dan manik2 kaca berwarna biru. Leang Sarippa menghasilkan sangat banyak alat serpih dan bilah, di antaranya yang memegang peranan utama adalah pula unsur mudanya dalam bentuk ujung2 bergerigi yang disiapkan sangat cermat dan yang pangkalnya umumnya bersayap, suatu ciri khas Neolithikum. Sebaliknya di Leang Karassak, van Heekeren menemukan alat2 yang bercorak arkais, di antaranya ialah alat2 serpih yang kasar dan yang bertangkai, di samping beberapa unsur muda.

110

Dari hasil2 penelitiannya selama itu Stein Callenfels telah mengemukakan kesimpulan2, yang menyatakan, bahwa kebudayaan Toala terdiri dari dua komponen yang masing2 disebutnya Toalean dan Proto Toalean. . . .

(Dari R. P. Soejono, "Penelitian
Bersama Kepurbakalaan Indonesia-
Australia di Sulawesi Selatan,"
Indonesia Magazine, No. 5, 1970.)

I. DAFTAR KATA PENOLONG

berkesimpulan	"to draw a conclusion"
bertolak dari	"to take (x) as a point of departure"
bertumpu	"to rest on; to have support"
cermat	"careful"
gelang	"bracelet"
gua	"cave"

jasmaniah	"physical"
kapak	"adz"
kemiripan	"similarity"
krèwèng	"thin pieces of things, especially tiles"
kulit kerang	"clam shell"
landasan	"base; foundation"
lapisan	"layer"
manik	"beads"
mata uang	"currency; coin"
menarik	"to attract; be interesting"
menarik perhatian	"to attract attention"
mengandung	"to contain; be pregnant"
menyayangkan	"to regret"
merintis	"to clear a way; do pioneering work"
(nènèk) moyang	"ancestors"
pada dasarnya	"in principal; essentially"
penggalian	"excavation"
penyebaran	"spread"
periuk	"cooking pot; caldron"
rangka	"frame; skeleton; framework"
rumpun	"family" (of languages, etc.); "clump" (of bamboo, etc.)
secara bertahap(-tahap)	"in a step-by-step manner"
tercampur aduk	"mixed"
tergòlòng	"belong to"
terpencil	"isolated"
terpendam	"buried" (of objects)

II. JAWABLAH PERTANYAAN2 BERIKUT DENGAN KALIMAT2 LENGKAP

1. Mengapa Sulawesi Selatan sangat menarik ditinjau dari segi ilmu antropologi?

2. Apa teori Sarasin tentang suku bangsa Toala?

3. Apa yang ditemukan Sarasin dalam penyelidikan di gua2 di Sulawesi Selatan?

4. Apa perbedaan teori Sarasin dengan teori Mijsberg mengenai suku Toala dan suku Bugis?

5. Apakah kebudayaan Toala terbatas hanya di Sulawesi Selatan saja?

6. Apa kelemahan Stein Callenfels sebagai seorang sarjana antropologi?

7. Dasar apa yang dipakai oleh Stein Callenfels untuk mengatakan bahwa kebudayaan Toala mencapai batas perkembangan sampai permulaan abad Masehi?

8. Apa yang mendorong Stein Callenfels untuk menyelidiki tipologi kebudayaan Toala?

9. Kalau sesuatu benda, seperti mata uang, ditemukan di lapisan tanah yang lebih atas dari sesuatu benda yang lain, kesimpulan apa yang bisa ditarik dari keadaan ini?

10. Sebutkan beberapa ciri khas benda2 Neolithikum.

III. PENGEMBANGAN KOSA KATA

1. purba   "ancient" This term is usually used in connection with
            prehistory or archeology. It is often combined with kala to
            form the compound purbakala. Although kala by itself means
            "time," people often say jaman purbakala when referring to
            ancient times.

   kuno   "very old" This word is usually used with reference to
            languages, tangibles, and things antique. In some cases, it
            is interchangeable with purba.

   tua   "old" (general term) This word, however, is not used with
            time.

   lama   "old" (as in old friend, story, etc.)

            Peninggalan purbakala/kuno itu sangat berharga.

            Bilah dan serpih dari batu itu berasal dari jaman purbakala/
            kuno (not jaman tua).

            Bahasa Jawa Kuno (not purba) diajarkan di SMA.

            Benda itu tidak hanya tua, tetapi sudah kuno.

            Dia teman lama ayahku.

2. lapisan "layer; stratum"

            Lapisan tanah di gua sangat penting untuk penelitian pra-
            sejarah.

            Di Bali ada empat lapisan masyarakat.

3. gua   (1) "cave"; (2) "first person pronoun 'I' in Jakarta
            dialect"

            Tulang2 dan manik2 yang terpendam di gua di Sulawesi
            Selatan itu digali.

59

Gua nggak mau nonton ama lu.

4. **menggali** "to dig; excavate"

   galian "whatever is dug up"

   penggalian "the digging; excavation" Indonesian writers also
   often use the term **ekskavasi** for "excavation" to clearly dis-
   tinguish it from digging which is for non-scientific purposes.

   cangkul "hoe"

   mencangkul "to hoe"

   > Dia **menggali** tanah untuk mendapatkan air.

   > Sarjana itu **menggali** tanah (=mengadakan **ekskavasi**) di gua
   > Leang Cakondo.

   > **Galian** tanah itu bisa dipakai untuk tanaman kami.

   > Benda2 **galian**, seperti gelang, periuk, dan manik kadang2
   > harganya mahal.

   > **Penggalian** itu makan waktu tiga hari.

   > **Penggalian** di gua itu menghasilkan artefakta2 yang penting.

   > Untuk **menggali** tanah itu kita memerlukan **cangkul**.

   > Tanah itu harus **dicangkul** secara bertahap.

5. **bukit** "hill"

   pegunungan "mountainous land"

   dataran "flat land"

   dataran rendah "low land"

   dataran tinggi "high land"

   lembah "valley"

   padang pasir "desert"

   padang rumput "steppe"

   > Di daerah **pegunungan** atau **bukit** udaranya sangat sejuk.

Suku bangsa Bugis tinggal di dataran.

Mereka yang hidup di dataran rendah kakinya kecil, dan

mereka yang hidup di dataran tinggi kakinya besar.

Lembah itu ada di antara dua gunung yang tinggi.

Orang tidak bisa hidup di padang pasir Sahara.

Padang rumput biasanya terdapat di daerah beriklim kering.

6. rumpun "family; clump" (of bamboo, etc.) Rumpun is synonymous

with keluarga in most cases, except when keluarga is used to

refer to someone's family. In this case, only the word keluarga,

not rumpun, can be used.

Suku Toala serumpun/sekeluarga dengan suku Bugis.

Bahasa Indonesia termasuk rumpun/keluarga bahasa2 Austro-

nesia.

Tanaman ini termasuk rumpun/keluarga bambu.

Dalam keluarga (not rumpun) kami ada lima orang.

rombongan "a group of travelers; entourage"

Rombongan kami akan berangkat ke Sumatera besok pagi.

golongan "a group of people forming an offshoot or faction of

a larger group; (social) class"

Golongan kiri tidak setuju dengan politik pemerintah.

Keluarga Kennedy termasuk golongan masyarakat tingkat tinggi.

gerombolan "a group of undesirable people"

Gerombolan pengacau itu sudah dihancurkan.

Gerombolan anak2 muda itu menyerang kedutaan Amerika.

kelompok "group" (refers to people or plants, has neither posi-

tive nor negative connotation)

Sekelompok mahasiswa menuntut supaya harga buku diturunkan.

61

Kelompok tumbuh2-an itu harus dibakar.

kumpulan   "collection" (refers to people or things)

Kumpulan cerita itu akan diterbitkan segera.

Kumpulan mahasiswa itu dilarang oleh pemerintah.

7. jasmani   "physical; body; outer form of things" (-ah often added
   when used as an adjective)

   rò(k)hani   "mental; inner form of things" (-ah also often added
   when the word is used adjectivally) In addition to jasmani and
   ro(k)hani, the words fisik dan mental are also used.

   Unsur2 jasmani(ah) lebih mudah dilihat dan dipelajari.

   Pendidikan ro(k)hani(ah) sangat penting untuk anak2 kita.

   Dalam jasmani yang sehat terletak ro(k)hani yang kuat.

   arwah/ròh   "soul" (of the dead)

   Orang primitif percaya pada arwah/roh dari orang2 yang

   sudah mati.

8. serpih   "flake"

   bilah   "blade; long chip of wood"

   fragmèn   "fragment"

   kapak   "adz"

   Serpih dan bilah dari batu itu terpendam di dekat gua

   Leang Balisao.

   Fragmen2 dan kapak2 yang ditemukan Callenfels disimpan di

   sebuah musium di negeri Belanda.

   rangka   "skeleton; frame; framework"

   Rangka manusia itu ditemukan di gua di daerah Toala.

   Lukisan itu akan saya beri rangka.

   Dalam rangka merayakan hari kemerdekaan kita, kita akan

mengadakan pertunjukkan wayang.

tengkorak   "skull"

tulang   "bone"

kulit kerang   "clam shell"

    Tengkorak *Pithecanthropus erectus* ada di Leiden.

    Tulang2 itu digali oleh seorang antropolog Swiss.

    Penemuan kulit kerang sangat berguna untuk penyelidikan

    antropologi.

artefakta   "artifact"

ujung2 bergerigi   "serrated points"

alat2 bertangkai   "tanged implements"

krèwèng   "broken pieces of objects made of clay or mud; shards"

    Artefakta2 itu ditemukan di Sulawesi Selatan oleh Callenfels.

    Jang dia temukan adalah ujung2 bergerigi, alat2 bertangkai,

    dan beberapa kreweng.

9. (nènèk-)moyang   "ancestor" The Javanese term leluhur is sometimes

    used instead.

    Nenek-moyang orang Indonesia berasal dari Asia.

    Suku Toala percaya pada arwah nenek-moyang mereka.

    Kita harus menghormati leluhur kita.

10. sumbangan   "contribution" (used literally and figuratively) The

    word kontribusi is also used.

    sumbangan wajib   "a mandatory contribution; a contribution which

    is required by an organization, the government, etc."

    Sumbangan/kontribusi dari pedagang itu satu juta rupiah.

    Sumbangan/kontribusi van Heekeren sangat besar dalam ilmu

    antropologi Indonesia.

Pada waktu itu yang membawa mobil ke Indonesia harus

memberi sumbangan wajib.

11. mirip   "similar; to resemble"

    kemiripan   "similarity"

    sama   "same"

    persamaan   "similarity; equality"

        Rupa kedua anak itu hampir sama.

        Rupa kedua anak itu mirip.

        Dia mirip ibunya.

        Ada persamaan antara kebudayaan Toala dengan kebudayaan

        Bugis.

        Wanita sekarang minta persamaan hak.

        Ada kemiripan antara kebudayaan Toala dengan kebudayaan

        di Timor.

12. Barat Laut   "Northwest"

    Timur Laut   "Northeast"

    Barat Daya   "Southwest"

    Tenggara   "Southeast"

        India ada di Barat Laut Indonesia.

        Indonesia termasuk Asia Tenggara.

        Di daerah Barat Daya Amerika ada pegunungan.

        Universitas Harvard ada di Timur Laut Amerika.

13. Kata2 dari bahasa asing To make Indonesian function as a language

    for scientific communication, Indonesian borrows words from

    foreign languages. Recently the borrowing has come from English,

    although in the past it has come from languages such as Sanskrit,

    Arabic, and Dutch. These borrowed words are usually adapted

in such a way that they do not sound too strange to Indonesian ears. Generally we can say that:

(i) the ending -si corresponds to Dutch ending -tie and English -tion.

èkskavasi	"excavation"
interpretasi	"interpretation"
klasifikasi	"classification"
publikasi	"publication"
réalisasi	"realization"

(ii) the ending -is corresponds to Dutch -isch and English -ic/ical.

sistimatis	"systematic"
géografis	"geographic"
géometris	"geometric"
ékonomis	"economical"
praktis	"practical"
logis	"logical"

(iii) the ending -isme corresponds to Dutch -isme and English -ism.

kòmunisme	"communism"
kapitalisme	"capitalism"
Hinduisme	"Hinduism"
imperialisme	"imperialism"

(iv) the ending -if corresponds to Dutch -ief and English -ive.

intènsif	"intensive"
rélatif	"relative"
administratif	"administrative"

produktif   "productive"

(v) the ending -itas corresponds to Dutch -iteit and English -ity.

aktivitas	"activity"
kréativitas	"creativity"
universitas	"university"
kapasitas	"capacity"

While grammatical borrowing is indeed rare, we do find the mixture of foreign words with Indonesian affixes, especially the affixes meN-kan.

menginterpretasikan	"to interpret"
diklasifikasikan	"to be classified"
dikategorikan	"to be categorized"
bervakansi	"to have a vacation"

14. **Kata2 singkatan** Indonesian uses a great number of abbreviations and acronyms. The following abbreviations are commonly used and understood by every Indonesian. Please note that the punctuation is inconsistent.

a.n.	atas nama	"on behalf of; for (Mr. X)"
a.l.	antara lain	"among others"
dll	dan lain-lain	"etc."
dsb	dan sebagainya	"etc."
dst	dan seterusnya	"and so forth"
dng/dg	dengan	"with"
d.h.	dengan hormat	"dear Sir/Madam, etc."
kpd	kepada	"to (Mr. X)"
Nn.	nona	"Miss"

Ny.	nyonya	"Mrs."
sdr.	saudara	"Mr./Ms."
tgl	tanggal	"date" (of the month)
tsb	tersebut	"mentioned above/previously"
y.a.d.	yang akan datang	"next/coming" (month, etc.)
yg/yng	yang	"that/which/who/whom"
y.l.	yang lalu	"last" (week, etc.)
yth	yang terhormat	"The Honorable; Mr./Ms. (X)"
ttd	tertanda	"signed" (in letters)

Tsb singkatan dari/untuk apa?

Sdr. singkatan dari/untuk "saudara."

Apa singkatannya untuk "yang lalu?"

IV. REMEDIASI TATABAHASA

1. Passive ter-. The prefix ter- is often used in passive constructions.
   There is a difference in meaning between the passive ter- and
   the passive di-. Ter- is used when the agent is insignificant
   because either it is too general to mention or it is a factor
   beyond one's control. The passive di-, on the other hand, always
   implies the role of the agent, even if the agent is unstated in
   the sentence.

   Kota New York terletak di pulau Manhattan.

   Kulit kerang itu terletak di meja.

   Kulit kerang itu diletakkan di meja (by someone).

Manik yang dia temukan itu terpendam di gua Cakondong

(the agent may be a landslide, cave-in, etc.).

Manik yang dia temukan itu dipendam di gua Cakondong

(someone did the burying).

Penyelidikan Sarasin terhenti untuk jangka waktu yang

lama (by events such as war, infirmity, etc.).

Penyelidikan Sarasin dihentikan untuk jangka waktu yang

lama (by the government, themselves, etc.).

2. kesimpulan   "conclusion"

berkesimpulan   "to come to a conclusion"

menarik/mengambil kesimpulan   "to draw a conclusion"

menyimpulkan   "to conclude; summarize"

Kesimpulan yang dia ajukan tidak bisa kami terima.

Dari penemuan2 itu dia berkesimpulan bahwa kebudayaan

Toala tersebar di seluruh Asia Tenggara.

Suatu kesimpulan bisa ditarik hanya setelah data2-nya

lengkap.

Dia menyimpulkan pendapatnya dalam tulisan ini.

3. Kata ulang dengan -an There are several types of reduplication in

Indonesian. Presented below are those which take -an as their

ending.

(i) -an: a. Noun₁ + Noun₁ + an   "various sorts of Noun₁"

daun2an   "various sorts of leaves"

buah2an   "various sorts of fruit"

tumbuh2an   "various sorts of plants"

Di pasar itu dijual buah2an.

Di Kebun Raya Bogor ada banyak tumbuh2an.

b. $Noun_1$ + $Noun_1$ + an   "not real $Noun_1$"

     orang2an   "objects which look like people; scarecrow

     kapal2an   "ship-like objects; toy ship"

     kuda2an   "horse-like objects; hobby-horse"

Orang2an di sawah itu untuk menakut-nakuti burung.

Kapal2an yang kami beli sudah rusak.

c. $Verb_1$ + $Verb_1$ + an   "reciprocal action"

     tembak2an   "to shoot each other"

     lempar2an   "to throw (x) at each other"

     pukul2an   "to hit each other"

Polisi dan gerombolan itu tembak2an.

Mereka juga pukul2an.

d. Adj_1 + Adj_1 + an   "in the Adj_1 manner"

     besar2an   "in a big way"

     kecil2an   "in a small way"

Pesta mereka selalu besar2an.

Pesta perkawinan kami hanya kecil2an saja.

(ii) ke-an:

a. ke + $Noun_1$ + $Noun_1$ + an   "to behave like N_1 or have the characteristic of N_1"

     kekanak-kanakan   "childish"

     keibu-ibuan   "motherly"

     kebapak-bapakan   "fatherly"

Meskipun sudah besar, dia masih kekanak-kanakan.

Gadis itu keibu-ibuan.

b. ke + Adj$_1$ + Adj$_1$ + an   "Adj$_1$ + ish"

kehijau-hijauan   "greenish"

kemerah-merahan   "reddish"

kekuning-kuningan   "yellowish"

Dari kapal-terbang daerah itu kelihatan kehijau-hijauan.

Warna bunga itu kemerah-merahan.

V. LATIHAN

Pilihlah kata2 yang tepat untuk kalimat2 berikut.

1. Manik dan periuk yang dia temukan itu tidak hanya (tua/kuno), tapi sudah (tua/kuno).

2. Dia sahabat (kuno/tua/lama) saya.

3. Untuk menggali tengkorak itu kita memerlukan (kapak/cangkul).

4. Pada jaman (tua/purba/lama), manusia hidup dari berburu.

5. (Bukit/pegunungan) Rocky ada di Amerika bagian barat.

6. (Dataran tinggi/lembah) terletak di antara dua gunung.

7. Suku Toala tergolong (rumpun/rombongan/kumpulan) bangsa Austronesia.

8. (Kelompok/rombongan/golongan) mahasiswa2 itu akan berangkat ke Surabaya minggu depan.

9. Polisi menghancurkan (gerombolan/golongan) pemberontak itu.

10. Kehidupan (keluarga/rumpun) kami penuh dengan kesedihan.

11. Setelah meninggal (arwah/rohani) itu naik ke langit.

12. (Kakek/nenek)-moyang bangsa Indonesia berasal dari Asia Tenggara.

13. Rupa kedua gelang itu sangat (mirip/sama).

14. Wanita sekarang sedang menuntut (kemiripan/persamaan) hak.

15. Indonesia terletak di Asia (Barat Daya/Tenggara).

16. Metode penggalian dia sangat (sistimatik/sistimatis).

17. Berikut singkatan2 dari apa?

kpd   a.l.   dll   ttd   a.n.

yth   Ny.   tgl   tsb   Nn.

dst   y.a.d.   y.l.   dh   dng

18. Di Bali ada empat (lapisan/kelompok) masyarakat.

19. Padang (pasir/rumput) terdapat di daerah yang kering.

20. (Kumpulan/kelompok) cerita2 dia sangat menarik.

21. Perang antara kedua suku itu (dihentikan/terhenti) karena musim

hujan.

22. Tengkorak dan alat2 bertangkai itu (terdapat/didapat) di gua.

23. Dia sekarang menjual (buah/buah2an) di Pasar Cikini.

24. (Orang2/orang2an) sudah harus berkumpul di sini jam 5.

25. Universitas Yale ada di (Barat Laut/Timur Laut) Amerika.

BAB II. A.

BAHASA INDONESIA

Dokumen yang tertua mengenai bahasa Indonesia ditemukan di Muara
Kanam, Kalimantan. Dokumen yang bertahun 400M ini banyak sekali
mengandung kata2 Sansekerta, sehingga bisalah dikatakan bahwa dokumen
ini bukanlah dokumen pertama mengenai bahasa Indonesia. Yang betul2
bisa dianggap sebagai dokumen pertama ditemukan di Kedukan Bukit dan
Talang Tuo, Sumatra Tengah, yang bertahun 680M. Meskipun dalam pra-
sasti itu juga ditemukan kata2 Sensekerta, tetapi sebagian besar kata2-
nya adalah kata2 Melayu kuno.

Pada waktu itu di Sumatra Tengah terdapat sebuah kerajaan yang
sangat terkenal, yakni, kerajaan Sriwijaya, yang menjadi pusat Hinduisme
dari abad ke-5 sampai abad ke-13. Sesudah abad ini Sriwijaya makin
mundur dan akhirnya jatuh. Sementara itu semenanjung Malaka menjadi
makin ramai sebagai pusat perdagangan. Bahasa Melayu makin banyak
dipakai sebagai bahasa perdagangan antara berbagai-bagai bangsa dan
suku bangsa.

Dengan datangnya agama Islam pada abad ke-14, dan mulai runtuhnya
kerajaan Mojopahit di Jawa Timur, bahasa Melayu lebih banyak lagi di-
pakai. Penyebaran agama Islam ke pulau2 di Indonesia secara tidak
langsung membantu penyebaran bahasa Melayu itu juga. Pada waktu inilah
bahasa Melayu mulai mengambil banyak kata2 dari bahasa Arab yang sampai
sekarang ini masih sering dipakai.

Kedatangan orang2 Portugis di Malaka pada tahun 1511 menambah lagi
percampuran perbendaharaan kata dalam bahasa Melayu. Percampuran ini
ditambah lagi dengan datangnya orang2 Inggris di Malaka pada tahun 1600

dan orang2 Belanda di Jawa pada tahun 1596. Sejak kedatangan orang2
Barat inilah bahasa Melayu yang dipakai di negara2 yang sekarang disebut
Malaysia dan Indonesia menempuh sejarah perkembangan yang berbeda.
Bahasa Melayu yang dipakai di Malaysia masih banyak sekali memakai kata2
Arab dan juga kata2 yang berasal dari bahasa Inggris. Indonesia, yang
dijajah Belanda, tentu saja tidak lepas dari pengaruh bahasa Belanda.
Sebagai bahasa yang dijajah bahasa Melayu pada permulaan abad
ke-20 tidak mendapat tempat yang selayaknya. Karena alasan ekonomis
maupun harga diri, banyak pemuda Indonesia yang mampu berusaha untuk
belajar bahasa Belanda, karena dengan bahasa inilah mereka bisa mendapat
kedudukan yang lumayan dalam pemerintahan Belanda. Keadaan ini berjalan
beberapa lama, tetapi akhirnya dirasakan oleh pemuda2 Indonesia bahwa
bahasa asing ini, meskipun sangat penting di satu pihak, sebenarnya
sangat merugikan, karena golongan cendekiawan ini tidak bisa lagi ber-
gaul dengan khalayak ramai. Rasa nasionalisme yang sudah mulai timbul
itu menjadi makin besar dengan kemenangan Jepang atas Rusia pada tahun
1905. Peristiwa ini menggugah pemuda2 Indonesia untuk berjuang lebih
giat lagi dalam mencapai kemerdekaan. Timbullah persatuan2 pemuda,
seperti Budi Utomo pada tahun 1908, yang tujuan akhirnya ialah mencapai
kemerdekaan untuk bangsanya. Tidak lama sesudah itu timbul jugalah
partai2 politik yang pertama di Indonesia. Puncak dari kegiatan2 ini
dicapai pada tanggal 28 Oktober, 1928, ketika pemuda2 Indonesia mengada-
kan Kongres Pemuda yang pertama. Dalam kongres inilah dilahirkan sebuah
sumpah yang berbunyi: "Kita berbangsa satu, bangsa Indonesia. Kita
berbahasa satu, bahasa Indonesia. Kita bertanah-air satu, tanah-air
Indonesia." Dalam kongres inilah secara resmi nama bahasa Melayu di-
ganti dengan bahasa Indonesia.

Pemilihan bahasa Melayu, dan bukan bahasa lain di Indonesia, sebagai bahasa nasional berdasarkarkan pada banyak faktor. Pertama, sudah jelas dari apa yang kita katakan di atas bahwa bahasa Melayu waktu itu sudah banyak dipakai oleh orang2 yang tersebar di kepulauan Indonesia. Jadi sangatlah logis bahwa bahasa yang dipilih sebagai bahasa nasional adalah bahasa yang sudah tersebar ke mana-mana. Kedua, dibandingkan dengan bahasa2 lain yang sudah maju waktu itu, seperti bahasa Jawa, umpamanya, bahasa Melayu lebih sederhana karena bahasa ini tidak mengenal terlalu banyak tingkat2 kesopanan seperti yang terdapat dalam bahasa Jawa. Jadi untuk melancarkan kegiatan2 nasionalisme bahasa2 seperti bahasa Jawa tidaklah praktis dan bermanfaat. Ini disadari oleh golongan Jawa yang waktu itu berjuang bersama dengan rekan2 mereka.

Dengan diangkatnya bahasa Indonesia sebagai bahasa nasional pada tahun 1928 itu, pemuda2 Indonesia merasa telah memiliki suatu alat persatuan yang sangat bermanfaat. Bahasa ini dipupuk terus oleh golongan terpelajar Indonesia, dan akhirnya diangkat menjadi bahasa resmi negara Republik Indonesia pada tanggal 17 Agustus, 1945, waktu Indonesia menyatakan kemerdekaannya. Tentu saja sebagai bahasa yang masih muda ia mengalami banyak kesukaran; bahkan sebagian dari para pemimpin waktu itu masih saja kesukaran memakai bahasa ini karena waktu mereka bersekolah, mereka dididik secara barat. Meskipun demikian, tekad bangsa Indonesia sangat besar, sehingga tidak lama setelah kemerdekaan bahasa ini telah menjadi bahasa nasional dalam arti yang sebenarnya.

Bahasa Indonesia sekarang dipakai di Sekolah Dasar sampai Universitas. Di beberapa tempat bahasa ini bahkan diajarkan mulai dari Taman Kanak2. Dengan berkembangnya bahasa nasional ini, bagaimanakah nasib bahasa2 daerah? Apakah bahasa2 ini suatu ketika akan hilang? Dalam soal ini pendapat para ahli berbeda. Sebagian mengatakan bahwa bahasa2 daerah itu akan lenyap, atau paling tidak akan mundur, karena orang2 muda Indonesia harus memakai bahasa Indonesia sebagai bahasa pengantar. Pihak yang lain tidak setuju dengan pendapat ini dan mereka percaya bahwa bahasa Indonesia tidak akan mungkin bisa mendesak bahasa2 daerah, karena bahasa daerah mempunyai fungsi yang berbeda dengan bahasa Indonesia. Bahasa daerah adalah "bahasa rumah," sedangkan bahasa Indonesia adalah "bahasa dinas." Sebagai bahasa rumah, bahasa daerah dipakai oleh pemakainya untuk hal2 yang bersangkutan dengan peristiwa-peristiwa sosial, antara keluarga, kesenian daerah dsb. Dari kedua pendapat itu mana yang akan menang haruslah kita tunggu.

I. DAFTAR KATA PENOLONG

cendékiawan	"an intellectual"
lenyap	"to vanish"
memupuk	"to fertilize; nourish"
mendesak	"to push; urge"
menggugah	"to awaken"
menyadari/menyedari	"to realize; be aware of"
mundur	"to step back; retreat; digress"
prasasti	"inscription"
runtuh	"to collapse"
sederhana	"simple; plain"

selayaknya	"proper; properly"
semenanjung	"peninsula"
sumpah	"oath; pledge; to take an oath; swear"
têkad	"determination"
terpelajar	"educated"

II. JAWABLAH PERTANYAAN2 BERIKUT DENGAN KALIMAT2 LENGKAP

1. Mengapa prasasti yg ditemukan di Muara Kanam bukanlah betul2 dokumen bahasa Indonesia yg pertama?

2. Apa perbedaan antara prasasti di Muara Kanam dengan prasasti di Tulang Tuo?

3. Faktor2 apa yg menyebabkan bahasa Melayu sekarang berbeda dengan bahasa Indonesia?

4. Akibat negatif apakah yang timbul dng meluasnya bahasa Belanda pada permulaan abad ke-20?

5. Apa hubungannya antara nasionalisme di Indonesia dng kemenangan Jepang atas Rusia pada tahun 1905?

6. Tahun berapa kira2 partai2 politik pertama timbul di Indonesia?

7. Mengapa pada tahun 1928 pemuda2 Indonesia mengangkat bahasa Melayu sebagai bahasa Indonesia?

8. Mengapa justru bahasa Melayu yg dipilih sebagai bahasa kebangsaan?

9. Bagaimana keadaan bahasa Indonesia pada tahun 1945?

10. Bagaimana pendapat sdr tentang hubungan antara bahasa Indonesia dng bahasa daerah?

76

III. PENGEMBANGAN KOSA KATA

1. **dòkumen**   "(a) document"

   prasasti   "inscription"

   arsip   "archive; copy (of a letter, etc.) used only for documentary purposes"

   piagam   "charter"

   Prasasti Talang Tuo merupakan dokumen penting dalam sejarah bahasa kita.

   Arsip dari perjanjian itu harus disimpan selayaknya.

   Dokumen itu disimpan di Biro Arsip.

   Piagam Jakarta ditandatangani tahun 1945.

2. **bahasa**   "language"

   b. nasional   "national language" The words bahasa kebangsaan and bahasa persatuan are also often used.

   b. daérah   "regional/vernacular language"

   b. pengantar   "language of instruction/communication"

   b. lisan   "oral language"

   b. tulisan   "written language"

   b. ibu   "mother tongue"

   Kita harus memupuk tidak hanya bahasa nasional saja, tetapi juga bahasa daerah.

   Bahasa Indonesia adalah bahasa pengantar di semua sekolah dan juga di seluruh Indonesia.

   Bahasa lisan kadang2 berbeda dengan bahasa tulisan.

   Bahasa ibu untuk sebagian besar rakyat Indonesia bukanlah bahasa Indonesia.

3. gaya bahasa   "style (of language)"

    tatabahasa   "grammar"

    peribahasa   "proverb"

        Gaya bahasa Takdir tidak sama dng gaya bahasa Mochtar

        Lubis.

        Tatabahasa bahasa Indonesia sangat mirip dng tatabahasa

        bahasa Melayu.

        Peribahasa dalam bahasa manapun harus dipelajari secara

        tersendiri.

4. prosa   "prose"

    puisi   "poetry"

    sajak   "poem"

    sanjak   "rhyme"

        Kesusasteraan dalam bentuk prosa mulai tahun 1920.

        Gaya bahasa puisi lama berbeda dengan gaya bahasa puisi

        sekarang.

        Sanjak dalam sajak itu adalah a,i,a,i.

5. kalimat   "sentence"

    k. tunggal   "simple sentence"

    k. majemuk   "compound or complex sentence"

    k. berita   "declarative sentence"

    k. tanya   "interrogative sentence"

    k. perintah   "imperative sentence"

    k. seru   "interjective sentence"

    anak kalimat   "clause"

        Kalimat majemuk bisa terdiri dari dua kalimat tunggal.

        Kalimat berita tidak memerlukan jawaban, tetapi kalimat

tanya selalu memerlukan jawaban lisan.

Jawaban dalam kalimat perintah berupa perbuatan.

Tanda yg dipakai dalam kalimat seru adalah "!."

Anak kalimat dalam kalimat itu adalah anak kalimat relatif.

6. kata   "word" Sometimes people use perkataan. Please note, however, that perkataan can also be abstract.

katadasar   "a base"

suku kata   "syllable"

ungkapan   "expression; idiom"

imbuhan   "affix"

awalan   "prefix"

akhiran   "suffix"

Kata "majalah" terdiri dari tiga suku kata.

Perkataan "jantung hati" adalah ungkapan untuk "kekasih."

Perkataan (not kata) dia tidak bisa dipercaya.

Yg membuat bahasa Indonesia sukar adalah adanya banyak

imbuhan, terutama awalan dan akhiran.

Katadasar dari "membeli" adalah "beli."

7. semenanjung   "peninsula" The word jazirah is also used.

teluk   "bay"

bandar   "seaport" The more commonly used term is pelabuhan.

Semenanjung/jazirah Malaka menjadi penting pada abad ke-13.

Teluk Bayur di Sumatra Tengah sangat indah.

Pada abad ke-13 Malaka menjadi bandar yg penting.

8. ramai   "busy" (not of work); "noisy; fascinating"

meriah   "grand" (always with a positive connotation)

sibuk   "busy" (of work)

Perempatan itu sangat <u>ramai</u> (not <u>sibuk</u>) tiap hari.

Anak2 itu selalu <u>ramai</u> saja tiap malam.

Pertunjukan wayang itu sangat <u>ramai</u>.

Pesta yg dia adakan itu sangat <u>meriah</u>.

Dia sedang <u>sibuk</u> (not <u>ramai</u>) menyelesaikan pekerjaan dia.

9. <u>runtuh</u>   "to collapse" (literally and figuratively) This is a

stronger word than <u>jatuh</u>.

Kerajaan Sriwijaya <u>runtuh</u> pada akhir abad ke-12.

Kerajaan Sriwijaya <u>jatuh</u> karena adanya saingan dari Mojo-

pahit.

Gadis itu hatinya <u>runtuh</u> karena ditinggalkan kekasihnya.

10. <u>alasan</u>   "reason; excuse; cause"

<u>sebab</u>   "reason; cause; because" When used in contrast with

<u>sebab</u>, <u>alasan</u> means excuse. <u>Karena</u> is used only in the sense

of "because."

Ada tiga <u>alasan/sebab</u> mengapa Sriwijaya runtuh.

Yg dia berikan hanya <u>alasan</u> saja, dan bukan <u>sebab</u>.

11. <u>cendékiawan</u>   "an intellectual" The synonym <u>intelek</u> is also used.

<u>terpelajar</u>   "educated" (but to a lesser degree compared to

<u>cendekiawan</u>)

Golongan <u>cendekiawan/intelek</u> sekarang banyak dipakai oleh

pemerintah.

Seorang <u>terpelajar</u> belum tentu bahwa dia adalah <u>cendekiawan</u>.

12. <u>sumpah</u>   "an oath; to take an oath; to swear"

<u>menyumpah</u>   "to administer an oath"

<u>menyumpah-nyumpah</u>   "to swear (using taboo words)"

<u>janji</u>   "a promise; to promise; an appointment"

perjanjian   "an agreement/promise of a more official nature"

kencan   "date" (not person) (to go to the movies, etc.)

Sumpah Pemuda itu diambil tahun 1928.

Dia sudah (ber)sumpah untuk tidak kawin lagi.

Dia begitu marah sampai dia menyumpah-nyumpah.

Saya sudah janji untuk mengunjungi dia.

Perjanjian (not janji) untuk menyamakan bahasa Indonesia dengan bahasa Melayu ditandatangani tahun 1972.

Saya ada janji (not perjanjian) dengan Ida nanti sore.

Saya ada kencan dengan Ida nanti sore.

13. sederhana   "simple; plain; modest"

méwah   "extravagant; luxurious"

Gadis desa biasanya sangat sederhana dalam berpakaian.

Mereka hidup sederhana sekali.

Para hartawan biasanya hidup mewah.

Gadis2 sekarang suka barang2 yg mewah.

14. tékad   "determination; very strong will"

keinginan   "desire" (weaker than tekad but stronger than kemauan/ kehendak/niat)

kehendak }

kemauan }

hasrat }   "intention" (to do something)

niat }

nafsu   "appetite; passion; desire"

Tekad dia untuk mencapai tujuannya sangat kuat.

Meskipun keinginannya besar, tapi uangnya tidak cukup.

Kemauan/kehendak/niat/hasrat untuh maju sih ada, tapi

badan sudah tidak kuat lagi.

Karena sakit dia tidak punya nafsu makan lagi.

Lelaki itu nafsunya besar, kasihan istrinya!

Tidak tahu kenapa minggu ini saya tidak punya nafsu belajar.

15. Beberapa ungkapan dan peribahasa:

    a. Tua-tua keladi, makin tua makin menjadi. "The older he
gets, the stronger (sexually) he becomes."

    b. Sepandai-pandai tupai melompat, akhirnya jatuh juga. "One
can never stay at the top all the time; someday he will
fall."

    c. Patah tumbuh hilang berganti. "All is not lost."

IV. REMEDIASI TATABAHASA

1. jadi - menjadi Jadi can always be substituted for menjadi, but not
vice versa.

    a. jadi = menjadi   "to become"
Bahasa Melayu jadi/menjadi bahasa Indonesia pada tahun 1928.

    Dia sudah jadi/menjadi guru waktu dia berumur 21 tahun.

    b. jadi = menjadi   "to be"
Saya jadi/menjadi guru bahasa Inggris, ketika ada di Indo-
nesia.

    Waktu dia datang, saya jadi/menjadi kepala polisi daerah itu.

    c. jadi (not menjadi)   (1) "so"; (2) "to finally do what
one intended to do"; (3) (when preceded by tidak and followed

by a verb) "to cancel an action (named by the verb)
previously intended or proposed"

Jadi, kapan kita akan mulai riset kita?

Narto jadi beli mobil. (The speaker, aware that Narto was
thinking of buying a car, states that Narto now has bought
it.)

Dia tidak jadi datang. "He planned to come, but then
couldn't make it."

Kami tidak jadi pindah ke Yogya. "We planned to move to
Yogya but the plan was cancelled."

Bagaimana, jadi pergi apa tidak. "Are we going, or aren't
we?"

2. ke-an as verb formative While in most cases ke-an forms a noun,
in some cases it also forms a verb. Generally these verbs
imply an adversative effect, which then produces the meaning
"to suffer from," but the exact meaning of each verb is
unique, e.g.:

a. kesukaran   "to find it difficult"

   kedinginan   "to suffer from cold weather"

   kehausan   "to suffer from thirst"

   Orang2 tua masih kesukaran memakai bahasa Indonesia.

   Kalau tidak pakai pakaian, kamu bisa kedinginan.

   Binatang itu mati kehausan.

b. kejatuhan   "to get struck by a falling (x)"

   kedatangan   "to be visited by"

   kecurian   "(x) being stolen"

Mobil saya <u>kejatuhan</u> kelapa.

Kami <u>kedatangan</u> gerombolan penjahat.

Mereka <u>kecurian</u> mobil.

c. kelihatan   "can be seen"

   keberatan   "to object; mind"

   kehabisan   "to run out of"

   Rumah dia <u>kelihatan</u> dari sini.

   Saya tidak <u>keberatan</u> dia tinggal di sini.

   Kami <u>kehabisan</u> uang.

V. LATIHAN

Pilihlah kata2 yg tepat untuk kalimat2 berikut.

1. Dalam surat menyurat resmi kita selalu menyimpan (arsip/dokumen).

2. (Prasasti/piagam) yg ditemukan di Muara Kanam bertulisan Sansekerta.

3. Cerita2 yg dinamakan "folklore" selalu dalam bahasa (lisan/tulisan).

4. Bahasa (pengantar/ibu) di Indonesia adalah bahasa Indonesia.

5. Pelajaran mengenai suku, kata, dan kalimat termasuk pelajaran (gaya
   bahasa/tatabahasa/peribahasa).

6. Chairil Anwar terkenal sebagai penulis (prosa/puisi).

7. (Sajak/sanjak) Chairil yg terkenal adalah "Aku."

8. Kalimat (majemuk/seru) selalu terdiri dari dua kalimat tunggal atau
   lebih.

9. Kalimat yg menanyakan sesuatu disebut kalimat (pertanyaan/tanya).

10. (Kata dasar/suku kata) dari "pertunjukan" adalah "tunjuk."

11. Kata "menyadari" terdiri dari empat (suku/kata dasar/suku bangsa).

12. (Awalan/akhiran) dari "mendesak" adalah "men-."

13. Kapal laut biasanya berlabuh di (teluk/bandar).

14. Jangan mengganggu saya; saya sedang (ramai/sibuk).

15. Pesta kami terlalu (ramai/meriah) sehingga polisi datang.

16. Dalam bahasa Indonesia "-an" adalah sebuah (awalan/akhiran).

17. Macam2 (alasan/sebab) yg dia berikan tiap kali dia tidak masuk
sekolah. Dia memang malas.

18. Seseorang yg (terpelajar/cendekiawan) belum tentu (terpelajar/
cendekiawan).

19. Saya ada (janji/kencan) dng Yatie untuk memecahkan soal aljabar.

20. Kalau kamu belum ada (kencan/janji) dng orang lain, mau kamu nonton
nanti malam?

21. Tahun 1928 pemuda2 Indonesia mengadakan (sumpah/janji) untuk memakai
bahasa Indonesia sebagai bahasa nasional.

22. Biasanya gadis desa sangat (sederhana/mewah).

23. Dalam tahun 1928 (tekad/keinginan) pemuda2 Indonesia untuk merdeka
sudah sangat kuat.

24. Niat dia pergi ke Indonesia baru merupakan suatu (kehendak/tekad)
saja.

25. Selesaikan ungkapan atau peribahasa berikut!

    a. Tua-tua keladi. . . . .

    b. Patah tumbuh. . . . .

    c. Sepandai-pandai tupai melompat. . . . .

26. Kami tidak (jadi/menjadi) menyewa mobil.

27. Sepeda saya (kejatuhan/dijatuhkan) mangga.

28. Dia (kedatangan/kedatangan oleh) mertuanya.

29. Saya (kehabisan/habis) uang.

30. Sepeda saya (kecurian/dicuri).

31. $\begin{Bmatrix} \text{Kami} \\ \text{Rokok kami} \end{Bmatrix}$ kehabisan $\begin{Bmatrix} \text{rokok} \\ \text{---} \end{Bmatrix}$.

32. $\begin{Bmatrix} \text{Dia} \\ \text{Sepedanya} \end{Bmatrix}$ kecurian $\begin{Bmatrix} \text{sepedanya} \\ \text{---} \end{Bmatrix}$.

33. Dia (jadi/menjadi) kawin dengan Farida.

34. Saya tidak tahu apa dia (jadi/menjadi) mengetrapkan teori itu apa tidak.

BAB II. B.

KESUSASTERAAN INDONESIA

Selaras dengan perkembangan bahasa Indonesia sebagai bahasa nasional, kesusasteraan dalam bahasa Indonesia pun ikut berkembang. Kesusasteraan dalam bentuk puisi sudah mulai sejak pertengahan abad ke-19 waktu Abdullah bin Abdulkadir Munsyi mulai menulis sajak2nya di tanah Melayu. Sajak2 ini menggambarkan keadaan kota Singapura dan juga kisah serta pengalaman penulis.

Kesusasteraan dalam bentuk prosa baru mulai berkembang setelah abad ke-20. Di Indonesia bentuk prosa dimulai tahun 1920 ketika Merari Siregar menerbitkan buku romannya yang pertama *Azab dan Sengsara*. Dua tahun kemudian terbitlah buku Marah Rusli yang berjudul *Sitti Nurbaya*. 10 Kedua buku ini menggambarkan percintaan dan adat istiadat di tanah Minangkabau serta pertarungan pertama antara adat lama dengan konsep baru. Kedua penulis ini belum berani mengalahkan adat yang sangat kuat itu. Roman *Sitti Nurbaya* dianggap sebagai titik tolak dari masa kesusasteraan yang dinamakan Pujangga Lama.

Perkembangan selanjutnya dari kesusasteraan Pujangga Lama masih saja berkisar pada adat lawan kemajuan jaman tetapi sudah agak maju sedikit. Adinegoro, umpamanya, menulis dua roman *Darah Muda* dan *Asmara Jaya* dimana adat lama telah dikalahkan oleh kemajuan jaman. Dalam cerita ini peranan lelaki telah berhasil mengawini gadis pilihan dia sendiri, 20 dan bukan pilihan orang-tuanya. Bahkan di dalam *Asmara Jaya* si lelaki telah "dikawinkan" oleh penulis dengan gadis dari suku lain.

Roman yang juga menarik adalah *Salah Asuhan* karangan Abdul Muis, yang diterbitkan pada tahun 1928. Roman ini menceritakan seorang

pemuda Indonesia, Hanafi, yang mendapat pendidikan Barat dan kawin dengan
seorang Indo-Belanda, Corrie, tetapi akhirnya sedar bahwa walau bagaimana-
pun tidak mungkin dia bisa menjadi orang Barat. Perkawinannya dengan
Corrie runtuh karena pandangan hidup yang sangat berbeda.

Perasaan anti-Belanda juga tercerminkan dalam kesusasteraan waktu
itu. Salah satu yang paling terkenal adalah *Bebasari* karangan Rustam   30
Effendi. Sandiwara yang ditulis tahun 1924 ini secara simbolis meng-
gambarkan usaha seorang pemuda yang ingin melepaskan kekasihnya dari
cengkeraman seorang raksasa. Tentu saja karya seperti ini tidak bisa
diijinkan oleh Belanda untuk beredar di Indonesia. Segera setelah buku
itu terbit, buku itu dilarang beredar.

Periode kedua dalam kesusasteraan Indonesia disebut Pujjanga Baru
yang dipelopori oleh Sutan Takdir Alisjahbana, Armijn Pane, dan Amir
Hamzah. Dari ketiga ini yang paling produktif adalah Takdir yang telah
menulis banyak sekali roman maupun puisi. Salah satu romannya yang di-
anggap sebagai tanda permulaan dari angkatan ini adalah *Layar Terkembang*   40
yang menceritakan peranan dan perkembangan wanita dalam dunia modern.
Begitu kerasnya dia mengemukakan ide ini sehingga banyak pengritik sas-
tra yang mengatakan bahwa Tuti, peranan utama dalam cerita ini, sebenar-
nya adalah "Takdir yang berkebaya."

Salah satu gejala dalam Pujangga Baru adalah adanya penulis2 lain
dari luar Sumatra. Kita lihat umpamanya karya I Nyoman Panji Tisna
yang berjudul *Sukreni Gadis Bali* di mana diceritakan kehidupan seorang
gadis Bali, Sukreni, yang mendapat kesengsaraan karena kata2 manis lelaki.
Penulis2 dari luar Sumatra itu menjadi makin banyak dalam periode Ang-
katan '45. Penulis yang barangkali paling produktif dan ampuh adalah   50
Pramudya Ananta Toer. Dilahirkan di daerah yang tandus dan hidup dalam

kemiskinan serta dalam penjara, Pramudya menghasilkan karya2 yang ber-
mutu tinggi. Semua tulisannya bertendensi sosial dan selalu mengutara-
kan keadaan kehidupan yang miskin. Karena tema2 semacam inilah maka
seringkali dia dimasukkan ke penjara oleh yang berkuasa.

Pelopor dari Angkatan '45 yang paling terkenal adalah Chairil Anwar.
Dilahirkan di Sumatra pada tahun 1922 dia membentuk kepribadiannya di
Jawa dengan bergaul dengan segala macam lapisan masyarakat, dari tingkat
tukang becak sampai kelas tinggi. Sebagai seorang seniman dia tidak mau
terikat oleh adat apapun, termasuk adat penulisan sastra. Bahasa yang   60
dia pakai bahasa yang sangat sederhana dan sehari-hari. Chairil ter-
kenal sebagai penulis puisi. Yang paling masyhur adalah sajaknya yang
berjudul "Aku" di mana dia kemukakan bahwa dia adalah binatang jalang
yang terbuang dari kumpulannya.

Banyak lagi penulis yang aktif dalam Angkatan ini, umpamanya saja,
Idrus, Achdiat Kartamihardja, Mochtar Lubis, dsb. Sayang sekali bahwa
banyak dari penulis2 ini tidak produktif lagi. Mungkin alasan ekonomi-
lah yang menyebabkan kemunduran dalam dunia kesusasteraan. Kenyataan
bahwa daya baca khalayak ramai belum tinggi dan keadaan ekonomi yang
belum seratus persen baik mendesak para penulis untuk mencari kehidupan   70
di luar dunia sastra.

Bahwa hubungan antara perkembangan kesusasteraan dengan kehidupan
masyarakat adalah erat telah dibuktikan di negara mana saja. Hubungan
ini seringkali bisa kita lihat di lapangan politik. Sebagai penulis yang
tugasnya menggambarkan kehidupan manusia dari sudut seni, mereka sering-
kali tidak bisa menghindarkan diri dari kenyataan2 hidup yang pahit.
Kadang2 mereka juga tidak bisa menolak ajakan jaman. Begitulah di seki-
tar tahun 1960 timbullah suatu polemik kebudayaan antara dua golongan:

90

komunis dan bukan-komunis. Golongan kesenian yang dinamakan Lekra,

singkatan dari Lembaga Kesenian Rakyat, berasosiasi dengan kaum komunis. 80

Orang2 yang bukan-komunis juga membentuk perkumpulan seperti itu. Par-

tai Nasional Indonesia, umpamanya, mendirikan Lembaga Kebudayaan Nasional,

partai Nakhdatul Ulama mendirikan Lembaga Budayawan Muslimin, dll.

Untuk memisahkan kebudayaan dan kesusasteraan dari dominasi politik,

pada tahun 1963 segolongan seniman di bawah H. B. Jassin, Trisno Soe-

mardjo, dan Wiratmo Soekito membuat suatu manifesto yang dinamakan

Manifesto Kebudayaan yang disingkat sebagai Manikebu. Terjadilah ben-

trokan antara golongan Manikebu dengan golongan Lekra. Bekas Presiden

Soekarno memihak golongan Lekra sehingga golongan Manikebu dibubarkan.

Kemudian terjadilah coup d'etat di tahun 1965 di mana pihak komunis 90

dihancurkan oleh lawan2nya. Bersama dengan hancurnya kaum komunis itu,

hancur pulalah Lekra dengan semua senimannya.

Adakah sekarang angkatan baru--Angkatan '66? Pendapat mengenai

ada-tidaknya Angkatan '66 berbeda dari satu penulis ke penulis lain.

Jassin, tokoh sastra yang ulung di Indonesia, merasa bahwa dengan corak

serta alam baru yang timbul sesudah coup d'etat itu timbul pulalah

angkatan lain, yakni Angkatan '66. Sebagian orang berpendapat bahwa

hal itu tidak benar.

I. DAFTAR KATA PENOLONG

ajakan jaman   "call of the times"

angkatan   "generation"

ampuh	"invulnerable; effective"
bentròkan	"(a) conflict; to conflict"
berédar	"to circulate" (intransitive)
berjudul	"to have the title of"
berkisar pada	"to revolve around"
cengkeraman	"(a) grip"
corak	"(a) form; style; design"
daya baca	"will to read"
gejala	"phenomenon; symptom; indication"
jalang	"wild"
karya	"work" (usually of art)
kenyataan hidup	"fact of life"
kepribadian	"personality"
kesengsaraan	"misery"
mencerminkan	"to reflect"
menghindarkan	"to avoid; prevent"
mengutarakan	"to put forward"
pahit	"bitter" (literally and figuratively)
pandangan hidup	"outlook"
pertarungan	"(a) fight; clash"
selaras dengan	"along with; in accordance with"
serba-kurang	"lacking in everything/in every way"
tandus	"barren" (of land)
tòkòh	"figure" (in literature, politics, etc.)
walau bagaimanapun	"no matter what"

II. JAWABLAH PERTANYAAN2 BERIKUT DENGAN KALIMAT2 LENGKAP

1. Mana yang lebih tua dalam kesusasteraan Indonesia: puisi atau prosa?

2. Sebutkanlah pembagian2 jaman dalam kesusasteraan Indonesia!

3. Apakah pada umumnya tema yang terdapat dalam buku2 Pujangga Lama?

4. Kesimpulan apa yang bisa saudara tarik tentang penulis Abdul Muis dng gagalnya perkawinan Hanafi-Corrie?

5. Siapakah yang dianggap "kekasih" dan "raksasa" dalam drama *Bebasari*?

6. Apakah yang dimaksud dengan "Takdir yang berkebaya" (baris 44)?

7. Apakah kira2nya yang menyebabkan Pramudya menulis roman2 yang bertema kemiskinan?

8. Mengapa Chairil Anwar menamakan dirinya "binatang jalang yang terbuang dari kumpulannya" (baris 63)?

9. Siapakah yang menjadi presiden Indonesia waktu polemik sastra timbul?

10. Apa tujuan dari Manikebu?

11. Apakah "Angkatan '66" itu ada?

III. PENGEMBANGAN KOSA KATA

1. kesusasteraan   "literature" The word sastra is also used.

    sastrawan   "a man of letters"

    pengritik sastra   "literary critics"

    fakultas sastra   "Faculty of Letters"

    fakultas sasdaya   (abbreviation of fakultas sastra dan budaya)

"Faculty of Letters and Culture" (similar to College of Arts)

Sastra/kesusasteraan Indonesia mulai sejak abad ke-19.

Sastrawan di Indonesia belum bisa hidup dari karya2-nya saja.

Hans B. Jassin adalah pengritik sastra yang ampuh.

Di beberapa universitas, fakultas sastra dan budaya dijadikan satu dengan nama fakultas sasdaya.

2. pantun "a form of poetry consisting of four lines, the first two lines generally having no connection with the last two insofar as meaning. Each line usually has 10 syllables. The rhyme is usually *a b a b*."

syair/sair "a syair also consists of four lines, each line having approximately 10 syllables. Unlike in the pantun, however, all four lines are meaningful and connected. The rhyme is usually *a a a a*." Both pantun and syair are still popular in certain areas such as Central Sumatra where they are used in songs. The term syair is now often used interchangeably with sajak. Therefore, the aforementioned rules for syair are not necessarily applicable all the time.

Examples of pantun and syair:

Pantun:
Di sana gunung di sini gunung	*(a)*
Tengah-tengahnya kebun melati	*(b)*
Duduk bingung berdiri bingung	*(a)*
Kalau teringat si jantung hati	*(b)*

> Syair: Adalah pada suatu hari
>
> S'orang kadi dalam negeri
>
> Sedang berjalan s'orang diri
>
> Hatinya susah tidak terperi

penyair   "a poet" (not only one who writes syair)

Chairil Anwar adalah penyair terkenal di Indonesia.

3. kisah   "a story usually related to travels, but sometimes also

to romance"

cerita   "a story"

dongèng   "a fairytale" (also in a figurative sense)

hikayat   "a story usually referring to old (Malay) tales"

lakòn   "a story in wayang or other Javanese shows"

Kisah Abdullah itu sangat penting dalam kesusasteraan

Melayu kuno.

Cerita dia selalu menarik.

Corak dongeng Indonesia sangat menarik.

Dakwaan bahwa saya korupsi hanyalah dongeng belaka.

Hikayat raja2 Sumatera Utara ditulis sekitar tahun 1880.

Lakon pertunjukan ini adalah "Srikandi Edan."

4. roman   "novel; romance"

novel   "novelette"

drama   "drama; (a) play"

sandiwara   "(a) play" (also, figuratively: "not real; nonsense")

Roman *Layar Terkembang* mengenai kemajuan wanita Indonesia.

Novel biasanya lebih kecil daripada roman.

Drama/sandiwara itu dipertunjukkan di Taman Ismail Marzuki.

Politik hanyalah <u>sandiwara</u> para politikus.

5. <u>pertarungan</u>   "(a) fight; clash"

   <u>bentròkan</u>   "skirmish; friction"

   <u>pertengkaran</u>   "quarrel"

   <u>perkelahian</u>   "(a) physical fight"

   <u>perselisihan</u>   "difference (of opinion); disagreement; dispute"

<u>Perselisihan</u> kedua orang itu berubah menjadi <u>pertengkaran</u>

yg hebat dan akhirnya menjadi <u>perkelahian</u>.

<u>Bentrokan</u> antara golongan Manikebu dng golongan Lekra

berakhir tahun 1965.

<u>Pertarungan</u> kedua partai politik itu seperti <u>pertarungan</u>

ayam jago di Bali—salah satu harus mati.

6. <u>pandangan</u>   "view (in the sense of opinion); (one's) way of looking

at (x)"

   <u>pandangan hidup</u>   "outlook; philosophy of life"

   <u>pandangan mata</u>   "the look in one's eye; expression in one's eyes"

<u>Pandangan</u> Jassin tentang Angkatan '66 masih diragukan.

<u>Pandangan</u> (<u>mata</u>) gadis manis itu menghancurkan hatiku.

Abdul Muis <u>pandangan</u> hidupnya realistis.

7. <u>pujangga</u>   "great man of letters"

   <u>Pujangga Lama</u>   "period in Indonesian literature beginning around

1920"

   <u>Pujangga Baru</u>   "period in Indonesian literature between the early

1930's and 1945"

   <u>Angkatan '45</u>   "period in Indonesian literature after 1945"

   <u>Angkatan '66</u>   "period in Indonesian literature considered by some

people to have begun in 1966" The word <u>angkatan</u> also means

"generation" (<u>e.g.</u>, the younger generation) or "school class"
(the class of 1969).

Dia <u>angkatan</u> saya. "He went to school more or less at
the same time as I did."

Dalam politik Bung Karno se<u>angkatan</u> dengan Bung Hatta.
"Bung Karno and Bung Hatta were contemporaries."

Dia tamatan SMA Semarang, <u>angkatan</u> '64. "He is a SMA
graduate from Semarang, class of '64."

8. <u>idé</u>   "idea"

<u>gagasan</u>   "an idea which is not quite ready for presentation or
formulation; a thought"

<u>pendapat</u>   "opinion"

<u>saran</u>   "suggestion"

<u>usul</u>   "proposal, suggestion; specifically, the kind of proposal
or suggestion put forth in meetings, get-togethers, etc."

<u>permintaan</u>   "a request"

<u>permohonan</u>   "a request" (from lower to higher rank)

<u>tuntutan</u>   "a demand"

Ini belum merupakan <u>pendapat</u>, baru <u>ide/gagasan</u> saja.

Itu <u>saran</u> saya, sdr boleh setuju dan boleh juga tidak.

<u>Usul</u> dia mengenai pembagian kelompok itu tidak bisa kami
terima.

Kami hanya mengajukan <u>permintaan</u>, bukan <u>tuntutan</u>.

<u>Permohonan</u> sdr sudah saya sampaikan pada presiden.

9. <u>gejala/tanda2/indikasi</u>   "symptom; indication" Note that the
word <u>indikasi</u> is also often used to refer to a person's in-
volvement in the 1965 communist coup d'etat.

naga2nya   "an informal expression for <u>gejala</u>"

Gejala2/tanda2/indikasi yang kita lihat sekarang menunjuk-

kan bahwa keadaan ekonomi kita akan menjadi makin baik.

Dia ada <u>indikasi</u>.   "He was somehow involved in the 1965

communist coup."

<u>Naga2nya</u> dia mau nipu kita.

10. <u>karya</u>   (1) (original meaning) "scientific work or work of art";

               (2) (as a euphemism) "moonlighting" (verb or noun)

<u>tuna-karya</u>   "unemployed" The synonym <u>penganggur</u> is also used.

<u>kerja</u>   "job; work; to work"

<u>(pe)kerjaan</u>   "job; work"

<u>kerja(an) sambilan</u>   "side job; moonlighting job; to moonlight"

          (when used as a noun, the suffix <u>-an</u> is often added)

<u>ngòbyèk</u>   "informal expression for moonlighting"

<u>òbyèkan</u>   "object of moonlighting"

        <u>Karya</u> seniman tidak banyak dihargai di sini.

        Dari gaji saja tidak cukup, saya harus <u>karya/ngobyek</u>.

        Gaji dia dari kantornya dan <u>karya2</u> yg lain cukup untuk hidup.

        Kamu sekarang <u>kerja</u> di mana?

        Saya nggak ada <u>kerja/(pe)kerjaan</u>; saya <u>tuna-karya/penganggur</u>.

        <u>Kerjaan</u> itu hanya <u>sambilan</u> saja.

        Dia <u>kerja sambilan</u> di sini.

        Untuk bisa hidup kami harus cari <u>obyekan</u>.

11. <u>sengsara</u>   "in misery"

<u>kesengsaraan</u>   "misery"

<u>menderita</u>   "to suffer"

<u>penderitaan</u>   "suffering"

sedih   "sad"

kesedihan   "sadness"

susah   "complicated; difficult" It is also used by Javanese to
mean "sad."

kesusahan   "to suffer from sadness; sadness" (never means "com-
plication")

ruwet   "complicated"

keruwetan   "complexity"

kòmplikasi   "complication"

pilu   "in profound sorrow"

kepiluan   "profound sorrow"

Sejak suaminya meninggal, dia hidup sengsara.

Kesengsaraan itu menghancurkan hidupnya.

Dia menderita setelah suaminya meninggal.

Penderitaan itu berjalan lama sekali.

Dia sedih/susah mendengar kabar itu.

Soal ini susah/ruwet (not sedih) untuk dipecahkan.

Dia kesusahan setelah ibunya meninggal.

Kesusahan hatinya membuat dia jatuh sakit.

Keruwetan itu disebabkan karena kita semua bodoh.

Hatinya pilu waktu istrinya meninggal.

Kepiluan itu membuat dia sakit keras.

12. tandus   "barren" (of soil)

mandul   "barren" (of humans)

subur   "fertile" (of soil and humans); "thriving"

kerdil   "stunted"

gersang   "dry" (of land)

kering   "dry"

Tanah di daerah Gunungkidul sangat tandus—tidak ada
tumbuh2an.

Dia tidak punya anak, karena dia mandul (not tandus).

Wanita yang subur biasanya berumur antara 15-40 tahun.

Daerah yang banyak hujan biasanya subur.

Di daerah yang tandus tidak ada tanaman atau biasanya ada
tanaman yang kerdil.

Tanah yang gersang/kering itu tidak bisa ditanami.

Baju saya belum kering (not gersang).

13. serba- (Adj.)   "(Adj.) in every (x)"

Mereka hidup serba-kurang. "They live their entire lives
in poverty."

Kenapa saya serba-salah. "Why am I considered wrong in
whatever I do?"

Barang2 di rumahnya serba-lux. "The furnishings in his
house are all luxurious."

14. pribadi   "private; in person"

   kepribadian   "personality"

Itu soal pribadi, bukan urusanmu.

Surat ini harus saya berikan secara pribadi.

Kepribadian pemimpin2 itu bisa dibanggakan.

15. mashur   "popular; well known; famous" The word terkenal is also
used. Mashur or terkenal does not necessarily carry a favor-
able connotation; it can also mean "notorious."

Penulis itu sangat mashur/terkenal.

Gerombolan penjahat itu sangat mashur/terkenal di sini.

16. jalang   "very wild" (literally and figuratively)

    liar   "wild; untamed"

    buas/galak   "wild" (in the sense of dangerous)

    jinak   "tamed"

    bengis   "cruel"

    ganas   "vicious"

         Harimau termasuk binatang liar/jalang/buas/galak.

         Kuda yang liar itu belum jinak juga.

         Kucing adalah binatang jinak.

         Raja Menakjinggo sangat bengis.

         Dengan ganas dia membunuh orang2 Mojopahit.

17. daya baca   "ability/will to read; reading power"

    daya beli   "purchasing power"

    daya tanggap   "ability to perceive"

    daya-upaya   "effort"

         Daya baca rakyat kami masih sangat terbatas.

         Daya beli uang dolar sudah turun.

         Daya tanggap anak ini kurang kuat.

         Segala daya-upaya sudah dilakukan, tetapi belum berhasil.

18. nyata   "clear; obvious"

    kenyataan   "fact"

    kenyataan hidup   "fact of life"

    ternyata   "proven (to be); found (to be)"

    menyatakan   "to state"

    pernyataan   "a statement"

         Sudah nyata bahwa dia salah.

         Kenyataan hidup tidak selalu cocok dng kehendak seseorang.

Ungkapan ini <u>ternyata</u> sangat terkenal.

Arti "causative" <u>dinyatakan</u> dengan akhiran "-kan."

<u>Pernyataan</u> itu sudah ditandatangani oleh Presiden.

19. <u>ajakan jaman</u>   "call of the times"

   <u>tantangan jaman</u>   "challenge of the times"

   <u>jaman pancaroba</u>   "period in which things are not quite in proper

   order; transition period"

   <u>ketinggalan jaman</u>   "out of date"

   Penulis selalu mengikuti <u>ajakan jaman</u>.

   Perubahan dalam masyarakat merupakan <u>tantangan jaman</u>.

   Dalam <u>jaman pancaroba</u> hidup sering tidak teratur.

   Gadis2 Indonesia tidak pernah <u>ketinggalan jaman</u> dalam

   pakaian mereka.

20. <u>tòkòh</u>   "figure" (in literature, politics, etc.)

   H. B. Jassin adalah <u>tokoh</u> sastra Indonesia yang paling

   ampuh.

IV. REMEDIASI TATABAHASA

1. <u>ikut</u>   The word <u>ikut</u> can be followed by a noun or a verb. When

   followed by a noun, it means "to join." When followed by a

   verb, it indicates that the agent is not the main person

   doing the activity. Thus a sentence such as <u>Narto mau ikut</u>

   <u>pergi ke pasar</u> implies that someone is going to the market

   and that Narto will/might as well join him to do the same.

102

This is different from <u>Narto mau pergi ke pasar</u> where <u>Narto</u>
is the main agent.

Dia <u>ikut</u> partai komunis sejak tahun 1957.

Dia <u>ikut</u> suaminya ke Indonesia.

Saya <u>ikut</u> menari dalam pertunjukan itu.

Apa kamu mau <u>ikut</u> (saya pergi ke Kebayoran)?

2. <u>me(n) + verb base + kan</u>   When a verb with the prefix <u>me(N)-</u> is
already transitive, the addition of the suffix -<u>kan</u> usually
makes the verb benefactive, that is, it does something for
someone else. Thus, we have <u>membeli</u> "to buy," <u>membelikan</u>
"to buy for someone," etc. There are, however, a few verbs
which have other meanings as well, as given below.

menggambar	"to draw" (pictures)
menggambarkan	"to draw (pictures) for someone; to describe"
melukis	"to paint" (pictures)
melukiskan	"to paint (pictures) for someone; to illustrate; to describe"
meminjam	"to borrow"
meminjamkan	"to borrow for someone; to lend"
menyewa	"to rent"
menyewakan	"to rent out" (not to rent for someone else)

Dia sedang <u>menggambarkan</u> adiknya.

Dia sedang <u>menggambarkan</u> situasi di desanya.

Tolong <u>pinjamkan</u> buku *Ateis* dari perpustakaan.

Buku itu akan saya <u>pinjamkan</u> Ali.

Saya mau <u>menyewa</u>, bukan <u>menyewakan</u> rumah.

V. LATIHAN

Pilihlah kata2 yang paling tepat untuk kalimat2 berikut.

1. Dua baris pertama dan dua baris terakhir dalam (pantun/syair) tidak ada hubungan-arti.

2. Penyair adalah orang yang menulis (prosa/puisi/syair).

3. Perjalanan Abdullah diceritakan dalam (kisah/cerita) itu.

4. Anak2 biasanya suka sekali dengan (hikayat/dongeng) tentang jin dan arwah.

5. Dalam kesusasteraan Indonesia, (roman/novel) lebih pendek dari (roman/novel).

6. Semua yang dia katakan itu hanya (drama/sandiwara) saja.

7. (Perselisihan/bentrokan) itu membesar sampai akhirnya menjadi (perselisihan/bentrokan).

8. Kesusasteraan sekitar tahun 1930 disebut kesusasteraan Pujangga (Lama/Baru).

9. Dia 30 tahun lebih tua dari saya; dia bukan (golongan/angkatan) saya.

11. (Permintaan/permohonan) ini datang dari kepala kantormu.

12. Apa yang saya katakan tadi baru merupakan (pendapat/gagasan) saja.

13. Kata2 yang dia pakai begitu keras sehingga kita harus menganggapnya sebagai (permintaan/permohonan/tuntutan).

14. Sukar bagi dia untuk mendapatkan pekerjaan, karena dia ada (gejala/ tanda2/indikasi).

15. (Karya2/kerja2) dia yang sudah terbit sangat bagus.

16. Karena gaji dari kantornya tidak cukup, maka dia harus (kerja/ ngobyek).

17. Masalah itu sangat (susah/sedih) sehingga saya harus minta bantuan teman saya.

18. Waktu mendengar kabar kematian ayahnya, hatinya jadi (sedih/ruwet/ pilu).

19. Gaji mereka tidak pernah cukup untuk tiap bulan, sehingga mereka selalu hidup (sedih/susah/sengsara).

20. Tanah yang (tandus/mandul) tidak bisa dipakai untuk pertanian.

21. Apa baju yang kamu cuci itu sekarang sudah (gersang/kering)?

22. Harimau termasuk binatang (jinak/liar).

23. Jangan mendekati binatang itu; dia sangat (liar/buas).

24. Raja dari kerajaan Blambangan sangat (galak/bengis).

25. Meskipun dia tinggal di desa, dia tidak ketinggalan (waktu/jaman).

26. Karena istrinya (tandus/mandul), dia kawin lagi.

27. Yang dia ajukan hanyalah (saran/tuntutan), jadi kita tidak harus setuju sekarang.

28. Apa (dongeng/lakon/kisah)-nya pertunjukan wayang malam ini?

BAB II. C.

SENJA DI JAKARTA - Bagian I

. . . Dahlia sedang berjalan-jalan di depan toko2 di Pasar Baru.
Entah sudah berapa buah toko dimasukinya, dia sudah lupa banyaknya. Di
tiap toko habis diperiksanya segala macam cita, akan tetapi tidak se-
buah juga yang dibelinya. Dia sudah agak kesal.

Di sebuah toko hampir dia mujur. Ketika sedang memeriksa kain2,
maka seorang laki2 yang kelihatannya mempunyai uang berdiri pula di
dekatnya. Dan Dahlia mengerling kepadanya. Dan ada sambutan pada mata
laki2 itu dilihatnya. Akan tetapi entah karena apa, laki2 tadi tidak
hendak meneruskan permulaan itu, dan ketika Dahlia masih pura2 tawar-
menawar, laki2 itu pergi saja.   10

"Tidak ada uangnya barangkali," kata Dahlia pada dirinya sendiri.
Dahlia segera keluar toko kemudian. Hampir semua laki2 yang lewat
selalu menoleh kepadanya, akan tetapi tidak seorang juga yang menarik
hatinya. Dahlia berjalan perlahan-lahan, mematut-matut dirinya di
kaca toko2 sambil melihat-lihat barang yang dipertontonkan dan ngelamun-
ngelamun sendiri. Suaminya dua minggu lagi baru pulang, dan dua minggu
dia sendirian bebas sekali.

Tiba2 dia terkejut, memekik kecil, kena landa orang. Dia melihat
seorang muda yang berpakaian amat gagahnya, membawa sebuah bungkusan.
Mata mereka bertaut, dan mereka berdua sama2 tersenyum. "Dapatkah   20
saya antarkan nyonya?" tanya anak muda itu dengan segera.

"Trima kasih, kalau tidak menyusahkan."

"Ah tidak, mobil saya di seberang."

Anak muda itu memegang sikunya, menolongnya menyeberang jalan dan

106

membawanya ke sebuah mobil Dodge sedan yang berwarna merah. Anak muda

itu membukakan pintu di depan buat dia, dan kemudian dia sendiri masuk

duduk di belakang setir.

Ketika dia menghidupkan mesin, anak muda itu berpaling pada Dahlia,

dan sambil tertawa berkata: "Maafkan, kita belum berkenalan sebenarnya.

Namaku Suryono."   30

"Namaku Dahlia," sahut Dahlia tersenyum.

"Namanya cantik dan orangnyapun secantik bunganya," balas Suryono

menggenit.

"Ah, tuan, pandai bicara," balas Dahlia. "Tuan tidak bekerja?"

tanya Dahlia, "Kenapa bisa belanjanya siang hari?"

"Saya sebenarnya bekerja di Kementrian Luar Negeri. Tetapi sekarang

sedang perlop besar. Saya sekarang bekerja sementara dagang2, biasa

main2 impor. Kantor saya N. V. Timur Besar di Kota."

Setelah keluar dari Jalan Pasar Baru, Suryono memutar mobil menuju

Jalan Gunung Sahari.   40

"Dahlia mau pulang lekas?"

"Mengapa ditanya?" jawabnya genit.

"Ah, kalau belum mau pulang lekas, kita mutar2 dahulu ke Tanjung

Priok," jawab Suryono.

"Suami saya tidak ada di kota. Dua minggu lagi baru pulang. Lekas

atau tidak sama saja," kata Dahlia.

"Ha, bagus kalau begitu, kita jalan2 dahulu. Suamimu dagang juga?"

"Wah, coba dia dagang, kan aku senang," kata Dahlia. "Dia pegawai

negeri. Inspektur Kementrian PP & K. Susah benar jadi pegawai negeri

kini, tuan tahu sendiri. Gaji hanya cukup seminggu."   50

"Memang benar itu," kata Suryono. "Bodoh memang orang, kalau mau jadi pegawai negeri sekarang. Tapi bisa senang jadi pegawai negeri, kalau mau korupsi."

"Itu berapa kali saya katakan pada suami saya. Akan tetapi dia bilang pada saya, kalau semua pegawai negeri ikut korupsi, maka ke mana negara kita? Bisa hancur!"

"Suamimu manusia istimewa itu," sahut Suryono, "terlalu baik. Dia tidak mau mengerti rupanya dunia kita kini ini, siapa lurus binasa. Kalau tidak mau ikut, ya rugi sendiri. Orang lain jalan terus."

"Suami saya tidak mau mengerti." 60

Ketika mereka liwat stasiun listrik di Ancol, Suryono memegang tangan Dahlia. "Tanganmu halus benar. Engkau halus benar, cocok dengan namamu. Alangkah cantiknya engkau."

"Engkau main2 saja," balas Dahlia, senyum dan matanya mengernyit.

"Mengapa kita ke Priok, sebenarnya tidakkah kita lebih baik ke rumahmu, jika memang suamimu tidak di rumah?"

"Ke rumah tidak bisa," jawab Dahlia, "kami hanya dapat dua kamar, terlalu ramai. Kelihatan orang."

"Ke hotel di kota?" tanya Suryono.

"Aku takut ke hotel," jawab Dahlia, "tidak pernah aku ke hotel." 70

"Ah, masa?" ganggu Suryono.

"Betul. Kita ke rumah tante Bep saja di Petojo."

Suryono memutar mobil dan kembali menuju Jakarta.

"Benar ada tempat di tante Bep?" tanyanya pada Dahlia ketika mereka telah dekat Petojo.

"Di mana?"

Dahlia menunjukkan jalan untuk Suryono, dan akhirnya mereka berhenti di depan sebuah rumah yang sedang besarnya.

"Ini rumahnya sendiri," Dahlia menerangkan. Tante Bep sudah tua,

dan yang tinggal di sini hanya dia sendiri, ada anaknya. Dan dia juga   80

mau kasih pinjam pada orang2 yang dikenalnya benar. Sepi di sini," tambah

Dahlia.

Dahlia mengetuk pintu. Menunggu sebentar. Langkah berat dan

mengingsut-ingsut dari dalam. Sebuah suara perempuan tua yang ringan

bertanya dari balik pintu dalam bahasa Belanda "Siapakah itu?"

"Saya Dahlia, tante Bep," sahut Dahlia.

"Oh," kata suara dari dalam, dan kunci pintu terdengar dibukakan,

seorang perempuan tua membuka pintu dan berkata pada Dahlia "Selamat

pagi. Mari masuk."

Suryono seakan tidak ada saja baginya, sekejap saja dipandangnya,   90

dan ketika Suryono mengucapkan "Selamat pagi" kepadanya, dibalasnya

pendek2. Setelah mereka duduk, maka tante Bep segera masuk ke dalam.

"Tunggu sebentar, ya," kata Dahlia pada Suryono. Dan Dahlia

berdiri mengikuti tante Bep ke dalam. Suryono tinggal sendirian, dan

memperhatikan kamar duduk itu. Perabotannya meskipun sudah tua, akan

tetapi dipelihara dengan baik, di dinding di hadapannya tergantung se-

buah potret keluarga. Di tengah2, duduk seorang laki2 yang masih muda,

berpakaian uniform tentara KNIL, pakai topi bambu yang dilipatnya sebelah,

dan tanda pangkat sersan mayor. Di sebelahnya duduk seorang perempuan

muda, dan dua orang anak kecil, seorang laki2 dan seorang lagi anak   100

perempuan kecil. Suryono tertarik pada gambar itu, dan dia berdiri

melihat lebih dekat.

Ketika itu Dahlia kembali, dan melihat Suryono berdiri dekat potret

itu. Dahlia mendekatinya dan berkata: "Itu suami tante Bep, dan tante

Bep serta anak2 mereka, waktu sebelum perang. Suaminya sekarang sudah meninggal. Anak perempuan itu hilang waktu revolusi, yang laki2 bekerja

di Bandung."

Dia mendekatkan tubuhnya pada Suryono, dan ke hidung Suryono mem-

bubung wangi minyak wangi yang dipakainya, dan panas tubuh Dahlia meng-

alir ke badannya. Dahlia menarik tangannya, dan membawanya masuk ke   110

dalam. Dahlia mengunci pintu kamar. Kamar tidur itu amat necis sekali.

Sprei tempat tidur putih bersih, dan baru ditukar. Sebuah meja berhias

di sudut. Dahlia menutup jendela dan segera membuka pakaiannya.

"Engkau cantik benar," kata Suryono beberapa saat kemudian. Ke-

mudian Suryono melepaskan pelukannya dari Dahlia, menggulingkan badannya

ke pinggir tempat tidur. "Rokok?" tanyanya pada Dahlia. Dahlia meng-

angguk. Dia memasangkan sebuah rokok untuk Dahlia, memberikannya pada

Dahlia, dan kemudian memasang sebuah untuknya sendiri. Dahlia berguling,

meletakkan kepalanya dekat pundak Suryono, dan berbisik, "Engkau gagah

benar."   120

Suryono diam saja. Dia merasa senang benar. Sejak dia menjadi

importir maka banyak pengalaman2 serupa ini yang didapatnya. Akan

tetapi sekali ini yang amat menyenangkan benar. Biasanya selalu tawar-

menawar dahulu. Selalu diperbincangkan uang. Menurut perasaannya,

menyebut-nyebut uang selalu merusakkan perasaan kemudian. Dia lebih

suka dia membayar kemudian lebih banyak, asal perempuan itu jangan

tawar-menawar seakan pedagang saja. Sekali ini sejak mula tidak pernah

disebut-sebut uang. Dalam hatinya diputuskannya untuk memberikan

kelak lima ratus rupiah kepada Dahlia. Akan tetapi nanti. Dia belum

hendak pulang dahulu. Biar petang saja.   130

"Berapa lama kita bisa di sini?" bisiknya pada Dahlia.

"Suka hati kita," jawab Dahlia.

"Sampai petang saja!" Suryono memutuskan.

Akan tetapi tidak juga sampai petang mereka tinggal. Sejam ke-
mudian Suryono sudah merasa dia dapat cukup. Dia mengajak Dahlia pulang.
Setelah mereka berpakaian Suryono bertanya kepada Dahlia, "Berapa harus
dibayar kepada tante Bep?"

"Lima puluh rupiah," kata Dahlia.

Suryono mengeluarkan uang kertas lima puluh rupiah, memberikannya
kepada Dahlia. Ketika Dahlia hendak keluar kamar, ditahannya Dahlia dan 140
diambilnya lima helai uang kertas seratus. "Dan ini untukmu!" katanya.
Dahlia memandang kepadanya dan berkata: "Aku tidak minta uang." "Ya,
aku tahu. Tapi terimalah ini," desak Suryono. Dahlia tersenyum pada-
nya, memeluk tubuhnya, dan mencium mulutnya. "Engkau anak manis benar,"
bisiknya pada Suryono.

Suryono mengantarkan Dahlia ke rumahnya, dan menjawab pertanyaan
Suryono apabila mereka akan bertemu lagi, Dahlia berkata: "Engkau tahu
sudah rumahku, datanglah bertanya nanti."

Dahlia berdiri di depan pagar, hingga mobil Suryono menghilang di
ujung jalan, dan kemudian bergegas ke kamarnya.   150

"Aduh, gagah benar yang mengantarkanmu. Mobilnya baru sekali,"
tegur Hasnah, ketika Dahlia tiba di beranda. Dahlia berpaling padanya.
Dan sambil tersenyum menjawab: "Teman baru, Has. . . .

(Dari *Senja di Jakarta*, karangan

Mochtar Lubis, 1957.)

I.   DAFTAR KATA PENOLONG

ah, masa(k)	"come on, you must be kidding"
berpaling	"to look over one's shoulder"
bertaut	"to meet" (of eyes)
cita	"fabrics"
entah	"(I/we) do not know"
kena landa	"to get bumped slightly"
kesal	"frustrated; fed up"
KNIL	"Royal Dutch East Indies Armed Forces"
mematut-matut	"to take a look at oneself"
memekik	"to scream"
memutar	"to turn (x) around"
mengerling	"to glance sideways"
mengernyit	"to frown with pleasure"
menggenit	"to become coquettish"
menoleh	"to look over one's shoulder"
mujur	"lucky"
nècis	"neat"
perabòt(an)	"furniture"
P. P. & K.	"Ministry of Education"
sedang besarnya	"not too big but not too small either"
siapa lurus binasa	"whoever is honest is destroyed"
siku	"elbow"
sprèi	"bed sheet"
suka hati kita	"to our heart's content"

II. JAWABLAH PERTANYAAN2 BERIKUT DENGAN KALIMAT2 LENGKAP

1. Apa sebenarnya tujuan Dahlia pergi ke Pasar Baru?

2. Menurut pendapat anda apakah Dahlia itu cantik? Dari mana anda tahu?

3. Menurut pendapat anda apakah Dahlia seorang pelacur biasa? Dari mana anda tahu?

4. Apakah tujuan penulis menyebutkan bahwa mobil Suryono adalah sebuah Dodge merah?

5. Menurut pendapat anda apakah Suryono pernah tinggal di negara Barat? Terangkan jawaban anda!

6. Apa Suryono betul2 bekerja di Kementrian Luar Negeri atau dia hanya bohong saja? Kalau bohong, mengapa dia memilih Kementrian itu sebagai kantornya?

7. Bagaimana keadaan hidup pegawai negeri pada waktu itu?

8. Macam pegawai negeri apakah suami Dahlia itu?

9. Kalau Suryono pegawai Kementrian Luar Negeri, apakah kira2 dia seorang pegawai yang jujur? Terangkan jawaban anda!

10. Macam rumah apakah yang didiami oleh Dahlia--rumah sendiri atau sama-sama dengan keluarga lain?

11. Bagaimana sikap tante Bep terhadap Suryono? Mengapa begitu?

12. Menurut Suryono apa bedanya antara Dahlia dengan pelacur2 yang lain?

13. Siapakah Hasnah itu dan apa dia tahu perbuatan Dahlia?

113

III. PENGEMBANGAN KOSA KATA

1. pelacur/tuna susila/kupu malam/sundal   "pelacur (often abbrevi-
   ated as wanita P.) is the general term for prostitute. The
   euphemistic form is wanita tuna susila (WTS), or kupu malam.
   The word sundal is very gross, equivalent to the English word
   'whore.'"

   tante girang/cross mama   "a married woman who seeks satisfaction
   from men other than her husband" This is primarily a matter
   of sexual rather than financial motivation.

   oom senang/cross papa/babé senang   "a married man who seeks
   sexual satisfaction from women other than his wife"
       Dahlia bukan pelacur/wanita tuna susila dalam arti biasa.
       Dia lebih tepat dinamakan tante girang atau cross mama.
       Kenape lu ndeketin die? Die kan sundal.
       Banyak pembesar yang jadi oom senang/cross papa/babe
       senang.

2. daerah lampu mérah   "red light district"
   tempat pelacuran   "place of prostitution"
   germo   "a madam" (of prostitution)
   sérong   "to be unfaithful to one's spouse"
   iseng   (1) "to do something because there is nothing else to do;
       to pass the time"; (2) (with a sexual connotation) "to fool
       around on the side"
   main-main   (1) (with a sexual connotation) "to fool around";
       (2) "not serious"
   dimadu   "when a husband takes another wife without having divorced

114

the first one, the first wife is said to be <u>dimadu</u>"

<u>gula2/gundik</u>   "mistress"

<u>simpanan</u>   "slang for <u>gula2</u>"

    Di <u>daerah lampu merah/pelacuran</u> banyak <u>kupu malam</u>.

    Dahlia <u>serong</u>.

    Bu Inem sudah jadi <u>germo</u> sejak tahun '60.

    Dia <u>iseng/main2</u> dengan Suryono.

    Saya jalan2 ke toko cuma <u>iseng</u> saja, tidak cari apa2.

    Dia belajarnya hanya <u>main-main</u> saja.

    Banyak pembesar di dunia ini yang mempunyai <u>gula2/gundik/</u>

    <u>simpanan</u>.

3. <u>pusat perbelanjaan</u>   "shopping center"

<u>toserba</u>   "abbreviation of <u>toko serba ada</u>, department store"

<u>toko</u>   "a shop" (usually rather large)

<u>warung</u>   "a shop" (usually rather small)

<u>kedai</u>   "a shop" (this word not often used anymore in Indonesian)

<u>kiòs</u>   "a newsstand"

    Di <u>pusat perbelanjaan</u> Senen ada banyak toko besar.

    "Sarinah" adalah <u>toserba</u> yang pertama didirikan di Indonesia.

    Kepunyaan kami bukan <u>toko</u>, hanya <u>warung</u> saja.

    Dia ngobyek dengan membuka <u>kios</u> di dekat fakultas sasdaya.

4. <u>cita/bahan pakaian/kain</u>   "<u>cita</u> is a term for fabrics and usually

    refers only to fabrics for women's dresses. The general term

    for fabrics is either <u>bahan pakaian</u> or <u>kain</u>. Please note, how-

    ever, that <u>kain</u> can also mean the <u>batik</u> skirt which goes with

    <u>kebaya</u>."

<u>baju/pakaian</u>   "general terms for clothes"

<u>ròk/baju terus</u>   "dress"

<u>ròk bawah</u>   "skirt"

<u>blus</u>   "blouse"

<u>kebaya</u>   "Javanese blouse with long sleeves, worn with <u>kain batik</u>"

<u>kebaya (baju) panjang</u>   "kebaya-like blouse from Central Sumatera"

<u>pakaian dalam</u>   "underwear"

<u>B. H.</u>/<u>kutang</u>   "brassiere" Villagers use the term <u>kutang</u>, but

  middle and upper class people use <u>B. H.</u>

<u>seléndang</u>   "scarf"

> Untuk kebaya kita memerlukan 1½ meter <u>bahan pakaian</u>/<u>cita</u>/
>
> <u>kain</u>.
>
> Apa <u>kain</u> (not <u>cita</u> or <u>bahan pakaian</u>) ini cocok dengan
>
> kebaya itu?
>
> Saya tidak punya <u>baju</u>/<u>pakaian</u> untuk pesta minggu depan.
>
> <u>Rok</u> yang terlalu pendek tidak cocok dengan kepribadian kita.
>
> <u>Rok bawah</u> yang hitam cocok dengan <u>blus</u> yang putih.
>
> Rombongan mahasiswi itu semuanya memakai <u>kain</u> dan <u>kebaya</u>.
>
> <u>B. H.</u> termasuk <u>pakaian dalam</u> wanita.

5. <u>hèm</u>/<u>keméja</u>   "shirt"

<u>celana panjang</u>/<u>pantalòn</u>   "trousers"

<u>celana pèndèk</u>   "short pants"

<u>celana dalam</u>   "underpants; panties"

<u>kaòs dalam</u>   "undershirt" The term <u>baju kaos</u> refers to T-shirts or to

  any knit shirt.

<u>kaòs kaki</u>   "socks"

<u>tòpi</u>   "hat" (in general)

<u>pici</u>   "a black fez, originally worn by Moslems, which has now

  become a national symbol"

116

setèlan	"suit"
jas	"suit coat"
dasi	"necktie"
jaket	"jacket"

Anak kecil di Indonesia biasanya memakai hèm/kemèja dengan celana pendek.

Setelah masuk SMA mereka lalu memakai celana panjang.

Di sekolah2 Islam biasanya pelajar memakai pici.

Wanita di Indonesia jarang memakai topi.

Harga kaos dalam dan kaos kaki lebih murah dari harga kemeja.

Kalau pergi ke pesta perkawinan orang biasanya pakai setelan.

Di Indonesia dasi sering dipakai, tapi jas tidak karena terlalu panas.

Orang desa kadang2 pakai jaket meskipun udaranya panas.

6. kesal   "frustrated; fed up"

(men)dòngkòl   "irked; annoyed"

gòndòk   "angry, but with suppressed anger" (informal)

marah   "angry"

ngambek   "slang for marah"

Dahlia kesal karena tidak mendapatkan apa yang dia cari.

Idris dongkol karena isterinya sering keluar.

Dia gondok, tapi tidak berani marah.

Kenapa lu suka ngambek, sih?!

7. mujur   "lucky" (used only as adj.)

untung   (1) "lucky; luckily"; (2) "to make a profit; a profit" malang   "unlucky"

sial   "unlucky"

sialan   "darn it"

    Dia tidak terbunuh waktu itu, di mujur/untung.

    Untung (not mujur) saya tidak di rumah waktu itu; kalau

    di rumah mungkin saya sudah dibunuh.

    Mobil itu sudah dia jual; dia untung (not mujur) satu juta

    rupiah.

    Dia mendapat untung (not mujur) satu juta rupiah.

    Hidup sastrawan selalu malang.

    Dia ditangkap polisi; dia sial.

    Sialan, uang cuma sedikit dicuri orang!

8. mengerling   "to glance sideways, usually coquettishly"

kerlingan (mata)   "coquettish side glance"

genit   (1) "coquettish"; (2) "vivacious" (often used to refer

    to children's active behavior)

menggenit   "to act in a coquettish/vivacious way"

main-mata   "to flirt" (literally or figuratively)

buaya (darat)   (1) (literally) "a crocodile"; (2) (figuratively)

    "a flirt"

biyawak   (1) (literally) "iguana"; (2) (figuratively) "a little

    flirt"

merayu   "to flatter"

mesra   "romantically intimate"

    Dahlia mengerling dengan manis.

    Kerlingan matanya membikin Suryono tergila-gila.

    Wanita dan anak2 suka (meng)genit.

Main-mata adalah cara yang dipakai Dahlia.

Dia main-mata dengan Pemerintah Belanda waktu jaman pen-

dudukan.

Pergi dari sini, buaya/biyawak lu!

Dengan mesra Suryono merayu pacarnya yang baru.

9. dahi/kening   "forehead"

alis   "eyebrow"

idep/pelupuk mata   "eyelash"

mata   "eye"

hidung   "nose"

lubang hidung   "nostril"

kumis   "mustache"

pipi   "cheek"

bibir (atas/bawah)   "(upper/lower) lip"

gigi   "tooth"

jenggòt   "beard"

telinga   "ear"

pelipis   "temple"

muka/wajah   "face"   Wajah is more poetic than muka.

lèhèr   "neck"

bahu/pundak (Jav.)   "shoulder"

tangan   "hand; arm"

siku   "elbow"

jari   "fingers; toes"

j. kelingking   "little finger"

j. manis   "ring finger"

j. tengah   "middle finger"

j. telunjuk   "index finger/pointer"

ibu jari   "thumb"

kuku   "nail"

telapak tangan   "palm"

ketiak   "armpit"

dada   "chest"

buah dada/payudara   "breast"

perut   "stomach"

pinggang   "waist"

punggung   "back"

pinggul   "hip"

kaki   "leg; foot"

paha   "thigh"

lutut   "knee"

betis   "calf"

tumit   "ankle"

pantat   "buttock"

kemaluan   "sexual organ"

tubuh/badan   "body"

10. mobil/mòtòr   "car" In Jakarta, motor means motor bike.

bis   "bus"

truk   (pronounced as [trək]) "truck"

jeep   "jeep"

sepéda motor   "motor bike"

sepéda kumbang   "motorized bike"

mesin   "engine"

setir   "steering wheel"

r̀em   "brake"

gas   "accelerator"

kòpling   "clutch"

persenèleng   "gear"

ban   "tire"

kempes   "flat" (of inflatable objects)

bocor   "leak" (intransitive) (of tires, pails, roofs); punctured"

mògòk   "to break down; be on strike"

    Ban mobil sedan lebih kecil dari ban bis atau truk.

    Harga jeep lebih mahal dari harga sepeda motor/kumbang.

    Harusnya dia menginjak rem, dan bukan gas.

    Mobil saya mogok karena kopling dan persenelengnya rusak.

    Mobil saya bannya kempes/bocor waktu naik ke dataran tinggi Dieng.

11. bòdòh   "stupid"

begòk   "stupid or silly" (used mostly in Jakarta dialect)

blò'òn   "more stupid or silly than begok" (used in Jakarta dialect)

tòlòl   "very stupid"

gòblòk   "very, very stupid"

    Dia tidak hanya bodoh, tapi tolol.

    Ah, anak itu memang goblok/begok.

    Cewek itu cantik sih cantik, tapi blo'onnya setengah mati.

12. kòrupsi   "corruption; to be corrupt"

kòruptòr   "corruptor"

kakap   (1) (literally) "a rather large fish similar to sole";

    (2) (figuratively) "a corruptor of large caliber"

teri   (1) (literally) "a very small fish"; (2) (figuratively) "a corruptor of very small caliber"

<u>pungli</u>   "abbreviation of <u>pungutan liar</u>, illegal (financial) col-

lection"

<u>memberantas</u>   "to eliminate; get rid of"

<u>pemberantasan</u>   "elimination; the getting rid of (x)"

Banyak pegawai yang <u>korupsi</u> sekarang.

Korupsi dan <u>pungli</u> adalah suatu penyakit yang sukar <u>di-</u>

<u>berantas</u>.

<u>Pemberantasan</u> korupsi hanya berhasil menangkap <u>teri2nya</u>

saja, tapi tidak pernah <u>kakap2nya</u>.

Kelihatannya Suryono adalah seorang <u>koruptor</u> tingkat <u>kakap</u>.

13. <u>hotel</u>   "hotel" (usually of a rather large size)

<u>losmen</u>   "functionally a hotel, but smaller in size with less

reputation"

<u>penginapan</u>   "general term for a place where people can stay"

Ambarukmo bukan sebuah <u>losmen</u>, tapi sebuah <u>hotel</u>.

<u>Penginapan</u> kami adalah Hotel Garuda di Jalan Malioboro.

14. <u>ah, masa?!</u>   (with <u>masa</u> usually pronounced as [masa?]) "Come on,

you must be kidding"

<u>masa bodoh</u>   "I don't care; I don't give a darn"

<u>masa (be)gitu</u>   "I can't believe it--is it really that way?"

Ah, <u>masa</u> kamu tidak pernah ke hotel?!

Kamu ikut apa tidak, <u>masa bodoh</u>!

<u>Masa begitu</u> caranya bikin pantalon!

122

IV. REMEDIASI TATABAHASA

1. <u>kena + Verb Base</u>   "to get + past participle of Verb" The meaning
   of this construction is passive and is similar to that of <u>ter-</u>.
   The agent is insignificant. This type of passive is found in
   informal style.

   > Dahlia <u>kena landa</u> orang. Literally, "Dahlia was bumped
   > into by someone." "Someone bumped into Dahlia."
   > Dia <u>kena pukul</u> di sana. "He got hit there."
   > Dia <u>kena tembak</u> dalam pertempuran itu. "He got shot in
   > the battle."

2. <u>coba + sentence</u>   "indicates that the action did not or would not
   happen, or that the state of affairs actually is not true"
   Thus, this is similar to the English contrary-to-fact condi-
   tional clauses such as: "If you were rich, I would marry you,"
   and "If you had been rich, I would have married you."

   > <u>Coba</u> dia dagang, kan aku senang. "If he were in private
   > business, I would be happy."
   > <u>Coba</u> kamu ikut, kamu mesti senang. "If you had come along,
   > you would have enjoyed it."
   > <u>Coba</u> aku bisa berenang, aku tidak mau tinggal di rumah.
   > "If I could swim, I would not want to stay home."
   > <u>Coba</u> dia di sini, sudah saya pukul dia. "If he had been
   > here, I would have hit him."

3. <u>kasih + Verb Base</u>   "an informal form for meN + Verb Base + suffix"

Thus,

kasih pinjam = meminjamkan   "to lend"

kasih ingat = mengingatkan   "to remind"

kasih ampun = mengampuni   "to pardon"

In some cases, it is also a substitute for <u>memberi</u> + Verb Base.

kasih tahu = memberitahu   "to inform"

kasih makan = memberi makan   "to feed"

Please note that not all bases can take the above forms.

Tante Beb mau <u>kasih pinjam</u> kamarnya.

Istrinya tidak mau <u>kasih ampun</u> padanya.

Saya sudah <u>kasih tahu</u> orang itu.

V. LATIHAN

Pilihlah kata2 yang paling tepat untuk kalimat2 berikut.

1. Kata yang paling kasar untuk "pelacur" adalah (sundal/kupu malam/ WTS).

2. Orang2 seperti Dahlia lebih tepat dinamakan sebagai (pelacur/tante girang).

3. (Toko/warung) biasanya lebih kecil dari (toko/warung).

4. Kebaya biasanya dipakai dengan (cita/bahan pakaian/kain).

5. Blus biasanya dipakai dengan (kain/rok bawah).

6. (Pici/topi) sudah menjadi lambang bangsa Indonesia.

124

7. Karena Idris sangat mencintai istrinya, dia tidak pernah (marah/ gondok), dia hanya bisa (marah/gondok) saja.

8. Waktu tante Beb menjual perabot rumahnya, dia (mujur/untung) Rp. 3.000,-.

9. Dia tidak hanya manis sekali, tapi juga (aktif/genit).

10. Hubungan cinta antara Suryono dan Dahlia makin hari makin (mesra/ erat).

11. Rambut yang persis ada di atas mata dinamakan (alis/idep).

12. (Jenggot/kumis) adalah rambut yang ada di atas mulut.

13. (Pelipis/kening) adalah bagian dari muka yang ada di muka telinga.

14. (Pinggang/punggung) adalah bagian belakang dari tubuh.

15. Jari di mana wanita memakai cincin kawinnya dinamakan jari (telun- juk/manis).

16. (Siku/lutut) terletak di tangan, dan bukan di kaki.

17. Mobil yang tidak otomatis memerlukan (rem/kopling).

18. Dia tidak hanya (bodoh/tolol), tapi (bodoh/tolol).

19. Untuk memberantas korupsi kita harus menangkap (kakap/teri)-nya, dan bukan (kakap/teri)-nya.

20. Saya tidak kuat menginap di (hotel/losmen), karena itu saya memilih (hotel/losmen) saja.

21. Hubungan antara Amerika dan Indonesia sekarang (mesra/erat).

22. Dia pulang apa tidak, (masa begitu/masa bodoh)!

23. (Mencoba/coba) aku kaya, kamu kubelikan mobil Dodge merah.

BAB II. D.

SENJA DI JAKARTA - Bagian II

Idris, suami Dahlia, telah lebih dari dua jam menunggu Dahlia.
Dia baru kembali dari perjalanan inspeksi ke Sumatra, dan didapatinya
Dahlia tidak ada di rumah. Hanya babu yang menjaga rumah. Idris
merasa benar rumah sunyi. Anak2 di sebelah dari keluarga yang meng-
gantikan kamar2 Sugeng dan biasanya ribut2 petang hari ini tidak ada
di rumah. Babu mengatakan bahwa nyonya pergi ke Pasar Baru. Idris
melihat jamnya. Hari telah jam dua siang. Lama juga dia ber-belanja2,
entah dari mana dia dapat uang, pikirnya. Ingat uang ini menimbulkan
perasaan yang menyayat sebentar dalam hatinya. Telah lama dia ingin
bertanya dari mana Dahlia dapat membeli kain batik dan kebaya yang   10
bagus2 dan baru2. Sudah tidak bisa dia percaya bahwa Dahlia amat pan-
dai menyimpan gajinya untuk dapat membeli semua itu. Akan tetapi dia
khawatir untuk menanyakan, takut Dahlia marah, dan menuduhnya tidak
percaya pada Dahlia. Jika Dahlia marah2, maka dia diam saja.

Idris memijit-mijit keningnya. Telah sejak lama dia merasa
badannya lemas saja, dan dia lekas letih. Naik kapalterbang dari
Palembang ke Jakarta yang hanya tidak sampai dua jam duduk itu sudah
membuat pinggangnya pegal2. Dia berdiri mengambil rokok di atas meja
berhias Dahlia. Di meja terletak potret Dahlia, Idris menatap-natap
potret Dahlia. Dia merasa bangga melihat betapa cantik istrinya. Kemu-   20
dian seakan ada yang menarik mukanya memandang ke kaca, Idris melihat
sebuah muka yang separuh baya, agak cekung kedua pipinya, mata yang
layu keletihan. Dia mengurut-urut pipinya dan dalam kepalanya terlintas
pikiran "Aku sudah tua. Jauh lebih tua dari Dahlia."

126

Kemudian dia ingat perkawinan mereka enam tahun yang lalu. Baru

saja penyerahan kekuasaan oleh Belanda kepada R. I. S. Dia sebagai

pejuang republik dari Yogya datang ke Jakarta. Berkenalan dengan Dahlia

di kantornya. Dahlia bekerja dengan Nica. Demikian pula ayah Dahlia.

Dia cepat tertarik pada Dahlia. Dan ketika dia meminang Dahlia, maka

segeralah dia menerima pinangannya. Juga orangtua Dahlia amat suka   30

menerimanya menjadi menantu.

Pada tahun2 pertama itu dia merasa beruntung dengan Dahlia. Hanya

dalam beberapa bulan terakhir ini dia merasa seakan-akan ada timbul

kerenggangan dan kekosongan antara mereka.

Dia tahu bahwa gajinya sudah lama tidak mencukupi lagi untuk hidup

mereka. Mula2 dipikirnya bahwa Dahlia sering bersikap sejuk karena

mendongkol perkara uang. Kemudian ditambah lagi dengan dia seringnya

bepergian untuk pekerjaannya. Sebab itu tidak terlalu dipikirkannya

benar. Akan tetapi kini hatinya mulai merasa gundah. Dia telah ber-

kirim kawat dari Palembang memberitahukan kedatangannya pada Dahlia.   40

Biasanya Dahlia kalau tidak datang ke lapangan terbang, maka menunggunya

di rumah. Akan tetapi kini, untuk pertama kalinya Dahlia tidak menunggu-

nya. Hatinya berdebar-debar, tidak senang benar.

Kemudian hatinya yang baik menyalahkan dirinya kembali. Kasihan

juga Dahlia pikirnya, tidak ada anak. Aku juga yang salah. Mereka

memeriksakan diri pada dokter tiga tahun yang lalu, dan menurut dokter

dia yang mandul. Kekecewaan mereka mula2 kemudian jadi hilang, karena

Dahlia menerima keadaannya yang demikian. Malahan untuk beberapa lama,

Dahlia bersikap lebih mesra lagi terhadap dirinya, hingga dengan diri-

nya dia damai sudah tidak akan punya anak selama-lamanya. Akan tetapi   50

kini dia merasa rawan dan sayu, dan timbul dalam hatinya hasrat yang besar untuk dapat mengecap kebahagian mempunyai anak.

Idris memijit-mijit pipinya sambil memandang ke kaca, dan berkata kepada dirinya sendiri, memang aku lebih tua dari umurku sebenarnya. Umurku baru 42 tahun akan tetapi muka sudah seperti orang tua umur 50 tahun. Sedang Dahlia baru 32 tahun, akan tetapi kelihatannya seperti baru berumur 25 tahun. Dia menarik napas panjang2, menerima keadaan yang tidak dapat ditolaknya atau dirobahnya. Apa yang bisa aku berikan lagi pada Dahlia? Tanyanya pada dirinya sendiri, dan dia menjawab sendiri pula dalam hatinya--tidak ada lagi yang dapat menggairahkan 60 hati perempuan muda seperti Dahlia. Ah, biar, asal dia selalu ada bersamaku cukuplah, katanya kemudian. Dan tiba2 dia merasa amat inginnya Dahlia sudah pulang. Dia ingin melihat tubuh dan wajah Dahlia, mendengar suara Dahlia.

Bosan menatap-natap mukanya di kaca, Idris berdiri membawa foto Dahlia dan berbaring ke tempat tidur. Bantal wangi ke hidungnya. Minyak wangi yang belum dikenalnya naik ke bantal, hingga tambah timbul hasratnya agar Dahlia telah pulang ke rumah. Idris kemudian tertidur dengan tidak diketahuinya tangan kanannya masih memegang foto Dahlia.

Ketika kemudian Dahlia pulang, dia menemui Idris sedang tidur 70 demikian. Dahlia tersenyum pada dirinya sendiri, berjingkat ke tempat tidur dan mencium pelipis Idris. Idris terbangun, membuka matanya, tersenyum melihat Dahlia, memeluk Dahlia, dan Dahlia sambil menciumnya berbisik "Aduh, maafkan aku. Aku sudah ada janji dahulu dengan kawan, sebab itu tidak bisa menunggumu pulang. Jangan marah, ya!"

Idris tiada dapat berkata apa2 lagi, karena mulutnya ditutup oleh mulut Dahlia, dan kebahagiaan besar yang membawa terang ke dalam hatinya meliputi seluruh tubuhnya, meliputi seluruh hatinya, dan dia memeluk

Dahlia kuat2. Tas Dahlia terjatuh dari tangannya, terbuka di lantai,

dan uang kertas sebesar Rp.500 menjulur separuh dari dalamnya. Dahlia

melepaskan mulut Idris, melihat tasnya yang jatuh, bergegas berdiri,

dan berkata pada Idris "Hus, tunggu dulu, saya ganti pakaian."

Dia segera berdiri, membungkuk mengambil tasnya, memasukkan uang

kertas ke dalam lipatan tas, dan bergegas membuka kain dan kebayanya,

dipandangi dengan penuh hasrat oleh Idris. . . .

(Dari *Senja di Jakarta*, karangan

Mochtar Lubis, 1957.)

I. DAFTAR KATA PENOLONG

babu	"maid"
berdebar-debar	"to be throbbing"
bergegas	"to hurry"
berjingkat	"to tiptoe"
bòsan	"bored"
cekung	"sunken"
gundah	"depressed; restless"
kekecéwaan	"disappointment"
kerenggangan	"estrangement; state of being not close"
layu	"withered"

lemas	"weak" (physically)
letih	"tired"
membungkuk	"to stoop; duck"
memijit-mijit	"to massage softly and repeatedly"
menatap-natap	"to look at (x) intently"
menggairahkan	"to excite (x); be exciting" (usually of sex)
menjulur	"to stick out"
menuduh	"to accuse"
menyayat	(1) (literally) "to slice"; (2) (figuratively) "to (heart)-break"
Nica	"Netherlands Indies Civil Administration"
pegal	"stiff" (of necks, backs, etc.)
rawan	"state of being uncertain or having mixed emotions"
ribut-ribut	"commotion"
R. I. S.	"United States of Indonesia"
sayu	"downcast; sad; look tired"
sejuk	"cool"
separuh baya	"middle-aged"
sunyi	"quiet"
tas	"any kind of bag; purse"

II. JAWABLAH PERTANYAAN2 BERIKUT DENGAN KALIMAT2 LENGKAP

1. Di manakah Dahlia waktu suaminya pulang?

2. Kalau memang keluarga Idris tidak kaya, mengapa mereka bisa mempunyai

130

babu?

3. Apa keluarga Sugeng masih tinggal serumah dengan keluarga Idris?

4. Menurut pendapat anda, apakah Idris seorang suami yang lemah atau

   yang sabar?

5. Apa Idris tahu perbuatan istrinya?

6. Faktor2 apa yang menyebabkan perkawinan Idris-Dahlia tidak bahagia?

7. Menurut pendapat anda, siapa yang salah?

8. Sebenarnya Dahlia mencintai suaminya atau tidak?

9. Kapan Dahlia membeli minyak wangi yang tercium Idris itu?

10. Uang yang menjulur dari tas Dahlia dari mana? Dari mana anda tahu?

III. PENGEMBANGAN KOSA KATA

1. babu   "maid"

   jòngòs   "male servant" (used more often during the colonial

     period than now)

   kòki   "servant (male or female), primarily a cook"

   pembantu   "helper in general" If one wants to be specific, he

     adds another word such as rumah tangga, kantor, riset, etc.

   kacung   "a man, usually of relatively young age, who acts as a

     general helper in offices, on tennis courts (to pick up balls),

     in military barracks, etc."

   pesuruh   "general office helper; messenger"

   pelayan   "also a helper, but usually one who works in shops,

     restaurants, and the like; salesperson, waiter/waitress"

Umumnya keluarga2 di Indonesia mempunyai pembantu/babu.

Jongos selalu laki2 dan sudah tidak banyak lagi sekarang.

Koki kami masakannya enak sekali.

Sudah bertahun-tahun dia bekerja sebagai pesuruh di kantor
itu.

Kalau main tenis di Amerika, tidak ada kacung.

Dia bekerja di warung itu sebagai pelayan/pembantu.

2. **lemas** (1) "physically weak"; (2) "physically graceful" (in dance,
movement)

lemah "physically weak; weak in character"

letih/cape "tired"

pegal "stiff" (of neck, back, etc.)

Badannya jadi lemas/lemah waktu mendengar kabar itu.

Hati tante girang itu menjadi lemah (not lemas) waktu men-
dengar kabar itu.

Gerakan tangan penari itu sangat lemas (not lemah).

Karena dia banyak lari, dia jadi letih/cape.

Karena duduk terus menerus, punggung dia jadi pegal.

3. **pusing** (1) "to have a headache"; (2) "dizzy" (literally or fig-
uratively)

sakit kepala "to have a headache"

sakit gigi "to have a toothache"

sakit perut "to have a stomachache"

masuk angin "a catch-all term for illnesses such as headache,
stomachache, and so on, which people believe are caused by the
wind getting into one's body"

pilek/selesma/flu "to have a cold/flu" (sometimes used figuratively)

132

batuk   "to cough"

bersin   "to sneeze"

Banyaknya sumbangan wajib membuat orangtua murid pusing/
sakit kepala.

Dia tidak bisa makan banyak karena sakit gigi.

Dia sakit perut karena terlalu banyak makan sambal.

Kalau kamu tidak pakai baju, kamu bisa masuk angin/pilek.

Mobil ini sudah tua, sering pilek.

Pilek biasanya diikuti oleh batuk.

Wah, saya sudah mulai bersin-bersin lagi, rupanya akan kena
pilek.

4. gundah/gelisah   "depressed; restless"

rawan   "in a state of uncertainty; having mixed emotions"

sayu   "downcast; sad; to look tired" (due to lack of sleep,
stress, etc.)

layu   "withered"

cemas/khawatir   "worried"

bimbang   "doubtful; hesitant" (of a temporary nature)

ragu2   "doubtful; hesitant; indecisive" (character trait)

Setelah jam 2 dan Dahlia belum datang juga, hati Idris
gundah/gelisah/cemas/khawatir.

Keinginan mempunyai anak membikin hati Dahlia rawan.

Kehidupan yang tidak mesra itu membuat hatinya sayu.

Dia bimbang/ragu2 untuk menanyakan dari mana Dahlia dapat
uang.

Idris adalah orang yang ragu2 (not bimbang).

5. memegang   "to hold" (literally and figuratively)

meraba   (1) "to grope; guess"; (2) "to stroke; caress"

menyentuh   "to touch"

memijit   "to press lightly" (of fruit or other tangible objects)

memijit-mijit   "to massage softly and repeatedly"

        Suryono memegang siku Dahlia waktu menyeberang jalan.

        Dia juga meraba Dahlia waktu sampai di Ancol.

        Janji dia tidak bisa dipegang.

        Saya tidak tahu jawabannya yang pasti, saya hanya bisa

        meraba saja.

        Waktu menyentuh tubuh Dahlia, Idris berdebar-debar.

        Dia memijit buah mangga itu untuk mengetahui apa sudah masak

        apa belum.

        Idris memijit-mijit keningnya di muka sebuah kaca.

6. sejuk   "cool" (usually of weather, but sometimes also of human

     relationships)

    dingin   "cold" (of temperature and of human relationships)

            Udara di daerah Malang sangat sejuk.

            Dahlia menjadi sejuk/dingin terhadap Idris sejak per-

            istiwa itu.

            Udara di Puncak tidak sejuk, tapi dingin.

7. perkara   "case; matter" (similar to soal except that perkara

     usually refers to cases of a serious or legal nature)

    kena perkara   "to be in trouble with the law"

            Perkara/soal itu sudah dibawa ke sidang pengadilan.

            Janda itu mendapat perkara mengenai kekayaan bekas suami-

            nya.

            Soal (not perkara) aljabar ini harus kami pecahkan malam

134

ini.

Dia kena perkara, karena ikut demonstrasi.

8. berdebar-debar   "to be throbbing"

   gemetar   "to tremble"

   Hatinya berdebar-debar waktu Dahlia mendekat.

   Tubuhnyapun gemetar waktu itu juga.

9. menggairahkan   "to excite (x); be exciting" (usually of sex)

   menimbulkan (hawa) nafsu   "to arouse sexual desire"

   cabul/asusila/pòrno   "obscene"

   Cara Dahlia berbicara sangat menggairahkan.

   Film-film yang menimbulkan hawa nafsu tidak boleh diputar

   di Indonesia.

   Majalah2 cabul/asusila/porno juga dilarang.

10. berjingkat   "to tiptoe"

    merangkak   "to crawl"

    membungkuk   "to stoop; duck"

    berjòngkòk   "to squat"

    berbaring   "to lie down"

    Dia berjingkat mendekati Idris yang sedang tidur.

    Kemudian dia membungkuk dan merangkak untuk mengambil

    tasnya yang jatuh.

    Banyak orang yang berjongkok di muka rumah.

    Suryono dan Dahlia berbaring di tempat tidur.

11. minyak   "oil in general"

    m. wangi   "perfume; cologne"

    m. rambut   "hair cream/oil"

    m. goreng   "cooking oil"

m. tanah   "kerosene"

m. samin   "a kind of oil/butter believed to come from India or

Saudi Arabia used as an ingredient in cooking"

m. kayu putih   "eucalyptus oil"

mentéga   "butter/margarine"

Indonesia kaya dengan minyak.

Minyak wangi dan minyak rambut termasuk alat kecantikan.

Minyak tanah dipakai untuk lampu, dan minyak goreng untuk

masak.

Orang Arab sering memakai minyak samin untuk masak.

Minyak kayu putih dipakai untuk obat masuk angin.

Mendekati Lebaran harga mentega biasanya naik, karena

banyak orang bikin kue.

12. tas   "bag or suitcase in general"

t. tangan   "handbag"

t. kantòr   "briefcase"

t. belanja   "shopping bag"

t. sekolah   "school bag"

kòper   "suitcase"

dompet   "(small) purse; wallet"

kantòng   "pocket; bag" (usually made of paper, cloth, or other

soft materials)

Pakaian2 itu harus dimasukkan ke tas/koper segera.

Bawalah tas tangan/belanja ini untuk pergi ke pasar.

Tas kantor dia hilang waktu dia naik bis ke kantor.

Tas sekolah anak saya cepat sekali rusak.

Dompet saya dicopet di Pasar Senen.

Tengkorak dan kulit kerang itu dia masukkan ke <u>kantong</u>

untuk diperiksa.

13. <u>uang</u>   "money"

  u. <u>kertas</u>   "bank notes"

  u. <u>kecil/rècèh</u>   "small change"

  u. <u>saku</u>   "pocket money"

  u. <u>kunci</u>   "money given to a landlord in renting a place, but
which does not count toward the rent; rather, it is money to
'obtain the key' to the house"

  u. <u>persekòt</u>   "deposit money; down payment" For house/apartment
rental, landlords usually ask for a few years' lease to be
paid in advance. No rent is paid afterward for the period
agreed upon.

  u. <u>semir/sògòk/ròkòk/suap</u>   "money given to certain people to
smooth things out; a bribe"

  u. <u>dengar</u>   "a colloquial expression for money which one gets
simply by being where the deal is made"

    Saya tidak punya <u>uang kertas</u> kecil.

    <u>Uang kunci</u> adalah uang yang hilang yang tidak bisa diminta
kembali.

    Untuk menyewa rumah itu pemiliknya minta <u>uang persekot</u> tiga
tahun.

    Naga2nya gua harus kasih <u>uang semir/sogok/rokok/suap</u> sama
pegawai itu.

    <u>Uang saku</u> saya Rp.2000 sebulan.

    Lumayan, kemarin gua dapat <u>uang dengar</u> Rp.500.

IV. REMEDIASI TATABAHASA

1. **baru**   The uses of <u>baru</u> are as follows: (i) as an adjective, it means "new," (ii) before a verb, it means "just" or "in the process of," (iii) followed immediately by <u>saja</u>, it means "just," (iv) before a subject, it means "only then," and (v) duplicated followed by <u>ini</u>, it means "recently."

    i. Dompet <u>baru</u> dia mahal.

      Hem dia <u>baru</u>.

    ii. Dia <u>baru</u> membeli kaos kaki.

      Dia sedang apa? <u>Baru</u> memperbaiki rem mobilnya.

    iii. Saya <u>baru saja</u> datang dari rumah bibi saya.

    iv. Setelah ini selesai, <u>baru</u> kita mengerjakan kopling.

    v. Kakek saya meninggal <u>baru2 ini</u>.

V. LATIHAN

Pililah kata2 yang paling tepat untuk kalimat2 berikut.

1. Pada jaman Belanda pak Karto bekerja sebagai (babu/jongos).
2. Dia bekerja sebagai (pelayan/jongos) di restoran itu.
3. Sebagai suami Idris termasuk orang yang (lemah/lemas).
4. Badannya menjadi lemah, dan punggungnya merasa (letih/pegal).
5. Karena tidur di lantai dia jadi (sakit kepala/masuk angin).
6. Setelah jam satu malam dan anaknya masih saja belum pulang, dia jadi (gelisah/rawan/sayu).
7. Idris kelihatannya seperti orang yang (ragu2/bimbang).

138

8. Suryono (meraba/memegang) siku Dahlia waktu mereka menyeberang jalan.

9. Saya tidak mau tinggal di Bandung; udaranya terlalu (sejuk/dingin).

10. Akhirnya Suryono kena (soal/perkara) korupsi.

11. Badannya (berdebar-debar/gemetar) waktu dia melihat kecelakaan itu.

12. Dahlia (merangkak/berjingkat) mendekati suaminya, karena dia tidak mau membangunkannya.

13. Karena letihnya, Idris (berbaring/berjongkok) di tempat tidur, dan akhirnya tertidur.

14. Minyak (rambut/wangi) yang tidak dia kenal membubung dari bantal Dahlia.

15. Setiap hari Idris ke kantor membawa (koper/tas)-nya.

16. Untuk menyewa rumah di Indonesia, kita biasanya harus membayar uang (kunci/persekot) untuk paling tidak satu atau dua tahun.

17. Untuk mempermudah soal itu, kasih saja dia uang (saku/semir/dengar).

18. Orangtuanya mengirimi dia uang (receh/saku) tiap bulan.

19. Minyak (samin/kayu putih) dipakai untuk masak.

20. Karena kurang tidur, mukanya kelihatan (sayu/layu/rawan).

BAB III. A.

KESENIAN DI INDONESIA

Kesenian adalah cetusan hati nurani manusia mengenai alam dan hidup.
Karena itu untuk mengenal kesenian suatu bangsa haruslah kita mengenal
latar belakang bangsa itu dari segi pertumbuhannya. Ini tidak mudah
kita kerjakan karena sering terjadi bahwa penelusuran pertumbuhan suatu
bangsa sering samar2. Ini terutama terjadi apabila tidak ada atau
tidak banyak peninggalan2 tertulis yang bisa dipelajari.

Untuk memahami kesenian ataupun kebudayaan Indonesia, kita harus
juga jauh menoleh ke belakang dan melihat peristiwa2 apa yang telah
terjadi sehingga sedikit banyak kita bisa mengetahui mengapa orang In-
donesia bertingkah laku dan berkesenian seperti yang kita lihat sekarang   10
ini.

Sebagai titik tolak yang pertama, katakanlah bahwa jauh sebelum
orang asing datang sudah ada manusia yang menduduki daerah2 yang sekarang
dinamakan Indonesia. Tentu saja manusia2 ini mempunyai cara hidup ter-
sendiri yang jauh berbeda dengan cara hidup kita sekarang. Lukisan2
kuno yang terdapat di tembok2 di gua2 di daerah Irian, Seram, Sulawesi
dan beberapa tempat lainnya menggambarkan kehidupan primitif waktu itu.
Lukisan2 ini ada yang berupa telapak tangan, telapak kaki, ikan, burung
dan beberapa binatang lainnya, yang mungkin berhubungan erat dengan ke-
hidupan mereka sehari-hari.   20

Dengan datangnya agama Hindu dan Buddha peninggalan2 lain yang kita
temukan berupa candi dan gapura yang sebagian besarnya terdapat di Jawa
dan Bali. Candi Borobudur, yang dibangun sekitar tahun 800 tarikh Masehi,
merupakan suatu monumen nasional yang sangat penting. Salah satu candi

140

lain yang sangat mengesan adalah candi Prambanan yang sering juga disebut candi Loro Jonggrang. Ini terdiri dari kumpulan candi2 kecil dengan candi utamanya terletak di tengah. Masih banyak candi lain yang terdapat di Jawa Tengah maupun Jawa Timur. Meskipun candi2 ini dasarnya adalah arsitektur India, tetapi sudah banyak sekali unsur Indonesia asli yang masuk. Pada umumnya candi2 di Indonesia lebih ramping dari   30 pada candi2 yang ada di India atau di tempat2 yang lain.

Perpaduan antara unsur India dengan unsur Indonesia asli juga bisa kita lihat dalam kesusasteraan kuno. Mahabarata, misalnya, memang berasal dari India, tetapi versi yang ditulis oleh Empu Sedah dan Empu Panuluh pada tahun 1157 itu berlatar belakang Indonesia. Ini lebih jelas lagi kelihatan dalam perwayangan di mana pelaku2 seperti Semar, Gareng, Petruk dan Bagong bukan hanya pelaku2 asli Indonesia yang bertindak sebagai punokawan, tetapi mereka juga memegang peranan penting dalam seluruh tema Mahabarata. Menurut versi Jawa, Semar adalah inkarnasi seorang dewa yang lebih tua dan lebih ampuh dari Betoro Guru--   40 dewa dari para dewa. Karena Mahabarata versi Jawa ini ditulis pada jaman pemerintahan Prabu Jayabaya dari Kediri, yang pada waktu itu sedang berperang dengan saudaranya dari Janggala, maka sebagian ahli sejarah berpendapat bahwa cerita ini menggambarkan perang saudara antara kedua kerajaan itu tadi.

Cerita Ramayanapun telah di"Jawa"kan oleh Empu Yogishwara dalam bahasa Jawa Kuno, dan kemudian disadur kembali dalam bahasa Jawa Baru oleh Pangeran Yosodipuro I. Menurut versi Jawa Ramayana tidak hanya lebih tua dari Mahabarata tetapi malah merupakan sumber utama dari Mahabarata itu tadi. Umpamanya saja, setelah perang dengan negara   50 Alengko berakhir, Hanoman, kera putih yang menjadi senopati Prabu Romo,

meninggalkan kerajaan Ayodyo untuk bertapa di gunung dan menjadi pe-
nasehat dari para Pendowo. Kita tahu bahwa cerita2 yang bersangkut-paut
dengan Pendowo dan Ngastino adalah cerita2 dari Mahabarata, dan bukan
dari Ramayana.

    Kedatangan orang2 Islam pada permulaan abad ke-14 dan penyebaran
agama Islam yang monoteistis itu telah menyebabkan timbulnya karya2
seni yang bersifat Islam. Dalam bidang arsitektur, umpamanya, tidak
lagi candi yang dibangun, tetapi mesjid. Salah satu mesjid yang sangat
terkenal adalah mesjid Demak, yang ada di kota Demak, Jawa Tengah, dan   60
didirikan pada pertengahan abad ke-15. Menurut cerita rakyat, mesjid
ini dibangun secara gaib oleh sembilan orang wali. Karena salah satu
wali dianggap melanggar tata hukum Islam, maka mesjid itu hanya mem-
punyai delapan "soko guru." Dalam bangunan mesjid inipun kita melihat
adanya campuran antara seni-bangun Hindu dengan seni-bangun Islam seperti
terbukti pada menara yang ada di mesjid ini.

    Pengaruh agama Islam juga terlihat pada pengalihan dari tujuan seni
tari. Sebelum Islam masuk, tari2-an merupakan peristiwa keagamaan se-
hingga hanya ditarikan untuk tujuan2 keagamaan tertentu saja. Hal seperti
ini masih bisa kita lihat di Bali sampai sekarang. Setelah Islam masuk,   70
fungsi dari tari2an dialihkan dari agama ke bentuk seni yang menyatakan
rasa estetik manusia. Pada pertengahan abad ke-18, Sultan Hamengku
Buwono I mempelopori bentuk tari2an Jawa asli dengan estetik dan irama
Jawa yang khas. Sekitar akhir abad ke-18 Pangeran Mangkoenegoro mem-
perkenalkan bentuk tarian yang disebut Langendriyan, suatu bentuk tari
yang diiringi dengan nyanyian--balet Indonesia.

    Kedatangan orang Barat pada abad ke-13 dan kemudian orang Belanda
pada abad ke-16 tentunya juga ikut menentukan, atau paling tidak mempengaruhi,

142

bentuk kesenian di Indonesia. Tidak mustahil bahwa bentuk kesenian
seperti sandiwara, irama lagu2 populer, dan yang terbaru, sendratari   80
adalah hasil pengaruh Barat dalam pertumbuhan kesenian Indonesia.
Dilihat dari bentuknya yang sekarang, kesenian Indonesia berbeda
dari satu daerah ke daerah lain. Bentuk tari2an di Sumatera, misalnya,
lebih banyak memakai alat2 bunyi yang bisa ditemukan di negara2 Barat,
seperti gitar, bas, ketipung, dsb. Irama lagu yang mengiringi tari2an
itu juga bisa dipakai untuk dansa ataupun tari2an Barat lainnya. Lagu2
yang terkenal di daerah Maluku mempunyai irama yang sangat mirip dengan
irama lagu2 Hawaii. Tari2an dan lagu2 dari daerah Minahasa juga memakai
alat2 Barat di samping alat2 yang khusus dari daerah itu sendiri. Bentuk
asli kesenian Jawa biasanya diiringi dengan alat bunyi2an yang dinamakan   90
gamelan. Gamelan ini kalau lengkap terdiri dari kira2 20 buah yang jum-
lah pemainnya bisa 5, tetapi juga bisa 15 orang. Gamelan dibuat dari
kayu atau tembaga. Di Bali orang juga memakai gamelan untuk mengiringi
tari2an Bali, tetapi corak nada dan irama Bali berbeda dengan corak
nada dan irama Jawa. Pada umumnya gamelan Bali lebih tinggi nadanya
dan juga lebih cepat iramanya.

Dari apa yang kita bicarakan di atas jelaslah bahwa dalam hal ke-
senian Indonesia merupakan sumber yang bisa diandalkan. Bentuk pertun-
jukan di Indonesia begitu beraneka warna sehingga kalau kita duduk
nonton acara kesenian di televisi kita tidak akan merasa bosan.   100

Untuk mencegah merajalelanya tari2an Barat, terutama dansa, yang
menurut sebagian orang dianggap tidak mewakili kepribadian Indonesia,
sekitar akhir tahun 50-an pemerintah menganjurkan agar diciptakan tari2an
baru yang khusus untuk para pemuda dan pemudi. Lahirlah apa yang seka-
rang terkenal dengan nama Tari Muda-mudi, seperti Tari Serampang Dua

Belas, Tari Mak Inang, Tanjung Katung, dsb. Dalam tari2an ini si pemuda
dan si pemudi memang menari bersama, tetapi mereka tidak saling menyen-
tuh.

I. DAFTAR KATA PENOLONG

bersangkut-paut   "related to" (of things)

bertapa   "to live as an ascetic"

bertingkah-laku   "to behave"

cetusan   "spark; a flash"

dansa   "to dance" (Western ballroom or other popular
                       dances); "a Western ballroom/popular dance"

gaib   "mysterious"

gapura   "official/ceremonial gateway"

hati nurani   "bottom of one's heart"

inkarnasi   "incarnation"

khas   "unique(ly)"

latar belakang   "background"

melanggar   "to violate"

menaklukkan   "to subjugate"

menara   "tower"

mengalihkan   "to shift; transfer"

mengandalkan   "to be proud of; rely on"

menganjurkan   "to strongly suggest; recommend"

menyadur   "to adapt"

merajalela	"to spread widely and wildly" (with rather negative connotations)
mewakili	"to represent"
mustahil	"impossible"
penelusuran	"the tracing"
pengalihan	"the shift; transfer"
perang saudara	"civil war"
ramping	"slender; slim"
samar2	"vague"
senòpati	"commander of war" (in olden days only)
sòkò guru	"main pillars" (esp. of a building, but also in figurative sense)
sumber	"source"
tarikh	"era; chronicle"
titik tolak	"point of departure"

II. JAWABLAH PERTANYAAN2 BERIKUT DENGAN KALIMAT2 LENGKAP

1. Mengapa kita harus tahu latar belakang suatu bangsa untuk mengerti kesenian bangsa itu?

2. Mengapa hal ini kadang2 sukar kita kerjakan?

3. Pengaruh2 asing mana yang telah ikut menentukan bentuk kesenian Indonesia?

4. Bisakah kita mengatakan bahwa suatu bentuk kesenian di Indonesia itu seratus persen Hindu, seratus persen Islam, dsb? Terangkan

jawaban anda.

5. Bagaimanakah hubungan antara Mahabarata dan Ramayana menurut versi Jawa?

6. Apa yang anda ketahui tentang "wali songo"?

7. Apa pengaruh Islam dalam hal seni-tari di Indonesia?

8. Mana yang lebih anda sukai: tari Bali atau tari Jawa? Mengapa?

9. Apa bedanya antara dansa Barat dan tari muda-mudi?

10. Mengapa pemerintah menganjurkan tari muda-mudi?

III. PENGEMBANGAN KOSA KATA

1. kesenian   "art"

   seni   "art; artistic" The words kesenian and seni are synony-
           mous, but there are cases where one and not the other is used.
           This seems to be dictated by idiomatic usage in the language.

   seni-rupa   "fine arts"

   seni-bangun/arsitèktur   "architecture"

   seni-karawitan   "vocal art and music"

   seni-lukis   "painting" (as a discipline)

   seni-pahat   "sculpture"

   seni-tari   "dancing" (as a discipline)

           Bentuk seni/kesenian sangat banyrk di Indonesia.

           Sandiwara "Jongos dan Babu" itu diadakan di Gedung Kesenian
           (not seni).

           Sendratari adalah karya seni (not kesenian) ciptaan Bagong.

146

Mana yang benar: <u>Seni</u> (not <u>kesenian</u>) untuk <u>seni</u> (not <u>ke-</u>
<u>senian</u>) atau <u>seni</u> (not <u>kesenian</u>) untuk rakyat?

Di Akademi <u>Seni Tari</u> kita bisa belajar segala macam tari2an.

Di Akademi <u>Seni Rupa</u> kita bisa belajar <u>seni bangun</u>, <u>seni</u>
<u>lukis</u>, dan <u>seni pahat</u>.

Tiap hari Minggu ada lagu2 Jawa yang dinyanyikan oleh orang2
dari <u>Seni Karawitan</u> Yogyakarta.

2. <u>tari/tarian</u>   "dance" While these two words can be interchange-
able, <u>tari</u> is usually used when it is followed by the proper
name of the dance, such as <u>Tari Bali</u>, <u>Tari Mak Inang</u>, etc.
<u>Tarian</u>, on the other hand, refers to dances in general. Please
note that the plural form is <u>tari-tarian</u>.

<u>dansa</u>   "Western ballroom and other popular dances; to dance West-
ern and other popular dances" The verb <u>dansen</u> is also used.

<u>melantai</u>   "a recently coined word for <u>dansa</u> (as a verb), used
mostly in ads"

<u>gèngsòt</u>   "a slang verb for <u>dansa</u>"

<u>jògèt</u>   "a dance, particularly of Malay origin"

Setelah <u>tari/tarian</u> itu selesai, kami mampir di warung
kopi Bu Inem.

Untuk <u>Tari Muda Mudi</u> kita kadang2 harus berjingkat dan
membungkuk sedikit.

<u>Tari2an</u> di Indonesia sangat halus.

Tari Muda Mudi diciptakan untuk menyaingi <u>dansa</u>.

Bila anda gelisah, <u>melantailah</u> di kelab malam "Sarinah."

Setelah makan, baru mereka <u>dansa</u>.

Apa sih kerja lu, cuma <u>gengsot</u> aje.

Dia suka <u>joget</u> untuk iseng.

3. <u>lagu/nyanyian</u>   "song"

   1. <u>Barat</u>   "popular songs from the West"

   1. <u>gambus</u>   "Indonesian songs with Arabic type of rhythm"

   1. <u>gumarang</u>   "Indonesian songs originally from Central Sumatera
with Latin type of rhythm"

   1. <u>kroncong</u>   "uniquely Indonesian songs using Western instruments
but with mixed Indonesian rhythm"

   1. <u>Melayu</u>   "Indonesian songs with Indian-like rhythm, also often
called <u>lagu dangdut</u>"

   1. <u>pop(uler)</u>   "pop songs"

      Orang2 Arab suka lagu2 yang berirama <u>gambus</u>.

      <u>Lagu Barat</u> dan <u>lagu pop</u> Indonesia sangat disukai anak2
muda.

      <u>Lagu2 gumarang</u> sering dipakai untuk mengiringi Tari Muda
Mudi.

      <u>Irama kroncong</u> tidak bisa dipakai untuk dansa.

      Sambil masak koki itu menikmati <u>lagu2 Melayu</u>.

4. <u>orkes</u>   "orchestra; band"

   <u>musik</u>   "music"

   <u>gitar</u>   "guitar"

   <u>biola</u>   "violin"

   <u>trompet</u>   "trumpet"

   <u>bas</u>   "bass"

   <u>piano</u>   "piano"

   <u>suling/seruling</u>   "flute"

      Pemain2 <u>musik/orkes</u> itu tidak ada yang memakai dasi dan jas.

148

Musik (not <u>orkes</u>) Barat digemari anak2 muda.

<u>Gitar</u>, <u>biola</u>, dan <u>bas</u> dipakai untuk orkes kroncong.

<u>Trompet</u> biasanya tidak dipakai untuk kroncong.

Dari jauh kita dengar bunyi <u>seruling</u> bambu.

5. <u>irama</u>   "rhythm"

  <u>nada</u>   "tune; tone; key (of music); pitch"

  <u>suara</u>   "voice"

  <u>bunyi</u>   "sound; noise"

  <u>sumbang</u>   "out of tune"

  <u>nyaring</u>   "high-pitched, but good"

    <u>Irama</u> kroncong tidak bisa dipakai untuk dansa.

    Dia tidak bisa menyanyi; <u>suara</u> (not <u>bunyi</u>) dia <u>sumbang</u>.

    <u>Nada</u> untuk harmonika biasanya nada C.

    <u>Nada</u> tulisan dia sangat negatif.

    Radio itu <u>bunyinya/suaranya</u> nyaring.

6. <u>mengiringi</u>   "to accompany (of music); to accompany (someone to a place)" In the latter sense, <u>mengiringi</u> implies that the agent who accompanies walks behind the person accompanied, thus connoting social status.

  <u>mengantar(kan)</u>   "to deliver; to accompany (someone to a place)" In the latter sense, the agent is acting merely to keep the company of the one he accompanies.

  <u>menemani</u>   "to accompany (someone to a place) with no secondary role connotation; to keep someone company (not necessarily going somewhere)"

    Lagu itu <u>diiringi</u> dengan biolanya Idris Sardi.

Raja itu diiringi oleh para adipati dan patihnya.

Saya akan menemani dia ke Pasar Baru.

Saya akan menemani dia di rumahnya.

Koki saya baru saja mengantarkan dompetnya bu Harjo.

Saya akan mengantarkan dia ke warung untuk membeli beras.

7. orang   "people or person in general"

   makhluk   "creature"

   manusia   "human being"

   ummat   "people" (usually in connection with religion) Often

   followed by manusia.

   rakyat   (1) "people of an area, state, or country"; (2) "grass-
   roots" (of people)

   penduduk   "population; inhabitant"

   penghuni   "inhabitant; occupant (of a house)"

   Manusia adalah makhluk Tuhan yang paling sempurna.

   Saya mewakili orang2/rakyat/penduduk dari daerah Batak.

   Rakyat/penduduk/penghuni daerah Bantul sering kelaparan.

   Penghuni (not penduduk) rumah itu harus segera pindah.

   Ummat Islam harus sembahyang.

   Ummat manusia berbeda dari binatang.

8. candi   "temple"

   mesjid   "mosque"

   surau/langgar   "small neighborhood mosque"

   geréja   "church"

   klentèng   "Chinese temple"

   pura   "Balinese/Hindu temple"

   sesaji   "offering to God or gods"

(ke)menyan   "incense"

    Orang Islam sembahyang di <u>surau/langgar</u> atau di <u>mesjid</u>.

    Orang2 Cina sembahyang di <u>klenteng</u>, dan orang Kristen di

    <u>gereja</u>.

    Pada malam Jum'at Kliwon banyak orang yang memberi <u>sesaji</u>

    dan juga membakar <u>kemenyan</u>.

9. <u>ramping</u>   "slim; slender"

<u>gemuk</u>   "fat" (of size)

<u>gajih/lemak</u>   "fat" (of meat)

<u>kurus</u>   "thin; skinny"

<u>tipis</u>   "thin" (of paper, cloth, etc.), used also in figurative

    sense

<u>bulat</u>   "round"

<u>bulat panjang</u>   "oval"

<u>persegi</u>   (if used alone) "square"   It is also often followed

    by numbers to form <u>persegi tiga</u> "triangle," <u>persegi empat</u>

    "rectangle," <u>persegi lima</u> "pentagon," etc. <u>Per-</u> is often

    dropped in the above forms.

        Candi Kalasan dan Prambanan memang <u>ramping</u>.

        Dia jadi <u>gemuk</u> (not <u>gajih</u>) setelah kawin.

        Orang Amerika tidak suka makan <u>gajih/lemak</u> (not <u>gemuk</u>).

        Setelah sakit satu minggu dia kelihatan <u>kurus</u> (not <u>tipis</u>).

        Kertas yang kami pakai sangat <u>tipis</u> (not <u>kurus</u>).

        Harapan para penganggur mendapat pekerjaan sangat <u>tipis</u>

    (not <u>kurus</u> or <u>ramping</u>).

        Bagian bawah candi Borobudur berbentuk <u>persegi</u>, tetapi

    stupa induknya <u>bulat</u>.

Dalam sebuah segi tiga ada tiga sudut.

10. déwa   "god"

    dèwi   "goddess"

    Tuhan   "God" Note that this word is always spelled with a cap-
    ital T, even in the middle of a word such as keTuhanan.

    bidadari   "angel"

    surga/kayangan   "heaven"

    nirwana   "nirvana"

    neraka (jahanam)   "hell" Jahanam is often added for more emphasis.

    Menurut cerita rakyat dewa harus kawin dengan dewi.

    Bidadari tinggalnya di surga/kayangan, tidak di neraka.

    Dasar dari Pancasila adalah percaya pada Tuhan.

    Gejala2nya orang yang jalang seperti dia nggak akan masuk
    ke nirwana.

11. menyadur   "to adapt" (in the sense of paraphrase)

    menterjemahkan   "to translate"

    menelaah/membahas/mengaji   "to discuss in some detail"

    mengupas   (1) "to discuss critically"; (2) "to strip/peel" (of
    fruit, vegetables, etc.)

    menganalisa   "to analyze"

    Sajak itu harus kami sadur untuk besok pagi.

    Pantun itu sudah diterjemahkan ke bahasa Inggris.

    Kita harus membahas/mengupas/menganalisa/menelaah/mengaji
    sebab-sebab bentrokan itu.

    Mangga itu harus dikupas (not dibahas/ditelaah/dikaji/
    dianalisa) sebelum dimakan.

12. sénòpati   "commander of war" This word is used only in old

stories and in wayang, ketoprak and other traditional plays.

panglima perang   "the present day term for senopati"

patih   "prime minister of an (old) kingdom" This term was used until around the late 1950s to refer to the second man of a kabupaten. This word is no longer used now except in old stories, wayang, ketoprak, etc.

adipati   "a ruler under the protectorate of a king"

Satu persatu semua orang Pendowo menjadi senopati dalam perang saudara itu.

Jendral Soedirman adalah panglima perang (not senopati) yang ampuh.

Gadjah Mada adalah patih Mojopahit yang paling mashur.

Adipati Menakdjinggo menguasai daerah Blambangan.

13. gaib   "mysterious; magical"

ilmu gaib   "knowledge of mysticism"

kegaiban   "mystery; magic"

Di Indonesia banyak hal2 gaib yang sukar kita mengerti.

Ilmu gaib sering dijual-belikan sebagai barang obyekan.

Di dunia ini banyak kegaiban yang sering tidak masuk akal.

14. sòkò guru   "a Javanese term for the main pillars of a house or building" This term is also used figuratively to refer to pillars of revolution, nation, etc. It is said that the eight soko guru in the Demak mosque were built by the eight wali: Sunan Ngampel, Sunan Bonang, Sunan Dradjat, Sunan Kali Djogo, Sunan Kudus, Sunan Murio, Sunan Gunung Djati, and Maulana Magribi. The ninth wali, Sjech Siti Djenar, was barred from contributing because he was considered a heretic. These

nine _walis_ are usually called in Javanese _wali songo_.

Kita memerlukan empat _soko guru_ untuk sebuah rumah.

Pemuda adalah _soko guru_ suatu bangsa.

15. **perang**   "war; to have a war"

menyatakan perang kepada   "to declare war on"

perang gerilya   "guerrilla war"

p. kembang   "a fight in a _wayang_ show between a good hero and
an evil giant"

p. tanding   "a one-to-one fight" (used mostly in _wayang_)

p. sabil   "religious war"

p. saudara   "civil war"

Perselisihan antara kedua negara itu akhirnya menjadi
perang yang besar.

Kedua partai politik itu perang terus.

Adipati itu terpaksa menyatakan perang kepada Mojopahit.

Perang gerilya di Vietnam dipimpin oleh panglima perang
Giap.

Perang kembang dan perang tanding adalah istilah2 yang
dipakai dalam wayang.

Perang saudara di Amerika mulai tahun 1861.

Pertarungan antara kedua golongan agama itu bisa menjadi
perang sabil.

16. **swasta/partikelir**   "private" (of businesses, enterprises, schools,
etc.) With a few exceptions, private schools are considered
inferior in quality to government schools. Swasta/partikelir
is to be differentiated from pribadi in that the latter is not
business-oriented and means "personal," "personally," or "an

154

individual."

Itu urusan pribadi saya, kamu jangan ikut campur.

Saya mewakili perusahaan swasta/partikelir.

Nilai cucu saya kurang baik, karena itu dia masuk ke

sekolah swasta/partikelir.

17. sedikit banyak   "more or less" (not followed by figures)

lebih kurang (or kurang lebih)   "more or less" (can be followed

by figures)

sedikit-sedikit   "little by little; a little bit"

sedikit demi sedikit   "little by little; step by step"

sedikit-dikitnya   "at least"

paling tidak   "at least"

paling banter   "the most" (that one can do, one is willing to

pay, etc.)

Dia sedikit banyak/lebih kurang tahu kisah cinta saya.

Harga pici itu lebih kurang (not sedikit banyak) Rp.500.

Sedikit-sedikit/sedikit demi sedikit dia sudah mulai bicara.

Dia bisa bicara bahasa Indonesia sedikit-sedikit (not

sedikit demi sedikit).

Menara mesjid itu dibangun sedikit demi sedikit (not sedikit-

sedikit).

Cita itu harganya paling tidak/sedikit-dikitnya Rp.2000

per meter.

Paling banter saya berani bayar Rp.1500 per meter.

18. Beberapa peribahasa:

a. Panas setahun dihapuskan oleh hujan sehari. "One's long

standing good deeds can be smeared by a minor bad one."

b. Menepuk air di dulang, tepercik mukanya sendiri. (Said
   of a person who gets into trouble because of his/her own
   actions.)

IV. REMEDIASI TATABAHASA

1. -a and -i alternate   There are words in Indonesian which have
   an -a ∿ -i alternate ending: dewa - dewi, pemuda - pemudi,
   putra - putri, etc. Traditionally, the -a words refer to
   male and the -i to female. Thus,

   dewa   "god"

   dewi   "goddess"

   pemuda   "young man"

   pemudi   "young woman," etc.

   Except for dewa - dewi, this distinction is not usually main-
   tained anymore unless emphasis or contrast is being made.
   When a contrast is not being made, and a general term is needed,
   it is the male word which is usually taken. Thus, to ask "How
   many children do you have?" people would say "Ibu punya putra
   berapa?" The question "Ibu punya putri berapa?" would be taken
   to mean "How many daughters do you have?"

   Para dewa dan dewi sedang berkumpul di kayangan.

   Tiap pemuda dan pemudi harus ikut berjuang.

   Pemuda adalah soko guru suatu bangsa.

   Putra bapak berapa? Lima: dua laki2 dan tiga perempuan.

Para <u>mahasiswa</u> akan mulai ujian minggu depan.

2. <u>menari</u> vs. <u>menarikan</u>   <u>Menari</u> can be followed by a noun, <u>menari-</u>

   <u>kan</u> must be followed by a noun. However, if the noun is

   present and a passive sentence is to be made, only <u>menarikan</u>

   can be used.

   Dia suka <u>menari</u> (not <u>menarikan</u>).

   Dia akan <u>menari</u> Legong.

   Dia akan <u>menarikan</u> Legong.

   Legong akan dia <u>tarikan</u> (but not "Legong akan dia <u>tari</u>").

   Legong akan <u>ditarikan</u> (not <u>ditari</u>) oleh dia.

V. LATIHAN

Pilihlah kata2 yang paling tepat untuk kalimat2 berikut.

1. Semboyan "(Seni/kesenian) untuk rakyat" diajukan oleh orang2 komunis.

2. Ketoprak adalah (seni/kesenian) Jawa asli.

3. Orang2 kita belum bisa menghargai karya (seni/kesenian).

4. Bentuk kesenian ini kita namakan (tari/tarian) Legong.

5. Dia pandai sekali (dansa/menari) Gambir Anom.

6. Untuk menyambut tamu2 dari negara itu kami akan mengadakan pesta

    (dansa/gengsot).

7. Kalau pikiran pusing, datanglah anda (menari/dansa/melantai) di

    Kelab Malam kami.

8. Irama Indonesia asli yang tidak bisa dipakai untuk mengiringi
   dansa adalah irama (gumarang/kroncong/pop).

9. Lagu2 (gambus/Melayu) mempunyai irama yang mirip dengan irama Arab.

10. Pemuda biasanya suka (orkes/musik) Barat.

11. Orkes populer selalu memakai (gitar/biola/seruling).

12. Semua yang hidup adalah (makhluk/orang/manusia) Tuhan.

13. (Orang2/rakyat) di Universitas tidak puas dengan pendidikan yang
    mereka terima.

14. Berapa (orang/rakyat/ummat) yang datang ke rapat itu kemarin?

15. Kalau keadaan ekonomi tidak jadi baik, (rakyat/penghuni/ummat)
    negara itu bisa berontak.

16. Jumlah (penghuni/penduduk/ummat) Indonesia tahun 1976 kira2 130 juta.

17. Tiap (penduduk/penghuni) rumah yang sudah dewasa harus ikut kerja
    bakti.

18. Orang Islam tiap hari Jum'at bersembahyang di (mesjid/gereja/
    klenteng).

19. (Surau/mesjid) biasanya lebih kecil dari (surau/mesjid).

20. Orang kadang2 membakar (kemenyan/sesaji) pada malam Jum'at Kliwon.

21. Berat badannya 150 kilo; dia sangat (gajih/gemuk/kurus).

22. Saya memerlukan kertas yang sangat (tipis/kurus).

23. Kalau manusia berbuat jahat, dia akan dikirim ke (surga/neraka)
    setelah meninggal.

24. Kata orang pada malam midodareni para (dewi/bidadari) turun merestui
    mempelai wanita.

25. Sprei itu harganya (lebih kurang/sedikit banyak/sedikit-sedikit)
    Rp.1000.

26. (Senopati/panglima perang) untuk Jawa Tengah adalah Jendral Surono.

27. (Patih/perdana menteri) Mojopahit yang terkenal adalah Gadjah Mada.

28. Perang (gerilya/tanding) itu mengacaukan siasat tentara Amerika.

29. Perang (sabil/saudara) antara Amerika Utara dan Selatan terjadi tahun 1861.

30. (Suara/bunyi) penyanyi itu sangat nyaring.

31. Kalau suaranya (nyaring/sumbang), ya jangan nyanyi.

32. Lagu ini akan (ditemani/diiringi) oleh biola Idris Sardi.

33. Presiden Soeharto (diantar/diiringi) oleh para mentrinya ke Medan.

34. Saya harus (menemani/mengantar/mengiringi) barang2 ini ke toko.

35. Besok malam saya harus (menemani/mengantar/mengiringi) anak2 ibu Hardjo di rumahnya.

36. Karena tidak lulus ujian penghabisan, dia masuk sekolah (pribadi/ partikelir).

37. Jangan ikut campur, itu urusan (swasta/pribadi) dia.

38. Sepeda kumbang jelek seperti itu, saya paling (sedikit/banter/tidak) berani Rp.9000.

39. Meskipun persenelengnya rusak, truk ini masih bisa kita jual paling (banter/tidak) Rp.200.000.

40. (Sedikit banyak/banyak sedikit) saya tahu perkara itu.

41. (Putra/putri) pak bupati ada tiga, tapi lelakinya hanya satu.

42. Joget Melayu itu (ditari/ditarikan) oleh pemuda2 SMA.

43. Teruskan peribahasa ini, dan berilah artinya:

    Panas setahun. . . .

    Menepuk air. . . .

BAB III. B.

WAYANG DAN PANDANGAN HIDUP MANUSIA

Untuk bisa betul2 mendalami jiwa dan pandangan hidup suatu masya-
rakat, sebagai prasarana kita harus sungguh2 mengenal seluk-beluk ke-
hidupan masyarakat itu dalam hal2 yang remeh maupun yang muluk2. Karena
jiwa dan pandangan hidup ditentukan oleh nilai2 sosial yang berlaku
dalam masyarakat itu, satu2nya jalan terbagus yang harus kita tempuh
ialah untuk mempelajari nilai2 sosial itu tadi. Di sinilah kita ter-
bentur pada rintangan2 yang seringkali tidak mudah kita singkirkan,
karena nilai2 sosial kadang2 tidak bisa ditemukan dalam kehidupan atau-
pun hubungan sosial sehari-hari. Tidak jarang terjadi bahwa nilai2 itu
terpendam dalam bentuk2 kesenian yang hanya diungkapkan dengan bahasa   10
yang lain dari pada bahasa nasional. Hal seperti ini nyata sekali ter-
lihat di negara seperti Indonesia di mana di samping bahasa nasional--
bahasa Indonesia--juga terdapat bahasa2 daerah yang jumlahnya sangat
banyak itu. Para peneliti asing yang hanya tahu bahasa nasional saja
sering tidak bisa menghayati suatu peristiwa yang saripatinya hanya
bisa diserap dari petikan2 karya seni yang sudah menjadi darah daging
anggauta2 masyarakat itu.

Contoh yang khas dalam hal ini adalah kesenian wayang. Sebagian
orang menganggap bahwa wayang tidak lain dan tidak bukan hanyalah suatu
bentuk hiburan. Meskipun anggapan ini sedikit banyak ada benarnya,   20
tetapi sangatlah keliru kalau kita terlalu menitik-beratkan pada fungsi
hiburannya. Memang kita akui bahwa bentuk luar dari wayang adalah
hiburan, tetapi kalau kita tinjau lebih mendalam kita akan bisa melihat
bahwa di bawah gunungan es yang kecil itu terbenamlah suatu filsafat

160

dan pandangan hidup yang agung. Sebagai bentuk kesenian yang sudah turun-
temurun dari nenek moyang kita, wayang tidak hanya mencerminkan kehidupan
manusia dengan alam sekitarnya saja, tetapi malah menjadi teladan dan
bimbingan hidup para pemangkunya.

Siapa saja yang telah menghayati wayang sedikit banyak mesti telah
terpengaruh oleh karakter2 yang sangat berpengaruh. Karakter2 seperti   30
Bimo, Kresno, Sinto, Durno dan masih banyak yang lain itu begitu meresap
pada sebagian orang sehingga mereka mengidentifikasikan dirinya sebagai
wayang2 itu tadi. Begitu besarnya pengaruh ini sehingga banyak orangtua
yang menamai anak2 mereka dengan nama2 wayang. Begitu juga tingkah laku
seseorang dalam suatu masyarakat tidak jarang diasosiasikan dengan ke-
pribadian wayang tertentu. Di sinilah seringkali orang asing tidak bisa
menangkap intisari suatu ungkapan.

Hal2 seperti ini sangat penting untuk para sarjana ilmu2 sosial
dan politik, karena tanpa mendalami kepribadian wayang2 ini mungkin se-
kali mereka bisa terjebak atau tidak bisa menangkap saripati sesuatu   40
masalah. Ini terjadi beberapa kali dalam sejarah kehidupan politik
kita. Sejak Indonesia memproklamasikan kemerdekaannya sampai kira2
pertengahan tahun 1950, bentuk pemerintahan Indonesia adalah bentuk
parlementer di mana tampuk pemerintahan dipegang oleh seorang Perdana
Menteri. Presiden hanya bertindak sebagai kepala negara saja. Kasarnya
bisalah kita katakan bahwa Presiden hanyalah tukang tandatangan saja.
Karena bentuk yang parlementer ini sering sekali terjadi pergantian
kabinet yang tentu saja menyebabkan ketidak-stabilan dalam bidang politik.
Melihat suasana seperti ini, Soekarno, yang waktu itu menjadi Presiden,
merasakan perlunya suatu perubahan dalam sistim pemerintahan. Karena   50
itulah maka beliau merubah bentuk pemerintahan menjadi bentuk presidentiel.

Bekas Presiden Soekarno merasa bahwa kepentingan umum tidak bisa ter-

penuhi dengan sistim parlementer, dan beliau juga merasa bahwa beliau

tidak bisa terus-menurus menjadi tukang tandatangan saja. Waktu beliau

mengumumkan perubahan ini, beliau berkata: "Saya tidak mau jadi Togog

saja." Tanpa mengetahui siapa Togog itu dan peranan apa yang dia pegang

dalam wayang, kita tidak akan tahu mengapa bekas Presiden Soekarno

justru memilih karakter Togog dari semua karakter yang ada dalam wayang.

Contoh lain bisa kita ambil dari peristiwa G-30-S pada tahun 1965.

Beberapa bulan setelah peristiwa berdarah itu, Menteri Luar Negeri yang   60

terkenal Dr. Soebandrio, dianggap terlibat dan para mahasiswa berdemon-

strasi sambil membawa poster yang berbunyi "Soebandrio = Durno of Peking."

Kalimat ini tidak akan mempunyai arti apa2 kalau kita tidak mengetahui

pribadi Durno. Dalam dunia perwayangan Durno adalah seorang pendito--

seorang maha guru--yang ilmunya sangat tinggi dan ampuh. Dialah yang

memberikan pendidikan pada para Pendowo dan juga para Kurowo. Meskipun

dalam hati nuraninya dia memihak Pendowo--karena Pendowo terdiri dari

orang2 yang baik dan jujur--dalam kenyataannya dia terpaksa memihak kaum

Kurowo karena kaum Kurowolah yang memberi dia kenikmatan hidup. Dengan

kata2 lain, Durno, seorang guru yang ampuh, ternyata telah salah pilih.   70

Hubungan antara wayang sebagai bentuk kesenian dengan masjarakat

juga tidak sepihak. Di samping pengaruh wayang pada masyarakat, juga

kita temukan pengaruh masyarakat pada wayang. Tidak terlalu mustahil

bahwa ditempatkannya para Pendowo di sebelah kanan dan para Kurowo di

sebelah kiri dalang itu didasarkan pada pandangan hidup masyarakat se-

tempat, dalam hal ini masyarakat Jawa, yang menganggap kiri selalu jelek.

Ini terlihat juga dalam ungkapan2 bahasa Jawa. Seorang istri yang tidak

setia kepada suaminya dikatakan "ngiwo," sebuah katakerja yang berasal dari katadasar "kiwo," yang artinya "kiri." Kamar mandi dan w.c., um-

pamanya, sering juga disebut "pekiwan," yang artinya barangkali adalah   80

"tempat untuk melakukan hal2 yang kurang pantas dilihat oleh umum."

Mungkin pandangan hidup seperti inilah yang juga menyebabkan mengapa

di Indonesia tidak banyak terdapat orang kidal, karena memberikan se-

suatu dengan tangan kiri dianggap tidak sopan. Guru maupun orangtua

sangat memperhatikan perkembangan fisik anak2 kecil dan tiap kali mereka

melihat anak2 ini melakukan sesuatu, seperti menulis atau menggambar,

dengan tangan kiri segeralah dicegah dan dipaksa untuk memakai tangan

kanan.

Dari contoh2 di atas jelaslah bahwa kesenian, seperti wayang

ataupun yang lainnya, mempunyai fungsi yang jauh lebih penting daripada   90

fungsi hiburan. Banyak dari peristiwa sejarah yang tidak akan mempunyai

arti apa2 tanpa kita mengetahui intisari yang tersembunyi dalam kesenian.

I. DAFTAR KATA PENOLONG

G-30-S   "Gerakan 30 September, the September 30, 1965

                     Communist abortive coup d'etat"

intisari/saripati   "essence"

jiwa   "soul; mind"

kasarnya   "roughly (speaking)"

keliru   "erroneous"

mencegah   "to prevent"

menghayati   "to fully understand"

mengungkapkan	"to express"
menitik-beratkan	"to emphasize" (followed by <u>pada</u>)
menjadi darah daging	"to become an integral part" (of the whole)
menyerap	"to absorb"
meresap	"to seep; penetrate" (slow motion connoted)
muluk2	"high-sounding; beyond one's reach"
pantas	"proper; appropriate"
pemangku	"possessor" (of culture, arts, etc.)
petikan	"fragment"
prasarana	"infrastructure; prerequisite"
rèmèh	"trivial; of no importance"
setia	"loyal"
tampuk pemerintahan	"leadership of a government"
teladan	"model" (not of beauty); "example"
terbenam	"buried" (of things); "sunk; set" (of sun)
terbentur	"to collide with"
terjebak	"trapped"
terlibat	"involved"
tersembunyi	"hidden"
tidak lain (dan tidak bukan)	"nothing but ..."
turun-temurun	"hereditary; from one generation to another"

164

II. JAWABLAH PERTANYAAN2 BERIKUT DENGAN KALIMAT2 LENGKAP

1. Mengapa kita harus mempelajari nilai2 sosial kalau kita ingin mengetahui pandangan hidup suatu masyarakat?

2. Masalah apa yang mungkin timbul kalau kita mau mempelajari nilai2 itu?

3. Apa hubungan antara karya seni dengan nilai2 sosial?

4. Apa anda setuju dengan pendapat yang mengatakan bahwa wayang hanyalah untuk hiburan saja?

5. Kalau anda menemukan ungkapan "Anak saya ini seperti Bimo," apakah kira-kiranya artinya?

6. Dari bacaan di atas bagaimanakah kira2nya sifat Togog?

7. Terangkan paralelisme antara Durno dengan Soebandrio!

8. Tahukah anda siapakah para Pendowo dan para Kurowo itu?

9. Apa arti kata "dalang" dalam kalimat "Soebandrio dianggap oleh rakyat sebagai dalang yang telah mendekatkan Indonesia kepada Republik Rakyat Cina"?

10. Apakah konsep "kiri lawan kanan" juga terdapat dalam kebudayaan anda?

III. PENGEMBANGAN KOSA KATA

1. wayang   "when used without a specific modifier, the term wayang usually refers to a leather puppet used in the Javanese show, or the show itself" Often called wayang kulit or wayang purwo, it is popular in Central and East Jawa and in other places where

there is a substantial number of Javanese. The show, usually
performed in the evening, lasts for approximately eight hours.
The language used is Javanese.

wayang orang   "a type of wayang in which the characters are
    (acted by) human beings" The show lasts for approximately four
    hours. The language is Javanese.

w. beber   "a type of wayang in which the characters are pictures
    printed on rolls" The dalang opens up these rolls as he nar-
    rates the story. Wayang beber is virtually extinct now.

w. golek   "a type of wayang in which the characters are wooden
    puppets" It is also an eight hour show, popular especially
    in West Java using Sundanese.

w. petehi   "a Chinese wayang which is usually performed at klen-
    teng and which lasts for approximately three hours"

w. suluh   "a type of wayang performed with leather puppets in
    which the characters represent modern people with present day
    appearance" It usually lasts for about two hours with stories
    taken from modern life, especially from the independence move-
    ment of the republic. Wayang suluh is not quite popular.

w. KB   "wayang Keluarga Berencana was created in the early 70s
    to boost the government family planning program. The characters
    are leather puppets representing modern human beings."

There are attempts by the Indonesian government to make the regional
wayang shows understood by people from other ethnic backgrounds by
using the national language.

Wayang adalah bentuk kesenian yang turun-temurun.

Wayang kulit dan wayang orang sudah menjadi darah-daging

orang Jawa.

Dalam pertunjukan <u>wayang</u> seperti <u>wayang golek</u>, kemenyan selalu dibakar.

<u>Wayang petehi</u>, <u>wayang suluh</u>, dan <u>wayang KB</u> tidak terlalu populer.

2. <u>ketoprak</u>   "a Central Javanese show, similar to <u>wayang orang</u> in form, but differing in the costumes which the actors wear, the themes of the stories, and the orientation. Compared to the costumes in <u>wayang orang</u>, the costumes in <u>ketoprak</u> are closer to normal old Javanese costumes. Unlike in <u>wayang</u>, the stories in <u>ketoprak</u> are not taken from the Hindu epics Mahabharata and Ramayana, but rather either from folktales or from events found in the old kingdoms in Indonesia."

<u>ludruk</u>   "an East Javanese show, similar to <u>ketoprak</u> in form, but differing from it in several ways. In <u>ludruk</u> all roles, male or female, are played by male actors only. The themes are not usually palace oriented, and the language used is typically Surabaya dialect."

<u>lènòng</u>   "a Jakarta show, similar to <u>ludruk</u> in form and theme, but using Jakarta dialect of Indonesian" It is considered a real "grass-roots" show.

Cerita2 <u>ketoprak</u> kadang2 disadur dari cerita2 sejarah.

Mutu dari <u>ludruk Surabaya</u> bisa diandalkan.

Cerita2 <u>lenong</u> selalu merupakan cetusan hati nurani rakyat kecil.

3. <u>dalang</u>   "puppeteer of a <u>wayang</u> show" Most, but not all, <u>dalang</u> are male. A <u>dalang</u> is responsible for the narration of the

story, the manipulation of the puppets, and the control of
the musical accompaniment, as well. The term dalang is also
often used figuratively to mean a "mastermind."

mendalang   "to play wayang as a dalang"

mendalangi   "to mastermind" (usually with a negative connotation)

sindèn/warenggònò   "a female singer accompanying a gamelan

orchestra" In wayang, there are usually two to five singers.

nanggap wayang   "to have a wayang show"

wiyògò/niyògò   "gamelan players" The number of gamelan players

can range from five to twenty, depending on the number of

gamelan instruments used.

kelir   "a white screen used in a wayang show" The Indonesian

term is layar, but layar can also mean a screen in general as

well as the sail of a boat.

   Kedudukan dalang sangat dihargai dalam masyarakat Jawa.

   Soebandrio mendalangi peristiwa berdarah G-30-S.

   Pak Gitosewoyo dulu sering mendalang di istana.

   Para wiyogo akan dengan segera memasang kelir/layar itu.

   Untuk meramaikan pesta itu kami nanggap wayang.

4. jiwa   "soul; spirit" (synonymous with roh)

   ilmu jiwa   "psychology"

   sukma   "soul; spirit" Sukma is a more refined term.

   raga/jasad   "body; the physical entity of things"

      Jiwa/sukmanya naik ke langit setelah dia mati.

      Yang mati hanya raganya saja, jiwanya tetap hidup.

      Kami sedang belajar ilmu jiwa (not ilmu sukma).

5. prasarana   "infrastructure; prerequisite"

<u>sarana</u>   "facilities" The term <u>fasilitas</u> is also often used.

<u>s(y)arat</u>   "conditions; requirement"

        <u>Prasarana</u> dalam pendidikan masih perlu ditinjau kembali.

        Kesetabilan politik merupakan <u>prasarana</u> dalam perkembangan ekonomi.

        Tanpa <u>sarana</u> yang cukup baik, kesenian kita tidak akan berkembang.

        <u>Syarat</u> utama untuk memperbaiki tanah tandus ialah pengairan.

6. <u>rèmèh</u>   "trivial; of no importance"

    <u>muluk2</u>   "high sounding; beyond one's reach"

    <u>èntèng</u>   "light; trivial" This word is usually used in combination with <u>menganggap</u> to become <u>menganggap enteng</u> meaning "to underestimate."

        Itu soal <u>remeh</u>, jangan terlalu kamu pikirkan.

        Tuntutan dia tidak bisa kita <u>anggap enteng</u>.

        Bicara dia memang <u>muluk2</u>, tapi isinya kosong.

7. <u>memendam</u>   "to bury" (usually of things)

    <u>membenam</u>   "to bury" (usually of things)

    <u>mengubur</u>   "to bury" (of animate things)

    <u>memakamkan</u>   "to bury" (of humans, with respectful connotation)

        Barang2 itu <u>dibenam/dipendam</u> di belakang rumahnya.

        Dia akan <u>dikubur</u> besok siang.

        Pembesar itu akan <u>dimakamkan</u> besok pagi.

8. <u>meresap</u>   "to seep; penetrate" (slow motion connoted) (literally or figuratively)

    <u>menyerap</u>   "to absorb" (literally or figuratively)

    <u>menyedòt</u>   "to suck" (quick motion connoted) (literally or

figuratively)

menguras   "to drain" (a place, not a liquid; used literally or

figuratively)

      Air itu meresap melalui dinding kamar kami.

      Nasehat dia meresap ke dalam hatiku.

      Air itu bisa diserap dengan anduk.

      Saripati pertunjukan wayang bisa diserap kalau kita tahu

      bahasa Jawa.

      Alat itu dipakai untuk menyedot air.

      Kekayaan Indonesia bisa disedot oleh perusahaan2 asing.

      Kalau begini, Indonesia bisa dikuras oleh Jepang.

      Tempat air itu harus dikuras (not disedot).

9. menjadi darah daging   "to become an integral part" (of the whole)

tanah tumpah darah/tanah air   "native country"

naik darah   "to become angry"

naik pitam   "a slang expression for naik darah"

      Kasarnya, wayang telah menjadi darah daging orang Jawa.

      Dia sangat setia pada tanah tumpah darahnya.

      Arjuno tidak lekas naik darah/naik pitam.

10. tidak lain (dan tidak bukan)   "nothing but ..."

tidak masuk akal   "hard to believe; incredible"

mau tidak mau   "whether one likes it or not; willy-nilly"

nggak aci   "a Jakarta expression meaning: 'not fair; you cheat'"

      Yang dia katakan tidak lain dan tidak bukan hanyalah omong

      kosong belaka.

      Cerita dia sering muluk2 dan tidak masuk akal.

      Mau tidak mau dia harus setuju.

170

Kalau caranya gitu, nggak aci, dong!

11. cermin   "mirror"

    mencerminkan   "to reflect; mirror" (usually in figurative sense)

    kaca   "glass; mirror"

    gelas   "glass" (for drinking)

    Cermin biasanya dipakai untuk berhias.

    Cerita itu mencerminkan kehidupan yang nyata.

    Jendela di gedung itu terbuat dari kaca.

    Dia memerlukan gelas untuk minum.

12. tukang

    (i) "a person engaged in taking care of, repairing, or building things" E.g.,

    tukang kebun   "gardener"

    tukang batu   "bricklayer"

    tukang kayu   "carpenter"

    tukang besi   "blacksmith"

    tukang sepeda   "bike repairman"

    (ii) "a person associated with whatever word comes after tukang" E.g.,

    tukang potret   "photographer"

    tukang copet   "pickpocket"

    tukang becak   "becak driver"

    (iii) "in certain contexts, it means someone known as having done things rather excessively" E.g.,

    tukang tandatangan   "one who signs anything"

    tukang makan   "big eater"

    tukang tidur   "a sleeper"

juru   "a person who is engaged in the activities indicated by
        the word after juru" In most cases, the expressions with
        juru have become idiomatic and therefore cannot be used
        freely. E.g.,

        juru-rawat   "nurse" (male or female)

        juru-tulis   "clerk"

        juru-kunci   "a person whose job is to take care
                                of graves"

        juru-bicara   "spokesman"

ahli   "a person who is an expert in certain things" The word
        ahli is usually used to refer to expertise requiring the use
        of the brain more than the hands or other parts of the body.
        In some cases, especially when followed by waris, the word
        ahli means "an heir."

        ahli hukum   "lawyer"

        ahli bahasa   "linguist"

        ahli bedah   "surgeon"

        ahli nujum   "fortune teller"

        ahli waris   "heir"

        Tukang besi, tukang kebun, tukang batu, dan tukang kayu
        memakai tangan lebih sering daripada otak.

        Dia bekerja sebagai juru-rawat/tulis/kunci/bicara sekarang.

        Dia satu-satunya ahli waris dari keluarga itu.

13. pantas/layak   "proper; appropriate"

    còcòk   "fit; suitable; match; accurate"

            Makan sambil berjalan dianggap tidak pantas/layak di Indo-
            nesia.

Rok itu tidak <u>cocok/pantas/layak</u> untuk pesta perkawinan.

Jawaban aljabar dia tidak <u>cocok</u> (not <u>pantas/layak</u>) dengan jawaban gurunya.

Kamu tidak <u>pantas/layak</u> (not <u>cocok</u>) bertindak begitu terhadap kakekmu.

Jam saya tidak <u>cocok</u>.

IV. REMEDIASI TATABAHASA

1. <u>begitu + Adjective + nya + Noun + sehingga</u>   This structure is used to express the English "so (Adj.) is the (Noun) that ..." When the noun is affixed with -<u>nya</u>, the -<u>nya</u> attached to the adjective is deleted.

    <u>Begitu besarnya pengaruh ini sehingga</u> banyak orangtua yang menamai anak2 mereka dengan nama2 wayang.

    <u>Begitu bodohnya dia sehingga</u> saya harus selalu mengulang tiap kata.

    <u>Begitu besar pengaruhnya sehingga</u> tiap orang takut pada dia.

    <u>Begitu tolol anaknya sehingga</u> dia terpaksa mengajarnya tiap hari di luar sekolah.

2. <u>banyak + Noun + yang</u>   When <u>banyak</u> acts as a subject, with or without a noun following it, the relative marker <u>yang</u> is often used before the verb. <u>Yang</u> is still optional.

Banyak orang yang tidak setuju dengan usul dia.

Tidak banyak orang yang datang ke rapat itu kemarin.

Banyak dari peristiwa pada wayang yang tidak mempunyai
arti, kalau kita tidak tahu bahasa Jawa.

V. LATIHAN

Pilihlah kata2 yang paling tepat untuk kalimat2 berikut.

1. Wayang (golek/kulit) terutama terkenal di Jawa Barat, sedangkan
    wayang (golek/kulit) terkenal di Jawa Tengah.

2. Wayang yang khusus untuk orang2 Cina dinamakan wayang (suluh/
    petehi/beber).

3. Pemain dalam (ludruk/ketoprak) semuanya lelaki.

4. Bahasa yang dipakai dalam pertunjukan (lenong/ludruk) adalah
    bahasa Jakarta.

5. (Dalang/wiyogo/sinden) adalah orang yang memainkan gamelan.

6. Istilah untuk penyanyi dalam pertunjukan wayang adalah (sinden/
    niyogo/wiyogo).

7. Orang yang memainkan wayang disebut (dalang/warenggono).

8. (Sinden/dalang) selalu orang perempuan.

9. Ilmu (sukma/jiwa) merupakan pelajaran penting untuk mahasiswa
    pendidikan.

10. (Raga/badan)-nya merasa sakit karena kurang tidur.

11. Untuk kesehatan kita harus sering olah-(badan/raga).

174

12. Apakah (syarat/prasarana) yang harus dipenuhi untuk masuk sekolah itu?

13. Soal (remeh/muluk2) seperti ini tidak perlu diajukan ke kepala kantor.

14. Dia gagal ujiannya karena dia menganggap (enteng/remeh).

15. Bekas Presiden Soekarno (dikubur/dimakamkan/dibenam) di Blitar.

16. Wayang telah menjadi (daging darah/darah daging) orang Jawa.

17. Pak Sinaga lekas (menaiki/naik/menaikkan) darah.

18. Yang dia katakan tidak (memasuki/masuk/kemasukan) akal.

19. Dia minta minum; berilah dia (kaca/gelas).

20. Orang yang pekerjaannya memelihara kuburan dinamakan (juru/tukang/ahli) kunci.

21. Orang yang pekerjaannya memelihara kebun dinamakan (ahli/tukang/juru) kebun.

22. Orang yang memelihara orang sakit disebut (juru/ahli)-rawat.

23. Dokter yang mengoperasi orang disebut (ahli/tukang/juru)-bedah.

24. Begitu (sukar/sukarnya) soal ini sehingga saya harus minta tolong orang lain.

25. Begitu (mahal/mahalnya) harganya sehingga saya tidak jadi membelinya.

26. Banyak orang (tidak datang/yang tidak datang) ke rapat itu.

27. Makan sambil berbicara tidak (pantas/cocok) menurut kebudayaan Amerika.

28. Jam saya sudah tua; sering tidak (pantas/cocok).

29. Air di tempat mandi itu akan (disedot/dikuras).

30. Kertas bisa (meresap/menyerap) air.

31. Air bisa (meresap/menyerap) ke kertas.

32. Tempat mandi itu akan (dikuras/disedot).

BAB III. C.

DUA DUNIA

Ketika kepada saya dilakukan pemeriksaan di dalam penahanan saya
baru2 ini, ada beberapa pola pertanyaan yang menarik. Mereka bertanya,
apa yang terjadi di Balai Budaya. Saya jawab bahwa di sana seringkali
banyak orang berkumpul, untuk mengadakan diskusi2 informil. Yang di-
bicarakan macam2, dari persoalan mutu karya2 kesusasteraan Indonesia
dewasa ini, sampai kepada pengaruh2 luar terhadap perkembangan senilukis
Indonesia sampai pula kepada persoalan dunia intelektuil Indonesia dan
mentalitas politisi Indonesia. Pendeknya, segala macam, termasuk juga
soal2 pacaran.

Mereka bertanya lagi, apa yang saya INSTRUKSIKAN, sehingga para   10
pemuda mau turun ke jalan. Saya katakan, bahwa tidak ada kata instruksi
di dalam kamus kami. Kami adalah pribadi2 yang sudah berpikir sendiri.
Saya tidak mungkin membuat mereka patuh dengan instruksi saya seperti
juga saya tidak mungkin patuh kepada instruksi siapa pun juga. Kami
hanya bisa patuh kepada logika pemikiran kami sendiri, dikombinasikan
dengan hati nurani yang hidup di dalam diri kami. Saya jelaskan,
gerakan pemuda sekarang tidaklah lagi merupakan sebuah gerakan yang
punya organisasi yang berbentuk kerucut, di mana pimpinan bisa meng-
instruksikan bawahannya. Gerakan pemuda sekarang merupakan gerakan
di mana hubungan tiap individu bersifat horizontal, masing2 sama dera-   20
jat dan martabatnya. Sambil tersenyum tidak percaya, mereka melanjut-
kan pertanyaannya, siapa2 yang saya hubungi sehingga di daerah2 juga
ikut bergerak. Saya juga tersenyum putus asa.

Pada titik ini saya sadar bahwa agak sulit bagi saya untuk

berkomunikasi dengan pemeriksa2 saya. Kami hidup di dalam dunia yang

sungguh2 berlainan. Dunia saya adalah dunia intelektuil dan seniman,

di mana nilai2 yang hidup adalah nilai2 kreativitas. Di dalam dunia

ini, adalah tabu tunduk kepada suatu instruksi yang tidak kita hayati

kebenarannya. Sedangkan mereka, pemeriksa2 saya, hidup di dalam dunia

militer, dalam suatu keketatan organisasi yang berbentuk kerucut.   30

Perintah adalah perintah. Jangan bergerak di luar perintah dan jangan

melawan pemerintah yang ada. Inisiatip hanya ada pada pimpinan,

bawahan dilarang punya inisiatip. Dan seterusnya. Dapatkah kedua ini

saling berkomunikasi?

Tentu saja, saya mengerti sepenuhnya, kita tidak bisa mengatakan

bahwa dunia yang satu lebih baik daripada dunia yang lain. Keduanya

punya fungsi masing2. Militer adalah suatu aparat perang, di mana dia

bergerak bila keadaan sudah menjadi darurat sekali. Dalam keadaan

darurat, dibutuhkan suatu organisasi yang berbentuk kerucut yang ketat.

Bila anggauta2 banyak yang punya inisiatip sendiri, sudah dapat dipasti-   40

kan, dia akan mengganggu fungsi militer itu sendiri. Suatu organisasi

militer, berdasarkan kodratnya, harus memiliki suatu organisasi kerucut

yang ketat.

Dunia intelektuil dan dunia seniman memang bertolak belakang dengan

dunia militer. Dia tidak menghadapi keadaan darurat. Dunia ini merupa-

kan dunia kreatip. Fungsinya adalah mendinamisir masyarakat, karena itu,

dibutuhkan ide2 baru yang orisinil untuk mengubah ide2 lama yang oleh

perkembangan masyarakat itu sendiri menjadi kurang efektip. Dunia in-

telektuil dan dunia seniman adalah dunia yang membutuhkan konflik yang

terus menerus, tentu saja konflik di dalam ide, bukan konflik phisik.   50

Ide yang satu perlu mendapatkan tantangan dari ide yang lainnya, demi kebaikan ide itu sendiri.

Seluruh dialog yang terjadi ketika saya diperiksa sebenarnya merupakan perbenturan dua dunia ini. Dunia militer yang merindukan kepatuhan dan stabilitas yang ketat, berhadapan dengan dunia intelektuil dan dunia seniman yang merindukan inisiatip, ide2 baru dan konflik yang terus-menerus antar ide2 yang ada. Keduanya mempunyai fungsi sendiri2 yang menuju kepada kegunaan yang saling melengkapi. Perbenturan terjadi kalau yang satu masuk ke dunia yang lainnya tanpa mau mengubah dirinya untuk penyesuaian yang lebih tepat.   60

(Dari "Ruang Catatan Kebudayaan"

oleh Arief Budiman, *Horison*,

Pebruari 1972.)

I. DAFTAR KATA PENOLONG

aparat(ur)	"apparatus"
bawahan	"a subordinate; underling"
bertolak belakang	"of opposite directions"
darurat	"emergency; temporary"
demi	"for the sake of"
derajat	"level; standard; degree" (of temperature)
kerucut	"pyramid"
ketat	"tight; taut"

178

keketatan	"tightness"
kodrat	"God's will; nature"
martabat	"status" (of ranks)
membutuhkan	"to need"
merindukan	"to long for"
patuh dengan/kepada	"obedient to"
kepatuhan	"obedience"
pèndèknya	"in brief"
putus asa	"to lose hope"
sulit	"difficult; complicated"
tabu	"taboo"
terus-menerus	"continuously"
tunduk	"to bow"

II. JAWABLAH PERTANYAAN2 BERIKUT DENGAN KALIMAT2 LENGKAP

1. Peristiwa apa kira2nya yang terjadi sebelum penulis ditahan?

2. Bagaimana nada dari tulisan ini: negatif, positif atau netral ter-
   hadap golongan militer?

3. Apa yang dimaksud dengan "para pemuda mau turun ke jalan" pada
   baris 10?

4. Apa perbedaan antara struktur organisasi militer dengan struktur
   gerakan seniman?

5. Apa pandangan penulis obyektif dalam "dua dunia" ini? Terangkan
   jawaban anda.

6. Menurut penulis kapan perbenturan antara dua dunia itu bisa ter-
   jadi?

7. Menurut pendapat anda apa benar bahwa dunia intelektuil dan seniman
   memerlukan konflik yang terus-menerus?

III. PENGEMBANGAN KOSA KATA

1. dunia   "world"   Dunia can also be followed by other nouns such

   as perdagangan, akademik, seniman, etc.

   d. (yang) baka   "eternal world"

   d. (yang) fana   "transitory world; this world"

   meninggal dunia   "to die; pass away"

               Dunia membutuhkan pemimpin2 yang jujur.

               Dalam dunia yang fana semuanya bersifat sementara saja.

               Dunia baka tidak bisa dilihat dengan mata.

               Bung Karno meninggal dunia tahun 1970.

2. Balai Budaya   "Cultural Center"

   balai kota   "city hall"

   balai désa   "village council hall"

   balai pertemuan   "meeting hall"

               Balai Budaya adalah tempat para seniman berkumpul.

               Kantor walikota ada di balai kota.

               Pendeknya saya minta balai desa itu sudah dibangun akhir

               tahun ini.

               Gedung kesenian itu sering juga dipakai sebagai balai

pertemuan.

3. patuh/taat   "obedient"

   mematuhi/menaati   "to obey"

   kepatuhan/ketaatan   "obedience"

   Seniman hanya patuh/taat kepada hati nuraninya sendiri.

   Seniman hanya mematuhi/menaati hati nuraninya sendiri.

   Ketaatan/kepatuhan kepada peraturan yang ada bukanlah
   kebiasaan seniman.

4. bawahan   "(a) subordinate; underling; lower (echelon)"

   anak buah   "follower (of an organization, group, leader, etc.);

   (a) subordinate (person)"

   atasan   "higher (echelon)"

   pihak atasan   "higher level/echelon"   Eselon or echelon are also
   used nowadays.

   Sebagai orang bawahan, saya harus patuh kepada perintah.

   Dia anak buah pak Subut.

   Usul seperti ini tidak akan disetujui oleh pihak atasan.

   Orang2 atasan harus menjadi teladan dari rakyrt kecil.

5. derajat   "degree" (of temperatures); "level" (of knowledge);
   "social status"

   pangkat   "rank; power" (mathematics)

   martabat   "reputation; status" (of ranks)

   tingkat   "level" (of buildings, society, or studies)

   Panas badannya 40 derajat.

   Derajat pengetahuan dia masih rendah.

   Keluarga itu derajatnya/martabatnya tinggi di desa kami.

   Tiga pangkat dua sama dengan sembilan.

Waktu dia di militer pangkatnya kopral.

Kantor saya di tingkat tiga.

Dia sudah tingkat dua di Universitas Indonesia.

Prasarana untuk menaikkan tingkat kehidupan penulis ialah

perbaikan daya baca masyarakat.

6. daérah   "a region or area" In government administration, daerah

refers to areas outside of or lower than the central government.

Thus, from the point of view of Jakarta, Surabaya is considered

a daerah, and so are Bali and other places. From Surabaya's

point of view, Malang or other smaller places are considered

daerah.

kawasan   "a region or area" (purely geographic and usually very

large)

Di daerah (not kawasan) miskin itu penyakit malaria me-

rajalela.

Korupsi lebih banyak terdapat di pusat daripada di daerah

(not kawasan).

Kapal asing tidak boleh masuk kawasan/daerah Indonesia

tanpa ijin.

7. putus asa   "to lose hope"

patah hati   "heartbroken"

Pendeknya, dia putus asa setelah dokternya berkata bahwa

dia mandul.

Dia patah hati waktu ditinggalkan kekasihnya.

8. ketat   "tight" (usually of ropes, strings, dresses, and security)

keketatan   "tightness"

erat   "tight" (usually of ropes, strings, and friendships)

keeratan   "tightness; closeness"

Wanita itu selalu berpakaian ketat (not erat).

Penjagaan untuk kunjungan Presiden Soeharto sangat ketat (not erat).

Kayu2 itu harus diikat dengan erat/ketat.

Hubungan persahabatan kami sangat erat (not ketat).

9. aparat(ur)   "apparatus"

instansi   "agency"

alat(-alat) negara   "government apparatus" (usually restricted to the military)

Untuk mempertinggi derajat bangsa, aparatur negara harus diperbaiki dulu.

Instansi bawahan harus tunduk pada instansi atasan.

Angkatan bersenjata merupakan alat(-alat) negara yang penting.

10. darurat   "emergency; temporary"

keadaan darurat perang   "state of (war) emergency; martial law"

sementara   "temporary" (without necessarily any connotation of emergency)

Dalam keadaan darurat perang Presiden mempunyai kekuasaan penuh.

Surau yang kami buat itu sifatnya darurat/sementara saja.

11. kodrat/takdir   "God's will; nature"

mengkodratkan/mentakdirkan   "to predestine"

Bahwa manusia harus mati itu sudah menjadi kodrat/takdir.

Dia sudah dikodratkan/ditakdirkan untuk miskin.

12. bertolak belakang   "of opposite directions"

berlawanan   "of opposite directions, implying a disagreement of

    some sort"

bertentangan   "to be against; not in line with"

terbelakang   "out of date; behind the times"

ke belakang   "euphemism for going to the restroom"

    Pendapat dia dan pendapat saya bertolak belakang.

    Usulmu berlawanan/bertentangan dengan peraturan yang ada.

    Perkembangan ilmu pengetahuan di negara mereka sangat

    terbelakang.

    Saya mau ke belakang sebentar.

13. demi   "for the sake of"

demi Tuhan   "I swear that...."

satu demi satu/satu per satu   "one by one" While satu demi satu

    is commonly used, dua demi dua, tiga demi tiga, etc., are not.

    Demi kepentingan para seniman, saya mengalah.

    Demi Tuhan, pak, saya tidak mencuri sepeda dia.

    Mereka masuk satu demi satu.

14. rindu pada   "to long for"

merindukan   "to long for"

kerinduan   "a longing for"

    Dia rindu pada/merindukan kekasihnya.

    Dia rindu pada/merindukan keadilan sosial.

    Kerinduannya hampir tidak bisa ditahan lagi.

15. antar   "inter"

antara   "between; among"

perantara   "mediator; middleman"

    Hubungan antar kota di sini sudah mulai baik.

Antara Jakarta Bogor ada banyak penjual buah-buahan.

Dia menjadi perantara dalam perkara itu.

16. kata2 asing   When discussing certain topics such as politics, economics, democracy, etc., Indonesians quite often use a great number of foreign words which have been adjusted to the Indonesian system. The following words are used in the text:

berkomunikasi	"to communicate"
dialòg	"dialog"
diskusi	"discussion; to have a discussion"
efektif/p	"effective"
fungsi	"function"
horisòntal	"horizontal"
ide	"idea"
individu	"(an) individual"
infòrmil	"informal"
inisiatif/p	"initiative"
instruksi	"instruction"
menginstruksikan	"to give an instruction"
intelektuil	"intellectual"
kònflik	"conflict"
kreatif/p	"creative"
kreativitas	"creativity"
logika	"logic"
mendinamisir	"to make something dynamic"
mengòmbinasikan	"to combine"
mentalitas	"mentality"

185

politisi	"politicians"
stabilitas	"stability"
vertikal	"vertical"

IV. REMEDIASI TATABAHASA

1. **pun**

(i) Attached to a certain set of words, -pun becomes compounded with these words, and the meanings are unique:

meskipun	"although"
walaupun	"although"
sekalipun	"although"
kalaupun	"even if"
adapun	"whereas; while"

(ii) As an emphatic marker, pun is separated from the preceding word and means "..., too, ..."

dia pun	"he, too, (disagrees, etc.)"
orang2 itu pun	"those people, too, (dislike, etc.)"
mereka pun	"they, too, (will support, etc.)"

(iii) Following the question words mana, apa, siapa, and berapa, pun conveys indefiniteness. In this particular context, it is usually followed by the word juga.

Ke mana pun juga kamu pergi, aku akan ikut. "Wherever you go, I will go with you."

Apa pun yang kamu berikan, aku akan senang. "Whatever

you give, I will be very happy."

Seniman tidak akan patuh kepada <u>siapa pun juga</u>. "Artists will not be obedient to anyone."

Saya mau pinjam uang <u>berapa pun</u> kamu punya. "I will borrow the money--the amount is not important."

V. LATIHAN

Pilihlah kata2 yang paling tepat untuk kalimat2 berikut.

1. Dalam dunia yang (fana/baka) siapa yang lurus binasa.

2. Pujangga itu (meninggalkan/meninggal) dunia sepuluh tahun yang lalu.

3. Balai (kota/desa) adalah tempat di mana orang2 dari suatu desa berkumpul.

4. Kantor walikota ada di balai (kota/desa).

5. Suami Dahlia (patuh/mematuhi) perintah atasannya.

6. Dahlia tidak (patuh/setia) pada suaminya, karena dia sering iseng dengan orang lain.

7. Sebagai pegawai bawahan kita harus (taat/setia) pada perintah.

8. Sebagai kepala kantor saya menganggap jurutulis sebagai (bawahan/atasan) saya.

9. Di Universitas anda sudah (pangkat/derajat/tingkat) berapa?

10. Waktu dia di militer (pangkat/tingkat/derajat) dia adalah kolonel.

11. Tingkah laku seperti itu merendahkan (martabat/pangkat) bangsa.

12. Pemerintah (kawasan/daerah) harus tunduk pada pemerintah pusat.

13. Anda tinggal di (daerah/kawasan) mana?

14. Ah, masa, baru gagal ujian sekali saja kamu sudah (patah hati/
putus asa).

15. Pacarnya pergi begitu saja, sehingga dia jadi (putus asa/patah
hati).

16. Blus yang dipakai gadis itu (erat/ketat) sekali.

17. Hubungan saya dengan dia tidak (erat/ketat); dia buaya darat, sih.

18. Sebagai (aparatur/alat) negara, kantor kami harus betul2 sempurna.

19. Dalam keadaan (sementara/darurat) rumah bisa menjadi rumah-sakit.

20. Presiden menyatakan keadaan (darurat/sementara) perang minggu
yang lalu.

21. Bahwa manusia itu harus mati sudah menjadi (kodrat/kehendak) Tuhan.

22. Pandangan hidup Idris (bertolak/berlawanan) belakang dengan pan-
dangan hidup istrinya.

23. Perkembangan ilmu di negara2 yang sedang berkembang sering (ter-
belakang/ke belakang).

24. (Untuk/demi) Tuhan, saya tidak pernah menyentuh wanita itu, pak.

25. Penyair itu mengundurkan diri (untuk/demi) kepentingan seni.

26. Banyak orang yang (rindu/merindukan) datangnya Ratu Adil.

27. Hubungan (antar/antara) satu pulau dengan pulau lainnya sudah
makin baik.

28. Pemerintah sedang berusaha untuk memperbaiki hubungan (antar/antara)
pulau.

29. Tidak hanya kami, (mereka/mereka pun) setuju dengan usul itu.

30. Dia memang sudah (ditakdirkan/kodrat/takdir) menjadi juru kunci
sampai mati.

BAB III. D.

ORKES MELAYU DI KOLONG JEMBATAN

Malam mulai larut ketika orkes Melayu Benih Melati mengalunkan

lagu Janda Muda. Seperti malam2 sebelumnya pengunjung semakin padat.

Puluhan wanita pelacur dan ratusan laki2 yang tersebar sepanjang tujuh

jaluran ril kereta api di kolong jembatan tinggi Tanah Abang, satu

persatu mendekati meja pertunjukan. Di atas meja terletak accu untuk

pengeras suara, mikrofon, buku catatan nyanyian dan dua gelas kopi

panas. Dibelakangnya 10 orang pemain dan lima orang penyanyi seirama

dengan lagunya sambil bergoyang-goyang mengumandangkan bunyi instrumen-

nya lewat pengeras suara yang digantung di atas gerbong. Kereta api

penghabisan yang ditarik dengan loko batubara lewat di dekat mereka   10

ketika Larilah Hai Kudaku dinyanyikan Sutinah, anak Kebon Kacang. Be-

berapa gerbongnya rupanya harus diparkir di dekat mereka sehingga

arena tempat 500 mudamudi berjoget samba menjadi semakin sempit dan

gelap.

Hi...hu. Adalah benar bahwa joget di tempat2 semacam itu tidak

memakai aturan2 tertentu. Jika anda bisa soul, gerakanlah pinggul

anda seperti dalam soul. Singkatnya tarian ini sekedar menggerakkan

tubuh seirama lagu yang dimainkan. Seorang yang begitu gemar dengan

lagu Melayu kadang bisa menghabiskan Rp.200 untuk sekedar meminta

lagu. Dan orkes Melayu seperti Benih Melati, hidup dari orang2 se-   20

macam ini, pencinta irama Melayu atau orang2 yang tidak mau berhenti

berjoget sebelum jam satu malam. "Saya bisa dansen, agogo maupun

soul, tapi saya lebih senang dengan joget, tanpa totokromo" kata se-

orang pemuda anak Kebayoran. Sama jauhnya dengan pemuda tersebut,

beberapa pemuda datang dari Priok, Kota dan Tebet. Anak Menteng ada
juga, sementara tukang beca yang masih muda2 memanfaatkannya pula se-
bagai hiburan terakhir hari itu.

Lagu demi lagu berlalu sementara teriakan hi...hu silih berganti
dipekikkan. Tidak jauh dari grup yang menari-nari tanpa henti, ber-
tebaran kios2 minuman, bakul2 rokok, kamar pelacuran dan gerbong2   30
barang. Segala macam bau-bauan tersebar juga disekitarnya. Jadi apa
yang tidak ada? Adegan2 yang filmis seperti cium2an dan raba2an di-
pertontonkan tanpa tabir dan tanpa sensor. Anggur Kolesom, ganja,
Wiseng dan perempuan dapat dibeli dengan harga tidak seberapa.

Seorang yang ingin ketawa lama, kata seorang pelacur, sebaiknya
beli hai (istilah mereka untuk ganja). Dari atas jembatan masih ter-
dengar teriakan penjoget2 itu meminta Sopiah mengulangi lagunya. Maka
kembalilah seruling melengking dan Sopiah mengangkat suara: "Bergembira
ha ha ha, ke Bina Ria. . . ." agaknya benar seperti yang dituturkan
wakil pemimpin orkes tersebut, bahwa Sopiah, hampir setiap malam meng-   40
ulanginya sampai empat kali.

Terdesak? Band dengan penyanyi2 pop sedikit banyak mendesak
orkes2 Melayu dan merebut penggemarnya yang tidak sedikit jumlahnya.
Dulu orang berpikir untuk mendatangkan orkes untuk meramaikan resepsi
perkawinan anaknya sedang sekarang di kebanyakan resepsi perkawinan
band lebih banyak dipergunakan. Angka2 yang pasti tidak pernah ada,
sehingga belum dapat dipastikan apakah kedudukan orkes Melayu terdesak
selama ini. Di Jakarta orkes2 Melayu hanya dapat merebut pusat2 hiburan
seperti Taman Ria Senen, di bekas Jakarta Fair, di planet Senen dan di
tempat2 pelacuran2 lainnya dan sesekali digabungkan dalam "malam kesenian" 50
di Istora Senayan atau di pesta2 perkawinan.

Edy Sofyan mengatakan bahwa Benih Melati pernah diborong tiga

bulan lamanya dalam Jakarta Fair 1969. Tapi justru di tempat yang di-

anggapnya paling rendah seperti di daerah pelacuran Bongkaran malah

diusir. "Lantas di mana kami boleh cari makan?" tanyanya pada Kodim

yang mengusirnya. Rupanya orkes2 sekarang dalam keadaan bertahan,

menyelamatkan sisa2nya dari kemusnahan. Berbicara dengan orang2 yang

sedang bertahan memang sulit. Sambil mengawasi teman bicaranya seperti

mengawasi mata2 ia menjelaskan bahwa pemimpinnya seorang sersan kavaleri

yang membawahi lima orkes semacam itu. "Kami ini seniman-seniman yang   60

mencari secukupnya saja." Rupanya di siang hari mereka tidak bekerja

seperti halnya anak buah orkes Melayu Tifa Nusa yang kerap kali tampil

di Taman Ria Senen. Rata2 Benih Melati dapat mengumpulkan uang Rp.3500

semalam.

    Di planet O. M. amat dihormati. Secara gotong royong pelacur2 se-

tempat bersatu membeayai pendirian sebuah tratak sebagai panggung pe-

main2nya. Di sekelilingnya juga di antara ril2 kereta api pengunjung

berjoget dan meresapkan irama2 Melayu secara cuma2 pula. Hampir tujuh

orkes beroperasi setiap malamnya.

    Tidak jauh dari kompleks tersebut di Taman Ria Senen sekian ratus   70

pemuda juga kelihatan mengunjungi pertunjukan yang sama. Di tempat ini

lebih banyak ragam penggemarnya. Beberapa pasang banci sering ikut

menari. Sampai larut, sampai ketiban embun, semuanya bergoyang pinggul

dengan penuh semangat. Nasib O. M. yang berhasil mencapai puncak pasar

Senen ini lebih baik dari yang lain. Menurut Jamin, pimpinannya, mereka

sering dikontrak untuk main di sana. Taman Ria menyediakan Rp.35.000

untuk enam malam. Tidak berarti bahwa peminat yang telah membayar kar-

cis masuk bisa saja meminta lagu sesuka hatinya. Orkes sudah menetapkan

192

lebih dahulu lagu2nya. Tapi meskipun demikian orang tetap puas. Toh
di atap2 yang lain seperti Miraca, Bali Room Hotel Indonesia dan semacam-   80
nya orang tetap terikat pada acara.

(Dari majalah *Ekspres*, 28 Juni 1970.)

I. DAFTAR KATA PENOLONG

accu (pronounced as

  [aki])   "car battery"

bakul   "Javanese word for vendor"

banci   "transvestite; hermaphrodite"

batubara   "coal"

bergoyang-goyang   "to sway" (as in dancing)

cuma2   "free of charge"

embun   "dew"

ganja   "narcotics"

gerbòng   "train coach/carriage"

Istora   "acronym for Istana Olah Raga--Sports Hall"

jaluran   "line" (as in railways)

jaluran ril   "railway line/track"

kemusnahan   "extinction"

ketiban   "Javanese word for kejatuhan"

kòlòng   "a space under a house, bridge, table, etc."

larut	"late" (at night)
loko	"locomotive"
mata2	"a spy"
melengking	"to make a shrill, strident sound"
memanfaatkan	"to make the best use of"
membòròng	"to buy up; to contract"
memekikkan	"to shout (x)"
mengalunkan	"to sing out"
mengumandangkan	"to echo (x)"
mengusir	"to expel; kick out"
merebut	"to snatch; take by force"
padat	"dense; crowded"
parkir	"to park"
pasang	"couple"
pengeras suara	"loudspeaker"
planet	(1) "planet"; (2) "prostitution area"
rata-rata	"on an average"
ril	"railway track"
sekedar	"merely; just"
sempit	"narrow"
tabir	"screen"
tampil	"to appear"
tòtòkròmò	"Javanese word for etiquette, politeness, or rule"
tòh	"and yet (he agreed to perform, etc.)"

194

II. JAWABLAH PERTANYAAN2 BERIKUT DENGAN KALIMAT2 LENGKAP

1. Untuk golongan kelas masyarakat macam apa orkes Melayu biasanya dipertunjukkan?

2. Apa setasiun kereta-api Tanah Abang itu modern? Dari bacaan ini, dari mana anda tahu?

3. Dari mana saja biasanya orkes Melayu mendapat penghasilan mereka?

4. Apa yang dimaksud dengan "joget itu ... tanpa toto cromo" (baris 23)?

5. Apa tujuan penulis dengan berkata "Anak Menteng ada juga. . . ." pada akhir alinea pertama, halaman 190?

6. Mengapa kata2 "malam kesenian" pada akhir alinea keempat, halaman 190, ditulis dengan tanda petik?

7. Buat apa para pelacur mendirikan tratak untuk orkes Melayu?

8. Mengapa judul tulisan ini "Orkes Melayu di Kolong Jembatan"?

9. Apa anda tahu acara yang disebut "pilihan pendengar"?

III. PENGEMBANGAN KOSA KATA

1. larut   "late" (at night) This word is usually combined with malam to become larut malam, the hours approximately between 1 and 3 a.m.

   bòlòng   (1) "colloquial expression for broad daylight" (usually combined with siang to become siang bolong); (2) "slang expression for pierced or non-virgin"

   suntuk   "whole (night/day)" Suntuk is usually preceded by

sehari, semalam, not by sejam, sebulan, setahun, etc. For

the latter, Indonesian uses penuh—sejam penuh, sebulan penuh,

etc.

fajar   "dawn"

dinihari   "just before dawn, around 4 or 5 in the morning"

tengah hari   "noon"

tengah malam   "midnight"

senja   "twilight"

matahari terbit   "sunrise; the sun rises"

matahari terbenam   "sunset; the sun sets"

Orkes Melayu biasanya main sampai larut malam.

Kadang2 mereka juga main semalam suntuk.

Meskipun penjagaan ketat, masih juga pemimpin kita itu

dibunuh di siang bolong.

Perempuan itu udah bolong.

Pertunjukan di jaluran ril itu sering sampai dinihari.

Menjelang fajar embun mulai turun.

Jururawat itu bekerja dari pagi sampai senja.

Di Indonesia matahari terbit jam 6 pagi dan terbenam

jam 6 sore.

2. padat   "dense; crowded" (usually of a permanent nature and used

in connection with population density)

penuh   "full" (often combined with sesak to form penuh sesak—

for emphatic purposes)

be(r)jubel   "colloquial expression for crowding, usually of people"

Di beberapa kawasan Indonesia penduduknya tidak padat.

Planet Senen penuh dengan tukang copet.

Pemuda pemudi bejubel nonton lenong.

3. accu (pronounced as [aki])   "car battery" In places where there

   is no electricity, people use car batteries as an electrical

   power source.

   bateré   "flashlight"

   batu bateré   "flashlight battery" If the context is clear, the

   use of just the word batu is sufficient.

   pengeras suara   "loudspeaker"

   mikròfon   "microphone"

   tratak   "Javanese word for temporary stage used in wayang,

   music, ketoprak, or any other show"

       Saya mau beli batu (not accu) untuk batere saya.

       Kita perlu dua accu untuk mikrofon dan pengeras suara.

       Tratak dipakai untuk duduk oleh para niyogo.

4. bergoyang-goyang   "to sway back and forth"

   migal-migul   "colloquial expression for (human) movement sideways;

       wiggle"

   (ber)goyang pantat   "slang expression for migal-migul; to wiggle

       one's tail"

       Pemain ludruk itu bergoyang-goyang/migal-migul sambil

       bernyanyi.

       Lampu yang di gerbong itu bergoyang-goyang (not migal-

       migul) kena angin.

       Di sana banyak banci pada goyang pantat.

5. gerbòng/wagòn/keréta   "train carriage" Wagon is pronounced as

       [waxon].

   loko(motif)   "locomotive"

__masinis__   "engineer" (who runs the locomotive only)

__kondèktur__   "ticket controller; conductor"

__mekelar/catut__   "scalper." In Jakarta, the term more frequently

used is __calòk__; broker "

__lokèt__   "ticket counter"

__kerèta barang__   "freight train; baggage car"

__kerèta penumpang__   "passenger train"

__restòrasi/kerèta makan__   "dining car"

__karcis péròn__   "a ticket which one buys at the railway station

when he enters the platform to meet or see somebody off"

__tempat duduk__   "a seat"

Sepuluh __gerbong__ itu ditarik oleh dua __loko__.

Pekerjaan __masinis__ adalah menjalankan lokomotif.

Kadang2 kita harus beli karcis dari __calok/makelar/catut__,

bukan dari __loket__.

__Kondektur__ itu berkeliling dari satu __kereta penumpang__ ke

__kereta penumpang__ yang lain.

Untuk masuk ke setasiun kita harus beli __karcis peron__.

Kereta barang biasanya ada di belakang __kereta makan__.

Untuk mendapat __tempat duduk__ kita harus pesan tempat.

6. __adegan__   "scene" (of plays, movies, etc.)

__babak__   "act" (of plays, shows, etc.)

__bab__   "chapter"

__séri__   "series; part" (of plays, movies, etc.)

__tegang__   "tense"

__santai__   "relax(ed)"

__Adegan__ pertama dalam sandiwara itu sangat __tegang__.

Pelaku dalam babak kedua adalah seorang jongos dan dua orang babu.

Buku dia terdiri dari 7 bab.

Cerita "Hawaii Five-O" adalah cerita seri.

Film2 komedi biasanya santai.

7. meramaikan/memeriahkan   "to enliven"

  merayakan   "to celebrate; commemorate"

  Pertunangan mereka diramaikan/dimeriahkan dengan per-
  tunjukan wayang golek semalam suntuk.

  Tukang batu itu merayakan perkawinannya dengan pertun-
  jukan lenong.

8. planét   (1) "planet"; (2) "red light district"

  Amerika sedang menyelidiki planet Mars.

  Para tunasusila mendirikan tratak di planet untuk orkes
  Melayu Benih Melati.

9. membòròng   "to buy up; to contract the entire construction of
  a building"

  pembòròng   "one who buys up; a contractor"

  bòròngan   "what one buys up; a type of work in which the method
  of payment is based on the completion of the job rather than
  on the amount of time spent"

  ècèran   "retail"

  kètèngan   "informal expression for eceran"

  Dia memborong semua barang di toko itu.

  Pemborong "Karya Agung" memborong semua bangunan di kompleks
  Ciputat.

  Barang2 ini borongan dari toko itu.

Pekerjaan macam ini merupakan pekerjaan borongan.

Rokok yang dijual dipinggir jalan bisa dibeli eceran/ ketengan.

10. mengusir "to chase away; kick out; evict"

mengeluarkan (1) "to expel" (from schools, clubs, etc.); (2) "to issue"; (3) "to spend"; (4) "to take (x) out of"

menendang "to kick; kick out"

Ahli hukum asing itu diusir/dikeluarkan/ditendang dari Indonesia.

Dia menendang (not mengusir or mengeluarkan) bola itu.

Pengumuman itu dikeluarkan oleh pemerintah minggu yang lalu.

Saya mengeluarkan Rp.10.000 untuk ijazah saya.

Dia mengeluarkan uang dari sakunya.

11. musnah "annihilated; destroyed"

kemusnahan "annihilation; destruction"

punah "extinct"

kepunahan "extinction"

Banyak peninggalan kuno yang sudah musnah sekarang.

Kemusnahan itu disebabkan oleh umur yang sudah tua.

Beberapa macam binatang sudah hampir punah di Indonesia.

Kepunahan itu disebabkan oleh kurangnya perawatan.

12. mata-mata (musuh) "a spy"

mata air "spring; source" (of a river)

air mata "tears"

mata uang "currency" (money)

mata duiten "informal expression for having an eye only for

money"

<u>mata-kuliah</u>   "university courses"

<u>mata-pelajaran</u>   "courses below university level"

    Peneliti asing itu didakwa sebagai <u>mata2</u> oleh juru-bicara

    Kementerian Dalam Negeri.

    <u>Mata air</u> sungai Bengawan Solo ada di gunung Slamet.

    <u>Air mata</u>nya jatuh ketika dia mendengar kabar sedih itu.

    <u>Mata uang</u> Indonesia namanya rupiah.

    Gua nggak senang ama dia; dia <u>mata duiten</u> sih.

    Saya sekarang mengambil empat <u>mata-kuliah</u>.

    Ada kira2 17 <u>mata-pelajaran</u> di SMA.

13. <u>rata-rata/pukul rata</u>   "on an average"

    <u>rata</u>   "even" (level); flat"

    <u>naik turun</u>   "up and down"

    <u>meratakan</u>   "to make (x) even/flat; to smooth"

    <u>menyama-ratakan</u>   "to generalize; to consider (x) equal"

    Uang kunci untuk sewa rumah di Jogya <u>rata2</u> Rp.20.000.

    Jalan ke Bandung dari Jakarta <u>naik turun</u>, tidak <u>rata</u>.

    Jalan ini akan <u>diratakan</u> bulan depan.

    Menteri Luar Negeri kami akan <u>meratakan</u> jalan sebelum

    perundingan antara kedua presiden itu mulai.

    Soal ini tidak boleh kita <u>sama-ratakan</u> begitu saja.

14. <u>cuma</u>   "informal form for <u>hanya</u>"

    <u>cuma-cuma</u>   "free of charge"

    <u>percuma</u>   (1) "free of charge"; (2) "there is no use (doing x)"

    Di Gadjah Mada dia <u>cuma</u> selesai tingkat dua.

    Cermin semacam ini bisa didapat di sana secara <u>cuma2</u>/

percuma.

Percuma (not cuma2) kamu kerja keras; toh gajimu tidak
akan dinaikkan.

15. banci   "a rather derogatory term for transvestites or hermaphro-
        dites"

    wadam   "euphemism for banci" Wadam is an acronym formed from
    Hawa (Eve) and Adam (Adam).

    Para banci/wadam suka sekali orkes Melayu.

IV. REMEDIASI TATABAHASA

1. hanya/saja/cuma/sekedar   These words, meaning "only" or "merely,"
    are partially interchangeable. There are, however, some con-
    straints which must be observed:

    (i) while hanya, saja, and sekedar are formal, cuma is collo-
    quial.

    (ii) hanya, cuma, and sekedar can be used in combination with
    saja to form hanya/cuma/sekedar . . . saja. This is usually
    done when stronger emphasis is needed.

    (iii) hanya, cuma, and sekedar are placed before the predicate,
    while saja is placed after it.

    (iv) saja, when used alone, is not normally used after a noun
    predicate.

    (v) hanya, cuma, and saja mean more "only" than "merely," while
    sekedar is just the reverse.

(vi) <u>sekedar</u> is not used with non-action verbs such as <u>punya</u>.

(vii) <u>hanya</u> or <u>cuma</u> can also precede <u>sekedar</u> for emphatic purposes.

Gua <u>cuma</u> bilang gitu, dia udah marah.

Kami <u>hanya/cuma/sekedar</u> memberitahu (<u>saja</u>).

Kami memberitahu <u>saja</u>.

Dia <u>hanya/cuma/sekedar</u> juru-rawat (but not: Dia juru-rawat <u>saja</u>).

Saya <u>hanya/cuma</u> (not <u>sekedar</u>) punya Rp.100.

Ini <u>hanya/cuma/sekedar</u> permintaan (<u>saja</u>).

V. LATIHAN

Pilihlah kata2 yang paling tepat untuk kalimat2 berikut.

1. Karena patah hati dia tidak bisa tidur semalam (bolong/suntuk).

2. Meskipun penjagaannya ketat, masih juga dia ditembak di siang (bolong/larut).

3. (Senja/fajar) kira2 mulai sekitar jam 6:30 sore, sedangkan (senja/fajar) mulai jam 6:00 pagi.

4. Waktu sebelum fajar dinamakan (dinihari/tengah hari).

5. Daerah Senen (penuh/padat) dengan penggemar orkes Melayu.

6. Penduduk Indonesia semakin (padat/penuh/ramai).

7. Sumber tenaga untuk pengeras suara di pertunjukan itu (batu batere/accu).

8. (Tratak/panggung) biasanya bersifat darurat atau sementara.

9. Para penggemar orkes gambus pada mulai (migal-migul/dansen) waktu lagu "Kudaku Lari" dimainkan.

10. Orang yang menjalankan loko kereta-api dinamakan (kondektur/ masinis/calok).

11. (Kondektur/makelar) biasanya menaikkan harga karcis.

12. Kalau kita tidak bepergian, tapi mau masuk ke setasiun kereta-api, kita harus membeli karcis (peron/penumpang).

13. Pertunjukan lenong ini dibagi menjadi tiga (adegan/babak/bab).

14. Cerita yang mengenai perkelahian biasanya sangat (santai/tegang).

15. Pembangunan gedung2 itu sudah (diborong/dibeli) oleh P. T. "Mesti Beres."

16. Sebagai (pembeli/pemborong) kami harus bisa membeli bahan2 bangunan dengan murah.

17. Di bakul2 rokok di pinggir jalan biasanya orang beli rokok secara (ketengan/borongan).

18. Pegawai itu (diusir/dikeluarkan) dari pekerjaannya oleh atasannya.

19. Penghuni rumah itu (ditendang/diusir) kepalanya oleh polisi.

20. Peraturan itu (dikeluarkan/diusir) oleh kepala kantor kami.

21. Dia (diusir/dikeluarkan) oleh ayahnya, karena perbuatannya.

22. Klenteng itu sudah hampir (musnah/punah) dimakan hujan.

23. Beberapa macam binatang hampir (musnah/punah) di negara kita.

24. Dia begitu merindukan pacarnya sehingga (air mata/mata air)-nya jatuh sedikit demi sedikit.

25. Dia jelek sekali; sangat mata (uang/duiten).

26. Jalan di dataran rendah biasanya (rata/rata-rata).

27. Apa tiap orang bisa nonton orkes Melayu secara (cuma/cuma-cuma)?

28. Kata yang halus untuk orang yang bukan laki2 dan bukan perempuan adalah (banci/wadam).

29. Paling banter saya berani bayar Rp.100 (rata-rata/rata).

30. Dia miskin karena dia (hanya/saja) juru-kunci (hanya/saja).

31. Sekarang ini uang kami (cuma/sekedar) tinggal Rp.150.

32. Bahwa dia (hanya/saja) seorang tunasusila mungkin telah menjadi kodrat.

33. Mereka (saja/sekedar/hanya) mempunyai dua gerbong di setasiun itu.

BAB IV. A.

AGAMA DI INDONESIA

Sebagai negara yang berfilsafat Pancasila, Indonesia memberi kebe-
basan kepada rakyatnya untuk memeluk agama yang mereka pilih. Sesuai
juga dengan konsep Bhineka Tunggal Ika, orang Indonesia bisa hidup rukun
meskipun agama mereka berbeda-beda. Sepintas lalu hal semacam ini
sedikit mengherankan, tetapi kalau kita telusur secara mendalam latar-
belakang dari kehidupan agama di Indonesia bisalah kita mengerti mengapa
keselarasan seperti ini bisa tercapai.

Kita semua tahu bahwa kepercayaan sebelum orang2 dari negara lain
datang adalah animisme, yakni, penyembahan pada batu, binatang dan
benda2 lainnya. Pada jaman pra-sejarah itu juga, bangsa Indonesia   10
kemudian berhubungan dengan bangsa2 lain. Bangsa yang mula2 datang
ke Indonesia adalah bangsa Hindu yang datang dari Hindia Belakang. Ke-
datangan mereka ini di samping membawa barang2 dagangan juga membawa
peradaban dan agama yang mereka peluk. Dari sinilah dimulai penanaman
dan penyebaran agama Hindu yang akhirnya dikembangkan oleh raja2 di
Indonesia, terutama di Jawa dan Bali. Pengaruh agama Buddha, terutama
aliran Hinayana, juga masuk dan berkembang dengan pesat. Kemudian aliran
Mahayana pun masuk juga dan akhirnya kedua aliran ini tidak bisa di-
bedakan dengan jelas. Malah pada waktu raja Kertanegara memerintah
kerajaan Singasari pada pertengahan abad ke-13, penyembahan terhadap   20
Shiwa dan Buddha sukar sekali dibedakan.

Agama ketiga yang masuk ke Indonesia adalah agama Islam. Kapan
agama ini sebenarnya masuk tidaklah mudah ditentukan, karena tidak ter-
dapat cukup prasasti atau piagam tertulis yang bisa membantu kita.

Menurut pendapat yang sudah banyak dianut orang, agama Islam mulai masuk

ke Indonesia sekitar tahun 1293. Hal ini juga diperkuat oleh catatan2

yang terdapat dalam buku2 sejarah seperti *Hikayat Raja-Raja Pasai* dan

Sejarah Melayu. Ibnu Batutah, penulis sejarah ketimuran yang meng-

unjungi kerajaan Islam yang pertama, Pasai, pada tahun 1345, mengatakan

bahwa ketika dia sampai di Pasai raja yang memerintah negara itu memakai   30

gelar Islam, yakni Malikut Thahir bin Malikush Shaleh.

Golongan lain berpendapat bahwa Islam sebenarnya sudah masuk ke

Indonesia sejak abad pertama tahun Hijrah, kira2 sekitar abad ke-7

tarikh Masehi. Pendapat ini didasarkan atas pernyataan sarjana Tionghoa

I-Tsing yang berkunjung ke kerajaan Sriwijaya pada tahun 671. Dia

menyatakan bahwa pada waktu itu lalu-lintas laut antara Arab, Parsi,

India dan Sriwijaya sangat ramai. Bukti lain yang mendukung pendapat

ini ialah dengan dipakainya kata Arab "malik" sebagai nama raja.

Terlepas dari persoalan kapan agama Islam itu masuk ke Indonesia,

fakta yang tidak bisa disangkal ialah bahwa kedatangan agama Islam ini   40

disambut dengan baik oleh masyarakat Indonesia waktu itu. Tidak mus-

tahil bahwa hal ini disebabkan oleh makin mundurnya kerajaan besar

Mojopahit dan juga oleh kenyataan bahwa sedikit banyak Islam yang masuk

ke Indonesia ini sudah dipengaruhi oleh kebudayaan dan peradaban dari

India, yang sudah masuk ke Indonesia lebih dulu.

Tidak jelas siapa sebenarnya yang mula2 membawa agama Islam masuk

ke Indonesia, tetapi sebagian sumber resmi menyatakan bahwa pembawa

Islam ini adalah Sjech Ismail dari Mekah dan Muhammad Fakir dari Malabar.

Di Jawa orang2 yang dianggap sebagai penyebar agama Islam adalah para

wali yang terkenal dengan nama Wali Songo: Sunan Ngampel, Sunan Bonang,   50

Sunan Drajat, Sunan Giri, Sunan Kali Djogo, Sunan Murio, Sunan Gunung

Jati, Maulana Magribi, dan Sjech Siti Djenar. Yang tersebut terakhir

ini dianggap melanggar hukum Islam karena dia mengajarkan sinkretisme

antara ajaran Islam sejati dengan kepercayaan2 yang sudah ada di Indo-

nesia waktu itu.

Dalam agama Islam ada beberapa aliran yang disebut mazhab (atau

madzhab): mazhab Imam Al-Sjafe'i, mazhab Imam Abu Hanifah, mazhab Imam

Malik, dan mazhab Imam Ahmad ibn Hanbal. Mazhab yang berpengaruh di

Indonesia adalah mazhab Sjafe'i. Perbedaan antara mazhab2 ini ter-

letak pada pandangan mereka masing2 terhadap interpretasi dari rukun   60

Islam seluruhnya, yang terdiri dari lima bagian: (1) Syahadat, yakni

pengakuan bahwa tidak ada Tuhan lain daripada Allah dan Muhammad ada-

lah Rasul Allah; (2) salat atau sembahyang, yakni, kewajiban untuk

bersembahyang lima kali sehari; (3) puasa, yakni, kewajiban untuk

tidak makan, minum, dan hal2 lain yang terlarang dari matahari terbit

sampai matahari terbenam selama bulan puasa; (4) zakat, yakni, ke-

relaan memberikan harta benda pada waktu2 tertentu kepada orang miskin,

untuk keperluan agama, dsb.; dan (5) naik haji, yakni, ziarah ke tanah

suci Mekah. Kelima rukun Islam ini adalah wajib, dan bukan sunnah.

Di suatu negara di mana suatu agama tertentu merupakan agama   70

mayoritas, maka biasanya terdapatlah dua golongan: golongan yang patuh

dan golongan yang tidak patuh. Di Indonesia golongan yang patuh pada

rukun Islam dinamakan golongan santri, sedangkan yang tidak patuh di-

namakan golongan abangan. Yang terakhir ini adalah orang2 yang lahir

dan dibesarkan secara Islam, tetapi tidak melakukan ibadah sehari-hari.

Kadang2 mereka dijuluki dengan nama "Islam statistik."

Di samping agama Hindu-Buddha dan Islam, di Indonesia juga terdapat

agama Masehi. Agama Katolik masuk ke Indonesia sekitar tahun 1530 di

208

daerah Maluku di bawah naungan orang2 Portugis. Pengembang utama dari

agama ini adalah Francis Xavier yang bergerak aktif sekitar tahun 1546.   80

Meskipun pemerintah Belanda, yang datang kemudian, mencoba menghambat

perkembangan agama ini, tetapi usaha mereka hanya berhasil sebagian

saja.

Kedatangan orang2 Belanda pada tahun 1596 di Banten juga membawa

agama lain yang dinamakan Keristen atau Protestan.   Karena Belanda

datang sebagai penjajah, yang penjajahannya berlangsung selama 350

tahun, maka bisalah dimengerti mengapa mereka mencoba memanfaatkan

kekuasaan mereka untuk menyebar-luaskan agama Keristen mereka. Mungkin

inilah sebabnya mengapa lebih banyak orang Keristen daripada orang

Katolik.   90

Di samping agama, di Indonesia juga ada satu kelompok lain yang

dinamakan golongan kebatinan. Golongan kebatinan ini terlepas dari

agama yang dipeluk oleh masing2 anggautanya. Seseorang bisa menjadi

anggauta suatu kelompok kebatinan, tidak perduli apakah agamanya Islam,

Katolik, ataupun Keristen. Tujuan dari ilmu kebatinan ialah untuk

mengembangkan "inner life" manusia untuk mencapai ketenteraman. Dalam

hal ini kadang2 juga kita temukan orang2 yang oleh masyarakat dianggap

mempunyai "kesaktian2" atau pun "kekuatan2" tertentu, yang kadang2

sangat gaib, seperti kekuatan mengobati orang sakit, kekuatan guna2,

dan sebagainya.   100

Seperti telah dikatakan di atas, dasar hidup bangsa Indonesia ada-
lah Pancasila di mana manusia harus bisa hidup rukun tanpa pandang bulu.

Dengan filsafat ini maka kehidupan tiap agama terjamin. Ini terbukti

dengan dibentuknya sebuah departemen, yakni Departemen Agama, pada tahun

1946 yang tugasnya khusus mengurusi kehidupan agama2 di Indonesia.

Dalam Departemen ini tidak hanya agama Islam saja yang diurus, tetapi juga agama2 lain yang sama2 mempunyai hak hidup. Di samping mesjid dan langgar yang menurut statistik tahun 1964 berjumlah 320.069, di Indonesia terdapat juga 9.000 gereja Keristen, 3.550 gereja Katolik, dan 3.416 pura Hindu Bali. 110

I. DAFTAR KATA PENOLONG

abangan	"a term used to refer (individually or collectively) to persons who are born Moslems, but who do not practice the Islamic teaching faithfully"
gelar	"title" (royal or academic)
guna-guna	"sorcery"
ibadah/ibadat	"religious service for Moslems"
ilmu kebatinan	"mysticism; related to one's inner being; close to parapsychology"
mazhab/madzhab	"school of thought in Islam; sect"
menghambat	"to hamper; slow down (x)"
menjuluki	"to nickname"
menyangkal	"to deny" (a statement, etc.)
menyebar-luaskan	"to spread (x) widely"
pengakuan	"acknowledgement; confession"
penyembahan	"worship"
peradaban	"civilization"

210

rasul	"apostle; messenger of God"
rukun	"in harmony; foundation" (non-physical)
kerukunan	"harmony"
santri	"a term used to refer (individually or collectively) to persons who are born Moslems and who practice the Islamic teaching faithfully"
sejati	"genuine"
sepintas lalu	"at a glance"
sunnah	"an obligation to do certain religious things, but only if circumstances permit"
sunan	"a title for a Moslem leader, especially during the 14th century"
tahun Hijrah	"the year of Mohammed's flight from Mecca to Medinah" This is the beginning of the Islamic calendar.
terlepas dari	(1) "apart from"; (2) "escape from"
tanpa pandang bulu	"without regard to race, color, creed, etc."
ziarah	"to go on a pilgrimage or to a sacred place, including a graveyard"

II. JAWABLAH PERTANYAAN2 BERIKUT DENGAN KALIMAT2 LENGKAP

1. Apa hubungan antara Pancasila dengan kebebasan beragama?
2. Apakah yang dimaksud dengan Bhineka Tunggal Ika?
3. Sebutkan empat agama besar di Indonesia berturut-turut.

4. Bagaimana hubungan antara agama Buddha Mahayana dengan Hinayana di Indonesia?

5. Menurut anda mana yang lebih bisa dipertahankan: pendapat yang mengatakan bahwa Islam masuk ke Indonesia pada abad ke-13 atau abad ke-7 Masehi?

6. Apa kira2 sebabnya Islam bisa masuk ke Indonesia dan diterima secara mudah oleh masyarakat?

7. Mengapa Sjech Siti Djenar dikeluarkan sebagai anggauta Wali Songo?

8. Apa yang menyebabkan timbulnya mazhab?

9. Terangkan sedikit apa yang disebut "rukun Islam."

10. Apakah "abangan" dan "santri" itu istilah untuk lapisan masyarakat atau untuk klasifikasi orang2 Islam?

11. Apa bedanya antara aliran kebatinan dan aliran agama?

III. PENGEMBANGAN KOSA KATA

1. rukun   (1) "in harmony" (of living); (2) "foundation" (in non-physical sense) The latter meaning is usually used among Moslems when talking about the foundations of Islam, which are usually referred to as rukun Islam. Rukun Islam consists of five parts as given below:

(1) s(y)ahadah/s(y)ahadat   "an acknowledgement that there is no God but Allah and Mohammed is His Apostle"

(2) salat/sembahyang   "obligation for a Moslem to pray five times a day at about 5 a.m., 12 noon, 4 p.m., 6 p.m.,

and 8 p.m."

(3) puasa   "obligation to fast, from sunrise to sunset, during the fasting month, which is once a year" During the daytime, a fasting person is not to eat, drink, smoke, or have sexual intercourse. Since bleeding invalidates the activity, a woman in her monthly cycle is not permitted to fast.

(4) zakat/fitrah   "obligation to contribute to those in need or to religious activities" While a zakat can be given anytime during the year, a fitrah is given at the end of the fasting month. The contribution given for zakat or fitrah can be in the form of uncooked rice, money, or other materials.

(5) naik haji   "a pilgrimage to Mecca" This is done once a year through the Indonesian Department of Religious Affairs. Those who have made this pilgrimage are called haji, often abbreviated as H. before their proper names.

The five rukun Islam are wajib, but the last two must be done only if circumstances permit. The term sunnah/sunnat means optional in the sense that if it is done, one will be rewarded, but if not, one will not be punished.

kerukunan   "harmony" (of living)

rukun kampung   "an organization responsible for the well-being of residents of an area within a city or town" Several families living in an area form their own Rukun Kampung and elect a leader. A Rukun Kampung is often abbreviated as R. K. and its leader is called Ketua R. K.

rukun tetangga   "an R. K. is often subdivided into smaller units called <u>Rukun Tetangga</u>, R. T., headed by a <u>Ketua R. T.</u>" The

duties of a <u>Ketua R. T.</u> or <u>R. K.</u> are, among other things, to

organize activities in the area, to check on the number of

people in the area, their employment, etc. The leaders of

the <u>R. T.</u> and <u>R. K.</u> are usually government civil servants

who perform these jobs voluntarily.

Kita harus hidup <u>rukun</u> meskipun agama kita berbeda-beda.

<u>Rukun Islam</u> terdiri dari lima bagian dan kelima bagian

ini adalah <u>wajib</u>.

Untuk menjadi orang Islam kita harus mengucapkan <u>syahadat</u>.

<u>Salat</u> dilakukan lima kali sehari.

Sembahyang Jum'at di mesjid termasuk <u>sunnah/sunnat</u>.

Pada bulan <u>puasa</u> semua orang Islam diwajibkan <u>berpuasa</u>.

<u>Fitrah</u> biasanya diberikan pada akhir bulan puasa.

<u>Naik haji</u> diadakan setahun sekali.

<u>Kerukunan</u> hidup sangat perlu untuk kesetabilan politik.

<u>Rukun Kampung</u> dan <u>Rukun Tetangga</u> biasanya terdapat di kota

saja, dan tidak di desa2.

2. <u>Masèhi</u>   "a term referring to Christian in general"

<u>K(e)risten</u>   "while this term in fact means Protestant, most Indo-

nesians use it to refer to Christian in general, be it Catholic,

Protestant, or any other denomination"

<u>(Roma) Katolik</u>   "(Roman) Catholic"

<u>gòlòngan kebatinan</u>   "a non-denominational organization which strives

to develop an individual's inner life toward achieving peace of mind"

. Indonesians generally relate the concept of <u>kebatinan</u> to super-

natural powers, mysticism, inner powers, etc. This is perhaps

214

close to parapsychology.

abangan   "persons (individuals or collectively) who are born
Moslems but who do not follow the Moslem teaching faithfully"
They may fast during the fasting month, but do not pray, or
vice versa.

santri   "persons (individuals or collectively) who are Moslems
and who follow the Islamic teaching faithfully" Many, for
economic reasons, have not been to Mecca, but they observe
the Islamic rules closely. Abangan and santri are religious
terms, and have nothing to do with social stratification.

priyayi   "a class within society which used to refer to govern-
ment civil servants, but which is now used for white collar
workers in general" Priyayi is a non-religious term. A
priyayi can be an abangan or a santri.

Sebelum agama Masehi masuk, agama Hindu sudah masuk ke
Indonesia.

Dia bukan orang Islam, dia orang Kristen.

Universitas Satya Wacana adalah universitas Keristen,
bukan universitas Katolik.

Seorang priyayi bisa abangan tapi bisa juga santri.

Orang kebatinan sering dianggap gaib oleh masyarakat.

3. kyai   "generally, a title for an older male who is considered
to be knowledgeable in Islamic matters" The title is given
to him in a gradual manner by members of the community as
they become convinced, after years of observation, that he
is worthy of it. No official ceremony of any sort is per-
formed on this occasion.

haji/kaji   "a person who has made a pilgrimage to Mecca" If a

   haji is also a kyai, he will be called kyai haji, abbreviated

   as K. H., usually followed by his proper name. A K. H. is

   always a male.

pastor/ròmò   "a Catholic priest" Pastor is a general term,

   while romo is used mostly on Java. People also use pater.

pendéta   (1) "reverend"; (2) "in wayang stories, a person who

   is considered knowledgeable in world affairs and possessed

   of supernatural powers"

bruder   "brother/father" (in Christian, esp. Catholic, religious

   context)

suster   "sister/mother" (in Christian, esp. Catholic, religious

   context)

uskup   "bishop"

uskup agung   "archbishop"

pedanda   "a Hindu (Bali) high priest"

   Kyai Mansur menjadi guru agama di desa kami.

   Mau ke mana, pak kaji? Mau ke langgar, jawab Haji Mukti.

   Menteri Agama kami adalah K. H. Dr. Mukti Ali.

   Banyak pastor/romo yang menjadi dosen di sekolah kami.

   Kami dikawinkan oleh pendeta Wirodiguno.

   Bruder dan suster itu mengajar agama Katolik di sekolah

   kami.

   Di Indonesia ada beberapa uskup, tapi hanya ada satu

   uskup agung.

   Bayi itu diberi air suci oleh pedanda desa kami.

4. pòndòk   "a place where students live and study under a traditional

Moslem leader" Until recently the subject matters studied
in a pondok were primarily religiously oriented with very
little general education. In 1973, the Ministry of Religious
Affairs began introducing a new orientation in which the bal-
ance between religious and secular education was made rela-
tively equal.

pesantrèn   "a place or area where the santris live" The word
    pesantren is often used in place of pondok, and in some cases,
    the compound pondok pesantren is used for the same concept.

kauman   "an area around a mosque where the santris live" There
    is no element of education involved here. This term is widely
    used, particularly on Java.

pòndòkan   "lodgings; boarding house" (no religious connotations)
    Tokoh agama itu tamatan pondok pesantren Tebuireng.

    Orang yang tinggal di kauman biasanya adalah orang2 yang

    termasuk golongan santri.

    Pondokan (not pondok) dia selama belajar di Universitas

    Gajah Mada di Baciro.

5. kitab suci   "holy book" (of any religion)

    (Al) Qur'an   "the Koran" The spelling can be either (Al) Qur'an
    or Kor'an, but not koran, as the latter means a newspaper.

    Injil   "the Bible"

    Kitab Perjanjian Lama   "the Old Testament"

    Kitab Perjanjian Baru   "the New Testament"

    Wéda   "the Veda, sacred text of Hinduism"

    Kitab suci agama Kristen, Islam, dan Buddha berbeda-beda.

    Orang Kristen memakai Injil sedangkan orang Islam memakai

Qur'an.

Orang Yahudi hanya memakai Kitab Perjanjian Lama, sedang-
kan orang Kristen dan Katolik memakai Kitab ini dan juga
Kitab Perjanjian Baru.

Orang2 Hindu di Bali memakai Kitab Weda sebagai kitab
suci mereka.

6. salat/sembahyang   "to pray in fulfillment of a religious require-
   ment; a prayer (as an act of praying)"

   doa   "a prayer, not as an act of praying, but rather the actual
   verses recited" So, while doing a sembahyang, one can recite
   a doa.

   berdoa   "to recite a certain section of a holy book, during a
   sembahyang or not, the purpose of which is to ask God for His
   blessing"

   khòtbah   "sermon" (in any religion)

   kebaktian   "religious service" (a term used mostly by Christians)

   ibadah/ibadat   "Islamic practice"

   kiblat   "the direction which one must face when praying" For
   Moslems, Mecca is the kiblat. This word is also used figura-
   tively.

   imam   "a male person who leads a group of people in prayer, either
   at a mesjid, surau, or at home; a Moslem leader"

   makmum   "the persons led by an imam in prayer; to participate
   in a prayer led by an imam"

   mengimami   "to act as an imam"

   iman   "the characteristic of strong faith or conviction, usually,
   but not necessarily, religious in nature"

Waktu <u>sembahyang</u> kita <u>berdoa</u> semoga Tuhan melindungi
kita selalu.

Kita harus memanjatkan <u>doa</u> untuk keselamatan bangşa dan
negara.

<u>Khotbah</u> di mesjid dilakukan sekitar jam 12 siang.

<u>Kebaktian</u> di gereja2 biasanya mulai jam 6 pagi.

<u>Ibadah</u> dia sangat kuat, dia tidak pernah lupa <u>salat</u> 5
kali sehari.

Untuk menghadap <u>kiblat</u> di Indonesia kita harus menghadap
ke Barat.

Dolar Amerika tidak lagi jadi <u>kiblat</u> keuangan dunia.

Kalau K. H. Mafhud yang jadi <u>imam</u>, biasanya banyak yang
jadi <u>makmum</u>.

Beliau juga akan <u>mengimami</u> minggu depan.

Meskipun banyak gadis cantik, pak Gombloh sama sekali
tidak tergoda, <u>iman</u> dia sangat kuat.

7. <u>Tuhan</u>   "God"

  <u>Allah</u>   "God" (in Islam)

  <u>nabi</u>   "prophet"

  <u>rasul</u>   "apostle; messenger of God"

  <u>Yésus Kristus</u>   "Jesus Christ"

  <u>Mohammad</u>   "Mohammed" When the name is used, it is usually fol-
lowed by <u>s. a. w.</u>, the abbreviation of <u>salla'llahu alaihi</u>
<u>wasallam</u>, meaning "May the Lord give him peace."

    Nabi <u>Muhammad</u> <u>s. a. w.</u> adalah <u>Rasul</u> <u>Allah</u>.

    Telah menjadi kodrat <u>Tuhan</u> bahwa manusia harus mati.

    Nabi <u>Yesus</u> adalah nabi orang Yahudi.

8. bulan puasa   "fasting month"

buka (puasa)   "to break the fast, done after sunset" (around
    6 p.m. in Indonesia)

saur   "meals or to have meals at around 3 a.m. during the
    fasting month" These are the meals for the day to last
    until the buka time.

batal   (1) "to become religiously invalid" This may refer to
    the actions of one who unintentionally eats something when
    he is in fact fasting, to one who is in physical contact with
    someone of the opposite sex after taking holy water before
    praying, etc.; (2) "to be invalid; cancelled"

haram   "to be religiously illegal" (in Islam)

halal   "to be religiously legal" (in Islam)

Lebaran/Idulfitri/Ied   "the day after the fasting month, cele-
    brated as the big day of the year" The celebration includes
    big meals, the exchanging of forgiveness, and visits to the
    ancestors' graves. This is also the time when children kneel
    and kiss their parents' knees to ask for forgiveness and
    blessings. Lebaran is also called Hari Raya Idulfitri or Ied.

silaturahmi   "a visit to one's elder relatives or a gathering
    of people to celebrate Idulfitri day"

Natal   "Christmas"

Paskah   "Easter"

Galungan   "the day when Balinese Hindus celebrate the coming of
    the ancestors from heaven"

Kuningan   "the day the Balinese Hindus celebrate the return of
    the ancestors to heaven" Kuningan comes a few days after

Galungan and people celebrate these two events continuously.

Jam untuk berbuka puasa berbeda dari satu negara ke negara lain.

Saur dalam bulan puasa harus dilakukan sebelum jam 5 pagi.

Puasa dia batal karena dia minum obat.

Perjanjian itu batal karena mereka tidak memenuhi syarat-nya.

Kartu yang dikirimkan pada hari Lebaran biasanya berbunyi "Selamat Hari Raya Idulfitri--Mohon Maaf Lahir Batin."

Pada hari Lebaran biasanya orang muda bersilaturahmi ke rumah orang yang lebih tua.

Hari Natal jatuh pada tanggal 25 Desember.

Kebiasaan mencari telur pada hari Paskah tidak sangat populer di Indonesia.

Hari raya Kuningan dirayakan 7 hari setelah hari raya Galungan.

9. sembahyang   The five daily prayers are called:

   (i) sembahyang subuh   "a prayer at around 5 a.m."

   (ii) sembahyang luhur/lòhòr/zuhur   "a prayer at around noon"

   (iii) sembahyang asar   "a prayer at around 4 p.m."

   (iv) sembahyang mahrib/magrib   "a prayer at around 6 p.m."

   (v) sembahyang isa   "a prayer at around 8 p.m."

There are still other prayers, which are sunnah, intended for special purposes, e.g.,

(sembahyang) tarwih   "a prayer (in a mosque/surau with other people during the fasting month) beginning before the sembahyang isa"

(sembahyang) hajat "a midnight prayer for certain pur-
poses, such as for the passing of an exam, the health of a
sick relative, etc."

Sembahyang subuh, luhur, asar, magrib, dan isa dilakukan
tiap hari; tarwih dan hajat pada waktu2 tertentu saja.

10. memeluk "to embrace" (a religion or person)

menganut "to adhere to" (an ideology or view)

mengikuti "to adhere to" (an ideology or view); "to follow"
(physically)

Tunangan dia memeluk/menganut/mengikuti agama Kristen.

Dia memeluk (not mengikuti/menganut) cucunya waktu
mereka bertemu.

Dia mengikuti (not memeluk/menganut) suaminya ke Jakarta.

11. aliran "current" (of water or power source); "school" (of thought)

mazhab/madzhab "school of thought in Islam"

arus "flow" (of water, power source, or people)

Aliran/arus sungai itu sangat deras.

Aliran/arus listrik di sini sangat kuat.

Aliran/mazhab (not arus) Sjafe'i sangat terkenal di Indo-
nesia.

Arus (not aliran) manusia ke kota makin besar sekarang.

12. memuja "to worship" (in a religious context or not)

mengagungkan "to glorify"

menyembah "to pay homage to; to make a gesture of obeisance,
usually by placing the palms together with the thumbs touching
the nose" The preposition kepada is sometimes used after this
word.

memanjatkan   "to offer up (a prayer)"

memberkahi/memberkati   "to bless" (by God or by people older than oneself)

mengaji   "to read a holy book; to study something with great care"

    Pada jaman purba orang memuja batu atau binatang.

    Mereka mengagungkan roh nenek-moyang mereka.

    Kami menyembah (kepada) orang-tua kami tiap hari Lebaran.

    Orang Islam menyembah Nabi Muhammad s. a. w.

    Kami memanjatkan doa kepada Allah supaya perkawinan kami diberkahi olehNya.

    Kami mengaji ke langgar kyai Syafe'i tiap malam.

    Soal itu akan kami kaji lagi minggu depan.

13. beradab   "to be civilized"

   peradaban   "civilization"

   biadab   "uncivilized"

    Tidak banyak lagi sekarang manusia yang masih biadab; sebagian besar sudah beradab.

    Peradaban Barat berasal dari peradaban Timur.

14. gelar   "title" (royal or academic)

   titel   "title" (academic, articles, books, etc.)

   judul   "title" (articles, books, stories, etc.)

   julukan   "nickname; epithet"

    Dia mendapat gelar/titel doctorandus.

    Gelar dia adalah Raden Mas.

    Titel/judul (not gelar) tulisan itu ialah "Orkes Melayu di Kolong Jembatan."

Wadam itu begitu besar badannya sehingga diberi <u>julukan</u>

"Bimo Cantik."

15. <u>ziarah</u>   "a pilgrimage to a holy land; to make a pilgrimage/visit

to one's ancestors' graves"

<u>kunjungan</u>   "a visit" (religious or not)

<u>mampir/singgah</u>   "to stop by"

<u>Kunjungan/ziarah</u> ke Mekah itu dia lakukan tahun yang lalu.

Kemenakan saya berniat untuk <u>ziarah</u> ke makam ayahnya besok.

<u>Kunjungan</u> (not <u>ziarah</u>) dia diterima dengan baik oleh calon

mertuanya.

Dalam perjalanan dia ke Mekah, kyai itu <u>singgah/mampir</u> di

Karachi.

16. <u>tidak pandang bulu</u>   "without regard to sex, race, color, creed,

etc."

<u>tidak ambil pusing</u>   "do (does) not care"

Pemerintah memperlakukan tiap orang secara adil, <u>tidak</u>

<u>pandang bulu</u>.

Lulus atau tidak, dia <u>tidak ambil pusing</u>.

IV. REMEDIASI TATABAHASA

1. <u>Reduplication</u>   We have previously discussed the type of redupli-

cation in which the suffix -<u>an</u> is involved. Another type of

reduplication, which can be full or partial, usually involves

adjectives. Under these circumstances, the reduplication

224

generally indicates that the nouns referred to differ from

each other only in varying degrees.

Para wadam di sini cantik-cantik. (They are all beautiful,

but in varying degrees.)

Rumah2 di daerah Menteng besar-besar.

Agama mereka berbeda-beda.

Accu bikinan negara itu jelek-jelek.

V. LATIHAN

Pilihlah kata2 yang paling tepat untuk kalimat2 berikut.

1. Pengakuan bahwa Tuhan itu Allah dan Nabi Muhammad s. a. w. sebagai

rasulNya dinamakan (syahadat/salat/zakat).

2. Pada akhir bulan puasa orang biasanya memberi (fitrah/saur/doa)

pada orang miskin.

3. Rata2 ada 20.000 orang Indonesia yang (naik/menaiki) haji tiap tahun.

4. Rukun (kampung/tetangga) lebih besar dari rukun (kampung/tetangga).

5. Untuk sebagian besar orang Indonesia, orang Katolik juga orang

(Kristen/Protestan).

6. Sebagai (santri/abangan/priyayi) sejati, dia salat lima kali sehari.

7. Seorang (priyayi/santri) bisa juga abangan.

8. (Kyai/haji) adalah titel orang yang sudah ziarah ke Mekah.

9. Di sekolah Katolik banyak (pendeta/pastor) yang mengajar.

10. Pangkat (uskup/uskup agung) lebih tinggi dari (uskup/uskup agung).

11. Di Bali orang yang ahli dalam soal agama disebut (romo/pedanda/ bruder).

12. Ahmad adalah santri tamatan (pondok/pondokan) Banyubiru.

13. Anak saya mau masuk universitas; saya harus mencarikan (pondok/ pondokan).

14. Daerah di sekitar mesjid dinamakan daerah (pesantren/pondok/ kauman).

15. Kitab suci untuk orang Kristen namanya (Injil/Kor'an/Weda).

16. Orang Yahudi tidak memakai Kitab Perjanjian (Lama/Baru).

17. Sambil tiduran ibunya (sembahyang/berdoa) untuk keselamatan anak2nya.

18. Penganut Islam yang patuh harus (bersembahyang/berdoa) lima kali sehari.

19. K. H. Mansyur akan memberikan (khotbah/kebaktian) hari Jum'at ini.

20. Kakek dia sering menjadi (imam/rasul/kyai) di langgar.

21. Dia tidak mudah tergoda, karena (imamnya/imannya) sangat kuat.

22. Kalau sembahyang kita harus menghadap ke (mesjid/kiblat/Barat).

23. Muhammad s. a. w. adalah (nabi/rasul) orang Islam.

24. Muhammad s. a. w. juga (nabi/rasul) Allah.

25. (Buka/saur) dilakukan kira2 jam 6 sore.

26. Makan terakhir sebelum matahari terbit pada bulan puasa dinamakan (buka/saur).

27. Puasa dia (gagal/haram/batal) karena dia minum obat masuk angin.

28. Hari terbesar untuk orang2 Islam adalah hari (Natal/Galungan/ Lebaran).

29. Anak2 ramai2 mencari telur pada hari (Paskah/Natal).

30. Anak kecil itu dia (anut/ikuti/peluk) erat2 sampai menangis.

31. (Aliran/mazhab) sungai itu sangat deras.

32. (Arus/mazhab) Syafe'i mempunyai banyak penganut di Indonesia.

33. Pada hari Lebaran biasanya anak2 (memuja/mengagungkan/menyembah) orang-tua mereka.

34. Waktu saya kecil saya (membaca/mengaji) di rumah kyai Achmad.

35. Mari kita (memanjatkan/menaikkan) doa untuk arwah para pahlawan kita.

36. Beberapa suku di sana masih (beradab/biadab).

37. (Gelar/judul) cerita itu sangat menarik.

38. Tujuan dari (silaturahmi/ziarah) adalah untuk saling memaafkan.

39. Karena hidungnya panjang dia mendapat (julukan/judul/titel) Petruk.

40. Sembahyang Jum'at di mesjid adalah (wajib/sunnat) bagi orang Islam.

41. Mereka akan mengadakan (ziarah/kunjungan) ke Tokyo bulan depan.

42. Lulus atau tidak, dia tidak (ambil pusing/pandang bulu).

43. Salat magrib dilakukan jam (lima pagi/empat sore/enam sore).

44. Sembahyang yang dilakukan jam 8 malam namanya sembahyang (asar/luhur/isa).

45. Sembahyang (tarwih/hajat) dilakukan hanya dalam bulan puasa.

46. Pengeras suara di mesjid itu (kecil/kecil-kecil).

47. Pak Amin meninggal waktu subuh, kira2 jam (lima/sembilan/sebelas).

BAB IV. B.

JADI SANTRI

Mendengar bunyi bedug berkepanjangan seperti malam ini, aku ingat

masa kecilku, ketika masih sregep mengaji di langgar Kyai Sjafii di

kampungku.

Bagaimana aku bisa melupakan itu, bedug di senyap malam yang

menggetarkan jiwa. Aku masih bisa merasakan kenikmatan yang terkandung

dalam bunyi itu. Rasa yang melonjak dan menyendat2 hati, membawa aku

selalu ingat pada Tuhan dan Nabiku.

Ya, bunyi yang sejak kecil kudengar dan menggema siang malam di

hati-kecilku, memudar dan meresap ke seluruh tubuh, mendarah, mendaging

yang takkan hilang2nya sampai hari matiku. Kurasakan sesuatu ketenangan   10

jiwa, kedamaian dan kebahagiaan. Dan dalam mengenangkan sesuatu, ter-

bayang dikhayalku tokoh2 suci yang kukenal dalam kepercayaanku. Seolah

menyerukan dengan gaibnya kepadaku bersukurlah kepada Tuhanmu. Dan

aku mengucap Alhamdulillah!

Biasanya membunyikan tabuh panjang itu dilakukan orang pada permulaan

bulan puasa, ialah untuk memberi tanda, bahwa bulan suci sudah tiba.

Atau dilakukan pada tengah malam, sebagai tanda pembangkitan mereka yang

hendak melakukan doa dan saur. Atau pun, dilakukan orang lepas sembah-

yang tarwih dengan irama tersendiri. Di mana para santri dengan sarung,

baju bersih dan kupiah lurus tunduk khusus mendarus semalam-malaman di   20

langgar. Dan di hadapan kami duduk terpekur Kyai Sjafii dengan serban

putihnya menjumbai pundak, memandang muka2 kami. Seolah hendak menyelami

sampai mana dalamnya tauhid kami.

Kami mendarus berganti-ganti. Berputar dari ayat ke ayat, juz ke

228

juz sampai jauh malam. Dan manakala bedug berbunyi adalah tanda sudah

pukul 12. Kami berhenti sebentar. Menggalang doa dan melanjutkan darus

sampai datangnya waktu sahur.

Begitulah kebiasaan kami. Dan aku adalah salah seorang dari santri

Kyai Sjafii yang rajin. Kawan2, orangtua2 dan kanak2 sangat sayang

padaku, seperti juga Kyai Sjafii. Dan karena aku termasuk santri yang   30

tertua dari kawan2ku yang lain, maka kerapkali, kalau beliau sedang uzur

dan tak dapat mengimami di langgar, maka akulah yang menggantikannya.

Dan aku pula yang tiap lepas zikir menerima salam dari para makmum. Se-

olah tangankulah yang paling suci ketika itu. Sungguhpun waktu itu

aku baru menginjak masa baliqku, dan baru saja lepas Madrasah Ibtidaiyah.

Langgar Kyai Sjafii tak jauh dari letak rumahku. Sebuah kampung

pesantren termasuk desa Kedungpring kecamatan Tanggulrejo dengan pen-

duduknya yang damai.

Di sini langgar itu berdiri bertahun-tahun sebelum aku lahir. Bah-

kan sejak Kyai Ahmad ayah Kyai Sjafii yang alim itu masih muda, sedang   40

ayahku ketika itu sudah jadi santri beliau. Bentuk langgar itu kuno,

dan karena tuanya di sana-sini banyak yang sudah rusak.

Tapi sungguhpun begitu, penduduk desa Kedungpring yang menganggap

keramat langgar itu, tak segan2nya ikut membikin betul tiap tahun mana2

yang perlu diperbaiki. Dan karena di kampungku hanya terdapat sebuah

langgar saja yang besar dan berpengaruh, maka ia kelihatan tetap hidup.

Tidak sedikit santri2 yang datang mengaji dari sekitar desa itu, men-

jadikan ramainya. Siang malam, bukan saja langgar itu digunakan

jemaat2 salat fardu tapi juga tiap Jum'at dan hari2 besar Islam lain-

nya dipakai untuk berjamaat seperti mesjid. Di belakang langgar itu   50

terletak rumah ahli Kyai Sjafii, dan di sampingnya lagi berderet

panjang sebuah bangunan berpetak-petak, pondok yang disediakan bagi
santri2 yang datang dari jauh, yang ingin mengangsu ilmu untuk bertahun-
tahun di pondok itu. Mereka datang dari pelosok2 tanah air.

Kebesaran dan kealiman Kyai Ahmad menurun pada putranya, Kyai
Sjafii, cukup menanam kepercayaan para penuntut ilmu agama di mana-mana.
Di dalam dan di luar desa nama Kyai Sjafii dikenal masyarakat dan orang
yang menggolongkan beliau sebagai ulama besar pada jamannya. Beliau
boleh disebut Syech, sebutan orang tua atau guru yang bijaksana.

Aku masih ingat beberapa ulama besar pernah bersilaturahmi ke   60
pondok Kyai Sjafii waktu itu, seperti Kyai Hasjim Asjari dari Tebuireng,
Kyai Mahfud Sidik dari Surabaya, Kyai Mahfud dari Sidoarjo, Kyai Bakri,
Kyai Abdullah Ubeid dan masih banyak lagi. Dengan begitu nama Kedung-
pring cukup menunjukkan tempat yang bersejarah dan termashur.

Di sini aku dilahirkan dan tumbuh. Dan di langgar Kyai itu aku
mengaji dan dibesarkan bersama Al-qur'an. Aku masih ingat, betapa dulu
aku tiap pagi lepas subuh dan magrib menghadapi sebuah dampar kecil di
lantai di bawah cahaya lampu gas yang suram. Terbayang masih sarung pele-
kat dan baju putihku potong cina dengan kupiahku yang lurus. Aku pergi
dengan rajinnya melakukan salat ke langgar. Mengambil air wudu di kolam   70
yang airnya hijau dingin, bersalawat dan bermakmum. Betapa pula dulu
aku pernah ikut nabuh bedug dan meneriakkan ajan. Begitu bangga hatiku
mendengar suaraku sendiri yang merdu. Tiap kali pada akhir kalimat
"Allohu Akbar" kulagukan dengan irama lunak dan menggema ke gunung2.
Dan manakala sembahyang dan pengajian selesai, kami pulang bersama-sama
ke rumah masing2, sambil menikmati irama ketiplak klompen kami dalam
gelap. Sekali Jum'at kami mengadakan tahlil di langgar. Di mana
orang2 yang mau kirim doa kepada keluarganya yang meninggal sama

menghidangkan slametan. Di bawah lampu gas itu kami duduk sila me-

menuhi dinding langgar. Aku masih ingat, bagaimana mata Dja'far nakal   80

itu menjeling tumpeng di mukanya.

Baru setelah aku khatam qur'an yang 30 juz itu, aku dibawa kakakku

ke Surabaya. Di sana aku disekolahkan di Madrasah Mufidah di Sawahan.

Di sinilah pertama-tama kukenal Kyai Mas Mansur, seorang tokoh Muhammadiyah

lulusan Al Azhar Mesir jadi gurubesar kami. Beliau begitu sederhana

pakaiannya, yang cukup dengan sarung pelekat dan baju putih potong cina

berkupiah.

Di sekolah ini aku pertama-tama menerima pelajaran membaca dan men-

ulis. Ketika itu aku baru berumur 8 tahun. Tetapi karena sebelumnya

aku telah diajar sendiri oleh ayah di rumah sekalipun masih taraf rendah,   90

maka pelajaran2 misalnya: tajwid fiqh dan logat Arab tak begitu sukar

kuterima. Tidaklah heran dalam beberapa tahun saja aku sudah duduk di

kelas tertinggi. Sejak itulah aku menerima pelajaran2 agak luas, ialah:

tafsir qur'an, saraf, nahwu, tarikh, dan pengetahuan umum lainnya.

Tujuh tahun lamanya aku tinggal di pondok Kyai Mas Mansur. Dan

pada akhir tahunnya aku mengikuti pengajian2 orang dewasa yang diberi-

kan sesudah salat asar. Aku masih ingat betapa merdu suara Kyai Mas

Mansur membaca qur'an. Iramanya tetap dan fasih. Dengan keluarga dan

putra2nya aku kenal baik. Beliau punya tiga orang anak laki2 nakal.

Ialah: Aunur Rafiq, Nuh dan Ibrahim. Aku juga ingat tiap lepas sembah-   100

yang subuh aku dan Nuh sama andok kacang ijo campur ketan di muka kam-

pung Ketapang Besar.

Selama di pondok itulah aku. . . .

I. DAFTAR KATA PENOLONG

alhamdulillah	"Arabic word for 'praise be to God'"
ajan/azan/adan	"a call to prayer"
air wudu	"holy water" (to be taken before praying)
andòk	"to stop by to eat" (Javanese)
ayat	"a particular verse of a chapter in a holy book"
baliq	"adulthood"
bedug	"a large drum in a mosque used to remind Moslems of the prayer time"
bersalawat	"to hold a prayer service"
bersyukur	"to thank God"
dampar	"a kind of lectern, about 8 inches tall, on which the holy book is placed"
fardu	"obligatory" (in a religious context)
fasih	"fluent"
fiqh/fikih	"Moslem law" (pertaining to religion only)
jemaat/jemaah/jammat/ jamaah	"religious group travelling or doing things together"
juz	"chapter in the Koran"
kacang ijo	"mung beans"
ketan	"sticky rice"
ketiplak	"the sound of wooden slippers" (Javanese)
khatam	"Arabic word for tamat" (used primarily in connection with having finished reading a holy book)

khayal(an)	"imagination; fantasy"
khisab	"arithmetic"
klòmpen	"wooden slippers" (usually worn by women)
kupiah	"Javanese word for pici—a fez"
lepas	"after"
logat	"dialect"
lulusan	"a graduate"
lunak	"soft"
madrasah	"Arabic word for sekolah"
melònjak	"to jump" (with joy, because of being startled, etc.)
memudar	"to become dim"
mendarus	"to take turns reading verses from a holy book (after praying)"
mengangsu	(1) "Javanese for picking up water by using pails or bamboo"; (2) "to study under a well-known teacher"
menggalang	"to solidify"
menggema	"to echo"
menjumbai	"to hang down"
menyelami	"to fully understand"
menyendat-nyendat	"to move someone emotionally" (to do something)
menyerukan	"to shout out"
nahwu/nahu	"grammar"
pelòsòk	"corner" (of the world, of a country, etc.)
saraf	"nerve; anatomy"
serban	"turban"

sregep	"Javanese word for <u>rajin</u>"
tabuh	"a stick used to hit a <u>bedug</u> or other instruments"
tahlil(an)	"stating the creed that there is no God but Allah and that Mohammed is His Apostle"
tauhid	"the oneness of Allah"
terpekur	"to sit quietly with the head bowed"
tumpeng	"cooked rice shaped into a cone and arranged on a large tray surrounded by side dishes such as chicken, eggs, etc." <u>Tumpeng</u> is the meal used in a <u>selamatan/tahlilan</u>.
uzur	"to be unable to do one's duty"
zikir/dikir	"to recite a <u>doa</u>, usually after prayer, 99 times"

II. JAWABLAH KALIMAT2 BERIKUT DENGAN KALIMAT2 LENGKAP

1. Kalau cerita ini ditulis dalam bahasa Inggris, sebagian besar dari cerita ini akan ditulis dalam bentuk "past" atau "present tense"? Mengapa?

2. Apa hubungan antara bunyi bedug dengan perasaan penulis?

3. Dalam bulan apakah cerita ini terjadi? Dari mana anda tahu?

4. Gambarkan daerah pesantren pondok Kyai Sjafii!

5. Bukti apa yang bisa dipakai untuk mengatakan bahwa pondok Kyai Sjafii terkenal di mana-mana?

6. Siapa guru agama dari ayah penulis?

7. Kapan orang harus mengambil air wudu?

8. Ajan yang keras dilakukan untuk sembahyang apa?

9. Apakah perkataan "guru besar" dalam cerita ini artinya sama dengan "mahaguru" atau "professor"? Kalau tidak, apa yang dimaksud oleh penulis?

10. Umur berapa penulis meninggalkan pondok Kyai Mas Mansur?

11. Kira2 jam berapa penulis dan Nuh biasanya "andok kacang ijo campur ketan" (baris 101)?

III. PENGEMBANGAN KOSA KATA

1. s(y)ukur   "an expression thanking God; (I am) happy that one is all right, safe, healthy, etc."

   bers(y)ukur   "to thank God"

   sukur (not syukur) lu   "in colloquial expressions unrelated to religion, sukur also expresses happiness over someone else's sorrow or misfortune"

   berterima kasih/mengucapkan terima kasih   "to thank"

   S(y)ukurlah bahwa dia selamat dalam ziarah dia ke Mekah.

   Saya bers(y)ukur pada Allah yang telah memberkahi kita dengan dua anak.

   Waktu gua jatuh dia nggak nolong, malah dia bilang "sukur, lu."

   Dia berterima kasih/mengucapkan terima kasih (not bersyukur) atas pemberian cermin itu.

2. salat fardu   "prayers required as the religious obligation

of a Moslem" All five <u>salat</u> (<u>subuh</u>, <u>luhur</u>, <u>asar</u>, <u>magrib</u>, and
<u>isa</u>) are <u>fardu</u>.

<u>ajan/azan/adan</u>   "a call to prayer" While there is always an <u>azan</u>
prior to every prayer time, the ones for <u>subuh</u> and <u>magrib</u> are
usually the loudest. In a <u>surau</u>, this is done without a loud-
speaker; in a big mosque, a microphone and a loudspeaker,
located in the tower of the mosque, are used.

Kelima salat dalam rukun Islam adalah <u>salat fardu</u>.

Tiap hari sekitar jam lima pagi, semua orang bisa mendengar
<u>ajan/azan/adan</u> lewat pengeras suara dari mesjid Istiqlal.

3. <u>sarung</u>   "a sarong" Although a sarong is worn by men of various
social strata, it is not worn to the office by civil servants
or employees of private enterprises. These people do wear
sarongs at home or to certain religious ceremonies. Most men
wear sarongs when praying. One type of sarong often worn by
religious people is called <u>sarung pelekat</u>, a checkered type
of sarong.

<u>kupiah/pici</u>   "<u>kupiah</u> is a Javanese word for <u>pici</u>, which is a type
of fez worn only by men" A <u>kupiah/pici</u> is usually worn by a
Moslem when he prays. Although originally religious and Is-
lamic in nature, it has now become a national symbol. Nowadays
we can see non-Moslems wearing <u>kupiah/pici</u>.

<u>serban</u>   "turban" (worn only by male <u>haji</u>)

<u>tasbih</u>   "rosary" A <u>tasbih</u> consists of 99 beads and is used to
count the number of <u>doa</u> that one has made.

<u>air wudu</u>   "holy water that a Moslem must take before prayer"
After taking <u>air wudu</u>, one must not have physical contact with

236

someone who is, or has the potential of being, his or her
spouse.

Pegawai negeri atau swasta tidak memakai <u>sarung</u> ke kantor.

Kalau sembahyang biasanya orang laki2 memakai <u>sarung</u>.

Para kyai suka sekali <u>sarung pelekat</u>.

<u>Kupiah/pici</u> biasanya dipakai waktu sembahyang.

Kalau keluar negeri, Rudy Hartono selalu memakai <u>kupiah/</u>
<u>pici</u>.

Orang yang belum naik haji tidak boleh memakai <u>serban</u>.

Sembahyang tanpa mengambil <u>air wudu</u> tidak syah.

Setelah sembahyang dia berdoa sambil memegang <u>tasbih</u>.

4. <u>mendarus</u>   "to take turns reading verses from an Islamic holy
      book after praying"

   <u>zikir/dikir</u>   "to recite a <u>doa</u>, usually 99 times, after a prayer"

   A <u>tasbih</u> is customarily used for counting.

   <u>tahlil(an)</u>   "stating the creed that there is no God but Allah
      and that Muhammed is His Apostle" This is done by a group
      of men during a <u>selamatan</u> where food, either to be eaten or
      taken home, is served.

   <u>tawakal</u>   "placing one's trust in God"

   <u>bertawakal</u>   "to place one's trust in God"

      Sesudah selesai makmum, anak2 mulai <u>mendarus</u> sampai
      jam 12 malam.

      Setelah sembahyang biasanya ibu <u>zikir/dikir</u> selama
      15 menit.

      Untuk memberi selamatan 40 hari setelah ayah meninggal,
      kami mengundang para santri untuk <u>tahlil(an)</u>.

Dia selalu bertawakal kepada Allah.

5. **juz/jus**   "a chapter in Al-Qur'an"

   ayat   (1) "a particular verse of a juz/jus or any chapter"; (2)

    "in law, a subsection of a legal article"

   khatam   "Arabic word for <u>tamat</u>, used primarily in connection

    with having finished reading a holy book"

    Ada 30 juz/jus dalam kitab Al-Qur'an.

    Ayat2 suci itu harus dimengerti artinya tidak hanya dibaca

    saja.

    Dia hampir khatam Al-Qur'an.

6. **madrasah**   "Arabic word for <u>sekolah</u>" A madrasah is usually

privately owned, although some receive a subsidy from the

Department of Religious Affairs. In the past, the subjects

taught in madrasah were religiously oriented, but since around

1973 the Department of Religious Affairs began requiring more

secular subjects such as general history, physics, etc. A

madrasah goes as high as an SMA.

   IAIN   "abbreviation of <u>Institute Agama Islam Negeri</u>—State

Institute of Islamic Studies" This is at the university

level and is administered/financed by the Department of Relig-

ious Affairs. While it emphasizes Islamic teaching, IAIN also

provides a general education.

    Kebanyakan dari mereka yang masuk ke IAIN adalah lulusan

madrasah.

7. **keramat**   "sacred; holy" (usually referring to a place)

   suci   "sacred; holy"

   angker   "haunted" Something which is angker may be sacred, but

238

the term itself has more the connotation of evil than good.

Di tempat yang keramat/suci seperti ini, kamu tidak boleh bergurau.

Buku suci (not keramat) ini boleh dibaca hanya setelah kamu mengambil air wudu.

Dia mati karena minggu yang lalu dia bergurau di tempat yang angker itu.

8. jemaat/jemaah/jamaat/jamaah   "a religious group travelling or doing things together"

      Para jemaat/jemaah/jamaat/jamaah haji akan berangkat ke Mekah besok pagi.

      Langgar ini digunakan jemaat2 salat fardu.

9. pelòsòk   (1) "corner" (of the world); (2) "referring to a remote place   (with slightly negative connotation); boondocks"

   penjuru   (1) "corner" (of the world); (2) "direction"

   sudut   "corner" (of rooms, geometric shapes)

      Orang2 dari seluruh pelosok/penjuru datang mengangsu ilmu dari Kyai Sjafii.

      Kamu seperti orang pelosok (not penjuru/sudut) saja, nggak ngerti aturan.

      Dia satria dari tiga penjuru (not pelosok) angin.

      Kakek duduk di sudut sambil mengaji.

      Segi-tiga bersudut tiga.

10. nahwu/nahu   "Arabic word for tatabahasa"

   logat   "dialect, involving intonation, rhythm, pronunciation, etc."

   fasih   "Arabic word for fluent"

239

lancar   "fluent; smooth"

> Dia belajar <u>nahwu</u> dan <u>logat</u> Arab waktu dia masih kecil.
>
> Bahasa Arab dia sudah sangat <u>fasih/lancar</u>.
>
> Rapat golongan kebatinan itu berjalan santai dan <u>lancar</u>
> (not <u>fasih</u>).

11. <u>fiqh/fikih</u>   "Islamic law pertaining to religious matters (e.g.,
    prayer, fasting, etc.) only"

    <u>tauhid</u>   "the oneness of Allah"

    <u>bertauhid</u>   "to acknowledge the oneness of Allah"

    <u>syariat/syariah</u>   "Islamic law pertaining to religiously-oriented
    matters" (such as the right of inheritance, the role of <u>wali</u>,
    etc.)

    > <u>Syariah</u> lebih luas dari pada <u>fikih</u>.
    >
    > Sebagai orang Islam kita harus <u>bertauhid</u>.

12. <u>alim/saleh</u>   "pious; religious"

    <u>ulama</u>   "Moslem scholar" (who may or may not have a formal edu-
    cation) In some cases, <u>alim ulama</u> is used as a compound to
    refer to pious Moslem scholars in general.

    <u>muslimin</u>   "a male Moslem" (unless contrasted, it means a Moslem
    in general)

    <u>muslimat</u>   "a female Moslem"

    > Setelah khatam Al-Qur'an dia menjadi lebih <u>alim/saleh</u> lagi.
    >
    > Para <u>ulama/alim ulama</u> datang ke Kedungpring untuk ber-
    > silaturahmi tiap hari Lebaran.
    >
    > Para <u>muslimin</u> dan <u>muslimat</u> harus selalu tawakal kepada
    > Allah.

13. <u>Assalamu alaikum</u>   "a Moslem greeting meaning 'Peace be unto

you'"

Alaikum salam   "a Moslem greeting in response to the above, mean-
ing 'Peace be with you, too'"

"Assalamu alaikum, pak haji," kata Ali.

"Alaikum salam," jawab Haji Achmad.

IV. REMEDIASI TATABAHASA

1. ber + reduplicated time word   To express the English expressions
such as "for many years, months, hours," "for years, months,
days," Indonesian uses the prefix ber plus a reduplicated
time word. Thus,

    bertahun-tahun   "for (many) years"

    berbulan-bulan   "for (many) months"

    berminggu-minggu "for (many) weeks," etc.

Indonesian does not use the word banyak as one might expect.

Di sini langgar itu sudah berdiri bertahun-tahun.

Berbulan-bulan aku tinggal di pondok kyai Sjafii.

Mereka bertarwih berjam-jam.

V. LATIHAN

Pilihlah kata2 yang paling tepat untuk kalimat2 berikut.

1. (Syukurlah/terima kasihlah) bahwa semua jemaat haji akhirnya selamat.

2. Saya mengucapkan (syukur/terima kasih) atas batu batere ini.

3. Salat hajat tidak termasuk salat (fardu/tarwih/isa).

4. (Ajan/subuh) dari mesjid biasanya diserukan lewat pengeras suara.

5. Orang Islam kalau sembahyang biasanya memakai (sarung/sarung pelekat/kaos kaki).

6. Dia tidak mungkin akan ke kantor, karena dia memakai (sarung/celana panjang).

7. Dari mana kamu tahu dia haji? Dia memakai (kupiah/serban/sarung).

8. Sebelum salat orang harus mengambil air (suci/wudu/bersih).

9. Alat yang dipakai untuk zikir namanya (tasbih/juz/ayat).

10. (Zikir/azan/tahlil) selalu dilakukan sesudah sembahyang.

11. Kami diundang (tahlilan/zikir/azan) di rumah bu Ahmad.

12. Sebagai orang Islam kita harus (mendarus/bertawakal/bersalawat) kepada Allah.

13. Dalam Al-Qur'an ada 30 (ayat/bab/juz).

14. Setelah (selesai/khatam/tamat) Al-Qur'an, dia dirayakan oleh orang-tuanya.

15. Perguruan tinggi agama Islam namanya (madrasah/IAIN).

16. Langgar Kyai Sjafii dianggap (keramat/suci/angker) oleh orang Kedungpring.

17. Kitab (suci/keramat/angker) orang Kristen namanya Injil.

18. Tempat itu sangat (suci/angker/keramat), sehingga orang2 takut pergi ke sana.

19. Orang (pelosok/penjuru/sudut) biasanya tidak memakai sepatu.

20. Angin datang dari segala (pelosok/penjuru/sudut) sehingga semua

rumah hancur.

21. Hal2 seperti warisan diatur dalam (fikih/syariah).

22. Orang yang tidak (bertauhid/berpuasa/naik haji) bukanlah orang Islam.

23. Orang2 seperti Kyai Sjafii dianggap sebagai (orang/ulama/manusia) besar di daerah pesantren kami, hampir sama dengan Syech.

24. Sebagai orang Islam dia sangat (fasih/saleh/keramat) dalam segala perbuatannya.

25. Ibu Zubaedah memang seorang (muslimin/muslimat) yang betul2 alim.

26. Mereka sudah mendarus (banyak jam/berjam/berjam-jam).

27. (Bertahun-tahun/banyak tahun/bertahun) surau itu berdiri di sana, sampai akhirnya rusak.

28. Pertunjukan lenong itu berlangsung dengan (fasih/halus/lancar).

BAB IV. C.

ROBOHNYA SURAU KAMI - Bagian I

Kalau beberapa tahun yang lalu tuan datang ke kota kelahiranku

dengan menompang bis, tuan akan berhenti di dekat pasar. Melangkahlah

menyusuri jalan raya arah ke barat. Maka kira2 sekilometer dari pasar

akan sampailah tuan di jalan kampungku. Pada simpang kecil ke kanan,

simpang yang ke lima, membeloklah ke jalan yang sempit itu. Dan di

ujung jalan itu nanti akan tuan temui sebuah surau tua. Di depannya

ada kolam ikan, yang airnya mengalir melalui empat buah pancuran mandi.

Dan di pelataran kiri surau itu akan tuan temui seorang tua yang

biasanya duduk di sana dengan segala tingkah ketuaannya dan ketaatannya

beribadat. Sudah bertahun-tahun ia sebagai garin, penjaga surau itu.   10

Orang2 memanggilnya kakek. Sebagai penjaga surau, kakek tidak mendapat

apa2. Ia hidup dari sedekah yang dipungutnya sekali sejumat. Sekali

enam bulan ia mendapat seperempat dari hasil pemunggahan ikan mas dari

kolam itu. Dan sekali setahun orang2 mengantarkan fitrah Id kepadanya.

Tapi sebagai garin ia tidak begitu dikenal. Ia lebih terkenal sebagai

pengasah pisau, karena ia begitu mahir dengan pekerjaannya itu. Orang2

suka minta tolong kepadanya, sedang ia tak pernah meminta imbalan apa2.

Orang2 perempuan yang minta tolong mengasahkan pisau atau gunting mem-

berinya sambal sebagai imbalan. Orang laki2 yang minta tolong memberi-

nya imbalan rokok, kadang2 uang. Tapi yang paling sering diterimanya   20

ialah ucapan terima kasih dan sedikit senyum.

Tapi kakek itu sudah tidak ada lagi sekarang. Ia sudah meninggal.

Dan tingallah surau itu tanpa penjaganya, hingga anak2 menggunakannya

sebagai tempat bermain, memainkan segala apa yang disukai mereka.

244

Perempuan yang kehabisan kayu bakar sering suka mencopoti papan dinding atau lantai di malam hari.

Jika tuan datang sekarang hanya akan menjumpai suatu gambaran yang mengesankan suatu kesucian yang bakal roboh. Dan kerobohan itu kian hari kian cepat berlangsungnya. Secepat anak2 berlari di dalamnya, secepat perempuan mencopoti pekayuannya. Dan yang terutama ialah sipat 30 masabodoh manusia sekarang, yang tidak hendak memelihara apa yang tak dijaga lagi. Dan biang keladi dari kerobohan ini ialah sebuah dongengan yang tak dapat disangkal kebenarannya. Beginilah kisahnya.

Sekali hari aku datang pula mengupah kepada kakek. Biasanya kakek gembira menerimaku, karena aku suka memberinya uang. Tapi sekali ini kakek begitu muram. Di sudut benar ia duduk dengan lututnya menegak menopang tangan dan dagunya. Pandangnya sayu ke depan, seolah-olah ada sesuatu yang mengamuk pikirannya. Sebuah blek susu yang berisi minyak kelapa, sebuah asahan halus, kulit sol panjang dan pisau cukur tua berserakan di sekitar kaki kakek. Tidak pernah aku melihat kakek 40 begitu durja dan belum pernah salamku tak disahutnya seperti saat itu. Kemudian aku duduk di sampingnya dan aku jamah pisau cukur itu. Dan aku tanya kakek:

"Pisau siapa, kek?"

"Adjo Sidi."

"Adjo Sidi?"

Kakek tak menyahut. Maka aku ingat Adjo Sidi, si pembual itu. Sudah lama aku tak ketemu dia. Dan aku ingin ketemu dia lagi. Aku senang mendengar bualannya. Adjo Sidi bisa mengikat orang2 dengan bualannya yang aneh2 sepanjang hari. Tapi ini jarang terjadi karena 50 ia begitu sibuk dengan pekerjaannya. Sebagai pembual, sukses terbesar baginya ialah karena semua pelaku2 yang diceritakannya menjadi model

orang untuk diejek dan ceritanya menjadi pameo akhirnya.   Ada saja

orang2 sekitar kampungku yang mencocoki watak dari pelaku2 ceritanya.

Ketika sekali ia menceritakan bagaimana sipat seekor katak, dan kebetul-

an ada pula seorang yang ketagihan jadi pemimpin yang berkelakuan seperti

katak itu, maka untuk selanjutnya pemimpin tersebut kami sebut pemimpin

katak.

Tiba2 aku ingat lagi pada kakek dan kedatangan Adjo Sidi kepadanya.

Apakah Adjo Sidi telah membuat bualan tentang kakek? Aku ingin tahu.   60

Lalu aku bertanya kakek lagi:

"Apa ceritanya, kek?"

"Siapa?"

"Adjo Sidi."

"Kurang ajar dia," kakek menjawab lesu.

"Kenapa?"

"Mudah2an pisau cukur ini, yang kuasah tajam2 ini, menggorok teng-

gorokannya."

"Kakek marah?"

"Marah? Ya, kalau aku masih muda, tetapi aku sudah tua. Orang tua   70

menahan ragam. Sudah lama aku tak marah-marah lagi. Takut aku kalau

imanku rusak karenanya, ibadatku rusak karenanya. Sudah begitu lama

aku berbuat baik, beribadat, bertawakal kepada Tuhan. Sudah begitu lama

aku menyerahkan diriku kepadaNya. Dan Tuhan akan mengasihi orang yang

sabar dan tawakal."

Ingin tahuku dengan cerita Adjo Sidi yang memurungkan kakek jadi

memuncak. Aku tanya lagi: "Bagaimana katanya, kek?"

Tapi kakek diam saja. Berat hatinya bercerita barangkali. Karena

246

aku telah berulang-ulang bertanya, lalu ia yang bertanya kepadaku:

"Kau kenal padaku, bukan? Sedari kau kecil, aku sudah di sini.   80

Sedari mudaku, bukan? Kau tahu apa yang kulakukan semua, bukan? Ter-

kutukkah perbuatanku? Dikutuki Tuhankah semua pekerjaanku?"

Tapi aku tak perlu menjawabnya lagi. Sebab aku tahu, kalau kakek

sudah membuka mulutnya, dia takkan diam lagi. Aku biarkan kakek den-

gan pertanyaannya sendiri.

"Sedari mudaku aku di sini, bukan? Tak kuingat punya istri, punya

anak, punya keluarga seperti orang2 lain, tahu? Tak kupikirkan hidupku

sendiri. Aku tak ingin jadi kaya, bikin rumah. Şegala kehidupanku,

lahir batin, kuserahkan kepada Allah Subhanahuwata'ala. Tak pernah

aku menyusahkan orang lain. Lalat seekor aku enggan membunuhnya. Tapi   90

kini aku dikatakan manusia terkutuk. Umpan neraka. Marahkan Tuhan

kalau itu yang kulakukan, sangkamu? Akan dikutukiNya aku selama hidupku

kalau aku mengabdi kepadaNya? Tak kupikirkan hari esokku, karena aku

yakin Tuhan itu ada dan pengasih penyayang kepada umatnya yang tawakal.

Aku bangun pagi2. Aku bersuci. Aku pukul bedug membangunkan manusia

dari tidurnya supaya bersujud kepadaNya. Aku sembahyang setiap waktu,

siang, malam, pagi, sore. Aku sebut2 namaNya selalu. Aku puji2 Dia.

Aku baca kitabNya. Alhamdulillah, kataku bila aku menerima karuniaNya.

Astagfirullah, kataku bila terkejut. Masyaallah, kataku bila aku

kagum. Apakah salahnya pekerjaanku itu? Tapi kini aku dikatakan manusia   100

terkutuk. . . ."

Ketika kakek terdiam agak lama, aku menyelakan tanyaku: "Ia katakan

kakek begitu, kek?"

"Ia tak mengatakan aku terkutuk, tapi begitulah kira2nya." Dan

aku melihat mata kakek berlinang. Aku jadi belas kepadanya. Dalam hatiku aku mengumpati Adjo Sidi. Tapi aku lebih ingin mengetahui apa

cerita Adjo Sidi yang begitu memukuli hati kakek. Dan ingin tahuku

menjadikan aku nyinyir bertanya. Dan akhirnya kakek bercerita juga.

"Pada suatu waktu," kata Adjo Sidi memulai, "di akhirat Tuhan

Allah memeriksa orang2 yang sudah berpulang. Para malaikat bertugas   110

di sampingNya. Di tangan mereka tergenggam daftar dosa dan pahala

manusia. Begitu banyaknya orang yang diperiksa. Maklumlah di mana2

ada perang. Dan di antara orang2 yang diperiksa itu ada seorang yang

di dunia dinamai Haji Saleh. Haji Saleh itu tersenyum-senyum saja,

karena ia begitu yakin akan dimasukkan ke sorga. Kedua tangannya di-

topangkan di pinggang sambil membusungkan dada dan menekurkan kepalanya

ke kuduk. Ketika dilihatnya orang2 yang masuk neraka, bibirnya meny-

unggingkan senyum ejekan. Dan ketika ia melihat orang yang masuk sorga,

ia melambaikan tangannya, seolah hendak mengatakan "selamat ketemu

nanti." Bagai tak habis2nya orang yang berantri, begitu panjangnya.   120

Susut yang di muka, bertambah yang di belakang. Dan Tuhan memeriksa

dengan segala sipatNya. Akhirnya sampailah giliran Haji Saleh. Sambil

tersenyum bangga ia menyembah Tuhan. Lalu Tuhan mengajukan pertanyaan

pertama.

"Engkau?"

"Aku Saleh. Tapi karena aku sudah ke Mekah, Haji Saleh namaku."

"Aku tidak tanya nama. Nama bagiku tak perlu. Nama hanya buat

engkau di dunia."

"Ya, Tuhanku."

"Apa kerjamu di dunia?"   130

"Aku menyembah Engkau selalu, Tuhanku."

"Lain?"

248

"Setiap hari, setiap malam, bahkan setiap masa, aku menyebut-nyebut namaMu."

"Lain?"

"Segala tegahMu kuhentikan, Tuhanku. Tak pernah aku berbuat jahat, walaupun dunia seluruhnya penuh oleh dosa2 yang dihumbalangkan iblis laknat itu."

"Lain?"

"Ya, Tuhanku, tak ada pekerjaanku selain dari beribadat menyembahMu,   140
menyebut-nyebut namaMu. Bahkan dalam kasihMu, ketika aku sakit, namaMu menjadi buah bibirku juga. Dan aku selalu juga berdoa, mendoakan ke-murahan hatiMu untuk menginsapkan umatMu."

"Lain?"

Haji Saleh tak dapat menjawab lagi. Ia telah menceritakan segala yang ia kerjakan. Tapi ia insap bahwa pertanyaan Tuhan bukan asal ber-tanya saja, tentu ada lagi yang belum dikatakannya. Tapi menurut pen-dapatnya ia telah menceritakan segalanya. Ia tak tahu lagi apa yang harus dikatakannya. Ia termenung dan menekurkan kepalanya. Api neraka   150
tiba2 menghawakan kehangatannya ke tubuh Haji Saleh. Dan is menangis. Tapi setiap air matanya mengalir, diisap kering oleh hawa panas neraka itu.

(Dari "Robohnya Surau Kami," dalam
Robohnya Surau Kami, oleh A. A. Navis,
1956.)

249

I.   DAFTAR KATA PENOLONG

akhirat	"the world hereafter"
(batu asahan	"whetstone"
bakal	"Javanese word for <u>akan</u>"
belas (kasih)	"mercy; pity"
berlinang	"to flow" (of tears)
berpulang	"to pass away"
bersujud	"to kneel in such a way that the head touches the floor or mat" (as in praying)
biang keladi	(1) "ringleader" (with negative connotations); (2) "basic cause"
blèk	"a tin can"
buah bibir	"household word; things so often mentioned that everyone knows about them"
dosa	"sin; sinful"
durja	"Javanese word for face" In this story, it is used to mean "sad-looking."
enggan	"reluctant; unwilling"
iblis	"devil"
imbalan	"compensation"
insap/insaf/insyaf	"to be convinced"
karunia	"gift" (usually from God or from people of high rank"
katak	"frog"
ketagihan	"Javanese word for wanting more after one finds that something is good; addicted to"

kuduk	"nape"
kulit sòl	"leather sole"
kurang ajar	"uncouth"
laknat	"a curse"
lalat	"a fly"
mahir	"skilled"
malaikat	"angel"
masabòdòh	"don't give a darn; don't care"
melangkah	"to step forward"
membual	"to spin a yarn/tale"
membusungkan dada	"to puff out one's chest" (with pride, conceit, etc.)
mencòpòti	"to pull (x) out"
menekurkan	"to bend" (the head)
mengamuk	"to run amuck"
mengasah	"to sharpen"
mengèjèk	"to tease"
menghumbalangkan	"to fling something away"
mengupah	"to have something done and pay for the service"
mengutuk	"to curse"
menjamah	"to touch"
menòmpang/menumpang	(1) "to stay with"; (2) "to be a passenger" (in a public vehicle or vehicle belonging to someone else)
menòpang	"to physically support" (a tree, building, etc.)
kedua tangannya di-tòpangkannya di pinggang	"arms akimbo"

menyunggingkan (bibir-nya)	"to sneer at"
menyusuri	"to go along the edge of"
muram	"sad-looking; depressed"
nyinyir (bertanya)	"to keep on (asking)"
pahala	"a gift from God"
pancuran	"fountain"
pelataran	"Javanese word for yard"
pembual	"a yarn spinner; spinner of tales"
pemunggahan	"harvest (other than crops); unloading"
ròbòh	"to collapse"
sedari	"since" (temporal)
sedekah	"alms"
simpang	"intersection"
tegah	"that which God/religion prohibits"
tenggòròkan	"throat"
termenung	"to ponder"
umpan	"a prey"
watak	"personality; character"

II. JAWABLAH PERTANYAAN2 BERIKUT DENGAN KALIMAT2 LENGKAP

1. Apakah surau itu masih dipakai sebagai tempat suci sekarang?

2. Bagaimana kehidupan kakek ditinjau dari segi ekonomi dan agama?

3. Apa anda tahu cerita katak yang dimaksud oleh Adjo Sidi?

252

4. Mengapa kakek tidak senang dengan cerita tentang Haji Saleh yang

diceritakan oleh Adjo Sidi?

5. Apa tujuan dari jawaban2 yang diberikan oleh Haji Saleh kepada

Tuhan?

6. Mengapa Tuhan masih saja bertanya?

7. Terjemahkan alinea 1 dan 2 ke dalam bahasa Inggris—perhatikan

"tenses" dari kalimat2 anda.

III. PENGEMBANGAN KOSA KATA

1. ròbòh   "to collapse; cave in; fall" (the object being permanently

on the ground)

tumbang   "to fall" (usually of trees) (the object being perma-

nently on the ground)

jatuh   "to fall" (the object is not—or not permanently, on the

ground)

Surau kami bakal roboh, kalau tidak segera diperbaiki.

Pohon kelapa itu roboh/tumbang karena angin.

Buah kelapa itu jatuh (not roboh/tumbang) karena angin.

Dia jatuh (not roboh/tumbang), waktu dia lari.

2. sedekah   "alms" Sedekah can be in the form of a selamatan, such

as a tahlilan, or a small gift to express one's gratitude.

Hidup kakek dari hasil kolam ikannya dan sedekah dari

orang2 kampung.

3. mahir   "skilled" (usually referring to manual or language skill)

pandai   "clever; bright; skilled"

pintar/pinter   "Javanese word for pandai"

cerdas   "intelligent; quick thinking"

    Kakek sangat mahir/pandai/pintar mengasah pisau.

    Di sekolah dia sangat pandai/pintar (not mahir).

    Meskipun dia hanya lulusan madrasah, dia sangat cerdas.

4. imbalan   "compensation" (somewhat euphemistic; tends to be for

    a favor rendered)

upah   "compensation" (given after a certain service has been

    rendered, usually in business relations) Generally, it is

    only a one shot deal for physical services such as yard

    cleaning, picking up coconuts, sharpening a knife, etc.

persèn   "commission; tip" Tipping, except in an international

    setting, is not common in Indonesia.

komisi   "commission; committee"

gaji   "wage; salary"

    Imbalan/upah/persen yang sering kakek terima biasanya

    berupa ucapan "terima kasih."

    Setelah pelataran itu dia bersihkan, dia diberi upah.

    Kalau kamu bisa menjualkan jas ini, saya mau kasih persen/

    komisi dua ribu rupiah.

    Komisi (not persen) pembentukan istilah itu terdiri dari

    lima orang.

    Apa pelayan restoran itu sudah diberi persen?

    Sebagai penjaga surau, kakek tidak mendapat gaji.

5. meninggal/berpulang   "to die; to pass away"

mati   "to die" (slightly less respectful than the preceding; used also for animals); "to be dead"

wafat   "to pass away" (for very highly respected people, including

kings and queens, presidents, ministers, etc.)

mangkat   "to pass away" (of kings and queens only)

téwas   "to die" (in accidents or war)

gugur   "to die" (in war, in fulfilling one's duty)

modar   "Javanese word for 'drop dead'" It is also used to ex-

press happiness over another's sorrow or misfortune.

(mem)bunuh diri   "to commit suicide"

Dia meninggal/berpulang/mati setelah sembahyang subuh.

Katak itu mati (not meninggal or berpulang) karena

tenggorokannya pecah.

Presiden Soekarno wafat setelah pemberontakan komunis.

Raja Hayam Wuruk mangkat tahun 1389.

Kakak saya tewas (not gugur) dalam kecelakaan mobil di

Bali.

Kopral Tukijan tewas/gugur dalam pertempuran di Timor.

Penjahat itu sudah modar.

Modar dia, sekarang dia nggak bisa kawin sama Tuti!

Kakek ditemukan mati di surau; dia (mem)bunuh diri

dengan sebuah pisau cukur.

6. apa boléh buat   (since he doesn't care) "what else can one do

but. . . ."

biang keladi   (1) "ringleader; instigator" (with negative con-

notations); (2) "basic cause"

Kalau dia nggak mau ikut, apa boleh buat, kita pergi

sendiri.

Biang keladi dari peristiwa ini adalah Adjo Sidi.

Biang keladi dari penyakit itu adalah perbuatan dia di
tempat yang angker itu.

7. muram   "sad-looking; depressed"

   durja   "Javanese word for face, often used in bermuram durja

          meaning 'to have a sad or depressed look'"

   murung   "gloomy; depressed"

   memurungkan   "to cause one to become gloomy or depressed"

          Waktu itu wajah kakek sangat muram/murung.

          Pendeta itu kelihatan sedang bermuram durja.

          Yang memurungkan dia adalah bualan si Adjo Sidi.

8. menòpang   "to physically support" (a building, tree, etc.)

   menòpangkan tangannya di pinggang   "to have the arms akimbo"

          This indicates that a person feels that he is superior to

          others; it is considered an impolite posture.

   menumpang/menòmpang   (1) "to stay with" (with or without paying);

          (2) "to be a passenger" (in a public vehicle or vehicle

          belonging to someone else)

          Kakek sangat muram dan duduk dengan lututnya menopang

          tangan dan dagunya.

          Dengan kedua tangannya ditopangkan di pinggang, Haji Saleh

          tersenyum melihat orang2 yang masuk ke surga.

          Waktu saya jadi mahasiswa, saya menumpang di rumah nenek

          dia.

          Saya mau menumpang mobil dia ke kota.

9. membual   "to spin a yarn/tale"

   pembual   "a yarn spinner; a spinner of tales"

256

bualan   "tall tales"

ngòbròl   "colloquial word for chit-chatting"

ngòmòng2   "colloquial word for talking"

òmòng kòsòng   "nonsense; to talk nonsense"

   Adjo Sidi memang orang yang suka membual.

   Sebagai pembual, bualan dia seringkali aneh.

   Sedang apa? Ah, nggak apa2, cuma ngobrol/ngomong2 saja.

   Berita dia hanya omong kosong saja.

10. kurang ajar   "uncouth" This word is often used as a mild swear-
       word. In general, Indonesian has relatively few swearwords.
       Those commonly used are animal-related.

       Babi, lu!   "You pig!"

       Anjing, lu!   "You dog!"

       Monyet, lu!   "You monkey!"

       Buaya, lu!   "You flirt!"

       Biawak, lu!   "You little flirt!"

       Bajingan, lu!   "You rascal!"

       Kurang ajar, lu! "You fool!"

       Bangsat, lu!   "You louse!"

       Sompret, lu!   "Darn you!"

11. mengutuk(i)   "to curse" (by humans or God)

   terkutuk   "cursed"

   kutukan   "a curse"

   mengumpati   "to reproach"

   memaki-maki   "to curse (by humans only); to show anger by using
       abusive language"

   Kakek dikatakan terkutuk oleh Adjo Sidi.

Adjo Sidi tidak pernah mengutuki dirinya sendiri.

Itu sudah menjadi kutukan Tuhan.

Saya mengumpati Adjo Sidi, si pembual itu.

Dia akan aku maki-maki nanti, kalau ketemu.

12. mengabdi (kepada)   "to serve" (religiously or heroically)

    mengabdikan diri (kepada)   "to make oneself a servant" (of God,

    country, etc.)

    abdi   "a servant" (civil or religious)

    pengabdian   "(a) service; dedication"

    Perbuatan kakek tiap hari tidak lain kecuali mengabdi

    kepada/mengabdikan dirinya kepada Allah.

    Sebagai abdi rakyat, para pemimpin harus jujur.

    Pengabdian Jendral Soedirman kepada negara sangat besar.

13. bersujud   "to kneel in such a way that the head touches the

    floor" Literally, this is done when one is praying, but

    figuratively, it indicates one's willingness to show great

    respect.

    (duduk) bersila   "to sit cross-legged"

    Tiap hari dia bersujud kepada Allah lima kali.

    Akhirnya raja kecil itu mau bersujud pada Raja Hayam Wuruk.

    Kalau mengaji di langgar, kami duduk bersila.

14. karunia/kurnia   "gift" (from God or people of high rank)

    pahala   "gift from God"

    hadiah   "gift; reward"

    oléh-oléh   "gift given by someone upon his return from a trip

    or even from the market" It can be something edible.

    Tuhan telah memberi kurnia/pahala dua anak.

258

Damarwulan mendapat karunia (not pahala) dari Sang Ratu
Ayu.

Tiap Lebaran kakek menerima hadiah sarung pelekat dan
pici baru.

Oleh2nya apa, bu? Untuk kamu rokok luar negri dan untuk
adikmu tasbih dan kupiah.

15. alhamdulillah   "Arabic word used when one thanks God"

astagfirullah/astaga   "Arabic word used when one is surprised
or startled; good heavens!"

bismillah   "Arabic word meaning 'in the name of God,' used
before someone undertakes something"

mas(y)aallah   "Arabic word used when one is amazed"

insya allah   "Arabic expression meaning 'if God is willing,'
used as a promise, or as a response to an invitation"

Alhamdulillah sekarang kami sudah dikaruniai dua anak.

Astaga, jadi kakek bunuh diri?

Sebelum menjalankan mobilnya dia mengucapkan bismillah.

Masyaallah, begitu berjubel orang2 di neraka!

Bisa datang ke tahlilan kami, kek? Insya allah.

16. akhirat   "the world hereafter"

malaikat   "angel" Although in Islam malaikats are sexless,
their proper names lead people to believe that they are
male.

bidadari   "(female) angel"

iblis   "devil"

sétan   "Satan"

Di akhirat manusia dimasukkan ke surga atau neraka.

Neraka itu dijaga oleh malaikat2 yang kejam.

Surga dikelilingi oleh para bidadari.

Iblis dan setan mengamuk dan menghumbalangkan segala dosa.

17. buah bibir   "Household word; things that are so often mentioned
that everyone knows about them" The name of a beautiful girl,
for instance, may become buah bibir of all the young men in
the village.

buah tangan   "a remembrance; something to remember (x) by; a
gift; work of"

NamaMu selalu menjadi buah bibirku, O, Tuhan!

Jam ini buah tangan bekas pacarku.

Robohnya Surau Kami adalah buah tangan A. A. Navis.

IV. REMEDIASI TATABAHASA

1. kalau

a. Kalau is often used for the English conditional conjunction
"if" as well as for the temporal non-interrogative "when."
Thus, the two sentences:

(1) If he comes, please give him this book.

(2) When he comes, please give him this book.

are often expressed with one sentence in Indonesian:

(3) Kalau dia datang, berikan buku ini kepadanya.

b. To avoid ambiguity, many people use the word waktu instead
of kalau when a temporal non-interrogative meaning is intended.

260

In this case, one would say:

(4) <u>Waktu</u> dia datang, berikan buku ini kepadanya.

when the meaning of sentence (2) above is intended.

c. While in English, sentences such as:

(5) If you are rich, I will marry you.

(6) If you were rich, I would marry you.

(7) If you had been rich, I would have married you.

use different tenses to express the three different meanings,
Indonesian relies heavily either on time words, such as <u>dulu</u>,
<u>kemarin</u>, <u>sudah</u>, etc., or on context. Thus, sentences (5)
through (7) can be expressed in Indonesian as follows:

(5a) <u>Kalau</u> kamu kaya, saya mau kawin dengan kamu.

(6a) <u>Kalau</u> kamu kaya (sih), saya mau kawin dengan kamu.

(7a) <u>Kalau</u> (dulu) kamu kaya, saya mau (or sudah) kawin
dengan kamu.

The word <u>coba</u> is sometimes used instead of <u>kalau</u> to avoid the
kind of ambiguity found in (6a) and (7a).

(6b) <u>Coba</u> kamu kaya (sih), . . .

(7b) <u>Coba</u> (dulu) kamu kaya, . . .

Please study the sentences in paragraphs one and two of the
story.

V. LATIHAN

Pilihlah kata2 yang paling tepat untuk kalimat2 berikut.

261

1. Buah mangga kami banyak yang (jatuh/roboh/tumbang) akhir2 ini.

2. Langgar yang ditinggalkan kakek itu akhirnya (jatuh/roboh/tumbang).

3. Pohon mangga kami (jatuh/tumbang) minggu yang lalu.

4. Kakek hidup dari (selamatan/sedekah/tahlilan) yang dia terima tiap bulan.

5. Orang yang (pandai/cerdas/mahir) bisa menjawab pertanyaan dengan cepat dan benar.

6. Dia (cerdas/mahir) mengasah pisau dengan memakai kulit sol, blek minyak dan batu asahan.

7. Sebagai pegawai negeri kami menerima (upah/persen/gaji) tetap tiap bulan.

8. Apa tukang kebun itu sudah diberi (gaji/upah/persen)nya?

9. Setelah beliau (mati/berpulang/modar), keluarganya menderita.

10. Lalat itu (mati/berpulang/meninggal) kena pukul.

11. Raja itu (mati/mangkat/meninggal) sebelum beliau punya anak.

12. Suaminya (gugur/mangkat/mati) sebagai pahlawan dalam perang dunia ke-2.

13. Dalam perang dunia ke-2 dia (gugur/tewas/wafat) karena tabrakan mobil.

14. Dia mau datang apa nggak, (masa bodoh/masa begitu).

15. Biang keladi yang membuat kakek (rawan/murung/lesu) adalah Adjo Sidi.

16. Kayu ini perlu untuk (menopang/menompang) pohon pisang yang hampir roboh.

17. Dalam cerita ini Adjo Sidi adalah orang yang sering (ngobrol/membual/ngomong2).

18. Mereka duduk2 sambil (ngomong2/membual/omong kosong) tentang

rencana liburan mereka.

19. Kakek menganggap Adjo Sidi orang yang kurang (totokromo/ajar/ ajaran).

20. Kalau ketemu, mau saya (maki-maki/kutuk) dia.

21. Moga2 Allah akan (mengutuk/mengumpati/memaki-maki) orang2 yang tidak tawakal.

22. Dia menjadi (pelayan/jongos/abdi) di restoran itu.

23. "Saya adalah (pelayan/abdi/pembantu) masyarakat," kata politikus itu.

24. Mereka yang tidak mempunyai dosa mendapat (hadiah/pahala) dari Tuhan.

25. Dia menerima (oleh-oleh/hadiah/karunia) apa pada hari ulang tahun-nya?

26. Ini (oleh-oleh/hadiah/pahala) saya dari Tokyo untukmu.

27. (Bidadari/iblis/setan) tinggal di surga dan (bidadari/iblis) tinggal di neraka.

28. Menurut pengertian kebanyakan orang Indonesia (malaikat/bidadari) selalu laki2.

29. Perbuatan gadis itu menjadi buah (bibir/tangan) orang sekampung.

30. Katakan kalimat2 berikut dalam bahasa Indonesia:

    a. If you had gone by plane, I would have gone with you.

    b. If you eat that food, you will get sick.

    c. When you finish, please clean up the place.

    d. I would object if I were the teacher.

BAB IV. D.

ROBOHNYA SURAU KAMI - Bagian II

"Lain lagi?" tanya Tuhan.

"Sudah hambaMu ceritakan semuanya, o Tuhan yang Maha Besar, lagi pengasih dan penyayang, adil dan Maha Tahu." Haji Saleh yang sudah kuyu mencobakan siasat merendahkan diri dan memuji Tuhan dengan pengharapan semoga Tuhan bisa berbuat lembut terhadapnya dan tidak salah tanya kepadanya. Tapi Tuhan bertanya lagi: "Tak ada lagi?"

"O, o, ooo anu Tuhanku. Aku selalu membaca kitabMu."

"Lain?"

"Sudah kuceritakan semuanya, o, Tuhanku. Tapi kalau ada yang aku lupa mengatakannya, akupun bersukur karena Engkaulah yang Maha Tahu." 10

"Sungguh tidak ada lagi yang kau kerjakan di dunia selain yang kau ceritakan tadi?"

"Ya, itulah semuanya, Tuhanku."

"Masuk kamu." Dan malaikat dengan sigap menjewer Haji Saleh ke neraka. Haji Saleh tidak mengerti kenapa dia dibawa ke neraka. Ia tak mengerti apa yang dikehendaki Tuhan daripadanya dan ia percaya Tuhan tidak silap. Alangkah tercengangnya Haji Saleh karena di neraka itu banyak teman2nya di dunia terpanggang hangus, merintih kesakitan. Dan ia tambah tak mengerti lagi dengan keadaan dirinya, karena semua orang2 yang dilihatnya di neraka tak kurang ibadatnya dari dia sendiri. Bah- 20 kan ada salah seorang yang telah empat belas kali ke Mekah dan bergelar Syech pula. Lalu Haji Saleh mendekati mereka, lalu bertanya kenapa mereka di neraka semuanya. Tapi sebagaimana Haji Saleh, orang2 itu pun tak mengerti juga.

264

"Bagaimana Tuhan kita ini?" kata Haji Saleh kemudian. "Bukankah

kita disuruhnya taat beribadat, teguh beriman? Dan itu semua sudah kita

kerjakan selama hidup kita. Tapi kini kita dimasukkan ke neraka."

"Ya, kami juga berpendapat demikian. Tengoklah itu, orang2 se-

negeri kita semua, dan tak kurang ketaatannya beribadat."

"Ini sungguh tidak adil."   30

"Memang tidak adil," kata orang2 itu mengulangi ucapan Haji Saleh.

"Kalau begitu kita harus minta kesaksian kesalahan kita. Kita

harus mengingatkan Tuhan, kalau2 Ia silap memasukkan kita ke neraka."

"Benar. Benar. Benar," sorakan yang lain membenarkan Haji Saleh.

"Kalau Tuhan tak mau mengakui kesilapanNya, bagaimana?" suatu

suara melengking di dalam kelompok orang banyak itu.

"Kita protes. Kita resolusikan," kata Haji Saleh.

"Apa kita repolusikan juga?" tanya suara yang lain yang rupanya

di dunia menjadi pemimpin gerakan repolusioner.

"Itu tergantung pada keadaan," kata Haji Saleh. "Yang penting   40

sekarang, mari kita berdemonstrasi menghadap Tuhan."

"Cocok sekali. Di dunia dulu dengan demonstrasi saja, banyak

yang kita peroleh," sebuah suara menyela.

"Setuju. Setuju. Setuju," mereka bersorak beramai-ramai. Lalu

mereka berangkatlah bersama-sama menghadap Tuhan. Dan Tuhan bertanya:

"Kalian mau apa?" Haji Saleh yang menjadi pemimpin dan jurubicara

tampil ke depan. Dan dengan suara yang menggeleter dan berirama rendah,

ia memulai pidatonya:

"O, Tuhan kami yang Maha Besar. Kami yang menghadapMu ini adalah

umatMu yang paling taat beribadat, yang paling taat menyembahMu. Kami-   50

lah orang2 yang selalu menyebut namaMu, memuji-muji kebesaranMu, mempropagandakan keadilanMu dan lain2nya. KitabMu kami apal di luar kepala kami. Tak sesat sedikitpun kami membacanya. Akan tetapi, Tuhanku yang Maha Kuasa, setelah kami Engkau panggil kemari, Engkau masukkan kami ke neraka. Maka sebelum terjadi hal2 yang tak diingini, atas nama orang2 yang cinta padaMu, kami menuntut agar hukuman yang Kau jatuhkan kepada kami ditinjau kembali dan memasukkan kami ke sorga sebagaimana Engkau janjikan dalam kitabMu."

"Kalian di dunia tinggal di mana?" tanya Tuhan.

"Kami ini adalah umatMu yang tinggal di Indonesia, Tuhanku."   60

"O, di negeri yang tanahnya subur itu?"

"Ya. Benarlah itu, Tuhanku."

"Tanahnya yang maha kaya raya, penuh oleh logam, minyak dan berbagai bahan tambang lainnya, bukan?"

"Benar. Benar. Benar, Tuhan kami. Itulah negeri kami," mereka mulai menjawab serentak, karena pajar kegembiraan telah membayang di wajahnya kembali. Dan yakinlah mereka sekarang bahwa Tuhan telah silap menjatuhkan hukuman kepada mereka itu.

"Di negeri di mana tanahnya begitu subur, sehingga tanaman tumbuh tanpa ditanam?"   70

"Benar. Benar. Benar. Itulah negara kami."

"Di negeri di mana penduduknya sendiri melarat itu?"

"Ya. Ya. Ya. Itulah negeri kami."

"Negeri yang lama diperbudak orang lain itu?"

"Ya, Tuhanku. Sungguh laknat penjajah itu, Tuhanku."

"Dan hasil tanahmu, mereka yang mengeruknya dan diangkutnya ke negerinya, bukan?"

"Benar, Tuhanku, hingga kami tidak mendapat apa-apa lagi. Sungguh laknat mereka itu."

"Di negeri yang selalu kacau itu, hingga kamu dengan kamu selalu   80

berkelahi, sedang hasil tanahmu orang lain juga yang mengambilnya, bukan?"

"Benar, Tuhanku. Tapi bagi kami soal harta benda itu, kami tak

tahu. Yang penting bagi kami ialah menyembah dan memuji Engkau."

"Engkau rela tetap melarat, bukan?"

"Benar. Kami rela sekali, Tuhanku."

"Karena kerelaanmu itu, anak-cucumu tetap melarat juga, bukan?"

"Sungguhpun anak-cucu kami melarat, tetapi mereka semua pintar

mengaji. KitabMu mereka hapal di luar kepala belaka."

"Tapi seperti kamu juga, apa yang disebutnya tidak dimasukkan di

hatinya, bukan?"   90

"Ada, Tuhanku."

"Kalau ada, kenapa engkau biarkan dirimu melarat, hingga anak-cucumu

teraniaya semua? Sedang harta bendamu kau biarkan orang lain mengambil-

nya untuk anak-cucu mereka. Dan engkau lebih suka untuk berkelahi antara

kamu sendiri, saling menipu, saling memeras. Aku beri engkau negeri yang

kaya raya, tapi kau malas. Kau lebih suka beribadat saja, karena ber-

ibadat tidak mengeluarkan peluh, tidak membanting tulang. Sedang aku

menyuruh engkau semuanya beramal di samping beribadat. Bagaimana engkau

bisa beramal, kalau engkau miskin? Engkau kira aku ini suka pujian, mabuk

disembah saja, hingga kerjamu lain tidak memuji-muji dan menyembahku saja. 100

Tidak. Kamu semua mesti masuk neraka. Hai, malaikat, halaulah mereka

ini kembali ke neraka. Letakkanlah di keraknya."

Semuanya jadi pucat pasi, tak berani berkata apa-apa lagi. Tahulah

mereka sekarang apa jalan yang diridai Allah di dunia. Tapi Haji Saleh

ingin juga kepastian, apakah yang dikerjakannya di dunia itu salah atau benar. Tetapi ia tak berani bertanya kepada Tuhan, ia bertanya saja pada

malaikat yang menggiring mereka itu.

"Salahkah menurut pendapatmu kalau kami menyembah Tuhan di dunia?"

tanya Haji Saleh.

"Tidak. Kesalahan engkau karena engkau terlalu mementingkan dirimu   110

sendiri. Kau takut masuk neraka, karena itu kau taat bersembahyang.

Tapi engkau melupakan kehidupan kaummu sendiri, melupakan kehidupan anak-

istrimu sendiri, hingga mereka itu kucarkacir selamanya. Itulah kesalah-

anmu yang terbesar, terlalu egoistis, padahal engkau di dunia berkaum,

bersaudara semuanya, tapi engkau tak memperdulikan mereka sedikitpun."

Demikian cerita Adjo Sidi yang kudengar dari kakek. Cerita yang

memurungkan kakek. Dan besoknya ketika aku mau turun rumah pagi2, istri-

ku berkata apa aku tak pergi menjenguk.

"Siapa yang meninggal?" tanyaku kaget.

"Kakek."   120

"Kakek?"

"Ya. Tadi subuh kakek kedapatan mati di suraunya dalam keadaan yang

ngeri sekali. Dia menggorok lehernya dengan pisau cukur."

"Astaga. Adjo Sidi punya garagara," kataku seraya melangkah secepat-

nya meninggalkan istriku yang tercengang-cengang. Aku cari Adjo Sidi

ke rumahnya. Tapi aku berjumpa sama instrinya saja. Lalu aku tanya dia.

"Ia sudah pergi," jawab istri Adjo Sidi.

"Tidak ia tahu kakek meninggal?"

"Sudah. Dan ia meninggalkan pesan agar dibelikan kapan buat kakek

tujuh lapis."   130

"Dan sekarang--" tanyaku kehilangan akal sungguh mendengar segala

peristiwa oleh perbuatan Adjo Sidi yang tidak sedikitpun bertanggung

268

jawab, "dan sekarang ke mana dia?"

"Kerja."

"Kerja!" tanyaku mengulangi hampa.

"Ya. Dia pergi kerja."

(Dari "Robohnya Surau Kami," dalam

Robohnya Surau Kami, oleh A. A. Navis,

1956.)

I. DAFTAR KATA PENOLONG

anu   "an empty word used to fill a conversational
                       gap, usually to replace a word which the speaker
                       has momentarily forgotten"

bahan tambang   "minerals"

beramal   "to do a good deed" (usually in the form of
                       giving charitable contributions)

gara-gara   "turmoil"

hangus   "scorched"

kagèt   "Javanese word for startled"

kain kapan   "shroud"

kehilangan akal   (1) "to lose one's head"; (2) "desperate"

kerak   (1) "bottom"; (2) "the burnt part of cooked rice"

kucar-kacir	"in extreme disorder"
kuyu	"frightened; anxious"
melarat	"Javanese word for miskin"
memanggang	"to roast"
membanting tulang	"(to work) extremely hard"
memeras	"to squeeze; to blackmail"
memperbudak	"to treat as a slave"
memperdulikan	"to pay attention to; care for"
memperoleh	"to obtain"
menganiaya	"to torture"
mengeruk	"to scrape"
menggòròk	"to slash" (one's throat)
menghalau	"to chase away" (usually of animals)
menggeletar	"to tremble"
menjèwèr	"to pull one's ear" (usually as a punishment)
meridai	"to approve of" (by God)
merintih	"to groan; moan"
ngeri	"terrified; frightened"
peluh	"sweat"
pucat pasi	"deathly pale"
réla	"to be in final agreement as a sacrifice or for the sake of others (after initial objection or reluctance and further profound consideration); to resign oneself" (to a difficult situation)
sebagaimana	"just like"
serentak	"in unison"
sesat	"to lose one's way"

siasat	"tactics"
sigap	"energetic"
silap/khilap/khilaf	"to make a mistake inadvertently"
tercengang	"stunned"

II. JAWABLAH PERTANYAAN2 BERIKUT DENGAN KALIMAT2 LENGKAP

1. Bagaimana pandangan orang2 seperti Haji Saleh terhadap apa yang dinamakan "kebaktian kepada agama"?

2. Siapa yang mengeruk hasil tanah Indonesia?

3. Apa yang dikehendaki Tuhan dari umatNya waktu mereka hidup di dunia?

4. Jadi, apa sebab utama orang2 seperti Haji Saleh dimasukkan neraka?

5. Apa hubungan antara cerita Adjo Sidi dengan kematian kakek?

6. Ceritakan sedikit kepribadian Adjo Sidi!

7. Jam berapa kira2 kakek meninggal?

8. Berilah dua kemungkinan mengapa cerita ini berjudul "Robohnya Surau Kami."

III. PENGEMBANGAN KOSA KATA

1. __hamba__   "I; me; my (used by common people to kings or God); (your) servant" __Hamba__ is seldom used now.

   __patik__   "I; me; my" (used by commoners to kings) __Patik__, like hamba, is seldom used now.

béta   "I; me; my" (used in certain parts of Indonesia, especially
       in East Indonesia)

       Hamba selalu membaca kitab suciMu, o, Tuhanku.

       Segala perintah raja akan patik lakukan.

       Beta adalah calon pemimpin bangsa.

2. anu   "an empty word used to fill a conversational gap, usually
         to replace a word which the speaker has momentarily forgotten"
         It is also often used deliberately in order to have the lis-
         tener guess what the unmentioned word is supposed to be.
         This is especially true in jokes and songs.

         Kemarin saya ketemu anu--siapa yang makan di sini minggu
         yang lalu--si Bagio.

         Di mana itu anunya--alamatnya?

         Anunya si Ali besar.

3. menjèwèr   "to pull one's ear" (usually as a punishment)
   mencubit   "to pinch"
   menampar/menempèlèng   "to slap"
   mengitik-ngitik   "to tickle"

         Malaikat itu menjewer Haji Saleh dan memasukkannya ke
         neraka.

         Dia merintih karena dicubit kakaknya.

         Ditamparnya/ditempelengnya pipi anaknya itu sampai ngeri
         saya melihatnya.

         Dia suka mengitik-ngitik orang!

4. silap/khilap/khilaf   "to make a mistake inadvertently"
   salah   "wrong; to make a mistake"

272

keliru   "similar to salah, but with less serious implications"

"Tuhan tidak pernah salah, mungkin silap/khilaf saja,"

kata Haji Saleh.

Jawabannya salah/keliru.

5. tercengang   "stunned"

terpaku   "stunned; standing without motion"

terkejut   "startled"

kagèt   "Javanese word for terkejut"

kehéran-héranan   "utterly amazed"

Haji Saleh tercengang setelah di akhirat dia dimasukkan

ke neraka.

Waktu dia melihat iblis itu dia terpaku.

Saya terkejut/kaget/keheran-heranan mendengar bualan

Adjo Sidi telah menyebabkan kakek meninggal.

6. menuntut   (1) "to demand"; (2) "to bring to court; to sue"

memòhòn   "to request" (from lower to higher rank, or to God)

meminta   "to ask for"

meminta-minta   "to beg" (for food, money, etc.)

Pelajar dari semua pelosok menuntut agar gereja itu

dibangun jauh dari kauman.

Dia dituntut karena korupsi.

Dia dituntut untuk membayar Rp. 1 juta sebagai ganti

kerugian.

Saya belum memohon ijin untuk tidak masuk besok pagi.

Bu, untuk saur saya minta dibikinkan ayam goreng.

Di kota itu banyak orang meminta-minta.

7. melarat   "Javanese word for miskin" (of wealth only)

kaya raya   "very rich" (of wealth only)

Kakek sangat melarat/miskin; dia hidup dari sedekah.

Di negara yang kaya raya itu masih juga banyak orang

miskin.

8. mengeruk   "to scoop"

merampas   "to confiscate"

mengambil   "to take ([x] from [a place] there to here); to

recover (x) before going elsewhere"

membawa   "to take" ([x] from here to [a place] there)

menjinjing   "to carry" (in one's hand)

menggéndòng   "to carry" (on one's back)

memikul   "to carry (using a shoulder pole on which the load

has been balanced); to shoulder" (also used figuratively)

membòpòng   "to carry" (using the arms as a cradle)

Kamu membiarkan bahan2 tambang itu dikeruk oleh mereka?

Kurang ajar, sepeda motor saya dirampas polisi!

Saya mau ke rumah si Ali untuk mengambil kitab Injil

saya yang ketinggalan di sana dan kemudian membawanya

ke gereja.

Saya akan membawa tasbih ini ke rumah Kyai Mansur.

Dia ke kantor menjinjing tasnya.

Anak yang sakit itu digendong ke rumah sakit.

Dia memikul barang2 itu ke pasar.

Soal ini harus kami pikul bersama.

Dia membopong anaknya ke rumah sakit.

9. réla   "to be in final agreement as a sacrifice or for the sake

of others (usually after initial objection or reluctance, and after further profound consideration); to resign oneself" (to

a difficult situation)

merélakan   "to finally agree as a sacrifice or for the sake of

others"   See rela above.

kerélaan   "final agreement as a sacrifice or for the sake of

others"   See rela above.

meridai   "to approve" (by God)

> Demi cintaku padamu aku rela menderita seperti ini, mas.
>
> Ibuku sudah merelakan perkawinanku dengan orang asing.
>
> Kerelaan ibulah yang telah membuat aku akhirnya gembira.
>
> Perbuatan yang diridai Allah bukan hanya sembahyang dan
>
> puasa saja, tapi juga perbuatan2 untuk amal.

10. menghapal di luar kepala   "to learn by heart"

kepala batu   "stubborn"

besar kepala   "stuck-up; arrogant; swell-headed"

> Telah hamba hapalkan semua kitabMu di luar kepala.
>
> Haji Saleh memang kepala batu.
>
> Sebagai seorang ulama seharusnya Haji Saleh tidak boleh
>
> besar kepala.

11. menipu   "to deceive; trick"

ngibul   "Jakarta word for telling a white lie"

memalsu   "to forge"

memeras   "to squeeze; to wring out; to blackmail"

menjerumuskan   "to mislead; misleading"

> Orang yang suka menipu akan dikutuk oleh Tuhan.
>
> Adjo Sidi suka membual, tapi enggak pernah ngibul.
>
> Dia mahir dalam memalsu tandatangan.

Sebelum dikeringkan, baju itu harus diperas.

Dia diperas oleh gerombolan anak2 muda itu.

Manusia yang tawakal tidak akan terjerumuskan.

12. membanting tulang   "(to work) extremely hard"

   mati-matian   "extremely hard"

   membanting harga   "to sell at an extremely low price"

   membanting setir   "to abruptly turn the other way around" (literally and figuratively)

   Hidupmu hanya beribadat saja, tidak mau membanting tulang.

   Dia bekerja mati-matian untuk bisa hidup.

   Karena dia perlu uang mobilnya dijual dengan banting harga.

   Untuk menghindari kecelakaan itu dia banting setir ke kanan.

   Partai itu akhirnya banting setir memihak golongan komunis.

13. peluh/keringat   "sweat"

   berpeluh/berkeringat   "to sweat"

   mengeluarkan keringat/peluh   "to sweat"

   memeras keringat (not peluh)   "to work up a sweat"

   keringat/peluh dingin   "cold sweat" (out of fear or illness)

   Waktu dijewer ke neraka, peluh/keringat dingin Haji Saleh keluar.

   Setelah mengeluarkan keringat/berkeringat badannya merasa enak.

   Untuk mendirikan langgar itu kami betul2 harus memeras keringat.

14. amal   "a good deed; contribution"

   beramal/memberikan amal   "to do a good deed" (usually in the form of giving charitable contributions)

<u>mengamalkan</u>   "to put (x) into use"

<u>ramalan</u>   "prediction; fortune telling"

<u>meramal(kan)</u>   "to foretell; predict"

>Tuhan menghendaki semua ummatNya untuk <u>beramal/memberikan</u>
>
>amal.
>
>Kemahirannya mengasah pisau <u>diamalkan</u> kepada orang2 di
>
>desa itu.
>
><u>Ramalan</u> ahli ekonomi itu ternyata salah.
>
>Prabu Djojobojo <u>meramalkan</u> datangnya Ratu Adil.

15. <u>pucat-pasi</u>   "deathly pale"

    <u>gelap-gulita</u>   "pitch-dark"

    <u>sunyi-senyap</u>   "deathly still"

    <u>terang-benderang</u>   "very bright" (of light)

    <u>gagah-perkasa</u>   "handsome and physically well-built"

    <u>lemah-gemulai</u>   "very graceful"

    <u>lemah-lembut</u>   "very gentle"

>Mukanya jadi <u>pucat-pasi</u> waktu iblis datang padanya.
>
>Tempat yang angker itu kalau malam <u>gelap-gulita</u>.
>
>Sebelum ajan dimulai mesjid itu <u>sunyi-senyap</u>.
>
>Waktu tarwih mulai, mesjid itu menjadi <u>terang-benderang</u>.
>
>Malaikat2 itu <u>gagah-perkasa</u>.
>
>Joget tidak memerlukan gerakan yang <u>lemah-gemulai</u> seperti
>
>tari Jawa.
>
>Kyai yang alim itu mengaji dengan suara yang <u>lemah-lembut</u>.

16. <u>kucar/kocar-kacir</u>   "in extreme disorder" (usually of physical

    movement)

berantakan   "in a mess; in disorder" (physical and non-physical)

kacau-balau   "chaotic; in a mess" (physical and non-physical)

(hari) kiamat   "doomsday; Judgement Day"

Tentara mereka kucar-kacir waktu diserang musuh.

Gara2 Adjo Sidi, pikiran kakek jadi berantakan/kacau-balau.

Setelah presiden mereka wafat, negara mereka menjadi ber-antakan/kacau balau.

Pada hari kiamat semua yang hidup berpulang untuk menghadap Tuhan.

17. ngeri   "terrified; frightened"

mengerikan   "terrifying; frightening"

Saya ngeri melihat meninggalnya kakek yang menggorok leher-nya itu.

Kejadian di surau itu sangat mengerikan.

18. gara-gara   "originating in the wayang show, gara-gara is the scene in which—at around 1 o'clock in the morning—the clowns appear, changing the orderly, serious atmosphere of the performance into something casual and humorous. Outside of the wayang, gara-gara refers to an act which gives rise to chaos, turmoil, or humor."

Dalam pertunjukan wayang, gara-gara mulai sekitar jam 1 malam dengan keluarnya Semar, Gareng, Petruk, dan Bagong.

Kematian kakek adalah gara-gara Adjo Sidi.

19. kehilangan akal   "to lose one's head; desperate"

akal   "a tactic, but within the context of a somewhat informal, less 'scientific' way; ingenuity" For example:

a. If one wants to open a wine bottle but doesn't have a

278

corkscrew, he must find an <u>akal</u>, a way to do it. He may then
use a knife or something else.

b. In trying to reach an apple outside his cage, a monkey
uses a stick. In this case he is using his <u>akal</u> to achieve
his goal.

<u>akal bulus</u>   "a cunning trick"

<u>siasat</u>   "tactic" (well-calculated, as in a military maneuver)

Saya sudah <u>kehilangan akal</u>, sudah tidak tahu lagi apa
yang harus saya perbuat dengan anak perempuan saya.

Kalau dengan jalan biasa kita gagal, kita harus mencari
<u>akal</u>.

Tukang bikin betul mobil di Indonesia <u>akalnya</u> banyak.

Saya nggak suka <u>akal bulus</u> seperti itu.

Haji Saleh memakai <u>siasat</u> baru dengan merendahkan dirinya
dan lebih memuja Tuhan.

Jendral Gombloh terkenal sebagai jendral yang <u>siasat</u>
perangnya luar biasa.

20. <u>Beberapa peribahasa:</u>

a. <u>Besar pasak daripada tiang</u>. This saying refers to one who
does things (e.g., spends) to an extent greater than his
capacity (e.g., more than he earns, etc.).

b. <u>Tong kosong bunyinya nyaring</u>. "One who talks a lot usually
has nothing important to say."

c. <u>Seperti katak di bawah tempurung</u>. This saying refers to one
who is very narrow-minded due to his surroundings.

IV. REMEDIASI TATABAHASA

1. bertanya vs. berkata vs. mengatakan vs. menceritakan vs. bilang

All of these verbs are followed by the preposition (ke)pada
even when the indirect object follows them immediately.

Sama is sometimes used instead of (ke)pada, especially in
informal speech.

Dia bertanya (ke)pada saya tentang pahala dan dosa.

Dia bertanya tentang pahala dan dosa (ke)pada saya.

Saya sudah berkata (ke)pada dia mengenai tempat keramat
itu.

Saya sudah berkata mengengai tempat keramat itu (ke)pada
dia.

Mereka mengatakan (ke)pada saya soal tasbih itu.

Mereka mengatakan soal tasbih itu (ke)pada saya.

Dia menceritakan (ke)pada kami pengalaman dia.

Dia menceritakan pengalaman dia (ke)pada kami.

Saya sudah bilang sama ibu soal perkawinan kami.

Saya sudah bilang soal perkawinan kami sama ibu.

2. memberitahu   This verb, on the other hand, is not usually followed
by (ke)pada or sama, although some people do use these preposi-
tions. (Ke)pada or sama is always used when the indirect object
is separated from the verb.

Saya akan memberitahu ([ke]pada) teman2 tentang tahlilan
itu.

Saya akan memberitahu tentang tahlilan itu (ke)pada teman2.

V. LATIHAN

Pilihlah kata2 yang paling tepat untuk kalimat2 berikut.

1. O, Tuhan, ampunilah (patik/beta/hamba)Mu ini.

2. Malaikat Malik (mencubit/menjewer/menampar) telinga Haji Saleh
   dan membawanya ke neraka.

3. Dia menangis karena (dicubit/dikitik-kitik) oleh kakaknya.

4. Orang yang teliti jarang (salah/silap), kadang2 dia (salah/silap).

5. Jalan yang kamu ambil (silap/keliru).

6. Suara tembakan itu membuat aku (tercengang/terpaku/terkejut).

7. Saya (terkejut/keheran-heranan/terpaku) melihat orang yang begitu
   goblok!

8. Dengan muka yang pucat-pasi Haji Saleh (menuntut/meminta/memohon)
   agar Allah mempertimbangkan kembali keputusannya.

9. Karena banyak pengangguran, maka banyak sekali orang yang (memohon/
   meminta/meminta-minta) di jalan.

10. Biang keladi dari peristiwa itu akan (dituntut/dimohon/diminta)
    di kantor pengadilan.

11. (Kasihan/miskin) anak itu, dia tidak punya teman.

12. Amerika adalah negara yang (melarat/raya kaya/kaya raya).

13. Waktu Belanda menjajah Indonesia, mereka (merampas/mengeruk) hasil
    bumi kami.

14. Kurang ajar, masak saya harus ke sana untuk (membawa/mengambil)
    kitab Injil yang dia pinjam minggu yang lalu.

15. Setiap pagi dia (menggendong/memikul/menjinjing) tas kantornya
    ke kantor.

16. Ibuku (merelakan/meridai/menyetujui) perkawinanku dengan orang asing, meskipun mula2 hal itu sangat berat baginya.

17. Daripada ayah menderita sakit terus seperti itu, aku (setuju/ rela/meridai) kalau Tuhan memanggilnya segera.

18. Beramal adalah perbuatan yang (diridai/disetujui/direlakan) oleh Allah.

19. Haji Saleh sudah menghapal di luar (hati/kepala) semua juz Al-Qur'an.

20. Anak saya yang satu ini memang (batu kepala/kepala batu/besar kepala); dia tidak mau kalah dalam segala hal.

21. Dulu dia menumpang di rumah kami waktu dia jadi mahasiswa, se-karang setelah jadi orang besar, tidak mau kenal kami lagi. Dia (kepala besar/besar kepala/kepala batu) sekarang.

22. Imam di surau kami ditangkap polisi karena dia (memalsu/menipu/ ngibul) tandatangan para jemaah haji.

23. Si Ali orangnya sih baik, cuma dia sering suka (menipu/ngibul/ menjerumuskan).

24. Orang Cina kerjanya memang luar biasa, mereka membanting (harga/ setir/tulang) untuk bisa jadi kaya.

25. Hidup dia memang sudah berubah, sudah saleh, sudah betul2 banting (harga/setir/tulang) tidak seperti dulu, tidak pernah sembahyang atau puasa.

26. Saya harus memeras (keringat/peluh) untuk bisa mendapat nilai A.

27. Sebagai muslimin kita harus memberi (amal/ramalan) kepada mereka yang melarat.

28. Siapa yang (mengamalkan/meramalkan) datangnya Ratu Adil?

29. Pada hari (kacau-balau/kiamat/berantakan) semua yang hidup akan

282

mati.

30. Administrasi kantor itu (kocar-kacir/berantakan) sampai sekarang.

31. Caranya kakek meninggal sangat (ngeri/mengerikan/takut).

32. Gara2 cerita Adjo Sidi kakek jadi kehilangan (siasat/akal).

33. (Siasat/akal) perang Jendral Giap sangat hebat.

34. Kalau tidak punya kuncinya, cari (siasat/akal), dong, bagaimana kita bisa buka koper ini.

35. Bidadari itu (bertanya/bertanya kepada/meminta) Haji Saleh, "Siapa namamu?"

36. Dia (mengatakan/memberitahu) saya bahwa dia sudah menerima buah tangan yang saya berikan.

37. Teruskanlah ungkapan2 berikut dan berilah artinya:

   a. lemah-(lembut)   "very gentle"   e. gagah . . .

   b. pucat . . .   f. terang . . .

   c. gelap . . .   g. lemah . . .

   d. sunyi . . .   h. kacau . . .

38. Teruskan peribahasa ini dan berilah artinya dalam bahasa Indonesia:

   a. Besar pasak. . . .

   b. Tong kosong. . . .

   c. Seperti katak. . . .

BAB V. A.

PENDIDIKAN DI INDONESIA

Kalau kita perhatikan tipe2 penjajahan orang Barat, kita bisa
segera melihat beberapa pola yang sangat menarik yang bersangkut paut
dengan masalah pendidikan di Asia umumnya dan di Indonesia khususnya.
Baik orang Inggris maupun orang Belanda datang ke Asia pada sekitar
abad ke-16. Karena kedatangan mereka ke Timur itu terdesak oleh ke-
adaan hidup yang mulai sukar di Eropah, maka tujuan utama dari pelayaran
ke Timur itu ialah untuk menyedot kekayaan alam negara2 Timur yang kaya
raya dengan rempah2. Karena pandangan hidup dari orang2 Barat ini
berbeda-beda, maka akhirnya muncul pulalah tipe penjajahan yang berbeda-
beda pula. Menurut pendapat beberapa ahli sejarah, orang Belanda cukup   10
puas dengan mengeruk hasil bumi Indonesia saja, sedangkan orang Inggris
mengambil jalan lain, yakni, di samping menyedot kekayaan alam, mereka
juga menanamkan kebudayaan Barat ke dalam hati orang2 Timur dengan cara
yang sangat halus sekali.

    Tentu saja dalam pelaksanaan "pembaratan" ini terdapat rintangan2
yang harus dihadapi, termasuk rintangan2 dari orang2 Barat sendiri yang
waktu itu bekerja di Timur sebagai administrator. Gubernor Jendral
Warren Hastings di India, umpamanya, lebih suka memelopori ajaran2
Hindu dan Islam daripada menyebarkan ajaran2 Barat. Tetapi sebagian
besar orang2 Inggris yang datang kemudian menghendaki adanya pendidikan   20
Barat untuk golongan bumi-putera. Proses "pembaratan" secara halus
ini mencapai puncaknya pada tahun 1829 ketika Lord William Bentinck
menjadi Gubernor Jendral di India. Segera setelah dia tiba, dia meng-
umumkan bahwa bahasa dan pendidikan Inggris adalah kunci dari segala

284

perbaikan untuk India baru. Usaha merubah masyarakat India ini diper-
kuat lagi dengan datangnya Thomas Babington Macaulay yang kemudian
menjabat sebagai Ketua dari Komisi Pendidikan Umum. Dialah orang yang
menghancurkan benteng pertahanan golongan orientalis dengan pengumuman-
nya yang mengatakan bahwa misi dia di India adalah untuk membentuk
suatu kelas masyarakat yang akan menjadi jembatan antara orang Inggris   30
dengan jajahannya--berdarah dan berwarna India, tetapi berperasaan,
berpendapat, bermoral, dan berintelek Inggris.

Tidaklah salah kalau kita mengatakan bahwa salah satu peristiwa
sejarah yang sangat penting dalam masalah pendidikan di Asia ialah
bahwa pandangan seperti yang dikemukakan Macaulay itu diterima baik
oleh pemerintah kerajaan Inggris di London dan malah akhirnya dijadikan
patokan dari pendidikan di India. Pemerintah Inggris setuju dengan
pendapat orang2 seperti Macaulay: bahwa satu2nya cara untuk memper-
tahankan kekuasaan Inggris di negara jajahannya sampai hari kiamat
ialah dengan "menginggriskan" suatu golongan masyarakat tertentu.   40

Hal seperti ini juga terjadi di Malaysia, meskipun barangkali
agak kurang intensif. Meskipun orang2 Inggris seperti Swettenham dari
Perak menentang keras ide seperti ini, akhirnya dia toh kalah juga,
karena, mau tidak mau, banyak keuntungan yang didapat oleh mereka yang
tahu bahasa dan peradaban si penjajah. Jadi dalam hal ini bukan saja
pemerintah Inggris yang mendorong pengajaran dan pendidikan Inggris,
tetapi orang2 bumi-putera itu sendiri juga menghendakinya.

Tipe penjajahan Belanda dalam hal pendidikan sangat berbeda dengan
tipe Inggris. Memang benar bahwa pada sekitar tahun 1890 ahli2 Indo-
nesia yang berkewarganegaraan Belanda seperti Kern dan Hurgronje men-   50
desak agar pendidikan Belanda diberikan kepada anak-didik Indonesia.

285

Tujuan mereka ialah untuk memberi pelita kepada orang Indonesia sehingga orang Indonesia menjadi sedar akan kepentingan dan kegunaan pengetahuan dari Barat.

Apa yang terjadi kemudian di parlemen Belanda ternyata merupakan peristiwa sejarah yang menentukan nasib hidup bangsa Indonesia. Meskipun pemerintah Belanda di negeri Belanda pada tahun2 itu sedang melaksanakan politik yang dinamakan "etische politiek," tetapi ternyata bahwa usul yang diajukan oleh Kern, Hurgronje, dan beberapa ahli lain pada tahun2 belakangan ditolak oleh pemerintah Belanda. 60

Jelaslah bahwa pemerintah Belanda sampai tahun2 itu pun masih saja kurang memperhatikan pendidikan golongan bumi-putera. Meskipun pendidikan Barat sudah diperkenalkan di India pada tahun 1816 dan di Malaysia pada tahun 1882, pendidikan dasar saja yang betul2 Barat baru diperkenalkan oleh Belanda di Indonesia pada tahun 1907, ketika mereka mendirikan sekolah desa yang dinamakan Volksschool. Sekolah Lanjutan Pertama (SLP) baru didirikan pada tahun 1914, dan baru empat tahun kemudian berdirilah Sekolah Lanjutan Atas (SLA). Universitas dalam arti yang sebenarnya tidak dikenal sampai sekitar tahun '30-an. Memang sudah ada sekolah2 tinggi seperti STOVIA, yang lebih terkenal dengan nama Sekolah Dokter 70 Jawa, pada permulaan abad ke-20, tapi menurut kriteria yang dipakai di negeri Belanda sekolah macam ini termasuk sekolah kejuruan dan bukan sekolah umum.

Dalam hal anak-didik yang boleh menghadiri sekolah juga terdapat diskriminasi. Sekolah yang dinamakan "Eerste Klasse," umpamanya, hanya menerima anak-didik dari kaum bangsawan atau orang2 kaya. Mereka yang tidak termasuk golongan bangsawan dan orang kebanyakan harus masuk ke "Tweede Klasse" yang kurikulum dan mutunya lebih rendah. Diskriminasi

semacam ini berjalan terus ketika "Eerste Klasse" diganti dengan
"Hollandsch-Inlandsche School" (HIS) di mana lebih banyak diajarkan   80
bahasa dan kebudayaan Belanda. Kira2 hanya 17 persen dari jumlah
anak-didik adalah orang2 Indonesia, termasuk orang Cina. Tidaklah
mengherankan bahwa waktu Indonesia menjadi merdeka, lebih dari 70%
penduduknya masih buta-huruf.

Kerugian yang diderita oleh rakyat Indonesia sebagai akibat dari
keadaan di atas sudahlah jelas, tetapi tidakkah ada keuntungan yang
tersembunyi yang kami peroleh dari hal seperti ini? Kalau kita mau
merenungkan masalah ini secara mendalam, jawabannya haruslah dalam
bentuk positif. Kalau seandainya pendapat Kern, Hurgronje, dan ahli2
lain itu diterima oleh parlemen Belanda seperti pendapat Macaulay yang   90
diterima oleh parlemen Inggris, sudah jadi apakah orang2 Indonesia
sebagai suatu bangsa sekarang ini? Tidak mustahil bahwa kita tidak
bisa melepaskan diri dari perasaan, pendapat, moral, dan intelek
Belanda yang tentunya tidak cocok dengan kebudayaan dan peradaban
bangsa Indonesia. Masalah pemakaian bahasa Indonesia sebagai alat
penyatu bangsa tidak akan bisa selancar seperti sekarang ini. Lihat
saja masalah bahasa nasional yang sedang dihadapi oleh negara2 sahabat
kita seperti India, Malaysia, Pilipina di mana bahasa nasional di-
saingi secara gigih oleh bahasa bekas penjajahnya. Masalah bahasa
nasional di India dan di Pilipina lebih banyak dihalangi oleh masih   100
hidup-suburnya bahasa Inggris daripada kekurangmampuan bahasa Hindi dan
Pilipino sebagai bahasa pengantar suatu bangsa.

Hal yang lebih gawat adalah masalah identitas yang harus dimiliki
oleh suatu bangsa. Dengan masih kuatnya pengaruh bekas penjajah dalam
cara hidup dan cara berpikir melalui bahasa yang dipakai dalam kehidupan

intelek sehari-hari sukarlah bagi seseorang untuk bisa mengesampingkan
bahasa itu begitu saja, karena selama dia duduk di bangku Sekolah Dasar
sampai universitas, dia disalurkan untuk berpikir dalam bahasa itu
tadi. Di sini kita lalu teringat pada pendapat ahli antropologi dan
bahasa Amerika, Benjamin Whorf, yang mengatakan bahwa struktur bahasa   110
menentukan cara berpikir, dan, karenanya, merupakan pandangan hidup
manusia.

I. DAFTAR KATA PENOLONG

alat penyatu   "unifying factor"

anak-didik   "schoolchildren"

baik . . . maupun   "both . . . and"

bangsawan   "noble; nobility"

bèntèng   "fortress"

berkewarganegaraan   "to be a citizen of"

bumi-putera   "a native"

buta-huruf   "illiterate"

gigih   "unyielding"

jambatan/jembatan   "a bridge"

menentang   "to oppose; face"

mengesampingkan   "to put aside"

menjabat sebagai   "to act as" (the head of an office, etc.)

menyalurkan   "to channel"

merenungkan   "to ponder"

288

patokan	"pole; guideline; standard"
pelita	"light; lamp"
pola	"pattern"
Sekolah Dasar (SD)	"elementary school"
Sekolah Lanjutan Pertama (SLP)	"junior high school" (general term)
Sekolah Lanjutan Atas (SLA)	"senior high school" (general term)
sekolah umum	"non-vocational school" (i.e., SMP, SMA)
sekolah kejuruan	"vocational school"
tersembunyi	"hidden"
tipe	"type; kind"
umumnya . . . khususnya	"in general . . . in particular"

II. JAWABLAH PERTANYAAN2 BERIKUT DENGAN KALIMAT2 LENGKAP

1. Apa tujuan utama dari para penjajah Eropah di Asia?
2. Apa perbedaan antara tipe penjajahan Belanda dengan Inggris?
3. Dari semua orang Inggris yang ada di India, siapakah yang benar2 bisa kita anggap sebagai pelopor "pembaratan" India? Mengapa?
4. Mengapa beberapa golongan bumi-putera di India dan di Malaysia juga menginginkan pendidikan Barat?
5. Apa yang dimaksud dengan "etische politiek" (baris 58)?
6. Bukti2 apa yang bisa dipakai untuk mengatakan bahwa pemerintahan

Belanda kurang memperhatikan masalah pendidikan untuk anak-didik
Indonesia?

7. Peristiwa sejarah manakah yang akhirnya mendatangkan keuntungan
bagi Indonesia setelah merdeka?

8. Apa hubungan antara bahasa nasional dengan tipe penjajahan?

9. Bagaimana pendapat anda tentang hubungan antara bahasa dengan
cara berpikir manusia?

III. PENGEMBANGAN KOSA KATA

1. pendidikan   "education"

   berpendidikan   "educated"

   mendidik   "to educate"

   didikan   (1) "upbringing"; (2) "a graduate of"

   anak-didik   "schoolchildren" (generic term)

   pendidik   "educator"

   Pendidikan di madrasah berbeda dengan pendidikan di sekolah
   umum.

   Sebagai orang yang berpendidikan, perbuatan dia sangat
   keliru.

   Anak harus dididik di rumah dan juga di sekolah.

   Dia didikan pondok pesantren Kyai Abubakar.

   Jumlah anak-didik di sekolah swasta lebih banyak dari di
   sekolah negeri.

   Ki Hadjar Dewantoro adalah pendidik Indonesia yang terkenal.

290

2. pelajar/siswa   "student" (general term)

   murid   "Javanese word for pelajar"

   mahasiswa   "university student"

   Waktu itu hanya 17% dari semua pelajar/siswa/murid adalah

   orang Indonesia.

   Dia akan jadi mahasiswa di Universitas Indonesia setelah

   tamat SMA.

3. guru/pengajar   "teacher"

   kepala sekolah   "school principal"

   dosèn   "university instructor" (rank unspecified)

   dosèn tidak tetap/luar biasa   "part time dosen"

   lèktòr   "lecturer" (similar to assistant professor)

   lèktòr kepala   "senior lecturer" (similar to associate professor)

   mahaguru/gurubesar/profesor   "professor"

   asistèn   (1) "a (university) assistant"; (2) "a subdistrict chief

   above the lurah"

   Sejak tahun 1977 pangkat dia adalah kepala sekolah.

   Dia dulu guru madrasah, tetapi sekarang sudah menjadi

   dosen di IAIN.

   Di Universitas Indonesia saya hanya sebagai dosen luar

   biasa saja.

   Sebelum menjadi mahaguru/gurubesar, seseorang harus men-

   jadi lektor dan lektor kepala lebih dulu.

   Gurubesar itu mempunyai dua asisten.

   Dia menjadi asisten di daerah yang sangat tandus.

4. ketua jurusan   "chairman" (of a university department)

   dékan   "dean"

rèktor   "president" (of a university)

pegawai tata usaha   "administrative officer"

    Dia menjadi ketua jurusan bahasa Indonesia di IAIN.

    Dekan itu membawahi 15 ketua jurusan.

    Rektor universitas itu didikan Universitas Michigan.

    Pegawai tata usaha itu sering silap dalam pekerjaannya.

5. ulangan   "quiz; test" (below the university level)

ulangan umum   "final examination" (below the university level)

tentamen   "quiz" (at the university level)

ujian   "examination" (at the university level or, in the case

of students below the university level, for graduation from

SD, SLP, or SLA)

ujian penghabisan/akhir   "an examination given to students who

will be graduating from elementary school or from junior or

senior high school"

    Di Sekolah Lanjutan Pertama guru biasanya memberi ulangan

sebelum ulangan umum diadakan.

    Maaf, saya nggak bisa nonton sama kamu, karena besok ada

ujian.

    Ujian penghabisan/akhir SMA tahun ini akan diadakan se-

sudah Lebaran.

    Mahasiswa jurusan pendidikan harus mengambil tentamen

minggu ini.

6. angka   (1) "grade" (academic numerical or letter grade); (2)

"figure" (of numbers)

nilai   (1) "grade" (equivalent to angka, above); (2) "value"

Officially, schools in Indonesia use a 1 to 10 numerical

grading system rather than the letter grades A, B, C, etc.
In practice--except under special circumstances, and except
for certain subjects such as math and geometry--teachers
rarely give grades 1 and 10. In most cases, grades range
from 3 to 8. Grades 5 and below are written on report cards
in red ink to indicate that they are below the norm.

kelas   "grade (as in third grade, fourth grade, etc.); class"

angka mati   "a failing grade" If a student has an angka mati,
    he will be held back in the same grade, even though his
    other marks may be good.

rapot   "report card"

kebakaran   Literally, "to be on fire" In connection with grades,
    this means that a student has received quite a number of
    grades 5 or below on his report card.

> Dia harus membanting tulang untuk mendapat nilai/angka
> (not kelas) 9.
> Murid itu menuntut untuk dinaikkan ke kelas 3 (not nilai
> or angka), karena dia merasa nilai2 dia cukup baik.
> Dia tidak naik kelas karena rapotnya ada angka matinya.
> Rapot anak saya kebakaran.

7. kuliah   (1) "to attend a university"; (2) "a regular university
    lecture or course"

ceramah   "a special lecture" (at a university or elsewhere)

memberi(kan) kuliah   "to teach" (at a university)

menguliahi   "to lecture" (in a negative sense, or in the sense of
    "to preach")

memberi(kan) ceramah   "to give a ceramah"

<u>wejangan</u>   "a special lecture or speech" (usually in the form

of a directive or counsel given by a high ranking official)

<u>pidato</u>   "a speech"

Anda sekarang <u>kuliah</u> di mana?

<u>Kuliah</u> yang diberikan dosen itu biasanya kacau-balau.

Dia sering <u>menguliahi</u> kami seolah-olah kami ini goblok

semua.

Waktu saya singgah di Universitas Wisconsin saya <u>memberi</u>

<u>ceramah</u> di sana.

Dalam <u>wejangannya</u> Presiden Soeharto menganjurkan agar

para sarjana mengamalkan ilmu mereka secara jujur.

Tiap tanggal 17 Agustus, presiden Indonesia memberikan

<u>pidatonya</u> kepada rakyat.

8. <u>mapram</u>   "acronym for <u>masa prabakti mahasiswa</u>" High school

graduates entering a university as freshmen have to go through

<u>mapram</u> (ostensibly an orientation period, but in fact, similar

to hazing) at which time they are to collect a certain number

of signatures from the upperclassmen. Before giving their

signatures, however, the upperclassmen usually ask the freshmen

to do odd and sometimes silly (or even cruel) things, such

as dancing without music, swimming on the lawn, staying in

the sun for hours, and so on. In 1967, the Ministry of Edu-

cation issued a directive recommending that more extensive

academic orientation (how to use a library, etc.) be included

in <u>mapram</u>. The latest term <u>posma</u> (<u>pekan orientasi dan studi</u>

<u>mahasiswa</u>) is intended to reflect a more academic orientation.

<u>prama</u>   "acronym for <u>prabakti mahasiswa</u>, male students who are

entering a university freshman class" <u>Prama</u> are also called

<u>cama</u> (<u>calon mahasiswa</u>).

<u>prami</u>   "acronym for <u>prabakti mahasiswi</u>, female students who are

entering a university freshman class" <u>Prami</u> are also called

<u>cami</u> (<u>calon mahasiswi</u>).

<u>raka</u>   "male upperclassman"

<u>rakanita</u>   "female upperclassman"

<u>masa perp(e)loncoan</u>   "an old term for <u>mapram</u>, still often used"

<u>p(e)lonco</u>   "an old term, still often used, for <u>prama/cama</u>"

<u>mem(e)lonco</u>   "to put (a <u>prama</u> or <u>prami</u>) through the <u>perp(e)loncoan</u>"

<u>p(e)lonci</u>   "an old term, but still often used, for <u>prami/cami</u>"

<u>senior/seniorita</u>   "old terms, still often used, for <u>raka/rakanita</u>"

<u>Senioren</u>, the plural form of <u>senior/seniorita</u>, is also sometimes

used.

Pada <u>mapram/masa perploncoan/posma</u> para <u>prama-prami/cama-</u>

<u>cami/plonco-plonci</u> harus mengumpulkan sejumlah tandatangan.

Para <u>raka-rakanita/senior-seniorita</u> biasanya bertindak

kejam.

Waktu saya <u>diplonco</u>, saya tidak boleh pulang sampai larut

malam.

9. <u>mahasiswa tingkat satu</u>   "first year student"

<u>mahasiswa tingkat dua</u>   "second year student"

<u>mahasiswa tingkat tiga</u>   "third year student" Although the gov-

ernment has begun to initiate a four-year program of study

for the bachelor's degree, most universities still require

only three years.

<u>mahasiswa tingkat sarjana</u>   "graduate student at the master's

level" (i.e., for the Drs., S.H., or other degree equivalent

to the master's)

mahasiswa tingkat pasca-sarjana   "graduate student above doktor-

andus level" The term pasca-sarjana refers to studies for a

master's degree, called S_2, or doctorate degree, S_3.

Pada mapram mahasiswa tingkat satu, dua, dan tiga biasa-

nya besar kepala terhadap para prama-prami.

Setelah selesai tingkat tiga, dia masuk tingkat sarjana.

Narti baru saja tunangan dengan seorang mahasiswa tingkat

pasca-sarjana di U. I.

Dalam beberapa bidang Indonesia sudah bisa membuat program

untuk pasca-sarjana.

10. B.A./B.Sc.   "Bachelor of Arts/Science" B.A./B.Sc. are placed

after the proper name.

Drs./Dra.   "Doktorandus/Doktoranda, a degree just below a

master's degree, awarded to males and females respectively.

Both Drs. and Dra. are placed before the proper name.

Ir.   "Insinyur, an engineering degree equivalent to a master's

degree" Ir. is placed before the proper name.

dr.   "Medical Doctor" dr. is placed before the proper name.

Ph.D.   "Doctor of Philosophy" There is a tendency to refer to

an M.D. as "dr." (pronounced as [dokter]), and to a Ph.D. as

"Dr." ([dòktòr]). Dr., not PhD, is also used by an S_3 holder.

S.H.   "Sarjana Hukum, a degree in law similar to a master's

degree" S.H. is placed after the proper name.

sarjana muda   "B.A./B.Sc. degree holder"

sarjana   (1) "degree holder beyond the B.A./B.Sc."; (2) "a scholar"

Indonesians usually use these degrees, even the B.A. and B.Sc.,
after their names.

Setelah mendapat B.A./B.Sc., kita memerlukan dua tahun

untuk mendapatkan Drs., Dra., S.H., atau Ir.

Drs. Slamet akan kawin dengan Soehartini, B.A.

Ir. Soepardjan sedang dituntut oleh Budiman, S.H.

Dia bukan dokter, dia doktor.

Mereka yang mempunyai B.A./B.Sc. disebut sarjana muda dan

yang mempunyai Drs. atau S.H. disebut sarjana.

11. bumi-putera   "native" (group, people, etc., but not as in "na-
tive speaker")

ibu pertiwi   "motherland"

Golongan bumi-putera harus memeras keringat untuk men-

dapatkan pendidikan.

Kita tidak rela ibu pertiwi kita dijajah terus-menerus.

12. patòkan   "pole; guideline; standard"

ancer-ancer   "target; landmark"

garis besar   "general outline"

haluan   (1) "course" (in the sense of direction, literally and
figuratively); (2) "bow" (of a ship)

Yang menjadi patokan dalam agama Islam ialah rukun Islam

yang lima itu.

Kalau mau ke rumah saya, ancer-ancernya ialah gedung

Toyota yang tinggi sekali itu; rumah saya di sebelah

timurnya.

Ancer-ancer untuk Pelita ke-2 ialah bahwa proyek itu akan

selesai tahun 1980.

Garis besar pidato Menteri Agama itu sudah dikirimkan kepada para ulama besar di seluruh pelosok Indonesia.

Kapal itu/partai politik itu berubah haluan.

13. menentang   (1) "to oppose"; (2) "to look at/into" (one's face)

tentangan   "opposition"

pertentangan   "conflict; controversy"

menantang   "to challenge" (to do something)

tantangan   "a challenge"

Untunglah bahwa parlemen Belanda menentang usul para pendidik Belanda yang waktu itu ada di Indonesia.

Dia mendapat tentangan dari bawahannya.

Waktu bicara dia menentang muka orang itu.

Pertentangan antara golongan santri dan golongan abangan menjadi makin tegang.

Golongan bumi-putera tidak berani secara terus-terang menantang orang2 Belanda untuk berperang.

Tantangan pertama setelah kemerdekaan adalah mengurangi jumlah orang yang buta-huruf.

14. warganegara   "citizen"

kewarganegaraan   "citizenship"

berkewarganegaraan   "to be a citizen of"

dwi-kewarganegaraan   "dual citizenship"

penduduk tetap   "permanent resident"

orang asing   "foreigner; alien"

Baik warganegara maupun orang asing harus mentaati peraturan pemerintah.

Orang yang <u>berkewarganegaraan</u> asing dan yang mempunyai

<u>dwi-kewarganegaraan</u> harus meninggalkan negara kami segera.

<u>Kewarganegaraan</u> saya masih tetap Indonesia, tetapi saya

sudah menjadi <u>penduduk tetap</u> di sini.

15. <u>mendesak</u>   "to urge; urgent; to press; pressing"

   <u>mendòròng</u>   "to push; encourage"

   <u>menganjurkan</u>   "to suggest; recommend"

   <u>mengusulkan</u>   "to propose" (an idea, plan, etc.)

       Dia <u>mendesak</u> agar saya mau kawin segera.

       Keadaannya sudah <u>mendesak</u>, tidak ada waktu untuk rapat

       lagi.

       Dia <u>mendesak/mendorong</u> saya sampai saya hampir jatuh.

       Dialah yang <u>mendorong</u> saya masuk IKIP.

       Van Deventer <u>menganjurkan/mengusulkan</u> agar pendidikan

       Barat diberikan kepada anak-didik Indonesia.

16. <u>sedar/sadar</u>   "to be aware; conscious"

   <u>yakin</u>   "to be convinced; sure"

   <u>ins(y)af/insap</u>   "to realize"

       Orang2 bumi-putera waktu itu tidak <u>sedar/sadar</u> bahwa

       pendidikan adalah pelita hidup.

       Dia sakit keras sampai dia tidak <u>sedar/sadar</u>.

       Saya <u>yakin</u> pola penjajahan Belanda berbeda dengan pola

       penjajahan Inggris.

       Kami sekarang <u>ins(y)af/insap</u> bahwa sekolah kejuruan sangat

       penting untuk perkembangan bangsa.

17. <u>SD</u>   "abbreviation of <u>Sekolah Dasar</u>--elementary school" <u>SD</u> is

    a six-year school.

SR   "abbreviation of <u>Sekolah Rakyat</u>--the old term for SD"

SLP   "abbreviation of <u>Sekolah Lanjutan Pertama</u>--junior high school" <u>SLP</u> is a general term for any three-year school beyond SD.

SLA   "abbreviation of <u>Sekolah Lanjutan Atas</u>--senior high school" <u>SLA</u> is a general term for any three-year school beyond SLP.

<u>sekolah kejuruan</u>   "vocational school"

<u>sekolah umum</u>   "non-vocational school" (i.e., SMP, SMA)

    Murid belajar di <u>SD</u> 6 tahun, di <u>SLP</u> 3 tahun dan di <u>SLA</u> juga 3 tahun.

    Kebanyakan orangtua ingin anaknya masuk ke <u>sekolah umum</u>, dan bukan <u>sekolah kejuruan</u>.

18. <u>bangsawan/ningrat</u>   "noble; nobility"

    <u>orang kebanyakan</u>   "commoner"

    <u>kebanyakan orang</u>   "most people"

    Yang bisa masuk ke sekolah Belanda hanya anak2 orang <u>bangsawan/ningrat</u> atau orang kaya raya.

    Anak2 <u>orang kebanyakan</u> hanya bisa masuk ke "Tweede Klasse."

    <u>Kebanyakan orang</u> tidak rela melihat anaknya dipukuli orang lain.

19. <u>buta-huruf</u>   "illiteracy; illiterate"

    <u>tuna-sastra</u>   "euphemism for <u>buta-huruf</u>"

    <u>pemberantasan buta-huruf</u>   "abolition of illiteracy" (often abbreviated as P. B. H.)

    Masalah besar yang dihadapi Indonesia tahun 1945 ialah

pemberantasan buta-huruf.

Untuk memberantas buta-huruf/tuna-sastra kita memerlukan

banyak gedung sekolah dan guru.

IV. REMEDIASI TATABAHASA

1. baik . . . maupun   Baik . . . maupun means several different

   things depending upon context:

   a. In a positive declarative sentence, it means either

       "both . . . and" or "either . . . or."

       Baik Belanda maupun Inggris datang di Asia pada waktu

       yang hampir sama.

       Baik saya maupun dia setuju untuk mengadakan silaturahmi

       minggu depan.

       Baik ini maupun itu bisa dipakai untuk ziarah besok.

       Baik saya maupun dia bisa menjadi imam Jum'at ini.

       Please note that when baik . . . maupun means "either . . .

       or," a sentence cannot occur after it. Thus, a sentence

       which is intended to mean "either you agree or you disagree"

       is not expressed as:

           Baik kamu setuju maupun (kamu) tidak setuju.

       but rather as:

           Kamu tinggal setuju apa tidak.

   b. When the main sentence is negative, baik . . . maupun means

       "neither . . . nor." Please note the position of tidak in

301

the sentence.

Baik pastor maupun ulama tidak suka dengan ceramah

sarjana itu.

Baik dia maupun anak2nya tidak ada yang besar kepala.

V. LATIHAN

Pilihlah kata2 yang paling tepat untuk kalimat2 berikut.

1. Pola (didikan/pendidikan/anak-didik) di sekolah2 Indonesia berbeda
   dengan di Amerika.

2. Astaga, sampai sekarang ini dia masih jadi (murid/anak-didik/
   mahasiswa) SMA ?!

3. Setelah mengajar tujuh tahun, dia sekarang menjadi (ketua/kepala)
   sekolah.

4. Orang yang mengajar di universitas disebut (lektor/rektor/dosen).

5. Pangkat dia naik jadi (kepala lektor/lektor kepala/lektor ketua)
   tahun yang lalu.

6. Dekan lebih tinggi pangkatnya dari (ketua/kepala) jurusan.

7. Yang memimpin universitas adalah (rektor/lektor/mahaguru).

8. Para mahasiswa harus mengambil (ulangan/ujian/ulangan umum) bulan
   depan.

9. (Ulangan umum/ujian penghabisan/tentamen) diberikan siswa2 SD pada
   akhir tahun di kelas enam.

10. (Nilai/angka) statistik itu tidak bisa dipercaya.

11. Rapot dia kebakaran, karena itu orangtuanya sangat (sedih/senang).

12. Anak saya baru saja naik ke (nilai/angka/kelas) tiga SD.

13. Waktu saya singgah di Kuala Lumpur saya diminta untuk memberikan (kuliah/wejangan/ceramah) tentang ilmu fikih.

14. Anda sekarang (kuliah/sekolah) di mana? Di Universitas Indonesia.

15. Rektor kami akan memberikan (ceramah/kuliah/wejangan) kepada para sarjana baru tentang bagaimana mereka harus mengamalkan ilmu mereka.

16. Si Ali memang suka main pinter--dia suka (menguliahi/memberi kuliah) teman2nya.

17. Kata yang paling baru untuk masa di mana calon mahasiswa harus melakukan hal yang aneh2 adalah (masa perploncoan/mapram/posma).

18. Yang lebih dulu menjadi mahasiswa di universitas adalah (prama/cami/raka).

19. "Waktu saya jadi (cami/plonco/prama) saya disuruh mencium kaki seorang senior," kata Haryati.

20. (Sarjana/sarjana muda) adalah gelar dari orang yang sudah mendapat B.A.

21. Pendidikan untuk tingkat (sarjana muda/sarjana/pasca-sarjana) memerlukan dosen2 yang sudah punya titel doktor.

22. Nama lengkap dia dengan gelarnya ialah (Dra. Haryati/Haryati Dra./ S.H. Haryati).

23. Waktu jaman penjajahan hanya sedikit golongan (orang asing/bumi-putera) yang bisa masuk ke sekolah Belanda seperti HIS.

24. (Patokan/ancer-ancer) untuk selesainya pembangunan itu ialah tahun 1979.

25. Garis besar (haluan/ceramah/kuliah) negara sudah tertulis dalam

Pancasila.

26. Saran dari Uskup Agung itu (ditentang/ditantang) oleh bawahannya.

27. Untuk menjadi (warganegara/penduduk tetap) Amerika, kamu harus

tinggal paling tidak 5 tahun dulu.

28. Saya tidak (menganjurkan/mendesak), saya hanya (menganjurkan/

mendesak) agar sedekah itu kakek terima.

29. Waktunya sudah (mendesak/menganjurkan), kita harus bertindak

segera.

30. Mobil saya mogok, harus (didorong/didesak/dianjurkan).

31. Banyak orang yang tidak (sedar/yakin) apa akhirat itu ada apa tidak.

32. Dia jatuh dari pohon lalu jadi tidak (insap/sadar/yakin).

33. Sekarang dia betul2 (insyaf/sedar) bahwa Allah itu ada.

34. Di Indonesia orang merasa bahwa sekolah (kejuruan/umum) itu hanya

untuk orang2 yang kurang mampu.

35. Pada jaman penjajahan hanya anak2 dari golongan (orang kebanyakan/

bangsawan/kebanyakan orang) bisa masuk sekolah Belanda.

36. Pemerintah mulai (menghilangkan/memberantas) buta-huruf sejak

tahun 1947.

37. Apa bahasa Inggrisnya:

a. Baik hari ini ataupun besok buat saya sama saja.

b. Baik ayah maupun ibunya sudah setuju dengan perkawinan itu.

c. Baik istri maupun suaminya tidak suka ngobrol.

BAB V. B.

MENANGGULANGI MASALAH PENDIDIKAN

Salah satu beban yang harus dipikul oleh negara Indonesia segera
setelah ia mencapai kemerdekaannya ialah melaksanakan pendidikan bagi
seluruh warganegaranya, terutama memberantas buta-huruf. Pada tahun-
tahun pertama setelah proklamasi itu sangatlah sulit bagi pemerintah
baru untuk memberikan pendidikan yang sempurna, karena di samping
sarana yang belum cukup memuaskan, juga belum bisa kita katakan bahwa
kita sudah betul-betul bebas dari ancaman asing. Keadaan politik
waktu itu masih kacau-balau, sehingga pendidikan pun ikut berantakan
juga. Menteri Pendidikan yang pertama, Ki Hadjar Dewantoro, hanya
bisa menduduki jabatannya selama tiga bulan saja. Menteri Pendidikan   10
yang ketiga, Mohammad Sjafei, tidak bisa berbuat banyak karena beliau
harus membantu mempertahankan daerahnya sendiri di Sumatera. Baru
setelah tahun 1947, waktu Soewandi menjabat sebagai Menteri Pendidikan,
bisalah Indonesia mengatur siasat pendidikan dengan agak tenang.

Kecuali di beberapa sekolah tertentu, sampai tahun 1976 pola pen-
didikan di Indonesia diarahkan pada dua fungsi yang terpisah: memberi-
kan pendidikan umum dan memberikan pendidikan kejuruan kepada anak-didik
kita. Setelah selesai Taman Kanak-kanak, murid masuk ke SD selama
enam tahun. Setelah lulus ujian penghabisan, mereka meneruskan ke SLP.
Ada beberapa SLP yang bisa mereka pilih, seperti Sekolah Menengah Per-   20
tama (SMP), Sekolah Tehnik (ST), Sekolah Menengah Ekonomi Pertama (SMEP),
dsb. Setelah tiga tahun dan lulus ujian pemerintah mereka bisa masuk
ke SLA, seperti Sekolah Menengah Atas (SMA), Sekolah Tehnik Menengah
(STM), Sekolah Guru Atas (SGA), dsb. Mereka yang dari sekolah umum,

306

seperti SMP, bisa meneruskan ke sekolah umum yang lebih tinggi, seperti
SMA, ataupun ke sekolah kejuruan, seperti SGA. Tetapi mereka yang
dari kejuruan tidak bisa meneruskan ke sekolah umum. Jadi, lulusan ST,
umpamanya, tidak bisa masuk ke SMA. Pada tingkat akhir para murid
juga harus ujian pemerintah sebelum masuk ke Universitas Negeri. Me-
reka yang nilainya kurang bagus, kadang2 juga yang tidak lulus, bisa   30
masuk universitas swasta.

Untuk mereka yang masuk SMP, setelah mereka naik ke kelas dua,
mereka ditentukan oleh sekolahnya jurusan apakah yang cocok. Kalau
si anak-didik pandai dalam ilmu pasti, dia dinaikkan ke kelas 3B, yakni,
jurusan paspal, singkatan dari "pasti dan pengetahuan alam." Yang
bahasanya baik, dimasukkan ke kelas 3A, yakni, jurusan bahasa dan ilmu
sosial. Di SMA mereka juga dipisah, tapi menjadi tiga jurusan: (1)
sasdaya, singkatan dari "sastra dan budaya"--SMA bagian A, (2) paspal--
SMA bagian B, dan (3) ekonomi--SMA bagian C.

Meskipun pada tiap bagian terdapat mata-pelajaran2 yang sama,   40
seperti bahasa Indonesia, sejarah, bahasa Inggris, aljabar sampai
tingkat tertentu, tetapi jumlah waktu untuk tiap bagian berbeda.
Bagian A, umpamanya, lebih banyak mendapat pelajaran2 mengenai bahasa,
sejarah kebudayaan, ilmu bangsa2, dsb. daripada bagian B atau C. Se-
baliknya, bagian B lebih banyak mendapat aljabar, ilmu ukur, ilmu
alam daripada bagian A atau C.

Setelah melaksanakan sistim pendidikan seperti diutarakan di atas
selama lebih dari 25 tahun, makin hari makin terasa adanya kekurang-
cocokan dengan sistim ini. Pertama, ambil saja pendidikan di SD.
Tujuan dari pendidikan di SD ialah untuk memberikan pendidikan dasar   50
bagi anak-didik yang berumur 6-12 tahun. Tetapi kalau kita melihat

kenyataan yang ada, maka kita ketahui bahwa angka gugur anak2 SD dalam

tahun 1971 diperkirakan 60-70%. Jadi yang bisa selesai SD hanya antara

30-40% saja. Jadi yang sebenarnya pendidikan dasar, ternyata menjadi

pendidikan akhir.

Kedua, sebagian besar orang-tua merasa bahwa pendidikan kejuruan

adalah pendidikan yang mutunya rendah, pendidikan untuk orang desa,

bukan untuk priyayi. Karena itu kebanyakan orang-tua memasukkan anak2

mereka ke SMP dan SMA, jarang ke ST atau SGA. Lama kelamaan kita merasa

bahwa mereka yang lulus SMP atau SMA saja sebenarnya belum mempunyai   60

ketrampilan apa2! Mereka belum bisa bekerja, masih sangat hijau!

Karena hal2 semacam inilah maka Menteri Pendidikan Mashuri pada

tanggal 25 Nopember 1970, mengeluarkan Basic Memorandum yang memberikan

garis besar haluan pendidikan di Indonesia. Memorandum itu berbunyi,

antara lain, (1) sekolah itu hendaknya merupakan bagian integral dari

masyarakat sekitarnya, (2) sekolah itu hendaknya berorientasikan kepada

pembangunan dan kemajuan sehingga dapat menyiapkan manusia Pancasila

yang merupakan tenaga kerja yang memiliki watak, pengetahuan, kecerdasan

dan ketrampilan untuk pembangunan bangsa dan negara di berbagai bidang,

(3) sekolah itu hendaknya mempunyai kurikulum, metode mengajar dan   70

program yang menyenangkan, menantang dan cocok dengan tujuannya.

Memorandum inilah yang dipakai sebagai patokan dari sistim pen-

didikan yang dinamakan Sekolah Pembangunan yang dimulai pada tahun

1971 di sekolah2 pilot proyek dibawah delapan IKIP terpilih di Indonesia.

Di samping mendapat pendidikan dasar dan umum, tiap anak-didik juga men-

dapat pendidikan kejuruan sehingga kalau seorang anak-didik terpaksa

tidak bisa melanjutkan sekolahnya ke tingkat yang lebih tinggi, dia

sudah mempunyai ketrampilan tertentu yang bisa langsung dipakai untuk

308

mencari makan. Sekolah Pembangunan sejak tahun 1975 juga mencoba untuk

memperpendek jenjang pendidikan untuk SD dari 6 tahun menjadi 5 tahun. 80

Demikian juga si pendidik diharapkan memberikan lebih banyak perhatian

kepada tiap anak-didik, mereka harus lebih makarya sehingga bakat masing2

anak bisa dikembangkan sendiri2, tanpa harus menunggu teman2nya. Dalam

hal ini kelihatannya masuklah unsur "tut wuri andayani" yang menjadi

dasar dari pendidikan Taman Siswa yang didirikan tahun 1922 oleh bapak

pendidikan Indonesia, Ki Hadjar Dewantoro. Tujuan Taman Siswa ialah

untuk menjaga anak-didik Indonesia supaya tidak menjadi kebarat-baratan

dan melupakan kepribadian serta kebudayaan Indonesia yang asli. Dalam

prinsip pendidikan Taman Siswa ini si pendidik bertindak sebagai "pa-

mong," yakni, orang yang mengikuti dari belakang. 90

I. DAFTAR KATA PENOLONG

angka gugur   "dropout rate/figure"

bakat   "talent"

beban   "a burden"

ilmu alam   "physics"

ilmu bangsa2   "ethnology"

ilmu pasti   "mathematics"

ilmu ukur   "geometry"

jenjang   "scale; step" (in education, civil service, etc.)

jenjang pendidikan   "educational scale/step" (in terms of the number

                         of years required to complete a specific level of

study--e.g., elementary school, six years,

junior high school, three years, etc.)

ketrampilan	"skill"
lama kelamaan	"in the long run"
makarya	"to have the will to work"
memperkirakan	"to estimate; to calculate by guessing"
menanggulangi	"to tackle"
menduduki jabatan	"to hold an office; to occupy a position"
mengutarakan	"to express; expound"
paspal	"abbreviation of (ilmu) pasti dan pengetahuan alam--mathematics and natural sciences"
sasdaya	"abbreviation of sastra dan budaya--language and culture"
Sekolah Guru Atas	
(SGA)	"Teachers Training School" (for prospective elementary school teachers)
Sekolah Menengah	
Atas (SMA)	"senior high school"
Sekolah Menengah Ekonomi	
Pertama (SMEP)	"Economics High School, Lower Division"
Sekolah Menengah Pertama	
(SMP)	"junior high school"
Sekolah Pembangunan	
(SP)	"Development School"
Sekolah Tèhnik (ST)	"junior technical school"
Sekolah Tèhnik Menengah	
(STM)	"senior technical school"

Taman Kanak-kanak   "kindergarten"

tenaga kerja   "labor force"

II. JAWABLAH PERTANYAAN2 BERIKUT DENGAN KALIMAT2 LENGKAP

1. Mengapa pada tahun2 pertama sukar bagi pemerintah Indonesia untuk memberikan pendidikan yang teratur?

2. Apa yang anda ketahui tentang Ki Hadjar Dewantoro?

3. Sebutkan dua faktor yang menyebabkan kebanyakan orang-tua mendorong anak2 mereka masuk ke sekolah umum dan bukan sekolah kejuruan!

4. Apa artinya bagian A, B, dan C di SMA?

5. Apa perbedaan yang nyata yang diharapkan pemerintah dari seorang lulusan SMA umum dan SMA Pembangunan?

6. Apa anda tahu prinsip pendidikan Taman Siswa yang dinamakan "tut wuri andayani"?

7. Bagaimana sistim pendidikan di negara anda? Apa berbeda dari Indonesia?

8. Bagaimana kedudukan universitas negeri dibandingkan dengan universitas swasta di Indonesia dan di negara anda?

III. PENGEMBANGAN KOSA KATA

1. __menanggulangi__   "to tackle" (a most serious problem, usually on

   a national scale)

   __menangani__   "to handle; to tackle" (a problem less grave in na-

   ture, can be on a national scale)

   __memecahkan__   (1) "to solve" (a problem); (2) "to break" (liter-

   ally and figuratively)

   __memecah__   "to break" (literally)

   Para rektor seluruh Indonesia sedang mengadakan rapat

   untuk __menanggulangi__ masalah perubahan kurikulum di

   universitas.

   Persoalan yang timbul dalam mapram itu harus kami __tangani__

   segera.

   Saya tidak bisa __memecahkan__ (not __memecah__) soal no. 3 dalam

   ulangan umum itu.

   Cami itu __memecah(kan)__ jendela aula universitas.

2. __beban__   "a burden"

   __membebani__   "to burden"

   __tanggungan__   "more a responsibility than a burden"

   __menanggung__   (1) "to be responsible for"; (2) "to guarantee"

   __tanggung bèrès__   "guaranteed that everything is OK"

   __tanggung jawab__   "responsibility; to be responsible"

   __(ber)tanggung jawab__   "to be responsible"

   Cama-cami menganggap perploncoan sebagai __beban__, bukan

   orientasi.

   Biasanya para senior dan seniorita __membebani__ para prama-

   prami dengan tugas2 yang berat.

   Sebagai seorang paman, saya harus menganggap kemenakan

saya itu bukan sebagai _beban_, tetapi sebagai _tanggungan_.

Sayalah yang _menanggung_ pendidikan kemenakan saya itu.

Mutu pendidikan di sekolah Katolik bisa _ditanggung_.

Jangan kuatir, soal itu _tanggung beres_, deh!

Tanggung jawab seorang masinis lebih berat dari seorang

kondektur.

Siapa yang _(ber)tanggung jawab_ dalam soal ini?

3. _menteri_   "cabinet minister"

perdana menteri   "prime minister" (in modern government)

kementerian/departemèn   "ministry"

Menteri Pendidikan   "Minister of Education"

Menteri Luar Negeri   "Minister of Foreign Affairs"

Menteri Dalam Negeri   "Minister of Home Affairs"

Menteri Keuangan   "Minister of Finance"

Menteri Pertanian   "Minister of Agriculture"

Menteri Agama   "Minister of Religious Affairs"

Menteri Pertahanan   "Minister of Defense"

Pada jaman pemerintahan Soekarno, Indonesia pernah mem-

punyai seratus _kementerian_.

Sekarang hanya tinggal kira2 20 kementerian dan masing2

di bawah seorang _menteri_, seperti _Menteri Pendidikan_,

Menteri Pertahanan, _Menteri Dalam Negeri_, dsb.

4. _Taman Kanak-kanak (TK)_   "kindergarten" (rarely found in villages)

Sekolah Menengah Pertama (SMP)   "junior high school, a school

with a non-vocational curriculum"

Sekolah Tehnik (ST)   "junior technical school, a school with

a vocational curriculum"

Sekolah Menengah Ekonomi Pertama (SMEP)   "Economics High School,
   Lower Division, a junior high school with a vocational cur-
   riculum"

Sekolah Menengah Atas (SMA)   "senior high school, a school with
   a non-vocational curriculum"

Sekolah Tèhnik Menengah (STM)   "senior technical school, a school
   with a vocational curriculum"

Sekolah Guru Atas (SGA)   "Teachers Training School, a school
   for prospective elementary school teachers"

Sekolah Pembangunan   "Development School, a school estab-
   lished according to a new system of education introduced in
   1970, designed, among other things, to provide students with
   vocational skills in addition to a curriculum of general
   education" Sekolah Pembangunan spans elementary through
   senior high school.

Please note that until recently, students who wished to continue
to the next higher school (say, from SMP to SMA) were required to
pass a national exam held on the same date and at the same time
throughout Indonesia. Now local boards of education are empowered
to write, administer, and grade the exams themselves.

   Setelah di TK satu atau dua tahun, anak2 masuk SD.

   Mereka yang tamat SMP bisa masuk STM, tapi yang tamat

   ST tidak bisa masuk SMA.

   Sekolah Pembangunan masih dalam taraf percobaan.

5. paspal   "abbreviation of (ilmu) pasti dan pengetahuan alam--
   mathematics and natural sciences"

   ilmu pasti   "discipline of mathematics"

314

ilmu ukur	"geometry"
ilmu alam	"physics"
ilmu kimia	"chemistry"
ilmu aljabar	"algebra"
ilmu hayat	"biology"
ilmu kedòkteran	"medical science"

sòspòl   "abbreviation of sosial politik--social and political
sciences"

sasdaya   "abbreviation of sastra dan budaya--language and cul-
ture"

ilmu bangsa2	"ethnology"
ilmu bumi	"geography"
ilmu jiwa	"psychology"
ilmu tumbuh2an	"botany"

> Di SMA bagian A diajarkan ilmu aljabar, ilmu bangsa2,
> ilmu sejarah, dsb., tetapi tidak ilmu kimia, ilmu ukur,
> ilmu alam, dan beberapa ilmu yang lain.
>
> Lulusan SMA bagian paspal jarang sekali meneruskan ke
> sospol di universitas.

6. jurusan   (1) "field of study"; (2) "direction" (to a place);
(3) "department" (of a university)

lapangan   (1) "field of study"; (2) "a square or field" (for
football, etc.)

bidang   (1) "field of study"; (2) "classifier for a piece of
land"

vak   "a Dutch word which is still often used for a field of
study; course"

315

basah-kering   "when used with fields of study, basah and kering

refer to moneymaking and non-moneymaking respectively"

Jurusan/lapangan/bidang/vak saya adalah ilmu bumi.

Bis ini jurusan (not lapangan, bidang, vak) Kebayoran

Baru.

Salat Idul Fitri itu akan diadakan di lapangan (not jurus-

an, bidang, vak) Merdeka.

Bangsawan itu mempunyai beberapa bidang (not jurusan,

lapangan, vak) tanah di daerah ini.

Semester ini saya mengambil empat vak (not jurusan, lapang-

an, bidang).

Sekarang ini bidang2 seperti pertanian, kesehatan, dan

kependudukan basah, tetapi bidang bahasa dan budaya sangat

kering.

7. angka gugur   "dropout rate/figure" There does not seem to be

a term for "rate" accepted by Indonesians from different fields

of study. The word angka is often used to mean "rate" as well

as "figure."

Angka gugur untuk murid2 SD sangat tinggi, terutama di

desa.

Angka kelahiran naik 2% tiap tahun.

Angka2 statistik itu menunjukkan turunnya kebuta-hurufan

kita.

8. trampil   "skillful"

ketrampilan   "skill"

cekatan   "skillful" (implying speed as well)

kecekatan   "skill" (esp. accompanied by speed)

316

makarya   "to have the will to work"

Plonco itu tidak hanya trampil, tapi juga cekatan.

Di beberapa kantor tertentu tidak hanya ketrampilan saja

yang diperlukan, tapi juga kecekatan.

Sekolah Pembangunan memerlukan guru2 yang makarya.

9. tenaga   "energy; force; power" (as in electricity, water, etc.)

tenaga kerja   "work force; labor; manpower"

tenaga pengajar   "teaching staff"

tenaga buruh   "work force; labor" The word buruh often connotes

unskilled or semiskilled labor.

tenaga ahli   "expert"

Tenaga manusia tidak banyak dihargai di sini.

Babu itu kehabisan tenaga setelah bekerja sehari penuh.

Banyak tenaga kerja yang belum dimanfaatkan sekarang ini.

Di tiap jurusan di universitas kami masih kekurangan tenaga

pengajar.

Hanya tenaga buruh yang sangat murah di Indonesia.

Banyak tenaga ahli yang disedot ke luar negeri.

10. jenjang   "scale; step" (in a non-physical sense) While in edu-

cation jenjang is similar to kelas, it is not identical.

Jenjang refers to duration, kelas to grade.

Jenjang pendidikan di SD 6 tahun, di SMP 3 tahun, dan di

SMA 3 tahun.

Di Indonesia jenjang untuk kenaikan pangkat adalah tiap

2 tahun.

Dia sekarang duduk di kelas (not jenjang) 5 SD.

SD Pembangunan hanya mempunyai 5 jenjang (not kelas).

11. Taman Siswa   "A school system established on July 3, 1922, by

an Indonesian educator, Ki Hadjar Dewantoro" Taman Siswa's

primary objective was to balance the westernization taking

place at that time with an awareness of Indonesia's own cul-

tural heritage. This system included SD, called Taman Muda,

SMP--Taman Dewasa, and SMA--Taman Madya. With Indonesian

independence, the need to retain Taman Siswa logically

decreased, hence Taman Siswa is now virtually nonexistent.

Lulusan Taman Siswa biasanya sangat nasionalistis.

12. fakultas   "faculty" (of law, letters, etc.)

ruang kuliah   "lecture hall; university classroom"

ruang dosen   "faculty members' lounge or offices" In most

universities, a department has a large room with tables

and each faculty member is assigned a table as his or her

"office."

aula   "a very large room, often completely open on one side,

usually used as a meeting place"

Dosen2 dari Fakultas Pendidikan hanya mempunyai satu

ruang dosen.

Ruang kuliah untuk mata kuliah Pendidikan Umum terlalu

kecil karena mahasiswanya banyak.

Rapat mapram itu diadakan di aula.

13. Beberapa peribahasa:

a. Pagar makan tanaman. This refers to one who takes advantage

of something he is supposed to protect or guard.

b. Seperti cendawan tumbuh di musim hujan. This refers to a

situation in which something suddenly becomes faddish or

available everywhere.

IV. REMEDIASI TATABAHASA

1. <u>selama</u>   This word has several meanings:

    a. "while"

      <u>Selama</u> dia mondok di sini dia belajar dengan baik.

      Dia mencuci piring <u>selama</u> adiknya membersihkan kamarnya.

    b. "for," in the sense of duration

      Ki Hadjar Dewantoro menduduki jabatan itu <u>selama</u> 3 bulan
saja.

      Murid2 belajar di SD <u>selama</u> 6 tahun.

      Contrary to what one might expect, <u>untuk</u> is not usually
used here.

    c. "as long as," in the conditional sense

      <u>Selama</u> dia tetap keras kepala, saya juga akan keras
kepala.

      <u>Selama</u> kita bersatu, kita tidak akan bisa dikalahkan.

    d. followed by <u>ini</u> means "so far; up to this point"

      <u>Selama ini</u> dia belum pernah kurang ajar terhadap saya.

      <u>Selama ini</u> keadaan mapram berjalan lancar.

    e. duplicated, followed by -<u>nya</u>, means "forever"

      Tante girang itu akhirnya meninggalkan suaminya <u>selama-
lamanya</u>.

      Dia meninggalkan pacarnya <u>selama-lamanya</u>.

V. LATIHAN

Pilihlah kata2 yang paling tepat untuk kalimat2 berikut.

1. Setelah Presiden Soekarno jatuh, masalah yang harus (ditangani/di-
   tanggulangi/dipecah) adalah masalah kesetabilan politik dan kemajuan
   ekonomi.

2. Saya tidak bisa (memecah/memecahkan/menanggulangi) soal aljabar
   no. 5 dalam ujian penghabisan itu.

3. Jangan kuwatir, soal gajimu itu akan saya (tangani/tanggulangi/
   pecah) segera.

4. Kata para penjajah, golongan bumiputera itu malas, tidak mau memeras
   keringat, dan karenanya selalu menjadi (beban/tanggungan) pemerintah
   saja.

5. Jangan kuwatir, dik, soal ongkos perkawinanmu itu jadi (beban/tang-
   gungan) saya.

6. Dia orang yang tidak (menanggung/bertanggung) jawab.

7. Uang sekolah yang tiap tahun naik gila-gilaan itu betul2 menjadi
   (tanggungan/tanggung jawab/beban) para orang-tua.

8. Dalam jaman pembangunan tehnologi seperti sekarang ini jurusan2
   seperti tehnik dan pertanian merupakan bidang yang (basah/kering).

9. Mereka yang lulus (SMP/ST/SMEP) bisa meneruskan ke SMA.

10. Karena ilmu pasti dia di SMP baik, dia dinaikkan ke kelas tiga (A, B).

11. Di SMA bagian A, para murid tidak diajar ilmu (bangsa2/bumi/ukur).

12. Dia diterima di Fakultas Kedokteran karena dia dari bagian (paspal/
    sospol/sasdaya).

13. Mereka mendesak supaya rapat umum itu diadakan di (lapangan/jurusan/

bidang) Banteng.

14. Dia tidak sedar bahwa mengambil lima (lapangan/vak/jurusan) dalam
satu semester itu sangat berat untuk seorang pasca-sarjana.

15. Kalau bisa jangan mengambil jurusan sasdaya, karena bidang itu
(basah/kering).

16. Drs. Harun, seorang lektor di fakultas kami, baru saja membeli
se-(bidang/lapangan/jurusan) tanah di Jalan Solo.

17. (Nilai/angka) gugur di Fakultas Kedokteran agak tinggi.

18. Kita harus mencari pegawai yang tidak hanya (trampil/cekatan)
tetapi juga (trampil/cekatan).

19. Kalau kebanyakan kita cukup mempunyai (kecekatan/ketrampilan)
saja, kita pasti bisa membangun ekonomi kita.

20. Meskipun cekatan tapi kalau tidak (makarya/trampil) tidak akan
menjadi pekerja yang baik.

21. (Tenaga/kekuatan/kekuasaan) pengajar di bidang ilmu hayat masih
kurang.

22. Indonesia mendatangkan banyak tenaga (buruh/ahli/kerja) dalam
bidang pendidikan sebagai penasehat pemerintah.

23. Yang akan dirubah dalam Sekolah Pembangunan antara lain ialah
(jenjang/kelas) pendidikan di SD.

24. Anakmu sekarang sudah (jenjang/kelas) berapa?

25. Tiap (jurusan/fakultas/bidang) di universitas dikepalai oleh se-
orang dekan.

26. Kantor pengajar universitas ada di ruang (dosen/kuliah).

27. Rapat mapram umumnya diadakan di (aula/ruang kuliah/ruang dosen).

28. Dia memberikan ceramah di sini (untuk/selama) satu jam.

321

29. Teruskan peribahasa ini dan berilah artinya:

Pagar. . . .

Tong. . . .

Seperti cendawan. . . .

Besar pasak. . . .

BAB V. C.

KUGAPAI CINTAMU - Bagian I

Seperti rumput hidup manusia. Seperti bunga padang yang mulia.
Kata kitab suci. Lalu dalam realita: rerumputan yang kuning digaring
matahari akan kembali hijau di musim hujan. Cemara tak pernah ke-
habisan daun kendati angin tak bosan-bosannya meluruhkannya. Flam-
boyan sekali tempo akan gundul, tapi kemudian kembali rimbun berbunga
molek.

Jadi, tak patut meratap jika nasib terpuruk ke dalam kekecewaan
sesekali. Ah, terlalu optimistis agaknya. Ya, walaupun mungkin ber-
lebihan, begitulah bagi Tody. Lelaki muda ini sesungguhnya menerima
rumput kering dari realita. Tapi dia berusaha di hatinya bisa ber-   10
bunga flamboyan cantik.

Bunga flamboyan mekar di kepala gadis-gadis. Oh, bukan. Cuma
pita-pita berwarna merah, kuning atau hijau mengikat kucir-kucir rambut
mereka, calon-calon mahasiswi yang sedang menjalani mapram. Mapram
atau perpeloncoankah namanya, bagi Faraitody tak perlu dipersoalkan.
Soal nama, itu urusan Mentri PDK. Dia cuma tahu masa-masa itu meng-
gembirakan. Kegembiraan yang sesaat. Kemudian, terkulai layu dalam
realita rumput kering.

Dia menatap tubuh calon-calon mahasiswa yang duduk di lantai.
Satu-satu wajah itu diamatinya. Dan seperti tahun-tahun dulu di kampus   20
Gadjah Mada itu, dia melihat pancaran yang serupa. Wajah yang pasrah,
patuh dan penurut. Beberapa hari ini dia merasa dirinya bisa jadi
penguasa. Hitam katanya adalah hitam yang harus dikerjakan cama-cami
yang diperintahnya.

324

Tapi kekuasaan beberapa saat itu, tak lagi begitu menarik sekarang.

Tahun-tahun yang berlalu telah mengajarkan untuk jangan percaya pada

kelembutan gadis-gadis mahasiswi baru itu. Selama masa penggojlogan

mereka akan semanis anak kelinci jinak. Tapi serentak perpeloncoan

berakhir, mereka bisa mandadak jadi putri kayangan. Yang senyumnya

aduhai sinis, yang sombongnya allahurabbi. 30

Memang ada satu-dua mahasiswa senioren berhasil memetik mawar baru

di kampus ini. Tapi yang dialami Tody, dia selamanya salah pilih. Dia

mendekati gadis yang ternyata pura-pura melayani. Jadi sambutan untuk

sekuriti saja.

Seperti tahun yang lalu, dia menerima ucapan:

"Maaf mas Tody, malam inaugurasi nanti saya dijemput teman."

Atau tahun sebelumnya lagi:

"Perkenalkan mas Tody, ini mas......"

Dan seterusnya. Dan seterusnya. Itulah realita rumput kering.

Maka sekarang tak ada lagi niatnya mendekati seorang gadispun. 40

Dia ikuti mapram itu hanya sebagai panitia saja. Dia bekerja dengan

kerutinan yang pernah dialaminya selama bertahun-tahun menjadi aktivis

di kampus itu. Dia mengawasi acara olahraga, mengawasi perlombaan

seni, mengawasi ini mengawasi itu, sepanjang hari di kampus itu. Tanpa

ambisi bercinta.

Pengalaman yang sudah-sudah menjadikannya jerih. Dia seorang

introvert. Sehingga lebih banyak merenungi dirinya sendiri. Lebih

banyak bicara dengan dirinya sendiri. Apakah yang salah dalam diriku.

Kenapa aku mengalami kepahitan-kepahitan dalam berhubungan dengan gadis-

gadis? 50

Dia membandingkan dirinya dengan teman-temannya. Dengan Daniel.

Ah, sebenarnya aku tidak kalah, pikirnya. Tapi kenapa Daniel bisa

memperoleh seorang gadis yang setia mendampinginya? Gadis itu dia

kenal dalam mapram tempo hari. Atau Fauzi. Dia juga punya pacar

yang sangat manis. Kenapa dia bisa? Kenapa aku tidak?

Secara pisik, aku tidak terlalu buruk. Dan Tody mengawasi bayang-

annya di kaca jendela. Dia bertemu dengan mata yang lunak. Dan profil

yang lunak pula. Dagunya tidak sekasar lelaki-lelaki dari daerahnya,

dari Nusatenggara Timur sana. Malahan terlalu halus. Maka dia ingat

waktu kecilnya dulu, kerapkali dia diganggu teman-temannya hanya karena   60

kehalusan wajah dan tubuhnya. Sehingga kerap dia berkelahi. Dan

kerap dikucilkan oleh teman-temannya.

Dan sekarang, dia tidak dikucilkan oleh siapapun. Tapi realita

rumput keringlah yang dihadapinya dari hari ke hari. Cuma tak seorang-

pun tahu. Tiap orang tetap mengenal dia sebagai aktivis mahasiswa

yang ramah, yang hadir dalam setiap kegiatan di kampus ini.

Dalam kegiatan sekarang, dia lebih berhati-hati. Terutama ter-

hadap gadis-gadis cantik. Dia tak mau sekali lagi terkecoh. Gadis

yang hanya sekedar mencari pelindung selama penggojlogan. Boleh jadi

lantaran hatinya yang kelewat lunak makanya gampang tertipu dulu. Dan   70

itu tak boleh lagi terjadi. Sedang keledaipun akan malu tersandung

berkali-kali. Apakah aku harus mengalami peristiwa serupa berulang tiga

kali? Bah, konyolnya!

Tody melirik lewat pintu yang terbuka. Seorang cami dibopong ke

kantor panitia itu.

"Semaput," kata Sartono, mahasiswa senior yang mengantar.

Tody tak bergerak dari kursinya. Mukanya bereaksipun tidak. Cami itu

dibaringkan di divan yang memang tersedia di kantor itu.

326

"Mana seksi kesehatan?"

"Mungkin di wese," kata Tody datar. Sartono berlari ke luar. Dan 80

Tody tersenyum. Dia ingat, tahun-tahun yang lalu dia pun akan sesigap

senioren itu kalau menghadapi gadis-gadis yang mengalami kesulitan.

Siapa tahu, bisa memetik kelapa. Padahal tak tahunya yang tertanam

cuma mumbang. Tak lama Sartono muncul.

"Tak ada di situ," katanya dalam nafas terengah.

"Katanya tadi mau buang air," masih datar suara Tody.

"Atau dia sedang makan di kantin? Bagi anak-anak kedokteran, makan

dan buang air memang sama saja maknanya."

"Bagaimana ini mas Tody?"

Tody memperhatikan tanda "K" yang berarti keamanan di baju Sartono. 90

"Apanya bagaimana?"

"Cami ini......"

"Tak apa-apa. Dia cuma kelenger karena panas matahari. Sebentar

lagi dia akan bangun."

Tody mengalihkan pandang ke tubuh yang terbaring itu. Seorang

mahasiswi senior mengipasinya.

Dengan rambut yang dikucir kecil-kecil, dan mata terpejam, cami

itu seperti anak kecil. Atau mungkin karena wajahnya yang mungil se-

perti boneka kurus itu. Tulang pipinya samar menonjol. Bibirnya pias,

tapi bentuknya bagus. Lekukan yang sering ngambek naga-naganya. Dan 100

hidungnya harmonis dengan wajah dan bibir itu. Sedang bulu mata yang

terpejam, lentik membuat kelopak matanya indah.

Dan gadis yang mengipasinya, Widuri. Tingkat dua atau tiga. Tody

kurang tahu. Dia cuma pasti gadis itu sefakultas dengannya. Pernah

dia plonco. Wajah gadis itu rusuh. Mungkin dia menguatirkan cami yang pingsan itu. Sesekali dia menatap Tody. Dan Tody tak suka menerima

tatapan yang menuntut itu.

"Kipasi saja. Nanti dia akan sadar," kata Tody dan dia kembali

membaca bukunya.

"Mas Tody," suara Widuri takut-takut.   110

"Sebaiknya seksi kesehatan dipanggil."

Tody mengangkat kepalanya. Sekejap, mata mereka bersamplokan.

"Itu tidak akan apa-apa. Aku sudah berpuluh kali menghadapi orang

semaput."

"Tapi cami ini kelihatannya sangat lemah."

Tody menggerakkan tangannya, dan Widuri tahu dia tak ingin diganggu.

Gadis itu menghela napas dalam-dalam. Dan mengalihkan pandang pada

Sartono.

"Apa yang kau tunggu lagi Ton?"

Sartono mengangkat alisnya.   120

"Carilah seksi kesehatan," lanjut Widuri.

"Ke mana harus kucari?"

Widuri menghembuskan napas keras-keras.

"Ke mana harus kucari?" ulangnya dengan bibir melekuk.

"Cari ke mana saja."

Sartono ke luar. Lewat jendela, gerutunya tertinggal.

"Seksi kesehatan sialan! Enak-enak meninggalkan posnya. Tak punya

tanggung jawab. Bangsat! Ini perlu dirapatkan. Ini skandal tugas!"

"Jangan mengomel lagi, Ton!" hampir berteriak Widuri.

"Yaaaa......tuan putri!" balas Sartono tak kalah kerasnya.   130

Dan akibat teriakan-teriakan itu, cami itu menggeliat. Kemudian

matanya terbuka.

"Eh, dia sudah sadar," kata Widuri.

Bola mata cami itu mengitar-ngitar di balik bulu matanya yang lentik.

"Beri dia minum," kata Tody tanpa memandang.

Cami itu duduk dengan bertumpu pada rangkulan Widuri. Dan dia

minum, sementara matanya takut-takut menatap seluruh ruangan.

"Agak segar?" tanya Widuri.

Cami itu mengangguk.

"Istirahatlah." 14

"Dia sudah cukup istirahat. Dia harus kembali ke barisannya,"

kata Tody dari sudut ruangan itu. Matanya masih pada bukunya.

"Dia masih lemah," kata Widuri.

"Dia sudah kuat untuk bergabung dengan teman-temannya."

"Nanti dia sakit."

"Dia sudah cukup beristirahat waktu tidur tadi."

"Dia pingsan tadi."

"Di lapangan tadi mungkin dia memang pingsan. Tapi di sini dia

tidur."

"Saya tahu pasti, dia pingsan." 150

"Apakah orang pingsan terbangun mendengar teriakan?" kata Tody

tajam.

Widuri menatap cami itu.

"Aku sudah berpengalaman menghadapi akal bulus cama-cami yang malas

mengikuti acara-acara. Mapram ini untuk menanamkan disiplin. Setiap

calon mahasiswa harus mengikutinya. Tak ada tempat untuk mereka bermanja-

manja."

"Adik sudah bisa bangun?" tanya Widuri. Cami itu mengangguk.

Lalu dia bangkit. Dan pemandangannya gelap. Seribu kunang-kunang

329

mengerjap di matanya. Sehingga dia terduduk kembali di divan itu.   160

"Dia masih lemah," kata Widuri. Nada protes di suara itu menye-

babkan Tody memandang. Dan Widuri menunduk.

"Dia belum bisa mengikuti acara-acara," katanya pelahan.

"Apamu dia rupanya Widuri, makanya kau lindungi begitu?"

"Saya tidak melindunginya. Saya cuma melihat kenyataannya."

"Kau memang lemah! Teman-teman bilang, kau membuat cama-cami

menjadi manja. Membuat mereka berani membangkang."

"Anggota panitia banyak yang sewenang-wenang. Sudah tahu sakit,

cama-cami masih dipaksa ikut," ujar Widuri sengit.

"Mereka semua sudah pernah mengalami sendiri."   170

"Karena itu seharusnya punya teposeliro. Jangan memaksa."

"Tahun-tahun dahulu, masa perpeloncoan kami jauh lebih berat lagi.

Sekarang sudah lebih enak. Tapi masih mau bermanja-manja," kata Tody

tak acuh. Cami itu menatap berganti-ganti dari Widuri ke Tody.

"Jadi lantaran dulu lebih berat, sekarang orang sakit harus di-

suruh lari-lari di siang bolong begini. Coba diri sendiri, bagaimana

rasanya berlari di bawah matahari." ...

(Dari *Kugapai Cintamu* oleh Ashadi

Siregar, 1974.)

330

I. DAFTAR KATA PENOLONG

aduhai	"wow!"
allahurabbi	"God only knows!"
apamu	"what's (he/she/it) to you"
bah	"darn it!"
bersamplòkan	"Javanese word for bertemu" (of eyes)
buang air (besar)	"to defecate"
cemara	"ironwood tree"
gampang	"Jav. word for mudah"
garing	"Jav. word for kering"
gerutu	"a grumble"
gundul	"bald-headed (totally without hair); bare (of forest, jungle, etc.)"
jerih	"weary"
keledai	"mule"
kelenger	"Jav. word for fainted"
kelinci	"rabbit"
kendati	"although"
kepahitan	"bitterness"
kònyòl	"for nothing; foolish"
kunang-kunang	"firefly"
kucir	"pigtail"
lantaran	"Jav. word for karena"
lentik	"long and curved upward"
lunak	"soft"
manja	"spoiled" (of people)

mekar	"to blossom"
melirik	"Jav. word for mengerling"
meluruhkan	"to drop" (of leaves, flowers, etc.)
membangkang	"to disobey; be defiant"
memetik	"to pick" (of flowers; also figuratively)
mendadak	"suddenly"
mendampingi	"to be on one's side"
menggapai	"to reach for by stretching one's arm"
menggeliat	"to stretch oneself"
menghéla	"to draw (of breath); haul"
menghembuskan	"to blow away"
mengipasi	"to fan"
mengòmèl	"colloquial expression for grumbling"
mengucilkan	"to banish; expel"
nasib	"fate"
molèk	"beautiful"
mumbang	"very young coconut"
olahraga	"sports"
pancaran	"fast flow (of x)"
pasrah	"Jav. word for surrender, usually with religious connotation"
patut	"proper; appropriate"
penggòjlògan	"Jav. word for shaking up, roughing up"
penurut	"one who is obedient"
perlombaan	"contest"
pias	"thin; margin"
pingsan	"fainted"

pita	"ribbon"
semaput	"Jav. word for fainted"
sesekali	"once in a while"
sesigap	"as fast as"
sewenang-wenang	"to use one's power at will without regard to existing law or common sense; referring to the abuse of power"
tepòselirò	"Jav. word for being considerate"
terengah	"to run out of breath"
terkècoh	"deceived"
terkulai	"drooping"
terpuruk	"to sink away"
tersandung	"to stumble"
tidak kalah	"does not lose; no less (handsome, bright, etc.) than"
yang sudah-sudah	"that which has passed"
wésé	"W.C.; water closet"

II. JAWABLAH PERTANYAAN2 BERIKUT DENGAN KALIMAT2 LENGKAP

1. Mengapa penulis menyamakan hidup manusia dengan rumput?

2. Apa pangkat Tody kira-kiranya dalam mapram ini?

3. Apa Tody seorang pemuda yang dingin terhadap wanita? Mengapa demikian?

4. Apa yang dimaksud penulis dengan "realita rumput kering"?

5. Apa rupanya Tody jelek? Ceritakan sedikit tentang fisik dia.

6. Bagaimana reaksi Tody waktu ada cami pingsan yang dibopong masuk?

7. Apa yang terjadi dengan cami itu dan mengapa?

8. Cami itu rupanya biasa atau cantik? Dari mana anda tahu?

9. Tody sekarang mahasiswa tingkat berapa? Dari mana anda tahu?

10. Bedakan watak Widuri dengan Tody!

11. Mengapa Sartono sendiri tidak bisa memberi pertolongan pada cami yang pingsan itu?

12. Perbedaan pendapat apa yang terdapat antara Tody dan Widuri tentang cami itu?

13. Perbedaan pendapat apa yang terdapat antara mereka tentang hak dan kewajiban senioren?

14. Pada kalimat 83 terdapat kalimat: "Siapa tahu bisa memetik kelapa. Padahal tak tahunya yang tertanam hanya mumbang." Apa maksud kalimat ini?

III. PENGEMBANGAN KOSA KATA

1. gundul (1) "completely bald"; (2) "bare" (of forest, jungle, etc.)

   bòtak "bald" (referring only to baldness of the front part of the head) A botak man is considered a brilliant thinker.

   kucir "braided hair"

   Bintang film seperti Yul Bryner dan Telly Savalas kepalanya gundul.

334

Hutan di daerah itu gundul karena banyak pohon yang

ditebang.

Dia belajar mati-matian sampai kepalanya botak.

Pada waktu mapram para cami tidak boleh pakai potongan

rambut yang bagus, mereka harus pakai kucir.

2. meratap   "to lament"

meratapi   "to lament over"

terisak-isak   "to whimper" (only as the tail end of crying)

tersedu-sedu/-sedan   "sobbing" (usually louder than terisak-

isak)

merintih   "to whimper" (in pain)

menangis   "to cry"

cèngèng   (1) "to cry easily"; (2) when referring to someone,

usually in the idiomatic expression koboi cengeng, it means

"a half-baked cowboy"

Prami itu tidak berani menangis, hanya terisak-isak saja.

Sebagai istri orang kebanyakan dia meratap sehari-hari

karena gaji suaminya tidak cukup untuk hidup.

Dia meratapi nasibnya yang malang itu.

Dia merintih karena dicubit kakaknya.

"Sebagai anak laki-laki, kamu tidak boleh cengeng," kata

ajahnya.

Bang Amat memang ada potongan koboi, tapi cengeng.

3. sambutan   "a response; a speech" (usually shorter than a pidato)

menyambut   "to respond; to greet"

memberi(kan) sambutan   "to respond; to give a brief speech"

tanggapan   "reaction; response"

menanggapi   "to react"

> Cami2 itu memberi <u>sambutan/tanggapan</u> cinta hanya waktu posma saja.
>
> Rektor kami akan <u>memberikan sambutannya</u> dalam pembukaan mapram di aula.
>
> Kelihatannya dia <u>menyambut/menanggapi</u> cinta saya.
>
> Siapa saja yang akan <u>menyambut</u> (not <u>menanggapi</u>) kedatangan Menteri Pertahanan besok?
>
> <u>Tanggapan/sambutan</u> dia mengenai gagasan kami sangat negatif.
>
> Usul anda akan kami <u>tanggapi</u> (not <u>sambut</u>) segera setelah kami kaji lebih lanjut.

4. mengawasi   "to supervise; to keep an eye on"

   awas   "watch out!"

   pengawasan   "supervision"

> Tody hanya <u>mengawasi</u> acara olahraga saja.
>
> <u>Awas</u>, di sana ada anjing buas!
>
> <u>Awas</u> kamu, kalau berani memukul adikku lagi!
>
> Malam inaugurasi itu di bawah <u>pengawasan</u> Ketua Mapram.

5. perlombaan   "a contest; match; competition" (may be physical or non-physical) If it is physical, it does not involve an object (such as a ball, shuttlecock, etc.) for which the opposing teams fight.

   berlomba   "to join a <u>perlombaan</u>"

   berlomba-lomba   "to compete hard" (usually with many competitors)

   sayembara   "a contest; competition" (usually non-physical, requiring the use of one's brain, except in <u>wayang</u> stories where a

336

king might order competing suitors to accomplish a heroic

task--for example, building a park in one night--before giving

away his daughter)

menyayembarakan   "to announce (x) as a contest/competition"

pertandingan   "a match (in games or sports) where control of

an object (such as a ball, shuttlecock, etc.) becomes the

target of competition"

bertanding   "to have a pertandingan"

Perlombaan/sayembara (not pertandingan) untuk menciptakan

lagu kebangsaan itu dimenangkan oleh Soepratman.

Besok akan ada perlombaan/pertandingan (not sayembara)

olahraga.

Pertandingan (not perlombaan or sayembara) badminton itu

diadakan di Senayan.

Perlombaan/sayembara (not pertandingan) melukis itu di-

menangkan oleh murid SMP II.

Perlombaan (not pertandingan or sayembara) berenang itu

dikunjungi banyak orang.

Para senioren berlomba-lomba untuk memetik cinta dari para

cami.

Pemilihan lagu kebangsaan itu sudah disayembarakan.

Kedua regu badminton itu akan bertanding minggu depan.

6. yang sudah-sudah   "that which has passed"

yang bukan-bukan   "that which is nonsense or inconsequential"

yang itu-itu juga   "that same thing (over and over again)"

Pengalaman yang sudah-sudah membuat Tody takut bercinta.

Dalam keadaan sakit seperti ini jangan memikirkan yang

bukan-bukan.

Usul yang dia ajukan dari dulu <u>yang itu-itu</u> juga.

7. <u>tidak kalah</u>   "does not lose; not less (in beauty, size, bright-

ness, etc.) than"

<u>mengalah</u>   "to give in"

<u>mengalahkan</u>   "to defeat"

Karena tenaga dia kuat, dia <u>tidak kalah</u> dalam perkelahian

itu.

Tody <u>tidak kalah</u> gagahnya dengan orang-orang seperti

Daniel atau Fauzi.

Anakku <u>tidak kalah</u> pandai dengan anak dekan itu.

Karena aku lebih tua, aku <u>mengalah</u>--biarlah dia yang

dapat hadiah itu.

STM <u>dikalahkan</u> 5-0 dalam pertandingan badminton dengan

SMA.

8. <u>ramah</u>   "friendly" (optionally followed by <u>tamah</u>)

<u>malam/pertemuan ramah-tamah</u>   "social evening/get-together"

In this case, <u>tamah</u> is obligatory.

Tody <u>ramah(-tamah)</u> terhadap siapa saja, tidak pandang

bulu.

Mapram biasanya diakhiri dengan suatu <u>malam ramah-tamah</u>.

9. <u>boleh jadi</u>   "colloquial form for <u>barangkali/mungkin</u>" Boleh

jadi is often used at the beginning of a sentence.

<u>asal jadi</u>   "as long as it is done/made" (it does not matter

what quality, etc.)

<u>main-main jadi sungguhan</u>   "what was originally intended to be

casual or not serious, turns out just the other way around"

<u>Boleh jadi</u> Tody sekarang lebih berhati-hati karena dia pernah terkecoh.

Ah, karangan itu saya bikin <u>asal jadi saja</u>, habis, nggak ada waktunya.

Hati-hati ya, pacaran dengan dia; bisa <u>main-main jadi sungguhan</u>.

10. <u>kònyòl</u>   "for nothing; foolish"

Banyak orang Amerika yang tidak mau mati <u>konyol</u> di Vietnam.

Konyol, lu! Masa gitu aja nggak bisa!

11. <u>pingsan</u>   "to faint"

<u>semaput</u>   "Jav. word for <u>pingsan</u>"

<u>klenger</u>   "Jav. word for <u>pingsan</u>" (with a somewhat rude connotation)

<u>siuman</u>   "to recover consciousness"

Irawati <u>pingsan/semaput/klenger</u> karena panas matahari.

Setelah istirahat di kantor panitia, dia <u>siuman</u>.

12. <u>napas/nafas</u>   "breath"

<u>bernapas/bernafas</u>   "to breathe"

<u>menarik napas/nafas</u>   "to draw a breath; inhale"

<u>menghembuskan napas/nafas</u>   "to let out a breath; exhale"

<u>menghembuskan napas yang terakhir/penghabisan</u>   "to die"

Sebagai pemain olahraga <u>napas</u> dia harus kuat.

Dia belum mati, dia masih <u>bernapas</u>.

Dia <u>menarik napas</u> panjang waktu diperiksa dokter.

Widuri <u>menghembuskan napas</u> karena kecewanya.

Irawati <u>menghembuskan napas yang terakhir/penghabisan</u> di rumahsakit Pantirapih.

13. **buang air (besar)**   "to defecate"

     buang air (kecil)   "to urinate"   Without **besar** or **kecil**, **buang**

       air usually means to defecate only.

     bérak   "a somewhat less polite form for **buang air besar**"

     èèk [e?e?]   "baby talk for **buang air besar**"

     kencing   "a general term for to urinate"

     pipis   "baby talk for **kencing**"

     wésé/w.c./kakus   "a toilet"   In most houses, the toilet is

       separate from the bathroom.

     kamar kecil   "a more polite form for **wese**"

       Di Indonesia tidak banyak tempat umum untuk **buang air/**

       berak.

       Dia hanya mau **buang air kecil/kencing/pipis** saja.

       Anakmu itu mau **eek** apa mau **pipis** saja?

       Wese/w.c./kakus/kamar kecil mahasiswa ada di sebelah utara

       aula.

14. **gerutu**   "a grumble"

     menggerutu   "to grumble"

     òmèlan   "colloquial form for **gerutu**"

     ngòmèl   "colloquial form for **menggerutu**"

       Gerutu/omelan Sartono terdengar dari sini.

       Dia **menggerutu/ngomel** karena disuruh cari bagian kesehatan

       lagi.

15. **énak**   (1) "delicious"; (2) "pleasant"; (3) "well" (of health)

     seénaknya (saja)   "at will" (without regard to existing laws,

       traditions, customs, etc.)

     énak-énak   (1) "when followed by a verb, **enak-enak** indicates that the subject does not care what is happening around him/

her"; (2) "delicious in varying degrees"

énakan   (1) "colloquial form for enak-enak"; (2) "(x) is better

or more delicious/pleasant than (y)"; (3) "had rather"

lezat   "delicious"

nyaman   "pleasant" (usually of weather or situation)

Bakso di kantin Gama enak/lezat sekali.

Udara di Malang sangat enak/nyaman tidak terlalu panas

dan juga tidak terlalu dingin.

(Badan) saya merasa nggak enak hari ini.

Dia duduk seenaknya saja di muka orang-orang tua.

Tody enak-enak/enakan duduk sambil baca buku, sedangkan

Widuri sibuk menolong cami yang semaput itu.

Mangga dari Probolinggo enak-enak.

Enakan di Malang daripada di Jakarta; Malang lebih tenang.

Kalau tahu begini, enakan gua tinggal di rumah.

16. manja   "spoiled" (of people)

bermanja-manja   "to act in a spoiled manner"

memanjakan   "to spoil" (of people)

basi   "spoiled" (of food)

busuk   "spoiled (of food); putrid; bad"

bau   "smell" In some contexts, bau, when not qualified by an

adjective such as wangi, enak, etc., means "stink."

Cami yang manja, tapi molek, itu jadi pacar ketua panitia

akhirnya.

Anak kecil biasanya bermanja-manja.

Makanan yang disediakan untuk ceramah Pak Ali basi/busuk/

bau.

Dari kecil Irawati memang dimanjakan oleh orang-tuanya.

Bau busuk itu datang dari kakus mereka.

Kamu mandi dulu, ah, bau!

17. membangkang   "to disobey; be defiant"

(m)bandel   "colloquial form for membangkang"

penurut   "one who always obeys" (his parents, teachers, etc.)

menurut   (1) "to obey"; (2) "according to"

Anak saya yang laki-laki memang suka membangkang/mbandel.

Gadis yang baik menurut ukuran Indonesia adalah gadis yang penurut/menurut.

Menurut pendapat saya, seorang ketua tidak boleh mempunyai hati yang lunak.

18. wewenang   "authority"

berwewenang   "to have the authority"

sewenang-wenang   "refers to the use of power at will without regard to existing laws, common sense, humanitarian principles, etc."

Saya tidak bisa menangani masalah ini karena saya tidak punya wewenang.

Memang, dia tidak berwewenang dalam masalah itu.

Kata Widuri banyak senioren yang bertindak sewenang-wenang.

19. (acuh) tak acuh   "to be indifferent; unconcerned"

Tody acuh tak acuh terhadap cami yang pingsan itu.

342

IV. REMEDIASI TATABAHASA

1. __nanti__   There are several meanings of __nanti__, depending on the
   context or syntax.

   a. As an adverb of time, __nanti__ "later" is used only from the
      point of view of the present time.   If the event occurred
      in the past or will occur in the future, __kemudian__ or __lalu__
      is used.

      __Nanti__ (later today) saya akan ke rumah Ali.

      Ini bisa dikerjakan __nanti__.

      Kemarin saya ke rumah Siti, __kemudian/lalu__ (not __nanti__) ke
      rumah Hasnah.

      Di Surabaya kami menginap tiga hari. __Kemudian/lalu__ (not
      __nanti__) kami ke Malang.

      Besok kami akan ke kebun binatang, __kemudian/lalu__ (not __nan-
      ti__) ke pantai.

   b. Followed by __siang__, __sore__, or __malam__, it means "(later) this
      afternoon or tonight," respectively. Please note that
      __nanti pagi__ does not occur in the language.

      Wejangan Pak Menteri akan diberikan __nanti malam__.

      Saya akan tentamen __nanti sore__.

   c. Followed by __dulu__, it means "wait" or "just a minute," not
      in the sense of a request to wait, but to allow the speaker
      time to think more about it.

      Kalau itu yang kamu minta, ya, __nanti dulu__.

   d. Preceded by __sampai__, it means "bye and bye" or "see you
      later."

Saya harus pergi sekarang; <u>sampai nanti</u>, deh.

e. Used as an adverb of manner, it indicates that the verb
or the adjective it modifies will eventually hold true.

Kalau cami itu disuruh kerja dalam keadaan lemah seperti
ini, <u>nanti</u> dia pingsang lagi.

Jangan main-main di hujan, <u>nanti</u> kamu masuk angin.

Jangan lari-lari, <u>nanti</u> jatuh.

2. <u>apa + mu/nya</u>   This expression means "what is (he/she/it) to
(you/him/her)".

<u>Apamu</u> dia itu Widuri, makanya kau lindungi dia?

Rakanita itu <u>apamu</u> sih, kok dia baik sama kamu?

Dia <u>apanya</u> dosen itu? Kemenakannya.

V. LATIHAN

Pilihlah kata2 yang paling tepat untuk kalimat2 berikut.

1. Orang pandai seringkali (gundul/botak).

2. Hutan cemara itu (botak/gundul) karena ditebangi oleh rakyat.

3. Wayang seperti Gareng dan Petruk punya (kucir/botak/kocar-kacir).

4. Widuri akhirnya (meratapi/meratap/menangisi) nasibnya yang jelek itu.

5. Sekarang dia sudah berhenti menangis, tapi masih (terisak-isak/me-
rintih/cengeng) terus.

6. Anak saya yang lelaki ini memang (cengeng/menangis/tersedu-sedu),
sering sekali menangis.

7. Karena panas badannya naik, anak kecil itu (terisak-isak/cengeng/

merintih).

8. (Sambutan/tanggapan) Perdana Menteri dalam pertemuan ramah-tamah itu sangat menggembirakan.

9. Yang akan (menanggapi/menyambut) kedatangan Menteri Dalam Negeri ialah Pak Gubernor.

10. Saran kami sama sekali tidak mereka (sambut/tanggapi/tangani).

11. Pelaksanaan Sekolah Pembangunan (dilihat/diawasi/diperhatikan) oleh Departemen PDK.

12. (Sayembara/pertandingan/perlombaan) sepak-bola disenangi rakyat Indonesia.

13. (Sayembara/pertandingan) karang-mengarang itu berhadiah Rp.50.000.

14. Di Istora Senayan besok akan diadakan (pertandingan/perlombaan/ sayembara) lari cepat.

15. Pacar dia akan mengikuti (pertandingan/perlombaan/sayembara) ratu kebaya Indonesia.

16. Para raka (bertanding/berlomba-lomba) untuk mendapatkan cinta dari para cami.

17. Dia sering tidak bisa tidur karena memikirkan yang (bukan/sudah/ bukan-bukan).

18. Bosan saya mendengarnya; yang dia obrolkan selalu yang (bukan- bukan/itu-itu/sudah-sudah) juga.

19. Sebenarnya, rupa Tody tidak (mengalah/kalah/mengalahkan) dengan rupa Daniel.

20. Biarlah, tidak jadi apa, saya yang lebih tua yang (kalah/mengalah/ mengalahkan).

21. Dalam pertemuan (ramah/tamah-ramah/ramah-tamah) itu dekan kami ber- kata bahwa semua sarjana baru hendaklah jadi orang-orang makarya.

22. Dia mendadak pingsang, (boleh/asal) jadi karena cape.

23. Kalau bikin sesuatu, jangan (asal/boleh) jadi, dong, usahakan
supaya yang betul-betuk baik!

24. Sialan gua ini sama si Tini, (main-main/asal/boleh) jadi sungguhan.

25. Setelah pingsang satu jam, dia sudah (siuman/ciuman) sekarang.

26. Kalau mau buang air (besar/kecil) bisa di kamar mandi, tapi kalau
buang air (besar/kecil) harus di kakus.

27. Bu, adik kecil (kencing/pipis).

28. Barangkali dia juga (berak/buang air besar/eek).

29. Sompret, lu, udah nggak mau kerja, tapi (menggerutu/ngomel) terus.

30. Badan saya nggak (nyaman/enak/baik) hari ini.

31. Didikan orangtuanya keliru sehingga akhirnya dia (basi/busuk/manja).

32. Bau (basi/busuk) itu datang dari w.c.

33. Jangan deket-deket, ah, kamu (busuk/basi/bau).

34. Apa gudeg yang (busuk/basi) itu sudah dibuang?

35. Orangtuanya sangat saleh, sehingga anak-anaknya tidak ada yang
(membangkang/menurut).

36. Mereka mendesak agar yang (berwewenang/sewenang-wenang/seenaknya)
segera menanggulangi masalah ini.

37. Ketua panitia itu acuh tak acuh, (enak/seenaknya/enak-enak) duduk,
sedangkan orang-orang lain sibuk mengurusi prama-prami.

38. Suara penyanyi itu (busuk/lezat/enak) sekali.

39. Saya akan ke rumahmu (tadi/nanti/ini) sore, kalau tidak hujan.

40. Tahun 1975 kami di Indonesia, (nanti/kemudian) kami pindah ke
Jepang.

41. Irawati (apamu/apanya) si Tody? Pacarnya.

BAB V. D.

KUGAPAI CINTAMU - Bagian II

Isak cami itu masih terdengar. Tody tak lagi melihat Widuri,
yang telah lenyap di balik gedung. Cami itu menekap mukanya, duduk
di pinggir divan seksi kesehatan.

"Hei, berhenti menangis!" kata Tody.

Gadis itu berusaha menyekap suara isaknya. Menyebabkan dadanya
naik turun.

"Duduklah di kursi plastik itu. Kau bisa lebih santai."

Gadis itu mengangkat kepalanya. Wajahnya basah. Entah keringat
atau air mata. Cuma matanya yang merah menandakan dia betul-betul
sedang parah menangis. Tody menunjuk kursi plastik di dekat divan.   10
Gadis itu bangkit, dan duduk disitu.

"Nah, sekarang, siapa namamu?"

"Centil," hampir berbisik gadis itu menjawab.

"Bah, itu aku sudah tahu. Sudah kulihat atributmu itu. Nama
aslimu kumaksud."

"Irawati."

"Fakultas?"

"Sastra."

"Jurusan?"

"Inggeris."   20

"Inggeris? Coba omong Inggeris."

"Belum bisa."

"Tapi jurusan Inggeris."

"Belum belajar."

"Di SMA kan sudah pernah belajar? Bisa masuk jurusan itu tentu karena Inggerisnya lumayan."

Cami itu diam.

"Ayo, ngomonglah."

Gadis itu tetap membisu dengan kepala tertunduk. Dan karena tetap begitu, Tody kembali menghadapi buku-bukunya. Membiarkan ruangan itu   30 sepi. Di luar matahari membuat tanah berpasir garing, menguapkan sari-sari panas kemarau. Angin bertiup sesekali, menerbangkan debu. Teriakan-teriakan senioren yang membentak cama-cami melayap masuk dibawa angin.

Mapram sekarang jauh lebih ringan dari perpeloncoan tahun-tahun sebelumnya. Tapi orang-orang sudah mengeluh. Apakah lantaran terjadi kemunduran generasi? Karena mahasiswa-mahasiswa baru sekarang lebih lemah mentalnya dari mahasiswa sebelumnya? Atau mereka terlalu biasa hidup manja?

Seperti cami ini. Tody mengangkat matanya. Dan rupa-rupanya gadis itu mengawasinya sejak tadi. Maka sekarang bagai kucing yang   40 ketahuan mencuri ikan asin. Matanya ketakutan mengelak dari tatapan Tody.

"Masih pening?"

Gadis itu mengangguk cepat-cepat.

"Minumlah dulu. Itu minumanmu, di meja."

Gadis itu minum seteguk-seteguk. Dan sesekali matanya melirik Tody.

"Kau sering sakit?"

Gadis itu mengangguk.

"Tapi kau sering bagadang kan?" kata Tody. Mata gadis itu ter-belalak. Dan mata berbulu lentik itu aduhai indah.   50

"Aku tahu, kau suka pesta. Betul tidak?"

Gadis itu membisu. Tangannya mengusap-usap gelas.

"Biarpun kuliahku ekonomi, aku tahu psikologi. Dengan melihat

kemanjaanmu, aku tahu kesukaan-kesukaanmu. Kau suka kehidupan yang

selalu gembira. Tapi kurang bertanggung jawab. Kau termasuk tipe

orang yang mau bunuh diri kalau menghadapi badai kehidupan."

Gadis itu, Irawati, tercengang. Dia sendiri tak pernah memikir-

kan, orang macam apakah dia. Dia hanya menjalani hidup ini. Begitu

saja. Dia hidup dengan ayah-ibu yang mencintainya. Itulah segalanya.

Lalu sekarang, seseorang mengatakan, dia akan bunuh diri kalau meng-   60

hadapi badai kehidupan. Ah, badai bagaimana yang dimaksudnya?

Irawati ingin melirik lelaki itu. Tapi dia ingat betapa dingin

matanya. Mata yang tak acuh. Alangkah tak nyaman berbenturan pandang

dengan mata yang tak bersahabat.

Tody memperhatikan lima pita yang mengikat kucir kecil rambut

gadis itu. Rambut yang legam mengkilat. Gadis itu memijit-mijit pe-

lipisnya. Lewat jendela dia menatap pucuk cemara yang melambai-lambai

mengikuti terpaan angin. Langit biru bersih, gumpalan awan seputih

kapas. Di Kaliurang, pada siang ini pinus juga bergoyangan dan langit-

pun membiru. Tapi udara pastilah sejuk. Di bungalow, dengan halaman   70

dipenuhi bunga memejarkan warna merah, kuning, putih, ungu, betapa

nyaman. Tidak seperti di ruangan ini. Alangkah panas. Alangkah pengap.

Karena matahari tak kenal ampun. Atau mungkin karena tatapan tawar

lelaki itu.

Lelaki itu, kenapa setawar begitu memandang perempuan? Tidak

kayak anggota panitia lainnya. Berlomba-lomba memberikan perhatian.

Ada yang pura-pura membentak. Tapi sebenarnya menunggu senyuman. Sedang

lelaki ini, tak membentak-bentak. Cuma dingin tatapannya, ah, membuat takut Irawati. Siapa dia? Siapa dia? Mas Sartono anggota keamanan

tadi, hormat padanya. Dan mbak bagian keputrian tadipun segan-segan   80

nampaknya di depan lelaki itu.

Kursi berderit. Tody berdiri. Sekejap dia meliukkan pinggangnya

menghilangkan pegal. Tanpa memandang, dia berkata:

"Istirahat saja di sini. Kalau ada yang bertanya, bilang sudah

aku ijinkan."

Irawati mengawasi punggungnya melalui ambang pintu. Kerikil di

halaman terasa panas menembus sol sepatu. Tody berjalan tergesa me-

lintasi halaman terbuka, agar secepatnya tiba di bawah pohon-pohon

penaung.

Kalau ada yang bertanya, bilang sudah aku ijinkan. Irawati ter-   90

mangu. Siapakah "aku" itu? Apakah dia kira setiap orang sudah mengenal-

nya? Atau dia memang terkenal di kampus ini? Ya, mungkin aku yang tak

mengetahuinya. Tentunya dia punya kedudukan penting dalam kepanitiaan

sekarang.

Penting atau tidak, sekarang tak jadi soal. Kesulitan mulai muncul.

Biang penyakit itu datang. Seorang mahasiswa senior terlihat makin

dekat. Johan, mahasiswa tahun kelima.

Lelaki itu sangat getol mendekati cami-cami. Boleh jadi dia sangat

percaya bahwa gadis-gadis akan takluk memandang senyumnya yang mirip

Omar Sharif. Irawati mengenalnya, sebab pacar Johan dulu indekos di   100

seberang rumahnya. Dan diapun tahu putusnya hubungan berpacaran itu.

Apa penyebabnya, Irawati kurang jelas. Cuma tindak-tanduk lelaki itu

membuat Irawati mual. Ada kesan bahwa Johan tak segan-segan menggunakan

kekuasaannya untuk mencapai maksud hati. Lelaki itu agressip sekali.

Nampak sekali tanda-tanda dia memang berniat mendekati Irawati.

Irawati berusaha membalas senyum lelaki itu. Johan berdiri di pintu.

"Kau sakit?"

Irawati mengangguk. Johan meneliti seluruh ruangan. Dan saat matanya singgah di meja Tody tadi, dia bertanya:

"Mana Tody?"   110

O, kalau begitu si dingin itu bernama Tody.

"Mana ketua panitia itu?" tanya Johan sembari mengembalikan tatapannya pada Irawati. Irawati mengangkat bahu. Aduh, ulangi lagi gerak macam itu, kata hati Johan. Alangkah indah gerak bahu yang kemanjaan itu. Dan matanya hitam, bersorot-sorot seperti akan merajuk; dan bibirnya yang siap-siap melekuk memiliki magnit, membuat kepingin memeluknya, menciumnya. Wah!

"Ada apa dengan mas Tody?" kata Irawati. Sekejap tadi, dia mendapat cara untuk menghadapi Johan.

"Kau kenal dia?" tanya lelaki itu.   120

Irawati mengangguk. Lalu senyum. Dan senyum itu dibuatnya malu-malu. Sehingga Johan merasa dagunya gatal, dan dia mengusap-usapnya.

"Kau kenal baik?" tanyanya lagi.

Irawati menunduk lebih dalam, dan senyum lebih samar.

"Ah!" Johan menggaruk kepalanya yang tiba-tiba terasa ikut gatal. Lalu dia bersiul, lagunya tak menentu. Dari sepotong lagu Beatles ke lagu Melayu. Dia mondar-mandir di seputar ruangan. Membuka spanduk yang tergulung, membacanya, lalu menggulung kembali.

"Kalau sakit, kau boleh pulang Ira."

Irawati diam.   130

"Biar kuantar."

Tak ada reaksi.

Johan melongok melalui jendela.

"Hei......!" teriakannya membelah panas. Seorang cama berhenti, dan menoleh takut-takut.

"Mana atributmu he......?"

Cama itu gelagapan. Dalam hati dia mengutuki dirinya sendiri lantaran telah lewat dekat kantor panitia itu.

"Kau tahu atribut itu tidak boleh berpisah dari badanmu. Itu lebih berharga dari nyawamu. Mengerti?"   140

Cama itu mengangguk dengan takzim.

"Sekarang jelaskan. Kenapa kau tanggalkan atributmu itu!"

"Saya......jatuh ke selokan tadi. Lalu diijinkan mandi sebentar."

"Hm," Johan seperti kucing yang mengawasi tikus yang menggigil di depannya.

"Sekarang, ambil nyawamu itu. Cepaaaaat......! Kuhitung sampai lima!"

Cama itu lari terpontang-panting. Johan mengurut-urut lehernya. Berteriak-teriak di bawah sungkupan udara panas sesungguhnya telah mem- buat tenggorokannya mau pecah. Dia tersenyum menyaksikan kepala   150 plontos yang berlari di lapangan itu.

Dia berbalik, dan merasa dirinya "he-man." John Wayne, Richard Burton, atau siapa saja yang hebat-hebat, itulah dia! Tapi, matanya terbentur ke meja Tody kembali. Dan berkisar sedikit, pada Irawati yang memperhatikannya. Gadis itu menatapnya hambar. Seorang gadis melihat Richard Burton atau Omar Sharif, selayaknya matanya mengagumi. Sedang gadis berbaju lusuh dengan atribut mapram ini, sama sekali tak mengaguminya. Sialan!

"Sudah lama kau kenal Tody?" katanya kemudian.

353

"Ya, lumayan lama."   160

"Sejak kapan?"

"Entahlah. Pokoknya sebelum mapram ini."

"Pacarmu?"

"Ah!" Irawati mengusahakan kesipu-sipuan kentara di mukanya.

Johan mengetok-ngetok meja dalam irama gendang lagu Melayu. Ira-

wati membuka-buka halaman "buku suci"nya. Dari luar semayup masuk

suara nyanyian cama cami.

"Ayolah, kuantar pulang Ira."

"Waaah......" Irawati melirik meja Tody.

Johan mempergendang meja lagi.   170

"Selama ini dia yang mengantarmu pulang?"

Irawati tak menjawab. Cuma simpulan di senyumnya.

"Pantas kau menolak terus......" Johan menggaruk-garuk kepala lagi.

"I'm sorry," kata Irawati.

"Kok nggak dari dulu-dulu kau bilang?"

Irawati mengipas-ngipaskan buku sucinya. Cericit burung gereja

di bawah atap. Serta gelepar-gelepar sayapnya menerjang-nerjang ping-

giran atap. Bahkan burung gerejapun merasakan panasnya terik matahari

sekarang. Bahkan burung gereja merasa kepengapan udara. Maka Johan

beranjak, dan berkata: 180

"Ah, panas sekali. Aku pergi dulu."

Irawati menahan senyumnya. Sementara lelaki itu melintasi halaman

yang panas, Irawati hampir tak bisa menahan keinginannya ketawa. ...

(Dari *Kugapai Cintamu*

oleh Ashadi Siregar, 1974.)

354

I.   DAFTAR KATA PENOLONG

ambang	"doorstep; threshold"
atribut	"a name tag" (in mapram)
awan	"cloud"
badai	"hurricane"
bagadang/begadang	"to stay awake until late at night or early morning on certain social occasions"
berderit	"to squeak"
beranjak	"to shift; to move"
bersiul	"to whistle"
bersòròt-sòròt	"(to be) flashing" (of eyes, lights, etc.)
burung geréja	"sparrow"
cericit	"chirping"
debu	"dust"
gatal	"itchy"
gelagapan	"Jav. word for panicky"
gelepar-gelepar	"flapping"
getòl	"Jakarta word for diligent" (in doing things not considered good)
gumpalan	"clump; clod"
hambar	"without interest; tasteless"
indekòs	"Indonesianized Dutch word for mondok"
ikan asin	"dried fish"
kapas	"cotton wool"
kayak	"informal form for seperti"
kentara	"visible"

kepingin	"Jav. word for _ingin_"
kerikil	"gravel"
kerindangan	"shady; the shade"
kesipu-sipuan	"embarrassed"
legam	"black"
lusuh	"worn-out"
meliukkan	"to stretch" (of body)
melòngòk	"Jav. for sticking out one's neck (as from a window); to look out" (the door)
membelah	"to split"
membentak	"to snap at (x), usually with a loud voice"
membisu	"to keep silent"
mempergendang	"to treat (x) as if it were a _gendang_, a drum"
menanggalkan	"to take off" (of apparel, shoes, etc.)
menekap	"to cover" (usually, of the face)
menerjang-nerjang	"to trample on"
menggaruk-garuk	"to scratch" (repeatedly)
menggigil	"to shiver"
menguapkan	"to evaporate (x)"
menyekap	"to impede"
mengeluh	"to complain"
mengetòk-ngetòk	"to knock" (repeatedly) (on doors, tables, etc.)
mengkilat	"shiny"
mengusap-usap	"to stroke" (repeatedly)
melayap	"to fly close to the ground"
merajuk	"to grumble"
mual	"sick of" (one's advice, talk, etc.)

parah	"chronic"
pengap	"stuffy"
pening	"dizzy"
pinggir	"Jav. word for side" (of a divan, street, etc.)
plòntòs	"Jav. word for bald--gundul"
pucuk	"top" (of a tree)
selòkan	"a ditch"
semayup	"softly"
sembari	"Jakarta form for sambil"
seteguk-seteguk	"in gulps"
spanduk	"Indonesianized Dutch word for banner"
sungkapan	"a cover"
takzim	"respectful"
tatapan	"a close look"
tawar	"indifferent"
terbelalak	"with eyes wide open; surprised"
termangu	"confused; dazed"
terpaan	"direction" (of wind)
terpontang-panting	"helter-skelter"
tindak-tanduk	"behavior"

II. JAWABLAH PERTANYAAN2 BERIKUT DENGAN KALIMAT2 LENGKAP

1. Mengapa nama Irawati diganti dengan nama Centil dalam mapram?

2. Apa yang dimaksud dengan "dia bagai kucing yang ketahuan mencuri

ikan asin"?

3. Bagaimana perasaan Tody terhadap Irawati? Apa benar-benar dia
   tidak perduli? Dari mana anda tahu?

4. Menurut Tody gadis macam apakah Irawati itu?

5. Macam apakah kira-kiranya orang-tua Irawati, kaya atau miskin?
   Dari mana anda tahu?

6. Bandingkan watak Johan dengan Tody!

7. Mengapa Johan menawarkan diri untuk mengantar Irawati pulang?

8. Bagaimana tanggapan Irawati terhadap Johan?

9. Apa sebenarnya Irawati kenal Tody? Terangkan jawaban anda!

10. Apa yang dimaksud dengan "buku suci" dalam kalimat "Irawati
    membuka-buka halaman 'buku suci'" di baris 166?

III. PENGEMBANGAN KOSA KATA

1. parah   (1) "chronic" (of illness); (2) "serious" (usually
             of illness); (3) "in earnest" (of crying) This expression
             is not usually used with respect to crying.

   luka parah   "seriously wounded"

   berat   (1) "serious" (of wound or illness); (2) "heavy" (lit-
             erally and figuratively); (3) "don't have the heart to"
             (verb)

   ringan   (1) "not serious" (of wound or illness); (2) "light"
             Penyakit dia sudah parah/berat.

             Irawati sedang parah menangis waktu Johan datang.

Inflasi di Amerika sudah <u>parah</u>.

Dia luka <u>parah/berat</u> karena tabrakan mobil.

Masalah ini terlalu <u>berat</u> untuk saya tangani sendiri.

Koper itu <u>berat</u> sekali, kira-kira 30 kilo.

<u>Berat</u> aku meninggalkan dia di sini sendiri.

Sakitnya/lukanya <u>ringan</u>, tidak perlu ke rumah-sakit.

Tody merasa mapram sekarang ini <u>ringan</u>.

Koper itu <u>ringan</u> sekali, hanya 5 kilo.

2. <u>membisu</u>   "to keep silent"

  <u>bisu</u>   "mute; dumb" (not able to speak)

  <u>tuli</u>   "deaf"

  <u>buta</u>   "blind"

  <u>cacad</u>   "handicapped; invalid"

  <u>penderita cacad</u>   "handicapped people; the handicapped"

      Ira <u>membisu</u> waktu Johan bertanya apa dia pacar Tody.

      Orang yang <u>bisu</u>, biasanya juga <u>tuli</u>.

      Orang buta-huruf tidak harus <u>buta</u>.

      Orang <u>cacad</u> acuh tak acuh akan hidupnya.

      Para <u>penderita cacad</u> akan mendapat bantuan dari pemerintah.

3. <u>mengeluh</u>   (1) "to complain"; (2) "to sigh"

  <u>keluhan</u>   (1) "a complaint"; (2) "a sigh"

      Irawati <u>mengeluh</u> dan menggerutu karena mapram terlalu

      berat untuknya.

      Tody tidak ambil pusing dengan <u>keluhan</u> itu.

4. <u>kemunduran</u>   "digression"

  <u>mundur</u>   (1) "to digress; to move backward"; (2) "unsuccessful"

  <u>maju</u>   (1) "to progress; to move forward"' (2) "successful"

kemajuan   "progress"

maju-mundur   (1) "to move forward and backward"; (2) "to be

doubtful"

   Kemunduran dalam bidang pendidikan harus kita tangani

   segera.

   Tentara kami mundur dan kocar-kacir karena serangan itu.

   Dagang dia mundur/maju akhir-akhir ini.

   Tentara mereka maju untuk menyerang.

   Kemajuan dalam bidang pertanian sudah mulai kentara.

   Para cama-cami harus maju-mundur di lapangan yang panas

   itu.

   Saya maju-mundur mau minta uang dari ayah.

5. bagadang/begadang   "to stay awake until late at night or early

   morning on certain social occasions such as parties, selamatan,

   playing cards, etc."

pésta   "party (not political); to have a party"

pésta kebun   "garden/outdoor party; to have an outdoor/garden

   party"

ramai-ramai/ramé-ramé   "an informal get-together"

piknik/darmawisata/èkskursi   "to go on a social excursion, usually

   in a big group to a distant place, using public or chartered

   transportation, with meals not significant"

   Sebagai gadis manja, Irawati memang sering begadang di

   pesta-pesta.

   Kalau nggak ujan, enakan pesta kebun.

   Datang, dong, nanti malam, kita ada rame-rame.

   Murid2 STM akan piknik/darmawisata/ekskursi ke Bogor minggu

depan.

6. <u>badai</u>   "hurricane"

<u>taufan/topan</u>   "typhoon"

<u>halilintar</u>   "thunder"

<u>kilat</u>   "lightning"

<u>secepat kilat</u>   "as fast as possible"

> <u>Badai</u> dan <u>taufan</u> menghancurkan desa kami.
>
> Suara senior itu keras seperti <u>halilintar</u>.
>
> <u>Kilat</u> itu membunuh 2 orang nelayan dan seorang penghulu.
>
> Plonco itu lari <u>secepat kilat</u> setelah dibentak oleh Johan.

7. <u>pucuk</u>   (1) "top" (of tree); (2) "a classifier for letters"

<u>puncak</u>   (1) "top (of tree, mountain, etc.); summit"; (2) "climax"

<u>ujung</u>   "end (of road); tip (of stick, rod, etc.)"

<u>akhir</u>   "end" (of story, travel, etc.)

<u>ujung-pangkal</u>   "the beginning and the end--usually for stories,
articles, etc., used with <u>tidak</u> to mean disorganized"

> Di <u>pucuk/puncak</u> pohon cemara itu banyak burung2 gereja.
>
> Pertemuan <u>puncak</u> itu akan diadakan di Bogor.
>
> <u>Puncak</u> dari mapram itu ialah malam inaugurasi.
>
> Di <u>ujung</u> jalan itu terletaklah langgar kakek.
>
> <u>Ujung</u> bambu itu dipotong dan ditajamkan.
>
> Bagaimana akhir <u>cerita</u> itu?
>
> Ceritanya tidak ada <u>ujung-pangkalnya</u>.

8. <u>pengap</u>   "stuffy"

<u>sumuk</u>   "hot" (because of humidity) (this word is of Javanese
origin and it refers to bodily discomfort).

<u>tak kenal ampun</u>   "without mercy"

Di aula beribu-ribu cama-cami berkumpul sehingga udara
jadi pengap.

Wah, sumuk sekali hari ini!

Matahari terus menyinari para plonco-plonci dengan tak
kenal ampun.

9. tawar   (1) "indifferent; tasteless"; (2) "without sugar" (of
    tea, coffee, etc.)

air tawar   "fresh water"

hambar   "without interest; tasteless"

asin   "salty" A person who cooks with too much salt is believed
    to have a desire to get married.

ikan asin   "dried (usually salty) fish"

garam   "salt"

    Irawati memberikan senyuman yang tawar/hambar pada Johan.

    Minta teh tawar satu, dik.

    Ikan ini tidak bisa hidup di air tawar.

    Ah, ini kurang asin, minta garamnya sedikit lagi.

    Ira ketakutan, seperti kucing ketahuan mencuri ikan asin.

10. bagian keamanan   "security section"

    bagian keséhatan   "health section"

    bagian keputrian   "women's section"

    Mas Sartono dari bagian keamanan, jadi dia tidak bisa
    menolong orang pingsan.

    Bagian kesehatan terdiri dari mahasiswa2 jurusan ke-
    dokteran.

    Widuri mengurusi bagian keputrian.

11. tindak-tanduk/tingkah-laku   "behavior" (as a characteristic)

362

perbuatan   "behavior" (as a specific act by an individual or
      group of individuals)

sikap   "attitude"

      <u>Tindak-tanduk/tingkah-laku</u> Johan menunjukkan bahwa dia
      mata keranjang.

      <u>Perbuatan</u> Irawati yang pura-pura pingsan itu boleh jadi
      memang disebabkan karena dia manja, bukan karena dia mau
      membangkang.

      <u>Sikap</u> Tody terhadap perempuan sangat dingin.

12. kesan   "impression" (non-physical)

mengesan(kan)   "impressive; to leave an impression"

pesan   "a message" (usually oral, conveyed by someone)

meninggalkan pesan   "to leave a message"

memesan   "to order" (merchandise, food, tickets, etc.)

pesanan   "an order" (of merchandise, food, tickets, etc.)

      Ada <u>kesan</u> bahwa Johan suka bertindak sewenang-wenang.

      Ceramah yang dia berikan sangat <u>mengesan(kan)</u>.

      Ada <u>pesan</u> dari pak rektor, anda diminta datang ke kantor-
      nya.

      Dia <u>meninggalkan pesan</u> supaya saya datang ke perlombaan
      berenang nanti sore.

      Tiap kali ke kantin, dia selalu <u>memesan</u> makanan yang itu-
      itu juga.

      Dia menggerutu karena <u>pesanan</u> daging untuk saur sampai
      sekarang belum datang.

13. <u>ketua vs. kepala</u>   There is no clear explanation as to when
      <u>ketua</u> or <u>kepala</u> is to be used, but in general we can say

that:

(i) A _ketua_ or a _kepala_ is usually one who, by virtue of his education, ability, or popularity, is considered to have the qualifications of leadership.

(ii) In addition to its literal meaning of (human) head, _kepala_ tends to be used with respect to more permanent units such as offices, schools, embassies, etc. In addition, the _kepala_ tends to be the highest ranking member of these units.

  Kepala kantor tatausaha kami _kepalanya_ botak.

  Tanggapan _kepala_ sekolah kami tidak enak.

  Siapa yang menjadi _kepala_ perwakilan kami di San Francisco?

Exceptions:

  Ketua (not _kepala_) LIPI adalah Prof. Dr. Bachtiar Rifai.

  Siapa yang menjadi _ketua_ (not _kepala_) Jurusan Antropologi?

(iii) _Ketua_, as distinct from _kepala_, is never used to denote the (human) head. The unit headed by a _ketua_ is usually temporary in nature and/or non-institutional—for example, committees, organizations, clubs, and the like. A _ketua_ tends also to be of equal rank with those he heads.

  Tody jadi _ketua_ panitia mapram.

  Ketua Himpunan Mahasiswa Islam itu sangat ramah.

  Ki Hadjar Dewantoro menjadi _ketua_ studie klub pemuda2 Indonesia.

14. _mondar-mandir_   "(to walk) to and fro"

   bolak-balik   "back and forth; round trip"

   pulang-pergi   "round trip"

364

pontang-panting   "helter-skelter" (of running)

> Dia mondar-mandir sambil memikirkan bagaimana menanggu-
> langi masalah itu.
>
> Dia sudah bolak-balik ke rumah-sakit, tapi belum sembuh
> juga.
>
> Karcis kapal terbang ke Jakarta $1500 pulang-pergi.
>
> Plonco itu lari pontang-panting ketakutan.

15. menanggalkan   "to take off" (of apparel, shoes, etc.)

    melepaskan   (1) "to take off" (of apparel, shoes, etc.); (2)
        "to let go"

    mengenakan   "to put on (of apparel, shoes, etc.); wear"

    memakai   "to wear; use"

> Atribut itu dilepaskan/ditanggalkan setelah plonco itu
> jatuh ke selokan.
>
> Dia melepaskan (not menanggalkan) burung gereja itu.
>
> Irawati mengenakan/memakai rok yang lusuh.
>
> Apa kami boleh memakai (not mengenakan) ruang kuliah itu
> untuk rapat?

16. lusuh   "worn-out" (of clothes)

    kumal   "dirty and wrinkled" (of clothes)

    compang-camping   "in rags"

> Biasanya plonco-plonci diharuskan memakai pakaian yang
> lusuh atau kumal.
>
> Celana dan kemeja yang dia pakai sudah compang-camping.

IV. REMEDIASI TATABAHASA

1. tadi

    a.   Tadi indicates immediate past. Thus, when used with the time
        of day, it refers to that exact time of day which has just
        past. Therefore, tadi pagi, for instance, spoken at 10:00
        a.m. can only refer to the time before 10:00 a.m. and never
        to 10:00 or after.

            Siapa yang menolongmu tadi?

            Perlombaan itu berlangsung tadi pagi.

            Tadi malam dia buang air sampai 5 kali.

    b.   With -nya, tadinya means "at first."

        Tadinya Tody acuh tak acuh dengan Irawati, tetapi lama
        kelamaan hatinya jadi lunak juga.

        Tadinya dia mau mengikuti sayembara itu, tapi akhirnya
        dia mundur.

2. Agent in a certain passive

    Some people use the short forms ku- and kau- (instead of the full
forms aku and engkau) and attach them to the meN-less verb. Thus,
the following sentences are acceptable.

        Ayolah, kuantar kamu pulang, Ira.

        Ayolah, aku antar kamu pulang, Ira.

        Atribut itu kaubuang di mana?

        Atribut itu engkau buang di mana?

V. LATIHAN

Pilihlah kata2 yang paling tepat untuk kalimat2 berikut.

1. Dia (parah luka/luka parah) dan menghembuskan napas yang terakhir tadi pagi.

2. (Parah/berat/ringan) aku meninggalkan keluargaku terlalu lama.

3. Irawati tidak memberi tanggapan apa-apa, dia hanya (bisu/membisu/tuli) saja.

4. Orang yang (bisu/bodoh/goblok) tidak bisa bicara.

5. Biasanya orang yang (bisu/membisu) juga (tuli/buta).

6. Orang buta termasuk orang (cacad/bisu/tuli).

7. Para pendengar (mengeluh/merintih/meratap) karena wejangannya terlalu panjang.

8. Pemerintah mencoba sistim Sekolah Pembangunan, karena merasa tidak ada (kemajuan/maju-mundur/kemunduran) dengan sistim lama.

9. Sistim pendidikan Taman Siswa sekarang sudah (maju/mundur/maju-mundur) karena saingan dengan sekolah2 pemerintah.

10. Dia masih (maju/mundur/maju-mundur) dalam soal kewarganegaraan itu.

11. Di (pesta/partai) itu kami bagadang sampai jam 2 malam.

12. Secepat (halilintar/kilat/taufan) plonco itu lari untuk mencari atributnya.

13. Dra. Sarinah menerima (sepucuk/sepuncak/sehelai) surat dari suaminya kemarin.

14. (Pucuk/puncak) cerita itu terdapat pada bab terakhir.

15. Bagaimana (ujung/akhir) perkara yang kamu tuntut itu?

16. Tulisan sarjana itu tidak jelas (ujungnya/akhirnya/ujung-
    pangkalnya).

17. Udara yang (sumuk/panas/pedas) menyebabkan dia pingsan.

18. Hari ini saya merasa (sumuk/pengap), apa akan hujan?

19. Diplonconya cama-cami itu dengan tidak kenal (maaf/ampun/
    kasihan).

20. Ikan laut tidak bisa hidup di air (hambar/tawar).

21. Kamu ingin kawin, ya! Masakanmu terlalu (asin/garam/hambar).

22. Cama-cami yang pingsan dibawa ke bagian (keamanan/kesehatan/
    keputrian).

23. (Tindak-tanduk/perbuatan/tingkah-laku) dia kemarin itu sangat
    memalukan.

24. (Perbuatan/sikap/tindak-tanduk) Tody terhadap wanita sangat dingin.

25. Ira mendapat (kesan/pesan/pesanan) bahwa Johan mata keranjang.

26. Pak Siagian SH sudah (memesan/mengesan/menyuruh) spanduk untuk
    kami.

27. Dia tidak di rumah, tapi saya sudah meninggalkan (kesan/pesan/
    pesanan) untuk nilpun saya.

28. (Pesanan/kesan/pesan) buku anda akan datang minggu depan.

29. Yang dipilih menjadi (kepala/ketua) kantor tatausaha itu siapa?

30. Drs. Soejana diangkat menjadi (kepala/ketua) Jurusan Ilmu Bumi.

31. Dia ngomel karena tidak dipilih menjadi (kepala/ketua) persatuan
    mahasiswa.

32. Karena takutnya dia lari (mondar-mandir/pontang-panting/bolak-
    balik).

33. Harga karcisnya saja $1500 (pergi-pulang/pulang-pergi/mondar-mandir).

34. Tadinya ibu tidak rela (menanggalkan/melepaskan) saya pergi.

35. Kami (mengenakan/memakai) buku *Sentence Patterns of Indonesian* di kelas.

36. Setelah sampai di rumah, dia (menanggal/menanggalkan/mengenakan) pakaiannya yang baru dan ganti pakaian rumah.

37. Para prami harus memakai pakaian yang (lusuh/lesu).

38. Pesta kebun yang kami adakan (tadi/nanti) malam ramai sekali.

BAB VI. A.

MASALAH PENDUDUK DI INDONESIA

Perkembangan dunia dewasa ini menunjukkan bahwa salah satu faktor
yang sungguh sangat mengerikan dalam hidup manusia ialah perkembangan
penduduk yang sangat pesat. Masalah penduduk di Indonesia merupakan
masalah yang sangat gawat yang perlu ditanggulangi secara gigih.
Menurut cacah-jiwa tahun 1971, jumlah penduduk di Indonesia ada
119,2 juta orang. Selama tahun 1961 sampai tahun 1971 perkembangan
penduduk diperkirakan 2,1 persen tiap tahun. Jadi kalau kita anggap
laju perkembangan penduduk ini masih tetap 2,1 persen, maka bisalah
dikirakan bahwa Indonesia pada tahun 1976 ini mempunyai penduduk 132
juta orang. Jumlah ini menempatkan kita pada urutan ke-5 di dunia.   10

Di samping persoalan jumlah yang sangat besar ini, masalah lain
yang ada di Indonesia ialah penyebaran penduduk yang tidak rata di
antara berbagai pulau, sehingga kepadatan penduduk menjadi tidak se-
imbang. Pulau Jawa dan Madura, yang hanya meliputi 7 persen dari
seluruh wilayah Indonesia, didiami oleh 64 persen dari jumlah penduduk
semuanya, yang berarti bahwa di kedua pulau yang kecil ini terdapat
kira2 84,3 juta manusia. Selebihnya tinggal di pulau2 lain yang ke-
banyakan lebih besar dari Jawa dan Madura.

Penyebaran penduduk yang tidak merata ini sebenarnya sudah
mendapat perhatian pemerintah, bahkan sejak jaman pemerintahan Hindia   20
Belanda, sehingga usaha2 transmigrasi dimulai dan dipergiat dengan
pengertian bahwa masalah pemindahan penduduk ini bukanlah semata-mata
suatu masalah demografi saja, tetapi juga masalah sosio-ekonomi yang
bersangkut-paut dengan pembangunan negara.

370

Menurut statistik tahun 1971, penduduk Indonesia bisa dibagi-
bagi menjadi beberapa golongan berdasarkan umur. Penduduk yang berumur
0-14 tahun meliputi 44,1 persen, yang berumur 15-64 tahun ada 53,4
persen, dan yang berumur 64 tahun ke atas ada 2,5 persen. Besarnya
jumlah penduduk pada masing2 golongan ini sangat berarti, kalau di-
tinjau dari segi perekonomian. Mereka yang ada di bawah 15 tahun dan   30
yang ada di atas 64 tahun bisalah dianggap golongan2 yang mengkonsumir
saja, sedangkan golongan produsen hanya terbatas pada orang2 yang
berumur antara 15 sampai 64 tahun. Jadi dengan angka statistik di
atas kita bisa melihat bahwa hampir separoh dari penduduk Indonesia
ada di pihak konsumen. Di negara2 yang sudah maju angka beban ke-
tergantungan ini biasanya kecil dan disertai pula dengan tingkat per-
kembangan penduduk yang lambat, sedang di negara2 yang sedang berkembang,
tingkat perkembangan penduduk sangat pesat, jumlah penduduk yang muda
sangat tinggi sehingga beban ketergantungan juga menjadi sangat tinggi.

Sensus tahun 1971 juga menunjukkan bahwa jumlah wanita lebih   40
besar daripada pria: ada kira2 97 pria untuk 100 wanita. Dari jumlah
wanita ini mereka yang ada dalam usia subur, yakni, antara 15 sampai
44, ada kira2 20 persen. Jumlah ini merupakan petunjuk untuk jumlah
kelahiran yang akan terjadi di tahun2 berikutnya.

Keadaan perstatistikan di Indonesia memang masih agak kacau,
sehingga seringkali sukar bagi kita untuk mendapatkan angka2 yang baru.
Dalam hal perkawinan, statistik yang ada ialah statistik tahun 1965
di mana dikatakan bahwa 60% dari penduduk yang berumur di atas 10
tahun ada dalam keadaan kawin. Menurut sumber2 yang bisa dipercaya,
jumlah ini menurun menjadi 40% pada tahun 1971. Pada umumnya laki2   50
pertama kawin waktu dia berumur 23 tahun, sedangkan wanita waktu dia

berumur 18 tahun. Dibandingkan dengan pulau2 lain, umur rata2 di
Jawa lebih rendah. Mungkin ini disebabkan oleh kenyataan bahwa jumlah
orang yang masih buta-huruf memang lebih tinggi di Jawa daripada di
pulau2 lainnya.

Meskipun di Indonesia terjadi cukup banyak perceraian, tetapi
perkawinan kembali juga merupakan hal yang umum. Baik besarnya jumlah
wanita pada umur yang subur, maupun rendahnya umur perkawinan pertama
serta banyaknya perkawinan kembali merupakan faktor2 yang ikut mem-
pengaruhi tinggi-rendahnya angka kelahiran. Menghitung angka ke-   60
lahiran dan juga angka kematian ini sulit sekali karena tidak adanya
sistim pendaftaran yang lengkap dan sempurna. Diperkirakan bahwa
jumlah kelahiran di Jawa dan Madura lebih rendah daripada di pulau2
lainnya, yakni, sekitar 42 per 1000 orang sedangkan di luar Jawa 48
per 1000 orang. Menurut sensus tahun 1971 harapan hidup pada saat
lahir diperkirakan rata2 46 tahun.

Dilihat dari tingkat pendidikan, sensus tahun 1971 menunjukkan
adanya kemajuan yang telah dicapai selama 10 tahun terakhir. Pada
tahun 1961, 64,8% dari penduduk yang berumur 10 tahun ke atas tidak
pernah mendapat pendidikan sekolah. Mereka masih buta-huruf. Jumlah   70
ini menurun menjadi 41% pada tahun 1971. Pada tahun2 yang sama jum-
lah anak-didik di SD naik dari 12,4% menjadi 19,3%. Sensus tahun
1971 juga menunjukkan naiknya kemampuan membaca: 70,8% dari penduduk
pria di atas umur 10 tahun bisa membaca dan menulis; untuk wanita
angkanya ialah 49%. Sepuluh tahun sebelumnya angka2 itu masing2
hanyalah 60% dan 34% saja.

Dalam masalah angkatan kerja sensus tahun 1971 menunjukkan bahwa
tenaga kerja laki2 adalah dua kali lipat tenaga wanita, yakni, 68,7%

372

dibanding dengan 32,1%. Total angkatan kerja laki2 dan wanita adalah

49,9%. Dari jumlah ini angkatan kerja di daerah pedesaan lebih tinggi   80

daripada di kota, baik untuk pria maupun untuk wanita. Juga dari jum-

lah ini lebih dari separoh bekerja sebagai petani, peternak, atau

nelayan, sedangkan mereka yang tergolong tenaga ahli hanyalah 2,2%

saja.

Dari apa yang telah kita katakan di atas maka jelaslah bahwa

masalah yang harus ditanggulangi pemerintah dalam soal penduduk ini

banyak sekali, yang terpenting di antaranya ialah bagaimana kita bisa

mengurangi perkembangan penduduk yang sangat pesat itu dan bagaimana

penyebaran penduduk itu bisa dibikin merata. Apabila pertumbuhan

penduduk ini tidak bisa dicegah, pada tahun 2001 Indonesia akan mem-   9

punyai penduduk yang berjumlah lebih dari 280 juta!

Untuk mencegah meledaknya pertumbuhan penduduk ini pemerintah

telah mengambil beberapa tindakan seperti transmigrasi dan keluarga

berencana. Tetapi ternyata bahwa baik transmigrasi maupun keluarga

berencana masing2 mempunyai problemnya sendiri2, sehingga hasilnya

tidak atau belum bisa dikatakan memuaskan.

Pertumbuhan penduduk yang pesat menyebabkan adanya macam penduduk

yang muda. Ini mempunyai pengaruh yang besar terhadap penyediaan

bahan2 sandang-pangan, fasilitas pendidikan, bimbingan terhadap

para pemuda-pemudi, serta rekreasi yang sehat yang semuanya harus   10C

ada, kalau kita ingin menghindari naiknya kejahatan serta rusaknya

akhlak anak2 kita. Moga2 saja program keluarga berencana yang se-

karang sedang giat2-nya dilakukan bisa berhasil, sehingga pertumbuhan

penduduk bisa dikurangi.

angka kelahiran	(1) "birth rate"; (2) "number of births"
angka kematian	(1) "death rate"; (2) "number of deaths"
beban ketergantungan	"dependency"
cacah-jiwa	"census"
dua kali lipat	"twofold"
harapan hidup	"life expectancy"
kasar	"rough"
keluarga berencana	"family planning"
kepadatan penduduk	"density of population"
meledak	"to explode"
memperkirakan	"to estimate"
mencegah	"to prevent"
mengambil tindakan	"to take steps/measures"
mengkònsumir	"to consume"
nelayan	"fisherman"
penyebaran	"distribution; the spreading"
penyediaan	"the supplying"
peternak	"cattle breeder"
petunjuk	"index"
sandang-pangan	"food and clothing"
seimbang	"balanced"
selebihnya	"the rest"
semata-mata	"merely"
separoh	"one-half"
urutan	"order" (rank)

374

II. JAWABLAH PERTANYAAN2 BERIKUT DENGAN KALIMAT2 LENGKAP

1. Berapakah jumlah penduduk tahun sekarang ini? Dari mana anda mendapatkan angka ini?

2. Di samping jumlah penduduk yang besar, masalah apa lagi yang harus dipecahkan oleh pemerintah?

3. Apakah kira2nya problim2 yang terdapat dalam proyek transmigrasi?

4. Mengapa pembagian penduduk menurut umur sangat berarti dalam perekonomian?

5. Mengapa angka beban ketergantungan lebih kecil di negara2 yang sudah berkembang?

6. Apa hubungan antara angka kebuta-hurufan yang tinggi dengan umur rata2 perkawinan?

7. Apa kira2nya yang menyebabkan harapan hidup rata2nya rendah—46 tahun?

8. Apa usaha pemerintah yang paling baru untuk mencegah meledaknya pertumbuhan penduduk?

III. PENGEMBANGAN KOSA KATA

1. déwasa   "mature; adult" (as an adjective)

   déwasa ini   "nowadays"

   17 tahun ke atas   "(for) persons 17 years or older" Originally a sign posted in movie houses indicating films for adult viewing only, this expression is often used colloquially to refer

to a situation in which only adults are supposed to partici-
pate.

   Sebelum dewasa biasanya pemuda-pemudi mengalami badai
   kehidupan yang kuat.

   Meskipun umurnya baru 15 tahun, cara berpikir dia sudah
   seperti orang dewasa.

   Keluhan2 seperti itu dewasa ini tidak akan diperdulikan.

   Ayo, kamu pergi sana! Pembicaraan ini untuk 17 tahun
   ke atas/untuk orang dewasa.

2. pesat   "fast" (the object stationary)

   cepat   "fast" (the object moving or stationary)

            Perkembangan penduduk naik dengan cepat/pesat di mana-
            mana.

            Gumpulan awan itu bergerak dengan cepat (not pesat).

3. cacah-jiwa   "census" (of population only)

   sensus   "census" (including that of population)

   angket   "questionnaire"

   tabèl   "table" (of figures only--e.g., statistical table)

   indèks   "index"

            Cacah-jiwa/sensus tahun 1971 menunjukkan bahwa penduduk
            Indonesia berjumlah 119 juta.

            Sensus (not cacah-jiwa) tahun 1971 menunjukkan adanya
            kemajuan dalam bidang pendidikan.

            Dia mengeluh karena tidak semua orang mengembalikan
            angket yang dia sebarkan.

            Tabel itu baru bisa dibuat setelah hasil2 angket masuk.

            Angka indeks tahun ini menunjukkan kemunduran dalam

bidang pertanian.

4. <u>perkembangan/pertumbuhan/pertambahan penduduk</u>   "population
   growth"

   <u>soal/masalah (ke)penduduk(an)</u>   "population problem"

   <u>lembaga kependudukan</u>   "institute of population studies"

   <u>kelebihan penduduk</u>   "overpopulation; overpopulated"

   <u>kekurangan penduduk</u>   "underpopulation; underpopulated"

   > <u>Perkembangan/pertumbuhan/pertambahan penduduk</u> di Indonesia
   > rata-rata 2,1% per tahun.
   >
   > <u>Masalah (ke)penduduk(an)</u> merupakan masalah yang harus
   > segera ditanggulangi.
   >
   > Drs. Bachtiar diangkat menjadi kepala <u>Lembaga Kependudukan</u>
   > Indonesia.
   >
   > Keadaan di Indonesia sekarang ialah bahwa di Jawa <u>ke-
   > lebihan penduduk</u>, sedangkan di pulau-pulau di luar Jawa
   > <u>kekurangan penduduk</u>.

5. <u>perpindahan penduduk</u>   "population movement" (initiated by the
   people themselves)

   <u>pemindahan penduduk</u>   "population movement" (initiated by others,
   such as government agencies)

   <u>transmigrasi</u>   "resettlement"

   <u>penyebaran penduduk</u>   "population distribution"

   <u>kepadatan penduduk</u>   "population density"

   <u>permukiman</u>   "population settlement"

   > <u>Perpindahan penduduk</u> ke Indonesia dari daratan Asia ter-
   > jadi tahun 3000 sebelum Masehi.
   >
   > Masalah <u>pemindahan penduduk</u> ini sukar sekali dilaksanakan

karena sarananya tidak cukup.

Transmigrasi ke Sumatera sudah mulai sejak jaman Belanda.

Penyebaran penduduk di Indonesia tidak merata, sehingga terdapatlah kepadatan penduduk yang berbeda-beda.

Permukiman penduduk di daerah Lampung mengalami banyak kesulitan juga.

6. seimbang   "balanced"

memihak   "to take sides; partial"

berat sebelah   "partial; one-sided"

pincang   "crippled; not running well; not well-balanced"

Kepadatan penduduk di Jawa dan di luar Jawa tidak seimbang.

Dari sikapnya saya tahu dia memihak golongan santri.

Dalam soal ini ketua panitia mapram tidak memihak.

Syarat untuk menjadi ketua ialah bahwa dia harus tidak berat sebelah/memihak dalam tindakan-tindakannya.

Menteri Pertahanan kami jalannya pincang karena kakinya luka.

Mobil saya agak rusak, jalannya pincang.

Ekonomi yang baik memerlukan anggaran belanja yang tidak pincang.

7. mengkònsumir/mengkònsumsi   "to consume"

kònsumen   "consumer"

kònsumsi   (1) "related to meals/food"; (2) "consumption"

memprodusir/memproduksi   "to produce"

produsen   "producer" (of foodstuffs, etc.)

produsir   "producer" (of films)

Salah satu persoalan di Indonesia ialah bahwa yang

mengkonsumir/mengkonsumsi sandang-pangan lebih banyak

daripada yang memprodusir/memproduksi.

Untuk ekonomi yang sehat, yang dihasilkan oleh produsen

(not produsir) harus seimbang dengan yang diperlukan

oleh konsumen.

Untuk perayaan itu, siapa saja yang akan kita tunjuk

untuk bagian konsumsi?

Konsumsi beras sekarang di Indonesia lebih banyak dari-

pada tahun 1960.

Produsir (not produsen) film di Indonesia yang terkenal

adalah Usmar Ismail.

8. angka beban ketergantungan   "dependency ratio"

angka kelahiran   (1) "birth rate"; (2) "number of births"

angka kematian   (1) "death rate"; (2) "number of deaths"

harapan hidup   "life expectancy"

Di negara2 yang sedang berkembang, angka beban keter-

gantungan biasanya tinggi.

Angka kelahiran di Jawa lebih tinggi dari angka kematian.

Harapan hidup orang Indonesia rata2 46 tahun.

9. sumber(-sumber) yang bisa dipercaya   "reliable source(s)"

sumber alam   "natural resources"

desas-desus/kabar angin   "rumor"

Menurut sumber-sumber yang bisa dipercaya angka gugur

anak-anak SD kira2 60%.

Minyak merupakan sumber alam yang sangat menguntungkan.

Berita bahwa pegawai2 negeri yang tidak makarya akan

dipecat hanya kabar angin/desas-desus semata-mata.

10. angkatan kerja   "labor force"

(me)nganggur   (1) "to be unemployed"; (2) "do nothing"

penganggur   "unemployed person"

pengangguran   "unemployment"

mempekerjakan   "to place" (in the sense of employ)

     Jumlah angkatan kerja laki2 lebih besar dari jumlah

     angkatan kerja wanita.

     Daripada nganggur lebih baik kerja di kebun.

     Dia nganggur, tidak punya pekerjaan.

     Kalau para penganggur itu tidak segera dipekerjakan,

     lama kelamaan mereka bisa berontak.

     Angka pengangguran di sini diperkirakan 8%.

11. peternak   "cattle breeder"

peternakan   "cattle breeding"

peternakan ikan   "fish farming"

nelayan   "fisherman"

menangkap ikan   "to catch fish; to fish"

mengail/mancing   "to fish" (using a fishing rod, not a net)

     Peternak2 di Madura memerlukan bibit sapi yang baik.

     Peternakan di Indonesia kebanyakan masih kecil-kecilan.

     Peternakan ikan sudah mulai maju di Indonesia.

     Para nelayan biasanya berangkat pada malam hari untuk

     menangkap ikan.

     Kesukaan saya ialah menangkap ikan/mengail/mancing.

12. mencegah   "to prevent"

menghalangi/menghalang-halangi   "to block"

mensabot   "to sabotage"

Perkembangan penduduk yang pesat itu harus dicegah.

Dialah yang menghalang-halangi kenaikan pangkat saya.

Usul saya disabot oleh rekan saya sendiri.

13. meledak   "to explode" (of bomb, population, anger)

    meletus   "to erupt" (of volcano, war, firecracker)

    meluap   "to overflow"

    Bom itu meledak dan membunuh 20 orang dan Menteri

    Pertanian kami.

    Kalau keluarga berencana gagal, pertumbuhan penduduk akan

    meledak.

    Gunung Agung meletus tahun 1963.

    Air sungai itu meluap dan menyebabkan bau busuk.

14. menindak/mengambil tindakan   "to take (legal) measures/steps"

    mengambil langkah   "to take steps"

    mengamankan   (1) "to render safety"; (2) euphemism for "to·

    imprison"

       Beberapa mahasiswa sospol yang ikut demonstrasi akan

       ditindak/diambil tindakan.

       Langkah yang dia ambil sangat keliru.

       Daerah itu harus diamankan segera.

       Pemimpin kaum nelayan itu diamankan oleh yang berwewenang.

15. penyediaan   "the supplying"

    persediaan   "a supply"

    kesediaan   "readiness"

    sedia   (1) "to be ready"; (2) "to carry (merchandise); have in

    stock"

<u>bersedia</u>   "to be willing"

<u>tersedia</u>   "to be in stock"

<u>menyediakan</u>   (1) "to prepare; have ready"; (2) "to carry" (mer-
chandise)

<u>siap</u>   "all done; ready"

<u>siap-sedia</u>   "to be ready" (emphatic)

Soal yang timbul dengan penduduk yang banyak ialah soal
<u>penyediaan</u> sandang-pangan.

<u>Persediaan</u> beras untuk tahun ini masih cukup banyak.

<u>Kesediaan</u> dia menolong kawan-kawannya membuat dia di-
senangi.

Kami sudah <u>sedia/siap-sedia/siap</u> untuk berangkat kapan
saja.

Saya <u>bersedia</u> membantumu kapan saja.

Kami <u>sedia/menyediakan</u> (not <u>tersedia</u> or <u>siap</u>) rokok
luar negeri.

Rokok luar negeri <u>tersedia</u> (not <u>sedia</u> or <u>siap</u>) di toko
kami.

Tiap pagi ibu <u>menyediakan</u> makan pagi.

16. <u>sandang-pangan</u>   "food and clothing" (literally, clothing and
food)

<u>bahan2 pòkòk</u>   "basic commodities" In Indonesia, there are
nine basic commodities:

<u>beras</u>   "rice"

<u>ikan asin</u>   "dried fish"

<u>minyak goreng</u>   "cooking oil"

<u>gula pasir</u>   "sugar"

<u>garam</u>   "salt"

<u>minyak tanah</u>   "kerosene"

<u>sabun cuci</u>   "laundry soap"

<u>textil kasar</u>   "coarse textile"

<u>batik kasar</u>   "coarse batik"

Masalah kami ialah penyediaan bahan2 <u>sandang-pangan</u>.

Bila harga <u>bahan2 pokok</u> seperti <u>beras</u>, <u>gula pasir</u>, <u>minyak</u>

<u>tanah</u>, <u>sabun cuci</u>, dsb. naik di pasaran, maka harga2 yang

lain pun ikut naik juga.

17. <u>bimbingan</u>   "guidance; supervision"

   <u>membimbing</u>   "to guide; to supervise"

   <u>pembimbing</u>   "supervisor; mentor"

Untuk mencegah pertumbuhan penduduk, rakyat harus men-

dapat <u>bimbingan</u> yang baik mengenai keluarga berencana.

Siapa yang <u>membimbing</u> anda waktu anda menulis disertasi

ini?

<u>Pembimbing</u> disertasi saya adalah Profesor Rifai.

IV. REMEDIASI TATABAHASA

1. <u>menyebabkan/mengakibatkan + $\frac{\text{verb}}{\text{adj.}}$ + nya</u>

   a. When <u>menyebabkan/mengakibatkan</u> is immediately followed

      by a verb or an adjective, the verb or adjective is nom-

      inalized by the addition of <u>-nya</u>.

      Hal ini <u>menyebabkan/mengakibatkan jatuhnya</u> Soekarno.

Kabar itu menyebabkan/mengakibatkan sakitnya ayah

saja.

The sentences above can also be paraphrased as follows:

Hal ini menyebabkan/mengakibatkan Soekarno jatuh.

Kabar itu menyebabkan/mengakibatkan ayah saya sakit.

b. The verb following menyebabkan/mengakibatkan can also

at the same time be made passive with the meaning "(x)

being verb + past participle."

Soal itu menyebabkan/mengakibatkan dicegahnya pemin-

dahan penduduk ke Lampung.

Jumlah mahasiswa yang sedikit itu menyebabkan/meng-

akibatkan dihapuskannya jurusan Sastra Timur.

V. LATIHAN

Pilihlah kata2 yang paling tepat untuk kalimat2 berikut.

1. Menurut Tody perploncoan (dewasa ini/dewasa) jauh lebih ringan

   dari jaman dulu.

2. Kemajuan desa itu (pesat/cepat) sekali.

3. Plonco yang gundul itu lari (pesat/cepat) sekali.

4. Kalau mau ke Surabaya, nanti ambil saja kereta api (cepat/pesat).

5. (Cacah-jiwa/sensus) tahun 1971 menunjukkan bahwa jumlah orang

   yang bisa membaca dan menulis sudah naik 10%.

6. (Tabel/angket/indeks) itu diawasi oleh Departemen Pertahanan.

7. Lembaga (penduduk/kependudukan) itu di bawah Dr. Masri.

8. Jawa (kekurangan/kelebihan) penduduk, sedangkan Sumatera (kelebihan/kekurangan) penduduk.

9. Pemerintah sedang mencari jalan bagaimana (perpindahan/pemindahan) penduduk ini bisa dilaksanakan sebaik-baiknya.

10. (Kepadatan/penyebaran/pertumbuhan) penduduk di Jawa tahun 1971 ialah 565 jiwa tiap kilometer persegi.

11. Masalah di Indonesia tidak hanya jumlah saja, tetapi juga (pertumbuhan/penyebaran/permukiman) penduduk yang tidak merata.

12. Sebagai ketua, dia harus tidak (seimbang/berat sebelah) dalam soal ini.

13. Mobil saya sudah tua, jalannya sudah mulai (pincang/tidak seimbang/memihak).

14. Petani sebagai (produsir/produsen) selalu ada di pihak yang lemah.

15. Dalam panitia itu dia duduk di bagian (konsumen/konsumsi).

16. Karena jumlah wanita dalam umur yang subur sangat tinggi, maka angka (kematian/kelahiran) di Indonesia juga tinggi.

17. (Beban ketergantungan/harapan hidup) ditentukan oleh bisa-tidaknya seseorang bekerja.

18. Berita bahwa dia akan kawin segera baru merupakan kabar (angin/desas-desus/desus) saja.

19. Angka (pengangguran/penganggur) sekarang adalah 8%.

20. Para (penganggur/pengangguran) itu harus segera (dikerjakan/dipekerjakan).

21. Daerah padang rumput sangat baik untuk (peternakan/peternak).

22. Nelayan2 pergi pada malam hari untuk (mancing/menangkap ikan).

23. Bagaimana caranya (menghalang-halangi/mencegah/mensabot) per-
    tambahan penduduk?

24. Gedung itu (mencegah/menghalang-halangi) pemandangan yang cantik.

25. Perang Diponegoro (meledak/meletus/meluap) tahun 1825.

26. Air Bengawan Solo kadang2 (meledak/meletus/meluap) sampai jauh.

27. Pemerintah harus segera mengambil (langkah/tindakan) terhadap
    koruptor.

28. Daerah yang kacau itu harus kami (tindak/amankan).

29. Bagaimana (penyediaan/persediaan) beras kami untuk bulan ini,
    apa masih cukup?

30. Di Toko Terangbulan (sedia/tersedia/menyediakan) bahan pokok
    sehari-hari.

31. Toko kami (sedia/tersedia/siap-sedia) bahan2 sandang-pangan.

32. Toko kami juga (tersedia/siap-sedia/menyediakan) alat2 pertanian.

33. Tesis itu ditulis di bawah (bimbingan/pengawasan) Profesor
    Mochtar.

34. Meskipun saya punya uang, saya tidak (tersedia/menyediakan/ber-
    sedia) menolongmu.

35. Angket itu menyebabkan (marah/marahnya) Menteri Dalam Negeri.

36. Angka beban ketergantungan yang tinggi mengakibatkan keadaan
    ekonomi (pincangnya/pincang).

37. Tujuan sekolah pembangunanlah yang menyebabkan (memerlukan/
    diperlukannya/diperlukan) tenaga2 pengajar yang makarya.

BAB VI. B.

TRANSMIGRASI SEBAGAI JAWABANNYA?

Kepadatan penduduk yang terdapat di Indonesia, terutama di

Jawa, Madura, dan Bali, betul2 merupakan masalah yang sangat gawat

sehingga pada jaman Hindia Belanda pun pemerintah Belanda sudah

menyadari masalah ini. Pulau Jawa dan Madura yang hanya meliputi

7% dari jumlah tanah ini menampung 64% dari semua penduduk di Indo-

nesia. Dengan demikian dapat kita mengerti mengapa kepadatan pen-

duduk di Jawa sangat tinggi. Di tahun 1971 saja, ada kira2 565

jiwa per kilometer persegi, dibanding dengan, misalnya, 2 jiwa di

Irian Jaya, 9 jiwa di Kalimantan, 38 jiwa di Sumatera, dan 377

jiwa di Bali. Penyebaran penduduk yang tidak merata ini menimbulkan   10

berbagai masalah sosial-ekonomi yang sangat mempengaruhi lancarnya

pembangunan negara.

Pada permulaan abad ke-20 pemerintah Hindia Belanda sudah men-

yadari gawatnya masalah penduduk di Jawa ini sehingga mereka mengada-

kan pemindahan penduduk dari Jawa ke pulau2 lain. Proyek transmigrasi

ini, yang pada waktu itu dinamakan "kolonisasi," dimulai tahun 1905

ketika Belanda membuka hutan di Gedongtataan di Lampung Selatan.

Beberapa kepala keluarga bersama dengan keluarga mereka dipindahkan

dari Jawa untuk membuka desa2 baru di daerah yang baru itu. Proyek

Gedongtataan ini bukanlah proyek yang besar2an; baru pada tahun 1938   20

pemerintah Belanda secara terarah membuka tanah yang luas di Metro,

Lampung Tengah. Proyek transmigrasi ini disertai pula dengan pem-

bangunan sistim pengairan dari aliran sungai Way Selampung. Dengan

dipindahkannya penduduk tani ini pemerintah Belanda mengharapkan

388

pola pertanian yang berpindah-pindah digantikan dengan pola pertanian
yang menetap. Sebelum perang dunia ke-2 meletus, pemerintah Hindia
Belanda telah memindahkan kurang lebih 971 kepala keluarga dari Jawa
ke Lampung. Pada tahun 1942 sudah ada kira2 100,000 jiwa orang Jawa
di sana—seperempat dari jumlah penduduk Lampung seluruhnya.

Pada masa pendudukan Jepang usaha pemindahan penduduk ini masih   30
terus dilakukan tetapi bukan dengan tujuan pertanian semata-mata,
melainkan dengan tujuan kerja-paksa. Setelah Indonesia merdeka di-
dirikanlah suatu badan yang khusus mengurus masalah transmigrasi ini
yang dinamakan Jawatan Transmigrasi. Daerah sasaran untuk trans-
migrasi tidak lagi terbatas pada Sumatera Selatan saja, tetapi meluas
ke pulau2 lain seperti Kalimantan Selatan dan Sulawesi Utara.

Meskipun transmigrasi pada prinsipnya memang salah satu jalan
keluar yang harus dicoba, tetapi ternyata bahwa proyek ini tidak
mendatangkan hasil yang cukup memuaskan. Ada beberapa faktor mengapa
proyek transmigrasi kurang berhasil. Faktor pertama merupakan faktor   40
tehnis semata-mata. Kita ketahui bahwa laju pertambahan penduduk di
Indonesia adalah kira2 2,1% tiap tahun. Penduduk di pulau Jawa,
katakanlah tahun 1976 sekarang ini, ada 84 juta. Untuk menjaga
supaya angka itu tidak naik saja, kita harus memindahkan tiap tahun
2,1% kali 84 juta, yakni, 1,764,000. Setiap bulan kita harus meng-
angkut 147,000 orang, setiap hari rata2nya 4,900 manusia harus di-
pindahkan dari Jawa. Kalau satu kapal laut yang sedang bisa memuat,
katakanlah, 500 orang, maka diperlukan sekitar 10 kapal laut tiap
hari sampai kiamat hanya untuk memindahkan orang saja.

Faktor tehnis lain yang harus dipikirkan ialah administrasi yang   50
harus diadakan untuk mengurus orang2 itu sebelum mereka berangkat

dan setelah mereka tiba di tanah yang baru. Juga tempat yang akan di-
datangi itu tidak bisa dalam bentuk hutan belantara yang harus ditebang
begitu saja tanpa ada perumahan sementara, alat2 yang diperlukan, dsb.
Untuk menampung 4,900 manusia tiap hari maka diperlukan daerah yang
cukup luas dan cukup terpilih sehingga para transmigran ini tidak
merasa dilemparkan ke rimba raya seperti orang buangan.

Faktor ketiga adalah faktor budaya dan barangkali juga menyangkut
soal pandangan hidup manusia. Orang Jawa adalah salah satu suku di
Indonesia di mana hubungan antara manusia dengan tanah di mana dia di-   60
lahirkan sangat erat. Ini bisa kita lihat dalam semboyan mereka yang
berbunyi "Mangan ora mangan kumpul." Dilihat sepintas lalu semboyan
ini kelihatannya sangat sederhana dan tidak mempunyai filsafat apa2,
tetapi kalau kita telusur secara mendalam, kita bisa melihat bahwa di
dalam semboyan inilah sebenarnya terletak pandangan hidup orang Jawa
yang berbeda dengan pandangan hidup suku2 lain. Orang Padang, misal-
nya, menganjurkan agar para pemudanya pergi merantau selama masih
muda dan mencari ilmu atau pengalaman di daerah2 lain untuk memperkaya
hidupnya di masa depan. Peribahasa mereka berbunyi "Sayang anak di-
datangi, sayang kampung ditinggalkan." Sebaliknya, orang Jawa merasa   70
bahwa berkumpulnya anggauta2 keluarga di satu tempat sangat penting,
malah lebih penting daripada ada-tidaknya makanan untuk mereka. Karena
itu istilah "merantau" hampir2 merupakan tabu dalam kehidupan orang
Jawa. Hubungan antar anggauta dalam masyarakat Jawa begitu erat se-
hingga orang merasa seolah-olah telah menjadi satu dengan orang dan
desa di mana dia dilahirkan. Pergi ke tempat lain memang terjadi,
tetapi itu hanyalah merupakan perantauan atau permukiman sementara
saja. Pergi dengan niat untuk menetap selamanya dan membangun keluarga

390

baru di tempat baru bukanlah cita2 atau cara hidup orang Jawa. Karena

inilah maka proyek transmigrasi yang dilakukan pemerintah tidak banyak   80

berhasil. Setelah suatu kepala keluarga dan keluarganya ditransmigra-

sikan, mereka menebang hutan, membuka tanah, mencari mata-pencaharian

baru, mengembangkan keluarganya, dsb., tetapi begitu mereka cukup

mendapat uang untuk kembali ke desanya, seringkali mereka meninggalkan

tanah barunya dan kembali ke desa di mana mereka dilahirkan. Jadi

proyek transmigrasi yang dimaksudkan sebagai pemindahan penduduk secara

permanen ternyata hanya merupakan permukiman sementara saja.

Dalam hal perkembangan penduduk orang Jawa juga mempunyai filsa-

fat yang tercerminkan dalam semboyan "Ono dino ono upo." Tuhan telah

menciptakan manusia, dan Tuhan juga telah menciptakan nasi. Karena   90

kedua-duanya adalah ciptaan Tuhan maka Tuhan tidak akan khilaf untuk

membolehkan manusia berkembang biak tanpa memberikan cukup makanan.

Membicarakan jumlah anak dengan orang2 yang cukup berpendidikan

memang mudah, tetapi membicarakan masalah ini dengan orang2 desa

klutuk yang buta-huruf dan yang pandangan hidupnya seperti katak di

bawah tempurung tidak terlalu mudah. Sebagian besar tidak begitu me-

rasakan adanya tekanan ekonomi yang dialami oleh orang2 kota, terutama

pegawai2 negeri. Jadi mereka tidak begitu merasakan perlunya keluarga

berencana seperti yang dirasakan oleh orang2 kota atau pegawai negeri,

yang jumlahnya kurang dari 5% dari jumlah penduduk seluruhnya. Jadi,   100

meskipun Keluarga Berencana telah menunjukkan adanya hasil2 yang agak

menggembirakan tetapi sampai sejauh mana akan berhasilnya proyek ini,

kami belum tahu. Pegawai2 yang ekonominya tergantung pada gaji dari

kantornya dan yang tinggal di kota dengan segala kesibukan dan hiburan

malam terpaksa atau bisa melaksanakan Keluarga Berencana. Para petani,

nelayan, peternak dan orang2 desa lainnya tidak banyak "hiburan" se-
sudah jam 7 malam kecuali "hiburan" dengan isteri2 mereka! Mungkin
dengan makin banyaknya radio transistor dan televisi di desa2 sekarang
ini hal semacam ini akan segera berubah.

I.   DAFTAR KATA PENOLONG

berkembang biak	"to multiply in number" (of population) (rather negative connotation)
hutan belantara	"jungle"
Jawatan Transmigrasi	"Transmigration Service"
kerja-paksa	"forced labor"
kolonisasi	"one of several types of migration carried out during the colonial period when people were moved from Java to Southern Sumatera"
memuat	"to contain"
menampung	"to accommodate"
menetap	"to settle permanently"
mentransmigrasikan	"to move people somewhere for resettlement"
merantau	"to live abroad with the intention of returning home someday"
orang buangan	"outcast; exile"
orang désa klutuk	"true villagers; countryfolk; rustics"
pertanian yang ber- pindah-pindah	"shifting cultivation"

392

pertanian yang menetap	"sedentary cultivation"
rimba raya	"jungle"
sampai sejauh mana	"how far; to what extent" (things can go, one will defend you, etc.)
sasaran	"target"
semboyan	"slogan"
sistim pengairan	"irrigation system"
tekanan ékonomi	"economic pressure"

II. JAWABLAH PERTANYAAN2 BERIKUT DENGAN KALIMAT2 LENGKAP

1. Apa yang dimaksud dengan "jaman Hindia Belanda" (baris 3)?
2. Bagaimana keadaan penduduk di Jawa dibandingkan dengan penduduk di luar Jawa?
3. Apa perbedaan antara pemindahan penduduk di jaman Belanda dengan pemindahan penduduk di jaman Jepang?
4. Mengapa secara tehnis transmigrasi sukar dilaksanakan?
5. Dari segi administrasi masalah apa yang harus dihadapi pemerintah dalam hal transmigrasi?
6. Mengapa orang Jawa tidak suka tinggal di tempat lain?
7. Apa perbedaan pandangan hidup orang Jawa dengan orang Minang dalam hal merantau?
8. Apa yang dimaksud dengan semboyan "Ono dino ono upo" dan apa hubungannya dengan Keluarga Berencana (baris 89)?
9. Mengapa orang2 desa tidak terlalu merasakan perlu keluarga berencana?

10. Apa hubungan antara alat media dengan perkembangan penduduk?

III. PENGEMBANGAN KOSA KATA

1. menampung   (1) "to accommodate"; (2) "to take under advisement"

  penampungan   (1) "accommodation"; (2) "taking (x) under advise-
ment"

  memuat   "to accommodate (in the sense of to hold); to contain"

  berisi   "to contain" (in the sense of to have the content of)

  perumahan   "(housing) accommodation"

      Pulau Jawa menampung (not memuat) 64% dari seluruh jum-
lah penduduk Indonesia.

      Penampungan para nelayan yang kebanjiran itu bersifat
sementara.

      Pendapat2 ini semua sudah kami tampung (not muat) dan
akan kami pertimbangkan.

      Mobil saya hanya bisa memuat (not menampung) 4 orang.

      Hasil cacah-jiwa itu dimuat (not ditampung) di *Berita
Statistik*.

      Berita Statistik berisi/memuat, antara lain, hasil2
sensus tiap tahun.

      Botol itu berisi (not memuat) air tawar.

      Para pegawai menggerutu karena soal perumahan mereka
tidak diurus.

2. membuka tanah   "to open (new) land"

membuka hutan   "to clear the land"

menebang hutan   "to clear the forest"

> Setelah datang di tempat yang baru, mereka harus <u>membuka tanah</u> untuk pertanian.
>
> Untuk <u>membuka hutan</u> diperlukan tidak hanya tenaga kerja tetapi juga sarana2 lain, seperti alat2 tehnis, administrasi, pengawasan, dsb.
>
> Dengan <u>ditebangnya hutan</u> itu maka banyak hutan yang gundul dan ini menyebabkan banjir.

3. <u>terarah</u>   "well-planned; directed"

mengarahkan   "to direct"

arah   "direction; aim"

pengarahan   "directing; directive"

> Proyek transmigrasi baru <u>terarah</u> pada tahun 1938.
>
> Pelita <u>diarahkan</u> pada penyediaan sandang-pangan yang cukup.
>
> Mekah <u>arahnya</u> di mana?
>
> <u>Pengarahan</u> sangat perlu untuk pemindahan penduduk.

4. <u>sistim pengairan/irigasi/tata air</u>   "irrigation system"

waduk   "a kind of water reservoir or dam primarily intended for agricultural or energy purposes"

persediaan air   "water reservoir"

bendungan   "dam; dike"

saluran air   "water conduit" (can be in the form of a pipe, ditch, river, etc.)

> <u>Sistim pengairan/irigasi/tata air</u> yang baik perlu sekali untuk daerah2 yang tandus.

Waduk Jatiluhur memuat banyak air untuk tenaga listrik dan pertanian.

Persediaan air (not waduk) minum untuk kota kami hampir habis.

Para petani bisa membuat bendungan secara kecil2an untuk keperluan mereka sendiri.

Dari bendungan itu ada beberapa saluran air ke sawah.

5. pertanian yang berpindah-pindah   "shifting cultivation"

   pertanian yang menetap   "sedentary agriculture"

   Dalam masyarakat yang agak primitif biasanya terdapat pertanian yang berpindah-pindah.

   Pertanian yang menetap terjadi apabila permukiman menjadi permukiman tetap.

6. sasaran   "target" The word target is also used.

   kambing hitam   "scapegoat"

   mengkambing-hitamkan   "to make (x) a scapegoat"

   Yang menjadi sasaran ialah pengurangan jumlah penduduk di Jawa.

   Soal korupsi menjadi sasaran para mahasiswa yang berdemonstrasi.

   Dalam kekacauan politik selalu ada orang yang harus jadi kambing hitam.

   Dia dikambing-hitamkan dalam kekacauan politik itu.

7. hutan   "forest"

   hutan rimba/hutan belantara   "jungle"

   rimba raya   "dense jungle"

   semak-semak   "bush"

semak-belukar   "underbrush"

Yang harus ditebang bukan <u>hutan</u>, tapi <u>hutan belantara/</u>
<u>rimba/rimba raya</u>.

Di <u>semak-semak</u> seperti itu biasanya tinggal harimau.

Kami harus melewati <u>semak-belukar</u> yang agak luas.

8. <u>transmigran</u>   "people who are moved for resettlement"

<u>mentransmigrasikan</u>   "to move people for resettlement"

<u>urbanisasi</u>   "urbanization"

Para <u>transmigran</u> diharapkan bisa membuka tanah untuk
pertanian.

Pada tahun 1942 ada 100,000 jiwa yang <u>ditransmigrasikan</u>
ke Lampung.

Untuk mengurangi <u>urbanisasi</u> beberapa kota besar dinyata-
kan tertutup untuk orang luar-kota.

9. <u>semboyan</u>   "slogan"

<u>pepatah/peribahasa</u>   "proverb"

Tahun2 40-an <u>semboyan</u> kami ialah "Sekali merdeka, tetap
merdeka!"

<u>Pepatah/peribahasa</u> Minang itu menunjukkan bahwa merantau
adalah suatu keharusan.

10. <u>merantau</u>   "to live abroad with the intention of returning home
someday; to leave one's place and live somewhere on another
island for a long time"

<u>perantau</u>   "those who <u>merantau</u>"

<u>perantauan</u>   (1) "the act of <u>merantau</u>"; (2) "a place where people
<u>merantau</u>"

<u>mengembara</u>   "to wander about" (usually, away from one's domicile)

pengembara   "one who wanders about"

pengembaraan   "the act of wandering about"

      Banyak orang Minang yang merantau ke Jawa dan akhirnya

      tinggal di sana terus.

      Sebagai orang perantau, kami harus bisa menyesuaikan diri.

      Di (tanah) perantauan, kita harus bisa bergaul dengan

      baik.

      Dia mengembara (not merantau) dari pulau satu ke pulau

      yang lain.

      Pengembara Indonesia yang terkenal adalah Lawalatta.

      Pengembaraan dia sampai ke Amerika.

11. nafkah/mata-penca(ha)rian   "livelihood"

    bercòcòk tanam   "to till the soil; to earn a living by planting"

    (rice, etc.)

    mencari perubahan nasib   "to look for better living conditions;

    to seek a better living"

      Nafkah/mata-penca(ha)rian mereka yang dekat gunung adalah

      beternak dan yang dekat pantai menangkap ikan.

      Biasanya para transmigran itu hidup dari bercocok tanam

      dan berburu.

      Orang Minang suka merantau untuk mencari perubahan nasib.

12. berkembang biak   "to multiply in number" (of population) (rather

    negative connotation)

    tumbuh   "to grow" (intransitive)

    menanam   "to grow (x); to plant (x)"

      Katak dan tikus berkembang biak dengan cepat.

      Padi bisa tumbuh dengan subur di sini.

Cintaku padanya <u>tumbuh</u> tiap hari.

Mereka sedang <u>menanam</u> padi di sawah.

13. <u>Beberapa pepatah</u>:

    a. <u>Ada hari ada nasi</u>. This is a translation of the Javanese proverb <u>Ono dino ono upo</u>, meaning we should not worry about tomorrow because God will always provide us with food.

    b. <u>Seperti burung pungguk merindukan bulan</u>. This refers to a situation wherein one's desire or ambition is way beyond his capabilities; thus, "to wish for the moon."

    c. <u>Sayang anak didatangi, sayang kampung ditinggalkan</u>. "The way to love one's child is by visiting him, the way to love one's village is by leaving it."

IV. REMEDIASI TATABAHASA

1. <u>menanam</u>   This verb is immediately followed by whatever is being planted.

    Dia <u>menanam</u> padi di sawahnya.

    Saya suka <u>menanam</u> bunga di kebun.

<u>menanami</u>   <u>Menanami</u> is immediatedly followed by the place where the plant is planted. The plant itself is preceded by <u>dengan</u>. In passive sentences, <u>dengan</u> becomes optional if it immediately follows the verb.

    Dia <u>menanami sawahnya dengan padi</u>.

Saya akan <u>menanami kebun saya dengan bunga</u>.

Sawahnya <u>ditanami (dengan) padi</u>.

Kebun saya akan <u>saya tanami</u> besok <u>dengan bunga</u>.

menanamkan   <u>Menanamkan</u> is followed by whatever is being planted.

<u>Menanam</u> and <u>menanamkan</u> differ in meaning in that the former
tends to be more habitual, while the latter tends to be a
one-time event and immediate. Thus, both

Dia akan <u>menanam</u> jagung.

Dia akan <u>menanamkan</u> jagung.

are acceptable, but

Dia hidup dari <u>menanamkan</u> jagung.

is not, because the -<u>kan</u> contradicts the meaning of <u>hidup</u>.

V. LATIHAN

Pilihlah kata2 yang paling tepat untuk kalimat2 berikut.

1. Kapal laut yang kami perlukan harus bisa (berisi/memuat/menampung)
    500 orang.

2. Suratnya (berisi/memuat) suatu permintaan.

3. Berita yang (ditampung/dimuat) di koran itu beredar dengan pesat.

4. Penebangan (tanah/hutan) harus dilakukan secara terarah, sehingga
    tidak akan terjadi banjir.

5. Kalau sembahyang (jurusan/lapangan/arah)nya harus ke Mekah.

6. Untuk pertanian diperlukan sistim (air/perairan/pengairan) yang

baik.

7. Karena lama tidak hujan (waduk/persediaan air/bendungan) untuk makan dan minum menurun.

8. (Waduk/persediaan air) dipakai untuk tenaga listrik dan mengairi sawah.

9. Adanya pertanian yang (berpindah-pindah/menetap) menunjukkan macam permukiman yang bersifat sementara.

10. (Sasaran/ancer-ancer/saran) Pelita ialah penyediaan sandang-pangan yang cukup untuk rakyat.

11. Yang saya utarakan itu hanya (sasaran/saran) semata-mata.

12. (Semak/hutan/rimba) lebih kecil daripada (semak/hutan).

13. (Rimba raya/hutan) lebih besar daripada hutan belantara atau semak-belukar.

14. Para transmigran dari Jawa biasanya pulang ke Jawa, karena (pepatah/semboyan) mereka adalah "Mangan ora mangan kumpul."

15. Kami sudah tinggal di (pengembaraan/perantauan) selama 10 tahun.

16. Mereka (merantau/mengembara) ke Jawa untuk belajar.

17. Sebagai (pengembara/perantau) kami harus bisa hidup rukun dengan tetangga.

18. Si Konyol itu suka hidup (merantau/mengembara) dari satu tempat ke tempat lain.

19. Petani hidup dari (mengail/bercocok-tanam).

20. Kami mau (tumbuh/menanam/menanami) sayur2-an.

21. Cendawan itu (ditanami/tumbuh/ditanam) secara liar.

22. Manusia (tumbuh/berkembang biak) dengan pesat.

23. Kebun kami akan kami (tumbuh/tanamkan/tanami) bunga.

24. Para transmigran hidup dari (menanam/menanami/menanamkan) padi

di sawah.

25. Teruskan peparah ini dan berilah artinya dalam bahasa Indonesia:

a. Patah tumbuh. . . .

b. Seperti cendawan. . . .

c. Seperti katak. . . .

d. Seperti burung pungguk. . . .

e. Sayang anak. . . .

f. Ada hari. . . .

BAB VI. C.

PROGRAM KELUARGA BERENCANA NASIONAL

DAN HASIL-HASIL YANG DICAPAI

Perkembangan kegiatan Keluarga Berencana di Indonesia mengalami
proses yang tidak banyak berbeda dengan apa yang terjadi di negara-
negara yang sedang berkembang lainnya, yaitu di dalam hal bahwa ke-
giatan ini dimulai terlebih dahulu dengan alasan-alasan kesehatan.
Tetapi kemudian disadari bahwa masalahnya adalah lebih luas: bahwa
Keluarga Berencana dianggap sebagai salah satu cara untuk menurunkan
angka kelahiran; penurunan mana diperlukan untuk mengendalikan per-
kembangan penduduk yang pesat di sesuatu negara.

Para ahli telah menunjukkan bahwa salah satu faktor yang mem-
pengaruhi pembangunan ekonomi adalah tingkat perkembangan penduduk   10
yang tercermin pada perkembangan tingkat kelahiran. Berbagai-bagai
analisa telah dibuat yang menunjukkan keuntungan-keuntungan ataupun
manfaat guna pembangunan yang diperoleh melalui penurunan tingkat ke-
lahiran.

Di Indonesia sebenarnya sejak tahun 1957 suatu perkumpulan swasta
yaitu Perkumpulan Keluarga Berencana Indonesia telah mempelopori
pelaksanaan kegiatan Keluarga Berencana di dalam masyarakat, meskipun
sampai tahun 1966 keadaan politik tidak memungkinkan penyebar-luasan
gagasan Keluarga Berencana ini. Baru di dalam tahun 1967, terjadi
persiapan-persiapan menuju kepada pelaksanaan program Keluarga Beren-   20
cana nasional. Pemerintah menstimulir masyarakat sendiri untuk men-
ciptakan iklim yang menguntungkan bagi pelaksanaan program ini.

Ternyata proses ini berjalan dengan memuaskan. Oleh karena itu

404

Presiden R. I. menginstruksikan kepada Menteri Negara KESRA melalui
Keputusan Presiden no. 26 tahun 1968 untuk membentuk suatu lembaga
semi pemerintah yaitu Lembaga Keluarga Berencana Nasional yang ber-
tugas untuk mengkoordinir usaha2/kegiatan2 Keluarga Berencana. Maka
di dalam tahun 1969 mulailah program nasional Keluarga Berencana
dimasukkan di dalam program pembangunan nasional Pelita I.

Kemudian lebih kurang satu tahun sesudah itu pemerintah meng-   30
anggap perlu bahwa Keluarga Berencana harus dilaksanakan sendiri oleh
Pemerintah, sehingga pada permulaan tahun 1970 dibentuklah Badan
Koordinasi Keluarga Berencana Nasional (B.K.K.B.N.) yang bertugas
untuk mengkoordinir semua kegiatan Keluarga Berencana di Indonesia.
Di samping itu pada bulan Juli 1969 Pemerintah mengundang team ahli
dari PBB dan Bank Dunia untuk membantu kita di dalam melaksanakan
program nasional Keluarga Berencana.

Dan sesudah dilantiknya pimpinan B.K.K.B.N. pada pertengahan
tahun 1970 dirumuskan program 5 tahun serta susunan organisasi B.K.K.B.N.
dari tingkat pusat sampai ke eselon—eselon bawah.   40

Program Keluarga Berencana di Indonesia yang pada saat ini baru
meliputi Jawa, Madura dan Bali, bertujuan untuk: (1) Meningkatkan ke-
sejahteraan keluarga; (2) Menurunkan tingkat fertilitas (tingkat ke-
lahiran). Kedua-duanya bertujuan mewujudkan kesejahteraan keluarga,
rakyat dan bangsa. Pencapaian tujuan program didasarkan atas azas
sukarela.

Hal ini berarti perlu adanya bimbingan dan pengarahan menuju
diterimanya dan dilaksanakannya konsep keluarga kecil oleh masyarakat.

Apabila sepasang suami-isteri telah menerima dan kemudian akan
melaksanakan Keluarga Berencana, maka diperlukan adanya fasilitas yang   50

memungkinkan pelaksanaan ini. Oleh karena itu, program nasional
Keluarga Berencana pada intinya berisi dua kegiatan, yaitu kegiatan
Penerangan, Motivasi dan Pendidikan Masyarakat di satu pihak, serta
kegiatan Pelayanan Medis di lain pihak.

Kegiatan Penerangan, Motivasi dan Pendidikan Masyarakat didasar-
kan atas strategi jangka pendek dan jangka panjang; untuk jangka
pendek melalui mass-media, pertemuan-pertemuan kelompok komunikasi-
langsung.

Di dalam face to face communication tekanan terletak pada peran
para Petugas Lapangan Keluarga Berencana yang bertugas untuk meng- 60
unjungi rumah2 penduduk dan memotivasikan para ibu untuk melaksanakan
Keluarga Berencana.

Untuk jangka panjang, pendidikan masalah penduduk (population
education) diadakan di dalam system pelajaran di sekolah maupun di
luar sekolah dan terutama ditujukan kepada kaum muda.

Dari pendidikan masalah penduduk ini diharapkan bahwa para
calon orang tua khususnya maupun masyarakat umumnya dapat memperoleh
pengertian dan kesadaran akan arti perkembangan penduduk terhadap
dirinya maupun masyarakat.

Yang penting pula adalah Pelayanan Medis yang effektip, pelayanan 70
harus mudah diperoleh oleh rakyat tanpa bayaran dan dalam batas2 ke-
mampuan, alangkah baiknya bilamana dapat diusahakan apa yang disebut
"service to the doorstep" yang berarti disampaikannya alat/obat
kontrasepsi di rumah akseptor oleh petugas Keluarga Berencana.

Termasuk tanggung jawab kegiatan pelayanan medis adalah tugas
follow-up untuk menjaga agar si-akseptor tetap mematuhi penggunaan
alat/obat kontrasepsi sebagaimana mestinya. Disamping itu tentu ada

406

kegiatan-kegiatan lain yang menunjang kelancaran percapaian tujuan
program, seperti kegiatan latihan (training) yang akan menyiapkan
para petugas untuk memperoleh ketrampilan dan keahlian, dan kegiatan   80
untuk menilai jalannya program, yaitu melalui pencatatan dan pe-
laporan, hasil2 penelitian serta data2 obyektip lainnya. Untuk
tahun 1971-1976 target yang akan dicapai adalah sebesar 6 juta aksep-
tor, yang diharapkan akan menghasilkan kelahiran tercegah lebih
kurang sebesar 1.700.000 dan berakibat menurunkan tingkat pertambahan
penduduk sebesar 0,5%.

Hasil-hasil yang dicapai; sebelum melihat apa yang telah dicapai
sejak pertengahan tahun 1970 sampai sekarang, baiklah kita lihat suatu
gambaran umum secara sederhana mengenai segi-segi dan kegiatan-kegiatan
yang telah kita hadapi disekitar usaha untuk mendapatkan akseptor.   90
Seorang ibu yang merupakan calon akseptor akan dikunjungi oleh seorang
Petugas Lapangan Keluarga Berencana yang bertugas untuk memberikan
penjelasan tentang Keluarga Berencana dan memberikan motivasi kepada
ibu yang bersangkutan agar bersedia untuk melakukan Keluarga Berencana.
Dipihak si ibu terdapat berbagai-bagai soal; dapatkah ia menerima
motivasi tersebut; penerimaan mana ditentukan oleh berbagai faktor
seperti pengetahuan si ibu tentang Keluarga Berencana, nilai2 sosial
budaya di dalam masyarakat yang mempengaruhi pemikiran si ibu, per-
setujuan suaminya, tingkat pendidikan yang berpengaruh kepada cara
berpikirnya yaitu untuk dapat mengerti manfaat pelaksanaan Keluarga   100
Berencana, dan lain-lain. Hal ini terutama dihubungkan dengan kenyataan
bahwa sebagian besar dari penduduk Indonesia berada di dalam lingkungan
pedesaan dan tingkat pendidikan yang rendah. Di pihak lain yaitu di
pihak petugas yang melakukan motivasi terdapat soal kesanggupan didalam

melakukan tugasnya: apakah ia cukup dibekali latihan untuk itu, adakah
ia berbakat menjadi motivator, mengertikah ia akan keadaan masyarakat
di mana ia bertugas?

Selanjutnya cukupkah kegiatan-kegiatan penerangan dilakukan di
daerah tersebut, adakah para petugas Pamong Praja turut serta meng-
gerakkan masyarakat kearah penerimaan Keluarga Berencana? Adakah   110
faktor-faktor tradisi yang kuat yang menghambat atau menunjang pener-
imaan Keluarga Berencana?

Sesudah melihat gambaran di sekitar masalah motivasi, kita lihat
segi pelayanan medis. Apabila seorang ibu telah memutuskan akan
melakukan Keluarga Berencana maka ia akan pergi pada suatu klinik.

Timbullah pertanyaan, adakah keberatan dari pihak akseptor untuk
dilayani oleh seorang dokter pria, cukup efisienkah proses-proses
pelayanan dari pendaftaran akseptor sampai kepada pemberian alat/obat,
adakah keluhan-keluhan akseptor mengenai kesulitan di dalam penggunaan
alat/obat kontrasepsi ditampung dengan baik, adakah cukup persediaan   120
alat/obat kontrasepsi.

Demikianlah dapat digambarkan bahwa kegiatan yang ada di dalam
suatu program Keluarga Berencana menyangkut pengorganisasian, pengarah-
an dari kegiatan-kegiatan di atas/menuju tujuan yang hendak dicapai.
Jelaslah kelihatan bahwa masalahnya adalah multidisipliner dan tugas-
tugas unit2 pelaksana yaitu departemen-departemen dan organisasi-
organisasi swasta maupun Pemerintah, yang mencakup salah satu atau
beberapa dari kegiatan-kegiatan yang digambarkan diatas, memanglah
berat.

Salah satu cara untuk menilai hasil yang telah dicapai dalam   130
pelaksanaan program adalah dengan membandingkan target dari hasil yang

408

dicapai dan kemudian melihat sifat-sifat (karakteristik) dari para

akseptor.

Apabila kita lihat dari data-data yang terkumpul melalui sistim

pencatatan dan pelaporan yang terpusat dan seragam diperoleh data2

yang mengenai kegiatan klinik yang dicantumkan dalam laporan bulanan

klinik, seperti jumlah akseptor tiap bulan, metode-metode kontrasepsi

yang dipergunakan, kunjungan-kunjungan rumah yang dilakukan para Pe-

tugas Lapangan Keluarga Berencana untuk mengadakan motivasi, siapakah

yang membawa akseptor datang ke klinik, dan lain-lain. Laporan   140

bulanan ini diberikan langsung dari klinik-klinik di Jawa, Bali dan

Madura ke B.K.K.B.N. Pusat setiap bulan. Sistim pelaporan demikian

pada saat ini telah berjalan dengan sangat baik. Apabila kita lihat

pencapaian selama ini dari segi target akseptor, maka dapatlah di-

catat angka2 berikut:

TAHUN   TARGET   YANG DICAPAI

1970   125.000   181.059

1971-72   550.000   519.330

Pencapaian di dalam tahun 1971 telah menyebabkan di-revisinya target

akseptor untuk tahun ini dari 200.000 menjadi 550.000. ...   150

(Dari *Masalah Kependudukan dan Pe-*

laksanaan Keluarga Berencana di Indo-

nesia, oleh Suwardjono Surjaningrat,

1973.)

I. DAFTAR KATA PENOLONG

aksèptòr	"participant in family planning"
azas	"principle"
cabang	"branch" (of tree, office, etc.)
dalam batas2	
kemampuan	"within (one's) ability/reach"
iklim	"climate; atmosphere"
jangka panjang	"long range"
jangka pèndèk	"short range"
kesejahteraan	"well-being; prosperity"
kesra	"abbreviation of **kesejahteraan rakyat**-- well-being of the people"
kontrasèpsi	"contraceptive"
alat2 kontrasèpsi	"contraceptive devices"
obat2 kontrasèpsi	"contraceptive medicines"
membekali	"to provide necessities for travel or life"
mempelòpòri	"to pioneer; champion"
mengendalikan	"to hold the reins; control"
menghambat	"to hamper"
mengkoòrdinir	"to coordinate"
menstimulir	"to stimulate"
menunjang	"to support"
memungkinkan	"to make (x) possible; enable"
merumuskan	"to formulate"
mewujudkan	"to realize" (an aim, goal, etc.)
pamòng praja	"civil service"

pada intinya	"essentially"
PBB	"abbreviation of <u>Perserikatan Bangsa Bangsa</u>-- United Nations Organization"
pelayanan medis	"medical service"
penyebar-luasan	"the spreading of (x) widely"
sebagaimana mestinya	"as (it/they) should"
selanjutnya	"furthermore"
sukarela	"voluntary"
susunan organisasi	"organizational structure"
triwulan	"quarter" (of a year)

II. JAWABLAH PERTANYAAN2 BERIKUT DENGAN KALIMAT2 LENGKAP

1. Apa hubungan antara KB dengan perkembangan ekonomi?

2. Apa isi Keputusan Presiden No. 26, tahun 1968?

3. Untuk apa pemerintah mengundang PBB dan Bank Dunia?

4. Apakah inti kegiatan KB--jangka pendek dan jangka panjangnya?

5. Mengapa tingkat pendidikan juga mempengaruhi lancarnya KB?

6. Apa hubungan antara kebudayaan/adat dengan KB?

7. Mengapa masalah "dokter pria" lawan "dokter wanita" penting di Indonesia?

8. Menurut anda mana yang mungkin lebih berhasil: KB atau transmigrasi? Mengapa?

III. PENGEMBANGAN KOSA KATA

1. <u>mengendalikan</u>   "to hold the reins; control; to guide"

   <u>kendali</u>   "reins"

   <u>pengendalian</u>   "a control"

   <u>pengendalian harga</u>   "price control"

   Dia <u>mengendalikan</u> kudanya dengan tenang.

   Kami harus <u>mengendalikan</u> penyebaran penduduk.

   <u>Kendali</u> kuda itu dia pegang erat2.

   <u>Pengendalian harga</u> oleh pemerintah kelihatannya berhasil.

2. <u>perkumpulan/persatuan/himpunan/ikatan</u>   "association" (of students, workers, etc.)

   <u>kesatuan</u>   (1) "association" (of students, workers, etc.); (2) "unit; unified" (such as a country)

   <u>Perkumpulan/persatuan/himpunan/kesatuan/ikatan</u> mahasiswa itu dibentuk tahun 1971.

   Lembaga Kependudukan itu merupakan <u>kesatuan</u> yang terpisah.

   Indonesia menjadi negara <u>kesatuan</u> tahun 1947.

3. <u>penyebar-luasan</u>   "the spreading of (x) widely"

   <u>menyebar-luaskan</u>   "to spread widely"

   Gagasan untuk menggali sumber alam itu <u>disebar-luaskan</u> oleh pemerintah.

   <u>Penyebar-luasan</u> kabar seperti itu dewasa ini sangat berbahaya.

4. <u>iklim</u>   "climate; atmosphere"

   <u>musim</u>   "season"

   <u>musiman</u>   "seasonal"

412

Iklim di Indonesia termasuk tropis.

Iklimnya kurang menguntungkan untuk mengajukan usul itu
sekarang.

Pada musim hujan banyak cendawan yang tumbuh.

Buah-buahan itu keluarnya musiman.

5. sejahtera   "prosperous" (also implying happiness)

   makmur   "prosperous" (materially only)

   kesejahteraan   "prosperity; well-being"

   kemakmuran   "prosperity"

   Tujuan KB bukan hanya untuk membuat rakyat makmur tetapi
   juga membuat mereka sejahtera.

   Kesejahteraan keluarga sangat penting untuk kehidupan.

   Kemakmuran belum tentu mendatangkan kesejahteraan.

6. menganggap   "to consider" (X to be Y)

   mempertimbangkan   "to consider" (in the sense of weighing the
       advantages and disadvantages of a matter)

   menganggap sepi   "do not give a darn"

   Kami menganggap berita itu kabar angin semata-mata.

   Pemerintah menganggap pengangguran sangat gawat.

   Usul anda akan kami pertimbangkan besok pagi.

   Dia menganggap sepi perintah ayahnya.

7. merumuskan   "to formulate"

   rumus   "formula"

   perumusan   "formulation"

   dalil   "axiom; theorem"

   Tujuan KB telah dirumuskan oleh Ketua BKKBN.

   Saya tidak mengerjakan soal ilmu ukur ini, karena saya

tidak tahu rumusnya/dalilnya.

Perumusan yang anda buat itu kurang cocok untuk masya-
rakat Indonesia.

8. susunan organisasi   "organizational structure"

pusat   "center; central"

cabang   "branch" (of tree, organization, etc.)

ranting   "sub-branch" (of tree, organization, etc.)

penulis   "secretary" (administrative)

sekretaris   "secretary" (administrative or clerical)

bendahara   "treasurer"

> Susunan organisasi pusat dan cabang atau ranting biasa-
> nya sama.
>
> Panitia itu terdiri dari Ketua, Penulis/Sekretaris dan
> Bendahara.
>
> Tugas sekretaris (not penulis) kantor kami ialah mengetik
> surat.

9. azas/prinsip   "principle"

azas dan tujuan   "principles and goals" (of an organization)

anggaran dasar   "basic rules and regulations (of an organization);
    statutes"

anggaran rumah tangga   "specific rules and regulations (of an
    organization) for day-to-day operation"

> Dalam anggaran dasar biasanya dinyatakan azas dan tujuan
> organisasi.
>
> Anggaran rumah tangga berisi aturan2 yang diperlukan se-
> hari-hari.
>
> KB berdasarkan azas/prinsip sukarela.

10. <u>sukarela</u>   "voluntary"

<u>sukarelawan/wati</u>   "male/female volunteer"

<u>wajib</u>   "obligatory; obliged"

<u>kewajiban</u>   "obligation; responsibility"

>Pelaksanaan KB dilakukan secara <u>sukarela</u>.

>Para <u>sukarelawan/wati</u> KB memberikan penerangan2 kepada ibu2 di desa.

>Kami <u>wajib</u> menolong usaha2 pemerintah untuk mencegah perkembangan penduduk.

>Sudah menjadi <u>kewajiban</u> kami untuk memuat berita2 yang berdasarkan fakta.

11. <u>jangka panjang</u>   "long-term"

<u>jangka pèndèk</u>   "short-term"

<u>jangka</u>   (1) "a pair of compasses" (instrument for drawing or describing a circle); (2) "period of time"

>Kegiatan penerangan untuk <u>jangka pendek</u> dilakukan melalui mass-media, sedangkan yang <u>jangka panjang</u> melalui sekolah2.

>Dimana <u>jangka</u> saya, Ton?

>Proyek penebangan hutan itu akan selesai dalam <u>jangka</u> (waktu) 2 tahun.

12. <u>petugas lapangan</u>   "field worker"

<u>bidan</u>   "midwife" (with formal academic training)

<u>manteri klinik</u>   "paramedic" In many clinics, the <u>manteri klinik</u> functions as a medical doctor and as the head of the clinic.

<u>dukun</u>   "a person considered to have supernatural or exceptional

power to do things" Unless specified otherwise, the word

dukun usually refers to a traditional healer or to a prac-

titioner of black or white magic.

dukun bayi/beranak   "a dukun--in most areas of Indonesia,

always female--whose expertise is delivering babies" (no

academic training)

dukun sunat/khitan   "a circumcision dukun, always male"

dukun pijat   "a massage dukun"

Tugas para petugas lapangan ialah untuk memotivasikan

kaum ibu.

Peran para bidan dalam KB sangat penting.

Manteri klinik mengurusi orang2 yang sakit saja.

Kami pergi ke dukun untuk meminta pertolongan dia.

Untuk mensukseskan KB para dukun bayi/beranak perlu

ditataɩ.

Fungsi dukun sunat jauh berbeda dengan dukun pijat.

13. aksèptòr   "participant in family planning"

alat2 kontrasèpsi   "contraceptive devices"

obat2 kontrasèpsi   "contraceptive medicines"

kapoces   "popular term for prophylactic"

kòndòm   "condom"

pelayanan medis   "medical service"

Program KB bisa berhasil hanya kalau jumlah akseptor

cukup banyak.

Alat2 kontrasepsi bisa berbentuk IUD atau kondom/kapoces.

Disamping motivasi, pelayanan medis juga sangat penting.

14. dalam batas2 kemampuan   "within (one's) ability/reach"

416

sebisa-bisanya/sedapat-dapatnya   "to the best of one's ability"

Obat2 kontrasepsi harus bisa dibeli rakyat dalam batas2

kemampuan mereka.

Para petugas lapangan itu memberikan bimbingan sebisa-

bisanya/sedapat-dapatnya.

15. bekal   "that which is necessary for traveling or living" (both

tangible and intangible provisions such as, for example, food

and drink, knowledge, etc.)

membekali   "to provide a bekal"

sangu   "Javanese word for bekal" (often used)

Bawalah nasi dan ikan ini untuk bekal/sangu di per-

jalanan.

Ilmu adalah bekal/sangu hidup yang paling berharga.

Kami sudah dibekali makanan dan minuman.

Saya dibekali oleh ayah saya agama yang harus saya

patuhi.

16. penerangan   "act of informing; information" (as an activity)

keterangan   "statement pertaining to the particulars of" (an

individual, place, etc.)

terang   (1) "clear; bright" (of light); (2) "obvious(ly)"

menerangkan   "to explain"

menerangi   "to light" (a place)

memberi penerangan/keterangan   "to give information/make a

statement"

surat keterangan   "a letter informing the reader of certain

particulars pertaining to the bearer" (e.g., his employment,

his ownership of a bicycle, etc.)

kartu penduduk/surat keterangan penduduk   "a small booklet or

identification card wherein are written the bearer's name,

age, address, and occupation" (often abbreviated as KTP)

surat (keterangan) jalan   "travel document"

Menteri Penerangan (not keterangan) akan memberikan

wejangannya besok.

Surat keterangan (not penerangan) itu kami perlukan

segera.

Penerangan (not keterangan) tentang KB harus diberikan

terutama di desa.

Dalam keterangannya (not penerangan) Kepala BKKBN

menyatakan bahwa KB bisa menurunkan angka kelahiran

sebesar 0,5%.

Jalan itu diterangi dengan lampu2 yang besar sehingga

terang sekali.

Dia terang salah, tidak perlu diragukan lagi.

Di Indonesia surat keterangan jalan dan kartu penduduk

sangat penting.

17. pamòng praja   "originally meaning 'the servants of a kingdom,'

this term is now used to refer to civil service/servants in

general, but with a slightly derogatory connotation "

pamòng   "a person whose duty is to make sure that things run

properly"

pamòng desa   "a village pamong"

Jaman sekarang ini jadi pegawai pamong praja tidak bisa

hidup.

Dalam pendidikan Taman Siswa, guru adalah pamong murid.

Pamong desa termasuk lurah dengan pembantu2nya.

18. menghambat   "to hamper"

    memperlambat   "to slow down (x)"

    Yang menghambat/memperlambat kemajuan adalah cara ber-

    pikir yang kolot.

    Kalau tidak dikasih uang semir, mereka biasanya memper-

    lambat (not menghambat) prosesnya.

    Masinis itu memperlambat (not menghambat) jalannya kereta

    api, karena rilnya rusak.

19. triwulan   "quarter" (of a year; used for schools, and others)

    kwartal   "quarter" (of a year; used for schools)

    semester   "semester"

    Pada triwulan pertama tahun ini, jumlah akseptor ada

    1 juta.

    Rapot dia kwartal/triwulan pertama kebakaran.

    Beberapa universitas sekarang memakai sistim semester.

IV. REMEDIASI TATABAHASA

1. meN + base + kan:

    a. Except for merupakan, all verbs which end in -kan are always

        transitive, that is, they require obligatorily the presence

        of an object.

        Mereka merumuskan azas dan tujuan KB.

        Dia mengatakan hal itu kemarin.

b. Certain verbs, however, seem to lack an object. When this happens, the object is "understood" in that it is always the speaker of the utterance, singular or plural, or the logical object as the case may be. Otherwise, the object must be explicitly present.

> Proyek itu sangat menguntungkan (saya/kami).

> Pertunjukan itu sangat menyenangkan (saya/kami/penonton).

but

> Proyek itu sangat menguntungkan kaum pedagang.

> Pertunjukan itu sangat menyenangkan pak Walikota.

These verbs usually relate to feelings and emotions. Some of these verbs are: menguntungkan, merugikan, menyenangkan, menggembirakan, menyedihkan, mengharukan, memuaskan, mengecewakan, memusingkan, memalukan.

V. LATIHAN

Pilihlah kata2 yang paling tepat untuk kalimat2 berikut.

1. Untuk mencapai tujuan KB masyarakat harus (dibimbing/dikendalikan) dengan baik.

2. Kalau pertumbuhan penduduk tidak (dibimbing/dikendalikan) maka pada tahun 2001, Indonesia akan berpenduduk 183 juta.

3. Dia memegang (kendali/pengendalian) kudanya erat2.

4. Penerangan mengenai KB harus (diluas-sebarkan/disebar-luaskan/

disebar-luas).

5. Tahun 1947 Indonesia merupakan negara (persatuan/perkumpulan/ kesatuan).

6. Kantor (pengawasan/pengendalian/bimbingan) harga itu dikepalai oleh Drs. Pardjan.

7. Kapan biasanya (musim/iklim/musiman) durian mulai?

8. Buah2an seperti itu selalu (musim/ikliman/musiman).

9. (Musim/iklim) di Malang lebih sejuk dari Jakarta.

10. Mereka memang (makmur/sejahtera), tetapi saya tidak yakin apa mereka juga hidup (makmur/sejahtera).

11. Kami (mempertimbangkan/menganggap/memikir) semboyan orang Jawa agak merugikan dari segi transmigrasi.

12. Usul untuk membuat saluran air itu akan kami (anggap/pertimbang-kan) minggu depan. ———

13. Masalah itu (dianggap/dipertimbangkan) sepi oleh mereka.

14. Seorang (penulis/bendahara/sekretaris) suatu kantor harus bisa mengetik dengan kecepatan yang lumayan.

15. Orang yang tugasnya mencari uang untuk organisasi ialah (sekre-taris/penulis/bendahara).

16. Dari tiga eselon dalam susunan organisasi (cabang/ranting/pusat)-lah yang paling rendah.

17. Anggaran (dasar/rumah tangga) tidak boleh menyimpang dari anggaran (dasar/rumah tangga).

18. Pekerjaan yang dilakukan atas kehendak sendiri dinamakan pekerja-an yang (wajib/sukarela/sukarelawan).

19. (Tanggungan/kewajiban) pemerintah adalah memberikan kesejahteraan pada rakyat.

20. Tujuan KB untuk jangka (pendek/panjang)-nya ialah kesejahteraan

keluarga, sedangkan jangka (pendek/panjang)-nya ialah untuk

mencegah pertambahan penduduk yang terlalu pesat.

21. (Bidan/manteri klinik/dukun bayi) biasanya tidak berpendidikan.

22. Seorang (dukun/dokter) biasanya tidak mempunyai pendidikan formil

seperti seorang (dukun/dokter).

23. Kalau badanmu merasa pegal, panggillah dukun (beranak/sunat/pijat).

24. Dia sekarang menjadi (manteri/menteri) klinik di Kajen.

25. Alat kontrasepsi yang dipakai lelaki namanya (pil/IUD/kondom).

26. Kalau obat2 kontrasepsi harus dijual, maka harus dijual (sebisa-

bisanya/dalam batas2 kemampuan) si pembeli.

27. (Bakal/bekal) hidup yang paling berguna adalah ilmu pengetahuan.

28. Sampai sejauh mana (penerangan/keterangan) itu benar, saya tidak

tahu.

29. Jawaban pegawai Jawatan Transmigrasi itu tidak (terang/nyata/

pandai).

30. Dia mencoba (menerangi/menerangkan/memberi penerangan) artinya

kambing hitam.

31. Petugas lapangan itu (menerangi/memberi penerangan) tentang ke-

padatan penduduk.

32. Tiap orang di Indonesia harus mempunyai surat (keterangan/

penerangan) penduduk.

33. Semua mobil harus (dihambat/diperlambat) jalannya, karena

jembatan itu sudah tua.

34. Pada (kwartal/triwulan) pertama, jumlah penduduk tidak banyak

naik.

35. Buatlah kalimat2 dengan kata2 berikut:

a. memalukan

b. menyedihkan

c. memuaskan

d. mengecewakan

BAB VI. D.

AGAMA DAN KELUARGA BERENCANA

Dengan Keputusan Presiden Republik Indonesia No. 8 Tahun 1970
telah ditetapkan "Susunan dan Tatakerja Badan Koordinasi Keluarga
Berencana Nasional."

Merencanakan dan mengatur keluarga adalah soal kemanusiaan yang
sekarang ini sedang diusahakan pelaksanaannya oleh pemerintah dan
rakyat Indonesia. Kalau pembangunan itu adalah pembangunan manusia,
maka kelahiran manusia itupun harus kita atur. Pengaturan itu harus
diadakan, agar supaya kenaikan produksi tidak dikalahkan oleh kenaik-
an kelahiran anak. Usaha perencanaan keluarga harus dilakukan se-
demikian rupa supaya tidak bertentangan dengan hukum yang berjalan   10
di negeri ini, juga tidak bertentangan dengan ajaran agama yang
merupakan sumber rasa susila dan rasa peri-kemanusiaan. Ini semua
sudah diatur oleh pemerintah.

Serba-dimensi dari Keluarga Berencana.

Inti dari tujuan keluarga berencana adalah tidak lain agar supaya
bangsa Indonesia ini hidup bahagia.

Dalam suatu masyarakat seperti Indonesia ini, suatu masyarakat
yang sedang berada dalam masa transisi dari masyarakat tertutup menjadi
masyarakat terbuka, maka peranan agama adalah sangat penting sekali
dalam memberikan motivasi dan tujuan daripada usaha-usaha pemerintah   20
dan bangsa Indonesia dalam membina suatu masyarakat yang adil dan
makmur, materiil dan spirituil, lahiri dan rohani, perorangan dan
secara bermasyarakat. Merencanakan keluarga adalah salah satu cara

untuk menciptakan keluarga bahagia ini, dan oleh karena itu peranan agama adalah sangat penting.

Perlu diketahui bahwa suatu usaha kemanusiaan bagaimanapun kecil-nya tidaklah bisa diselesaikan oleh sekelompok manusia, apalagi oleh satu orang, sekalipun mereka expert. Hal ini disebabkan karena eksis-tensi manusia yang begitu kompleks yang harus dihampiri dari pelbagai macam segi. Eksistensi manusia adalah serba-dimensi, oleh karena itu 30 pendekatan terhadap manusia harus serba-dimensi juga. Pendekatan terhadap masalah manusia hanya dari satu segi saja, umpamanya dari segi ekonomi saja, atau dari segi rohani saja, adalah suatu pendekatan yang salah jalan: ia hanya akan menghasilkan teori-teori yang berat sebelah, yang kalau dilaksanakan hanya akan menimbulkan manusia-manusia "retak" dan "timang."

Masalah keluarga berencana ini sebenarnya tidak bisa didekati dari segi medis saja, ia harus didekati dari serba-dimensi. Inilah sebabnya maka tepat sekali bahwa Departemen Agama harus mengambil peranan yang aktif bersama-sama dengan Departemen-Departemen lain, 40 dalam menyelenggarakan program keluarga berencana ini.

Keluarga Berencana tidak bisa berdiri sendiri, karena ia erat hubungannya dengan kesehatan, demografi, keamanan, pendidikan dan kebudayaan, komunikasi dan masih banyak lagi.

Harus kita ketahui bahwa mungkin merencanakan keluarga akan mudah diterima oleh orang-orang kota yang selain kesadarannya juga karena adanya rekreasi dan hiburan-hiburan lainnya yang memungkinkan orang tidak menganggap bahwa hubungan kelamin adalah satu-satunya hiburan bagi manusia hidup.

Tetapi bagi masyarakat desa yang komunikasi belum lancar, 50 pendidikan belum merata, dan kurang adanya hiburan, maka kita harus

sadar bahwa didesa itulah sebenarnya keluarga berencana harus di-

jalankan bukan hanya dengan perencanaan yang baik, pembiayaan yang

cukup saja, tetapi harus lebih intensif. Keluarga Berencana harus

disertai juga dengan peningkatan produksi sandang dan pangan, adanya

hiburan yang sehat, olah raga yang baik, rasa aman dan harus disertai

dengan keyakinan bahwa merencanakan keluarga adalah tidak berten-

tangan dengan rasa susila dan rasa kemanusiaan.

Didalam "De Ecclesia in Mundo Huius Temporis" suatu Konstitusi

yang dihasilkan Konsili Vatikan ke-II dinyatakan bahwa soal sedikit   60

atau banyaknya anak adalah tergantung kepada keputusan yang ikhlas

dari orang tua berdua. Selanjutnya dokumen itu menyatakan bahwa ummat

manusia harus secara jujur diberi informasi tentang kemajuan-kemajuan

ilmu pengetahuan dalam mencari cara-cara yang dengan itu suami-isteri

dapat dibantu untuk mengatur jumlah anak mereka.

Bisanya dipercaya cara-cara itu harus benar-benar dibuktikan dan

harus disesuaikan dengan ukuran-ukuran moral.

Keluarga Berencana dan Pembangunan.

Tujuan pokok dari pada pembangunan adalah untuk menciptakan

hari esok lebih baik daripada sekarang ini, dengan cara-cara yang   70

dapat kita mengerti; dan tujuan keluarga berencana adalah untuk men-

ciptakan generasi yang lebih baik daripada generasi sekarang ini.

Untuk hal ini marilah kita mengenangkan ayat Al-Qur'an, yang berbunyi:

"Dan hendaklah orang2 merasa khawatir kalau mereka meninggalkan

dibelakang mereka anak cucu yang lemah, yang mereka khawatir terhadap

kesejahteraan mereka. Oleh sebab itu hendaknya mereka bertaqwa

426

kepada Allah, dan hendaknya mereka mengucapkan perkataan yang benar."

Kita hendaknya jangan sampai meninggalkan keturunan yang kalau kita sudah meninggalkan dunia yang fana ini, menjadi ummat dan bangsa yang lebih lemah daripada kita sendiri. Untuk hal ini kita harus   80
bertaqwa kepada Allah dan menyesuaikan perbuatan kita dengan perkataan yang sudah kita ikrarkan. Kita telah berikrar bahwa kita akan membangun. Dan salah satu usaha untuk mencapai pembangunan itu adalah dengan merencanakan keluarga. Marilah hal ini kita jalankan dengan sebaik-baiknya.

(Oleh Dr. Mukti Ali dalam pembukaan
"Orientasi Course Keluarga Berencana
Departemen Agama," 4 Oktober 1971.)

I.   DAFTAR KATA PENOLONG

bagaimanapun kecilnya	"however little/small (it may be)"
berikrar	"to pledge"
bertaqwa/bertakwa	"to devote oneself" (to God)
hubungan kelamin	"sexual relations"
ikhlas	"synonymous with rela"
mengenangkan	"to reminisce"
menghampiri	"to approach"
mengikrarkan	"to pledge"

perorangan	"individually"
rasa susila	"sense of ethics"
sedemikian rupa	
sehingga	"in such a way that. . . ."
serba-dimensi	"multi-dimensional"
timang	"spoiled" (in the sense of being dependent)

II. JAWABLAH PERTANYAAN2 BERIKUT DENGAN KALIMAT2 LENGKAP

1. Dari tulisan ini, apakah Dr. Mukti Ali, Menteri Agama Indonesia, setuju dengan Keluarga Berencana? Apa dia setuju dengan cara yang dipakai?

2. Mengapa agama merupakan faktor penting dalam pelaksanaan Keluarga Berencana?

3. Mengapa Keluarga Berencana harus lebih diintensifkan di desa2 daripada di kota2?

4. Apa hubungan ayat Al-Qur'an yang dikutip di sini dengan Keluarga Berencana?

5. Bagaimanakah pendapat agama mengenai Keluarga Berencana pada umumnya dan pengguguran pada khususnya?

III.   PENGEMBANGAN KOSA KATA

1.   sedemikian rupa sehingga   "in such a way that. . . ."

    begitu (adj.) sehingga   "so (adj.) that. . . ."

       KB harus dilakukan sedemikian rupa sehingga tidak ber-

       tentangan dengan agama.

       Azas dan tujuan organisasi itu begitu kabur sehingga

       tidak jelas ke mana arahnya.

2.   susila   "ethics"

    rasa susila   "sense of ethics"

    kesusilaan   (1) "ethics"; (2) "politeness"

    tata-susila/etiket   "etiquette"

       Hubungan kelamin di luar nikah dianggap tidak susila.

       Rasa susila/kesusilaan merupakan dasar hidup yang baik.

       Tiap masyarakat mempunyai tata-susila/etiket masing2.

3.   masyarakat tertutup   "closed society"

    masyarakat terbuka   "open society"

    paguyuban   "a relationship, in a society, not based on profit"

       Mutual assistance in building a house in a village, for in-

       stance, is of this type.

    patembayan   "a relationship, in a society, based on profit"

       The relationship between an employer and an employee, for

       instance, is of this type.

       Dalam masyarakat tertutup hal2 yang baru biasanya sukar

       diterima.

       Sebaliknya dalam masyarakat terbuka hal2 yang baru

       mudah masuk.

Hubungan antara anggauta2 suatu keluarga biasanya

bersifat paguyuban.

Hubungan antara buruh dengan majikan biasanya bersifat

patembayan.

4. membina   "to take great care of; nourish"

   memelihara   "to take care of; raise (chickens, pigs, etc.);
        maintain"

   mengasuh   "to bring up; raise (children); take care of" (human
        beings only)

   Pemerintah berusaha membina/memelihara perkembangan

   agama dengan adil.

   Bahasa Indonesia harus dibina/dipelihara dengan baik

   supaya bisa betul2 menjadi bahasa nasional.

   Di samping mengerjakan sawahnya, petani biasanya juga

   memelihara (not membina or mengasuh) ayam, kambing,

   sapi, dsb.

   Sukar untuk mengasuh anak2 dalam suatu keluarga yang

   besar.

   Acara Taman-Kanak2 itu diasuh oleh Ibu Sut.

5. menghampiri   (1) "to approach"; (2) "to pick-up" (on the way
        somewhere)

   mendekati   "to approach; to come near to"

   pendekatan   "an approach"

   Eksistensi manusia yang kompleks itu harus dihampiri/

   didekati dari pelbagai macam segi.

   Pendekatan untuk masalah penduduk ini harus serba-

   dimensi.

6. persetubuhan/hubungan kelamin/sex   "sexual relations"

  bersetubuh   "to make love"

  kelamin   "sex; gender"

  jantan   (1) "male" (of animals); (2) "courageously"

  betina   "female" (of animals)

       Perkawinan tidak hanya berdasarkan persetubuhan/
hubungan kelamin saja.

       Orang Islam biasanya berdoa sebelum bersetubuh.

       Kambing jantan lebih murah dari kambing betina.

       Hadapilah soal ini secara jantan.

7. biaya/béaya   "money to cover expenses; cost" (for service/job
to be done)

  membiayai/membéayai   "to finance"

  pembiayaan/pembéayaan   "financing"

  béa-siswa   "scholarship" (financial aid for study)

  béa (dan) cukai   "customs duty"

  béa-masuk/impòr   "import duties"

  béa-keluar/ekspòr   "export duties"

       Biaya/beaya untuk menyekolahkan anak dewasa ini mahal
sekali.

       Siapa yang membeayai proyek penebangan hutan itu?

       Pembeayaan dari pemerintah untuk KB masih saja belum
cukup banyak.

       Dia mendapat bea-siswa untuk belajar ilmu kimia.

       Di kantor bea (dan) cukai itulah terdapat penyogokan
yang luar biasa.

       Bea-masuk/impor untuk barang2 yang mewah sangat tinggi

di Indonesia.

<u>Bea-keluar/ekspor</u> diturunkan supaya ekspor bisa naik.

8. <u>anak cucu</u>   "descendants"

  <u>keturunan</u>   (1) "descendant"; (2) "to inherit"

    Al-Qur'an mengatakan bahwa manusia hendaklah jangan

    meninggalkan <u>anak cucu/keturunan</u> yang lemah.

    Dia <u>keturunan</u> bangsawan.

    Dia <u>keturunan</u> penyakit itu dari ayahnya.

9. <u>ikrar</u>   "a pledge"

  <u>berikrar</u>   "to pledge" (not followed by a noun)

  <u>mengikrarkan</u>   "to pledge" (but not in the sense of donating)

    <u>Ikrar</u> pemuda2 Indonesia tanggal 28 Oktober 1928 menjadi

    dasar hidup pemuda2 kita.

    Pada waktu itu mereka <u>berikrar</u> bahwa bahasa kita adalah

    bahasa Indonesia.

    Bahwa nama negara kita adalah Indonesia sudah <u>diikrar-</u>

    <u>kan</u> tahun 1928, jauh sebelum Indonesia merdeka.

10. <u>menimang</u>   (1) "to coddle"; (2) "to lull"

  <u>timang</u>   "to become spoiled (in the sense of being dependent)

    because of coddling"

    <u>Menimang</u> anak terlalu sering tidak baik untuk perkembang-

    an watak anak itu, karena dia bisa menjadi manusia yang

    <u>timang</u>.

11. <u>pengguguran</u>   "abortion"

  <u>menggugurkan</u>   "to have an abortion"

  <u>kandungan(nya) gugur</u>   "to have a miscarriage"

    Dalam agama Islam <u>pengguguran</u> tidak dibenarkan.

432

Untuk menggugurkan kandungannya dia harus pergi ke
luar negeri.

Dia kandungannya gugur karena jatuh.

IV. REMEDIASI TATABAHASA

1. bagaimanapun + adj. + nya: This construction means "however
   (adj.) (x) is/may be." Betapa is often used instead of
   bagaimana. Thus,

   bagaimanapun kecilnya   "however small/little (x) is/
                             may be"
   bagaimanapun timangnya   "however spoiled (x) is/may be"
   betapapun kasarnya   "however rough (x) is/may be"
   betapapun parahnya   "however chronic (x) is/may be"

2. tahu vs. mengetahui:
   a. Generally, tahu and mengetahui mean the same and can be used
      interchangeably.
      Dia tahu soal itu.
      Dia mengetahui soal itu.
   b. In indirect speech, however, tahu is more acceptable than
      mengetahui, except in passive sentences, where diketahui
      is also acceptable.
      Dia tahu (not mengetahui) bahwa hubungan kelamin sebelum
      nikah itu kharam.

433

Saya <u>tahu</u> (not <u>mengetahui</u>) bahwa dia orang tuna-susila.

but

Bahwa hubungan kelamin sebelum nikah itu kharam <u>dike-tahui</u> oleh dia.

Bahwa dia orang tuna-susila saya <u>ketahui</u>.

c. While <u>tahu</u> can be followed by an animate or inanimate noun, <u>mengetahui</u> can only be followed by an inanimate noun.

Saya <u>tahu</u> <u>orang itu</u>.

Saya <u>tahu</u> <u>perkara</u> orang itu.

Saya <u>mengetahui</u> perkara orang itu.

but not

Saya <u>mengetahui</u> orang itu.

V. LATIHAN

Pilihlah kata2 yang paling tepat untuk kalimat2 berikut.

1. Tempat itu (sedemikian/begitu/jadi) angker sehingga banyak orang takut ke sana.

2. Kerukunan kampung kami harus dibina (sedemikian/begitu/jadi) rupa sehingga tidak akan timbul kekacauan.

3. Tata-susila dalam masyarakat (ditutup/tertutup) biasanya lebih ketat.

4. Dalam masyarakat (paguyuban/patembayan) hubungan antara satu orang dengan orang lain berdasarkan perhitungan untung-rugi.

5. Masyarakat (terbuka/dibuka/tertutup) mudah menerima hal2 yang baru.

6. Para penderita cacad itu (dibina/diasuh/dipelihara) di Wismanetra.

7. Hubungan yang baik antara petugas lapangan, bidan, dan akseptor harus (diasuh/dipelihara).

8. Para petani biasanya juga (mengasuh/memelihara/membina) ayam atau kambing di samping mengerjakan sawahnya.

9. Tiap pagi sebelum ke klinik manteri itu (menghampiri/mendekati) kami dengan mobilnya.

10. Masalah KB harus kami (dekatkan/datangi/dekati) dari segi serba-dimensi.

11. Ayam (laki2/cowok/jantan) harganya lebih murah daripada ayam (wanita/cewek/betina).

12. Seharusnya engkau berani menghadapi soal ini secara (pria/lelaki/jantan).

13. Untuk membantu KB, Departemen Agama menyediakan (beaya/pembeayaan) sebesar Rp. 1 juta.

14. Saya mendapat (bea-siswa/bea-masuk/bea cukai) untuk meneruskan di Universitas Al-Azhar.

15. Saya tidak ikhlas melihat (keturunan/turunan) saya menjadi orang2 yang timang.

16. (Janji/perjanjian/ikrar) tanggal 28 Oktober 1928-lah yang telah menyatukan bangsa Indonesia.

17. Dia selalu (menimang/meminang/menimbang) anaknya supaya lekas tidur.

18. Anak yang (manja/timang) biasanya takut mengambil keputusan.

19. Bagaimanapun (sukar/sukarnya/kesukaran) masalah yang dia hadapi, dia tetap kelihatan santai.

20. Situasi ini betapapun (tegang/ketegangan/tegangnya), harus di-
    hadapi secara tenang.

21. Saya tidak (tahu/mengetahui) bahwa "wadam" adalah kata yang halus
    untuk "banci."

22. Saya (tahu/mengetahui) pemimpin golongan kebatinan itu.

23. Bahwa zakat itu wajib (ditahu/diketahui/tahu) oleh semua muslimin.

BAB VII. A.

PERTANIAN DI INDONESIA

Bahwa Indonesia merupakan suatu negara pertanian sudah bukan
merupakan hal yang aneh, karena iklimnya cocok dan cukup banyak tanah
yang bisa digarap untuk keperluan2 pertanian. Dari 13.677 buah pulau
yang ada, 6.044 didiami oleh manusia. Karena letaknya di daerah
khatulistiwa, maka negara ini merupakan negara tropis di mana hanya
terdapat dua musim saja, yakni, musim kemarau atau musim panas dan
musim hujan atau musim rendeng. Sampai akhir2 ini musim kemarau
biasanya mulai dari bulan Mei sampai bulan Oktober, sedangkan musim
hujan berlangsung dari bulan November sampai bulan April. Sekarang,
mungkin karena polusi udara yang dibuat oleh negara2 yang sudah maju,   10
batas antara kedua musim ini menjadi kabur. Seringkali terjadi suatu
musim kemarau yang sangat panjang sehingga menyebabkan paceklik dan
juga menghabiskan persediaan air untuk keperluan hidup lainnya.

     Terletak di antara garis lintang utara 6 derajat dan lintang
selatan 11 derajat, dan membujur dari 95 sampai 141 derajat bujur
timur, Indonesia pada umumnya mempunyai iklim panas. Meskipun suhu
di kebanyakan daerah hanya berkisar sekitar 26 derajat Celcius saja,
tetapi kelembaban udara sangat tinggi, rata2 60%, sehingga panas
matahari bisa kita rasakan mulai jam 9 pagi. Boleh jadi ini pulalah
sebabnya mengapa kantor2 di Indonesia buka hanya sampai jam 2 siang   20
saja, dan mengapa tidur siang menjadi kebiasaan di seluruh tanah air.

     Sebagai negara kepulauan, Indonesia dikelilingi oleh laut dan
samudera yang luasnya hampir dua kali lipat luas tanah. Luas tanah
Indonesia ialah 1.904.344 kilometer persegi (kira2 735.000 mil persegi),

438

sedangkan luas lautnya ada 3.331.170 kilometer persegi (kira2 1.263.000

mil persegi). Jarak terjauh dari barat ke timur adalah 5.111 km (kira2

3.200 mil), sedangkan dari utara ke selatan 1.888 km (kira2 1.200 mil).

Dari angka2 ini kita bisa melihat bahwa pemanfaatan tanah dan laut

merupakan suatu keharusan untuk kehidupan rakyat kita.

    Di samping laut dan tanah biasa kita juga mempunyai 400 gunung,   30

100 di antaranya masih aktif. Beberapa dari gunung2 ini ada yang pun-

caknya mencapai lebih dari 2000 meter dari permukaan laut. Gunung2

ini juga penting untuk pertanian karena dari sanalah biasanya mengalir

mata-air sungai2 kita. Dan gunung2 ini pulalah yang membagi tanah In-

donesia menjadi beberapa macam, yakni, dataran rendah, dataran tinggi,

dan daerah2 pegunungan. Perbedaan antara macam2 tanah ini menimbulkan

pula perbedaan macam tanaman yang dihasilkan. Tanaman2 seperti tem-

bakau dan teh memerlukan iklim yang agak dingin, sedangkan tanaman

seperti tebu dan kopra lebih subur tumbuh di daerah2 yang agak panas.

    Meskipun kurang lebih 55% produksi nasional adalah dari sektor   40

pertanian, dan 60% dari devisa datang dari hasil2 pertanian, tetapi

untuk mencukupi kebutuhan pangan sehari-hari kita masih harus meng-

impor beras dari luar. Sampai permulaan tahun 1970 Indonesia masih

harus mengimpor setengah sampai satu juta ton beras untuk rakyat. Ini

sangat merugikan karena dengan makin banyaknya barang2 impor, maka

makin tidak seimbanglah neraca pembayaran kita di luar negeri. Untuk

menghapuskan atau mengurangi impor beras ini, maka pemerintah berusaha

untuk memperbesar hasil produksi beras dalam negeri dengan berbagai-

bagai cara, terutama dengan "Panca Usaha" yang dilakukan oleh Bimas.

Usaha ini berupa pemilihan benih2 padi yang unggul, pemakaian pupuk   50

buatan yang telah terbukti kemanfaatannya, perbaikan sistim pengairan sawah, pencegahan dan pemberantasan hama dan penyakit yang sering

menimbulkan malapetaka, dan pemberian penerangan kepada masyarakat

petani mengenai cara2 baru untuk menggarap sawahnya, dsb.

Pada umumnya bisa dikatakan bahwa pertanian yang terdapat di

Indonesia dewasa ini masih bersifat pertanian subsisten di mana se-

orang petani menggarap sawah terutama untuk keperluan keluarganya saja.

Ini disebabkan oleh beberapa faktor, seperti kenyataan bahwa sebagian

besar petani hanya mempunyai sawah atau ladang yang sangat kecil. Di

samping itu memang cara berpikir mereka masih sangat terbatas pada   60

keluarga dan desanya sendiri, sehingga faktor-faktor komersiel belum

meresap ke dalam kehidupan mereka. Mereka yang tidak menjadi pemilik-

penggarap, bisa menyewa sawah untuk dikerjakan. Mereka juga bisa

bertindak sebagai penyakap, yakni, orang yang menggarap sawah orang

lain dan mendapat sebagian dari garapannya.

Sasaran dari proyek Pelita I dalam hal penanaman padi ialah,

antara lain, memperluas jumlah tanah yang dipakai untuk sawah sehingga

pada akhir Pelita itu terdapatlah 1.7 juta hektar sawah dengan peng-

airan yang baik. Kenaikan produksi beras diharapkan bisa mencapai

15.4 juta ton. Kenaikan ini memang diakui sebagai kenaikan yang agak   70

pesat, yakni, 50% lebih dari produksi tahun 1968, tetapi tekad pe-

merintah memang sangat besar, seperti terbukti dengan jumlah beaya

yang khusus disediakan untuk ini. Dalam jangka waktu lima tahun ini

pengeluaran untuk kenaikan produksi padi adalah Rp.21 milyar di samping

Rp.326 milyar yang dikeluarkan untuk perbaikan dan pembangunan saluran2

air dan irigasi lainnya.

Rencana pemerintah untuk meninggikan kesejahteraan rakyat tidak

terbatas pada pertanian sawah saja, tetapi juga meliputi perkebunan,

440

pertambangan, kehutanan, peternakan, dan perikanan.

Sektor perkebunan merupakan sektor yang sangat penting, karena   80
dari sinilah kita dapatkan 70% dari jumlah nilai ekspor kita. Ini
berbentuk karet, kelapa-sawit, teh, kopi, gula, tembakau, kopra, dsb.
Usaha untuk mempertinggi volume dan kwalitet hasil2 perkebunan telah
dilaksanakan dengan melalui peremajaan dan penanaman tanaman2 baru
serta rehabilitasi pabrik2 yang mengolah hasil2 perkebunan. Untuk
usaha ini pemerintah menyediakan beaya sebesar Rp.23 milyar.

Dalam sektor perindustrian umumnya dan pertambangan khususnya,
sasaran pemerintah ialah untuk: (i) menciptakan industri yang men-
dukung pertanian, (ii) mengembangkan industri yang bisa mendatangkan
devisa dengan mengurangi bahan2 impor, (iii) mendorong industri yang   90
mengolah bahan2 dalam negeri, (iv) menganjurkan industri yang banyak
memakai tenaga manusia, dan (v) menumbuhkan industri yang merangsang
perkembangan daerah. Nomer (iv) dan (v) ini sangat penting untuk
Indonesia karena tersedianya tenaga buruh yang berlimpah-limpah yang,
kalau tidak dipekerjakan, bisa menyebabkan pengangguran yang berbahaya.
Usaha penyebaran industri adalah sesuai dengan tujuan pemerintah untuk
mengembangkan daerah2 yang sampai sekarang belum mempunyai kesempatan
ekonomi yang menguntungkan.

Gambaran dari sektor kehutanan belum begitu menggembirakan. Dari
120 juta hektar tanah kehutanan, hanya 3 juta hektar yang telah di-   100
garap dengan baik. Dari jumlah ini 48 juta hektar dipakai untuk meng-
atur penyimpanan air dan mencegah bahaya banjir serta tanah longsor,
dan 24 juta hektar untuk kehutanan yang menghasilkan bahan2 untuk
keperluan rakyat. Produksi kehutanan masih sangat rendah. Ini di-
sebabkan oleh merosotnya cara2 penebangan maupun pemeliharaan pohon2an,

kekurangan alat2 pengangkut, dan juga kekurangan tenaga ahli dalam
bidang ini. Satu2nya jalan yang paling mudah ialah dengan mengundang
modal asing untuk masuk.

Sektor peternakan dan perikanan juga tidak jauh berbeda dengan
sektor kehutanan. Masih banyak sekali yang harus dikerjakan sebelum   110
peternakan dan perikanan menjadi suatu usaha atau industri yang
betul2 komersiel. Pada umumnya peternak dan nelayan memakai alat2
yang sangat sederhana sekali, sehingga hasilnya hanya bisa diper-
dagangkan di lingkungannya saja.

I.   DAFTAR KATA PENOLONG

benih   "seed; seedling"

berlimpah-limpah   "in abundance"

bujur timur   "east longitude"

dévisa   "foreign exchange"

garapan   "something (such as land) which one works on"

hama   (1) "plant disease"; (2) "pest"

kebutuhan pangan   "(basic) food necessities"

kelapa-sawit   "oil palm"

kalembaban   "humidity"

khatulistiwa   "equator"

ladang   "dry field" (for agriculture)

lingkungan   "surroundings; environment"

lintang selatan   "south latitude"

lintang utara	"north latitude"
lòngsòr	"to slide down" (of land)
malapetaka	"catastrophe"
membujur	"to stretch out"
menggarap	(1) "to till"; (2) "to process"
merangsang	"to stimulate; to give an incentive"
meròsòt	"to go down; decline" (of quality, quantity, etc.)
musim kemarau/panas	"dry season"
musim rendeng/hujan	"wet season"
neraca pembayaran	"balance of payment"
paceklik	"famine"
palawija	"second crop; ratoon"
penggarap	"one who tills"
penyakap	"sharecropper"
peremajaan	"rejuvenation"
pertambangan	"mining" (for minerals)
pupuk buatan	"chemical fertilizer"
samudera	"ocean"
suhu	"temperature"
tebu	"sugar cane"
tékad	"determination"
unggul	"superior"

443

II. JAWABLAH PERTANYAAN2 BERIKUT DENGAN KALIMAT2 LENGKAP

1. Menurut pendapat anda, apa sebabnya batas antara musim kemarau
    dengan musim hujan tidak jelas sekarang?

2. Mengapa musim kemarau menyebabkan peceklik?

3. Gambarkan sedikit ilmu bumi Indonesia dari segi letak, kelembaban,
    dan gunung-gunungnya!

4. Apa pengaruh luas laut terhadap pertahanan negara Indonesia?

5. Mengapa terlalu banyak impor tidak baik untuk ekonomi suatu
    negara?

6. Sebutkan inti dari Panca Usaha!

7. Sebutkan tiga macam petani sawah!

8. Apa usaha pemerintah untuk memperbaiki perkebunan di Indonesia?

9. Menurut pendapat anda, mana yang lebih baik untuk Indonesia: per-
    kembangan industri pertanian yang mekanis atau memakai banyak
    buruh? Mengapa?

10. Apa keuntungan dan kerugian modal asing?

III. PENGEMBANGAN KOSA KATA

1. menggarap   (1) "to till"; (2) "to work on" (a problem, case,
        etc.); (3) "to tease"

    penggarap   "one who performs the act of menggarap"

    garapan   (1) "the soil that one tills"; (2) "something that
        one works on"

444

<u>penggarapan</u>   "the tilling or process of working on" (a problem, case, etc.)

<u>mengolah</u>   (1) "to process"; (2) "to till or work on" (land)

<u>pengolah</u>   "one who performs the act of <u>mengolah</u>"

<u>pengolahan</u>   (1) "processing"; (2) "the tilling or process of working on" (land)

Sawah kami <u>digarap/diolah</u> oleh pak Merto.

Soal ilmu kimia itu harus saya <u>garap</u> (not <u>olah</u>) nanti malam.

Kemarin Tuti <u>digarap</u> (not <u>diolah</u>) sampai hampir menangis.

Ikan yang ditangkap para nelayan harus <u>diolah</u> (not <u>digarap</u>) di pabrik sebelum dijual pada umum.

Sebagai <u>penggarap/pengolah</u> ladang kecil, kami harus hidup sederhana.

Dari tanah <u>garapannya</u>, tiap tahun dia mendapat sepertiga dari hasilnya.

<u>Penggarapan/pengolahan</u> tanah baru makan waktu lima bulan.

<u>Pengolahan</u> (not <u>penggarapan</u>) karet Indonesia masih di- lakukan di luar negeri.

2. <u>khatulistiwa</u>   "equator"

<u>lintang selatan</u>   "south latitude"

<u>lintang utara</u>   "north latitude"

<u>bujur timur</u>   "east longitude"

<u>bujur barat</u>   "west longitude"

Indonesia terletak di garis <u>khatulistiwa</u>, 6 derajat <u>lin- tang utara</u> dan 11 derajat <u>lintang selatan</u>.

Kepulauan ini membujur tidak di <u>bujur barat</u>, tetapi

sepanjang <u>bujur timur</u> kira2 95 sampai 141 derajat.

3. <u>musim kemarau</u>   "dry season" (usually from May till October)

<u>musim rendeng(an)/hujan</u>   "wet season" (usually from November

till April)

<u>musim panas</u>   "dry season; summer"

<u>musim rontok/gugur</u>   "fall"

<u>musim dingin</u>   "winter"

<u>musim semi</u>   "spring"

Indonesia hanya mengenal dua musim saja, yakni, <u>musim</u>

<u>kemarau</u> atau <u>musim panas</u> dan <u>musim hujan</u> atau <u>musim</u>

<u>rendeng(an)</u>.

Di Amerika terdapat empat musim, <u>panas</u> (not <u>kemarau</u>),

<u>rontok/gugur</u>, <u>dingin</u>, dan <u>semi</u>.

4. <u>paceklik</u>   "famine"

<u>wabah</u>   "epidemic"

<u>malapetaka/bencana</u>   "catastrophe"

Karena musim kemarau terlalu panjang maka kami mengalami

<u>paceklik</u>.

<u>Wabah</u> penyakit disebabkan oleh kebersihan yang tidak

terpelihara.

Hutan yang gundul bisa menyebabkan <u>malapetaka/bencana</u>

yang besar.

5. <u>membujur</u>   "to stretch out in a parallel or horizontal position"

(intransitive)

<u>melintang</u>   "to lie across" (an established path, street, etc.)

<u>miring</u>   (1) "slanting"; (2) "low" (of prices); (3) "insane"

Kepulauan Indonesia <u>membujur</u> dari Sabang sampai Merauke.

Pohon itu tumbang, tetapi untung tumbangnya <u>membujur</u>
dengan jalan, sehingga lalu-lintas tidak terganggu.

Pohon itu roboh dan <u>melintang</u> di jalan, sehingga meng-
hambat lalu-lintas.

Garis <u>miring</u> itu dibuat dari sudut yang 90 derajat.

Di warung itu harga makanan agak <u>miring</u>.

Pamong desa itu agak <u>miring</u>.

6. <u>suhu/temperatur</u>   "temperature"

   <u>lembab</u>   "humid"

   <u>kelembaban (udara)</u>   "humidity"

   Sebenarnya <u>suhu/temperatur</u> di Indonesia tidak sangat
   tinggi, tetapi udaranya sangat <u>lembab</u> sehingga terasa
   sumuk.

   <u>Kelembaban udara</u> di sana rata2 60%.

7. <u>samudera/lautan</u>   "ocean"

   <u>laut</u>   "sea"

   <u>permukaan laut</u>   "sea level"

   <u>teluk</u>   "bay"

   <u>dangkal</u>   "shallow" (literally and figuratively)

   <u>dalam</u>   "deep (literally and figuratively); profound"

   <u>Laut</u> Jawa lebih <u>dangkal</u> daripada <u>lautan/samudera</u> Pasifik.

   Gunung Slamet tingginya 2000 meter dari <u>permukaan laut</u>.

   Saya hanya berani berenang di tempat yang <u>dangkal</u>, tidak
   yang <u>dalam</u>.

   Pengetahuan dia tentang peternakan <u>dangkal</u>, sama sekali
   tidak <u>dalam</u>.

   Padang mempunyai <u>teluk</u> yang sangat indah, namanya, <u>Teluk</u>

Bayur.

8. <u>dévisa/dévisen</u>   "foreign exchange"

   <u>valuta (asing)</u>   "foreign currency"

   <u>neraca pembayaran</u>   "balance of payment"

   Makin kecil impor kita makin besarlah <u>devisa/devisen</u>

   negara.

   Jumlah <u>valuta asing</u> yang boleh masuk ke Indonesia tidak

   terbatas.

   Perekonomian suatu negara bisa dianggap baik apabila

   <u>neraca pembayaran</u> antara ekspor dan impor tidak berat

   sebelah.

9. <u>benih</u>   "seed; seedling"

   <u>unggul</u>   "superior" (an adjective)

   <u>pupuk/rabuk</u>   "fertilizer"

   <u>pupuk asli/alam/hijau</u>   "natural or organic fertilizer"

   <u>pupuk buatan</u>   "chemical fertilizer"

   <u>hama</u>   (1) "plant disease"; (2) "pest"

   <u>obat pemberantas hama</u>   "pesticide"

   <u>alat penyemprot hama</u>   "pest sprayer" (instrument)

   Padi P(eta) B(aru)-5 tidak termasuk <u>benih</u> yang <u>unggul</u>.

   Sebagian besar petani memakai <u>pupuk asli/alam/hijau</u>, dan

   hanya mereka yang ikut Bimas memakai <u>pupuk buatan</u>.

   Kadang2 suatu daerah diserang oleh <u>hama</u> sehingga hancur-

   lah padi di sawah2.

   Baik <u>obat pemberantas hama</u> maupun <u>alat penyemprotnya</u>

   masih harus diimpor.

   DDT adalah <u>obat pemberantas hama</u>.

10. pertanian subsisten   "subsistance agriculture"

    pertanian komersiel   "commercial agriculture"

        Untuk merubah pertanian subsisten menjadi pertanian

        komersiel diperlukan jangka waktu yang agak lama.

11. sawah   "wet rice field"

    ladang   "dry field" (for cultivation of dry field rice or other

        plants requiring very little water)

    palawija   "second crop; ratoon"

        Sebagian besar padi harus ditanam di sawah, sedangkan

        beberapa macam padi lainnya bisa ditanam di ladang.

        Untuk mengurangi penganggur musiman, pemerintah meng-

        anjurkan agar lebih banyak palawija ditanam para petani.

12. pemilik-penggarap   "owner-cultivator"

    penyéwa   "tenant"

    penyakap   "sharecropper"

        Biasanya pemilik-penggarap sawah adalah orang laki2.

        Penyewa sawah biasanya menggarap sawahnya untuk tujuan

        komersiel.

        Penyakap mengolah sawah seseorang untuk hidup dia dan

        keluarganya.

13. pertambangan   "mining" (for minerals)

    tambang minyak   "oil well"

    tambang batubara   "coal mine"

    tambang emas   "gold mine"

    tambang timah   "tin mine"

        Industri pertambangan, terutama tambang minyak, men-

        datangkan devisa yang cukup besar.

Tambang batubara, emas, dan timah memerlukan bantuan
pembeayaan pemerintah.

14. peremajaan   "rejuvenation; replacement of the old with the
    young"

   remaja   "adolescent; young" (of humans)

   muda   "young" (of animate and inanimate objects)

   hijau   (1) "green" (of color); (2) "young" (of humans); (3)
       "unripe" (of fruit); (4) "inexperienced"

   penghijauan   "referring to agricultural development activities"
       This term is also sometimes used with the meaning "the mili-
       tarization of (x)."

   baju hijau   "a nickname for military personnel"

       Peremajaan tanaman kopi diperlukan di perkebunan Jember.
       Pada masa remaja/muda hidup kelihatannya penuh dengan
       keindahan.
       Daun teh yang baik adalah daun yang masih muda/hijau
       (not remaja).
       Dalam soal cinta dia masih terlalu hijau.
       Program penghijauan sawah2 di daerah Krawang tidak begitu
       berhasil.
       Karena hampir semua gubernur adalah baju hijau, orang
       asing menganggap bahwa Indonesia masih terus melakukan
       penghijauan.

15. merangsang   "to stimulate; to give an incentive"
    perangsang   "stimulus; incentive"

       Perkembangan perindustrian harus merangsang perkembangan
       daerah.

Ganja dianggap sebagai obat <u>perangsang</u> yang melanggar
tata-susila Indonesia.

Pemerintah harus memberikan <u>perangsang</u> kepada kaum
petani supaya mereka mau ikut proyek Bimas.

16. <u>lòngsòr</u>   "to slide down" (of land)

  <u>tanah lòngsòr</u>   "landslide" (of land)

  <u>érosi</u>   "erosion"

  <u>mengikis</u>   "to erode"

  <u>mengikis habis</u>   "to wipe out"

    Hutan yang gundul menyebabkan <u>tanah longsor</u>.

    Air laut <u>mengikis</u> tanah2 dekat pantai dan menyebabkan
    <u>erosi</u>.

    Gerombolan itu <u>dikikis habis</u> oleh tentara kita.

17. <u>meròsòt</u>   "to go down" (of quality, quantity, price, etc.)

  <u>meningkat</u>   "to go up" (of quality, quantity, price, etc.)

    Bea-masuk barang2 mewah <u>meningkat</u>.

    Mutu pendidikan <u>merosot</u> sekali dewasa ini.

IV. REMEDIASI TATABAHASA

1. <u>-nya functioning as a nominalizer</u>

    Besides by use of the affixes <u>-an</u>, <u>ke-</u>, <u>pe-</u>, <u>pen-</u>, <u>per-</u>
and their combinations, a verb can be made functionally a
noun by the addition of <u>-nya</u>.

<u>Merosotnya</u> ekspor disebabkan oleh mutu barang yang
rendah.

<u>Mengasuhnya</u> memerlukan kesabaran yang luar biasa.

<u>Datangnya</u> jam berapa, mas?

<u>Membelinya</u> di mana, dik?

These sentences can be literally translated as follows:

The <u>going down</u> of the export is caused by the low
quality of the products.

The <u>raising</u> (of whatever) requires great patience.

The <u>coming</u> (of yours) was what time, <u>mas</u>? (When did
you come?)

The <u>buying</u> (of whatever) was done where, <u>dik</u>? (Where
did you buy it?)

The -nya nominals are often used when (i) the topic being
discussed is known both by the speaker and the hearer, and
(ii) the emphasis is on the action or process of the verb
itself. The <u>pen-an</u>, <u>per-an</u>, or <u>ke-an</u> nominals, if they
occur in the language, can often (but not always) be used
instead. Thus, we can have

<u>Kemerosotan</u> ekspor disebabkan oleh mutu barang yang
rendah.

<u>Pengasuhannya</u> memerlukan kesabaran yang luar biasa.

but not

*Kedatangannya jam berapa, mas?

*Pembeliannya di mana, dik?

although <u>kedatangan</u> and <u>pembelian</u> do occur in Indonesian.

452

V. LATIHAN

Pilihlah kata2 yang paling tepat untuk kalimat2 berikut.

1. Tembakau itu harus (digarap/diolah) sedemikian rupa sehingga bisa dijual dengan harga yang lumayan.

2. Pabrik (pengolahan/penggarapan) ikan itu harus dipelihara dengan baik.

3. Dia akan saya (garap/olah/kerjakan) biar sampai menangis.

4. Musim (rontok/kemarau/hujan) tidak terdapat di Indonesia.

5. Musim (rontok/semi/dingin) mengikuti musim panas di Amerika.

6. Pada waktu (wabah/paceklik) banyak sawah yang kekurangan air.

7. Indonesia (membujur/melintang/miring) dari Sabang sampai Merauke.

8. Pohon pisang itu (membujur/melintang/miring), hampir roboh.

9. Karena udara (kering/lembab) maka kita merasa sangat sumuk.

10. Laut Jawa termasuk laut yang (dangkal/dalam).

11. Dia berlayar di (laut/lautan) Pasifik sendiri saja.

12. Tinggi dataran itu 1000 meter dari (muka/permukaan/tingkat) laut.

13. Neraca (bayaran/pembayar/pembayaran) luar negeri akan baik kalau impor dan ekspor kita seimbang.

14. (Devisa/valuta) kita kebanyakan berasal dari hasil ekspor minyak.

15. Pupuk (asli/tiruan/buatan) masih harus didatangkan dari luar negeri.

16. Petani kecil biasanya tidak kuat membeli alat (pemberantas/ penyemprot) hama.

17. Palawija biasanya ditanam di (sawah/ladang/lapangan).

18. Sebagai (pemilik/penyewa/penyakap) dia mendapat sepertiga dari

hasil tanah garapannya.

19. (Peremajaan/pemudaan) para pegawai sangat diperlukan untuk mengurangi pengangguran.

20. Air kelapa (muda/remaja/hijau) rasanya selalu manis.

21. Di negara itu (baju hijau/penghijauan) bisa berbuat apa saja.

22. Proyek Bimas baru bisa berhasil kalau bisa (menarik/merangsang) kaum tani.

23. Tanah itu dikikis oleh hujan sehingga akhirnya (gugur/roboh/ longsor).

24. Dia (turun/merosot) dari pohon itu karena dipanggil ibunya.

25. Angka ekspor tahun ini (merosot/menurunkan/menuruni) karena ada paceklik.

26. Tahun ini dia (naik/meningkat/menaiki) kelas tiga.

27. Jumlah penduduk dunia (menaiki/menaikkan/meningkat) tiap tahun.

28. (Berangkat/berangkatnya/keberangkatannya) mau lewat mana?

29. (Pemulangannya/pulangnya) naik apa?

30. Kalau mau ke kota (naik/naiknya/kenaikannya) apa, ya, enaknya?

BAB VII. B.

ADA HARI ADA NASI--TUJUAN BIMAS

Seperti telah kita ketahui, dari jumlah penduduk yang begitu
besar itu lebih dari separoh tinggal di Jawa. Meskipun tidak semua
penduduk Jawa adalah orang Jawa, tapi bisalah dikatakan bahwa 95%
adalah suku Jawa, Sunda, dan Madura. Jadi mau tidak mau cara2 hidup
orang2 ini sangat mempengaruhi cara hidup para pendatang, sehingga
sering kita dapati orang2 yang asalnya dari luar Jawa akhirnya men-
jadi ke-Jawa-Jawa-an. Kita lihat saja umpamanya kata2 Jawa yang
sering kita temukan dalam karya2 sastra yang ditulis oleh penulis2
yang asalnya dari luar Jawa.

Kita juga telah mengetahui bahwa pandangan hidup orang Jawa   10
agak merugikan ditinjau dari segi penyebaran penduduk dan penyediaan
sandang-pangan. Semboyan yang berbunyi "Ono dino ono upo," umpama-
nya, jelas sekali merupakan hambatan yang perlu disingkirkan kalau
proyek keluarga berencana ingin berhasil. Semboyan ini tidak hanya
menyebabkan KB sukar dilaksanakan, tetapi juga memaksa pemerintah
untuk menyediakan bahan makanan yang berlipat-ganda untuk tiap tahun.
Karena makanan pokok orang Jawa, Sunda, Madura dan sebagian besar
orang lain adalah nasi, maka tujuan utama pemerintah dalam mencukupi
bahan makanan rakyat ialah dengan menyediakan beras yang cukup.

Masalah penyediaan beras yang cukup ini dipersulit lagi dengan   20
kenyataan bahwa beberapa suku bangsa di Indonesia yang tadinya tidak
memakai nasi sebagai bahan pokok sekarang menganggap nasi sebagai
suatu prestige yang harus dicapai, sehingga terjadilah krisis di mana
beras sukar atau mahal didapat, sedangkan bahan2 lainnya, seperti

terigu, jagung, ketela, dsb. berlimpah-limpah. Pemakaian beras se-
bagai bahan makanan utama juga memaksa pemerintah untuk mengimpor beras
dari luar, yang menyebabkan pula pincangnya devisa kita.

Untuk mengurangi jumlah impor beras ini, pemerintah telah meng-
ambil beberapa langkah, yang paling jelas di antaranya ialah penggiatan
proyek Bimas. Proyek Bimas--singkatan dari Bimbingan Massal--sebenarnya   30
sudah mulai pada tahun 1963, ketika Institut Pertanian Bogor mengadakan
pilot proyeknya di Krawang, Jawa Barat, untuk menyelidiki masalah peng-
airan, pemilihan benih, penerangan kepada rakyat, dsb. Usaha ini
diteruskan di musim rendeng tahun 1964, dan juga tahun 1965, dengan
apa yang dinamakan Bimas SSBM, Swa Sembada Bahan Makanan. Tujuan
jangka pendek Bimas adalah pemenuhan kebutuhan bahan pangan, sedangkan
jangka panjangnya ialah meningkatkan pendapatan kaum petani sehingga
bisalah tercapai kemakmuran dan kesejahteraan keluarga, yang akhirnya
akan membawa kita ke perkembangan ekonomi dan pembangunan nasional.
Jalan yang harus ditempuh Bimas adalah dengan melakukan apa yang di-   40
namakan "Panca Usaha," yang telah kita ketahui bersama.

Pada tahun pertama, 1964, usaha pem-"bimas"-an ini kelihatan
sangat berhasil. Dari 3811 Ha. sawah yang di-"bimas"-kan, masing2
hektar bisa menghasilkan 37 kwintal, yakni, 100% lebih daripada sawah2
yang tidak mengikuti Bimas. Karena begitu berhasilnya usaha ini,
maka pada tahun berikutnya areal sawahnya diperluas menjadi 35.000 Ha.,
dan pada tahun 1966 tanah yang mengikuti Bimas berjumlah 144.000 Ha.
Apa yang terjadi ternyata di luar sangkaan para penyuluhnya. Makin
banyak area yang dicakup ternyata makin merosot hasil padi yang di-
keluarkan. Kalau pada tahun 1964 tiap hektar sawah bisa menghasilkan   50
37 kwintal, maka pada tahun 1965 hanya bisa mengeluarkan 14.3 Kw.,

dan pada tahun 1966 jumlah ini menurun lagi menjadi 14.00 Kw.

Ada beberapa sebab mengapa hal ini terjadi. Pertama, waktu Bimas mula2 berdiri, jumlah pembimbing untuk tiap 50 Ha. ada 2 orang, yang terdiri dari mahasiswa pertanian tingkat akhir. Kemudian, waktu arealnya diperluas, dua orang pembimbing ini harus melayani 500 Ha. sawah. Kedua, para pembimbing itu sendiri tidak hanya mahasiswa pertanian tingkat akhir saja, tetapi juga murid2 dari Sekolah Pertanian Menengah Atas. Ini berarti bahwa pendidikan si pembimbing itu sendiri masih terlalu rendah untuk bisa memberi bimbingan yang layak.   60 Ketiga, dengan makin luasnya tanah yang digarap, maka makin banyak pulalah pupuk buatan yang diperlukan. Soalnya di sini bukan hanya pupuk itu harus tersedia untuk sawah2 Bimas, tetapi juga harus tersedia pada waktu yang tepat. Tidak ada gunanya, umpamanya, untuk petani mendapatkan pupuk setelah hampir panen. Faktor2 lain yang ikut mempersulit usaha Bimas ialah faktor2 tehnis, seperti harga pupuk yang dinaikkan setinggi langit oleh para pejabat tertentu, kesukaran mendapat pupuk ataupun obat2 pemberantas hama dan penyakit dari instansi2 pemerintah karena pupuk2 ini telah dijual kepada makelar, dsb. Di samping faktor2 di atas, kadang2 petani juga tidak mau   70 merubah begitu saja cara mereka bercocok tanam yang sudah mereka kerjakan turun temurun sejak nenek-moyang mereka. Keadaan yang tidak menguntungkan disadari oleh pemerintah dan perbaikan2 segera diadakan. Karena itu produksi beras sekarang naik lagi kira2 4.7% per tahun.

Setelah masalah penanaman padi dipecahkan, maka masih ada hal2 lain yang harus ditangani, seperti masalah pengolahan dari padi menjadi beras. Ada beberapa cara yang bisa dipakai. Yang paling tradisionil adalah dengan menumbuk padi dengan memakai alat2 yang

458

dinamakan lesung, lumpang, alu, dan nyiru. Pertama-tama padi itu

harus dijemur supaya kering. Kemudian dijadikan gabah, dan baru se- 80

telah menjadi gabah padi itu bisa ditumbuk untuk menjadi beras. Alat

yang dinamakan kiser/gintir juga bisa dipakai dan fungsinya sama

dengan lesung, alu, dsb. Seperti halnya dengan tumbuk padi, beras

yang dihasilkan dari gabah masih harus ditampi dengan nyiru untuk

menjadi beras yang bisa dimasak. Yang paling modern dalam pengolahan

padi ini ialah alat penggilingan padi. Di sini padi tidak usah di-

jadikan gabah dulu sebelum dijadikan beras; bisa langsung dimasukkan

ke alat itu. Alat seperti ini bisa menghasilkan 5 sampai 40 ton tiap

hari--7 jam kerja.

Panenan biasanya diadakan tiap 6 bulan sekali. Cara yang tra- 90

disionil ialah dengan membiarkan orang2 yang tinggal di desa di mana

sawah itu terletak untuk memetik padi dengan memakai ani2. Lalu

padi itu dibawa ke rumah pemilik atau penggarap sawah, dan para pe-

metik padi ini mendapat sebagian dari hasil yang mereka dapat. Di

beberapa tempat lainnya alat pemetik padi itu bisa berbentuk sabit.

Kalau kita percaya pada pandangan sebagian ahli antropologi yang

mengatakan bahwa ada hubungan timbal balik antara bahasa dengan alam

sekitarnya, maka bisalah dipahami mengapa beras merupakan hal yang

vital untuk masyarakat Indonesia. Di beberapa daerah seperti Jawa,

Sunda, Bali, dan Madura, terdapatlah kata2 dalam bahasa mereka yang 100

memberikan gambaran tentang padi/beras secara terperinci. Dalam

bahasa Jawa, umpamanya, apa yang dinamakan "rice" dalam bahasa Inggris

harus dibagi-bagi menjadi paling tidak 16 kategori. Kalau yang masih

disawah dinamakan pari, yang jatuh dari batangnya disebut gabah, yang

ditumbuk dengan baik bernama beras, yang tertumbuk sehingga menjadi

terlalu kecil diberi nama menir, kulit gabah yang dibuang disebut
dedek, yang tinggal di dasar periuk bernama intip, yang dimasak tapi
dimakan keesokan harinya dinamakan wadang, dsb., dsb.

Kalau konsep padi/beras begitu meresap ke dalam hati sanubari
manusia Indonesia, maka tidaklah mengherankan apabila hidup orang
Indonesia berkisar pada ada-dan-tidaknya beras sehari-hari. Orang
belum bisa mengatakan bahwa dia sudah makan, apabila yang dimakan
hanya roti ataupun kentang saja, meskipun sebenarnya dia sudah
kenyang. Bagi orang Indonesia makan adalah sinonim dengan nasi.
Lain tidak.

110

I. DAFTAR KATA PENOLONG

alat penggiling(an)
  padi   "rice mill"

alu   "a stick, about 5 cm round and 1½ meters
long, used to pound padi, gabah, or beras"

ani-ani   "a razor-sharp instrument used to cut padi
in the rice field"

berlipat-ganda   "multiple"

Bimas   "abbreviation of Bimbingan Massal, a govern-
ment project to intensify rice production
through guidance given by agricultural
experts or students"

dedek/dedak   "bran"

gabah	"single kernels of unpounded <u>padi</u> which are no longer attached to the stalk"
gintir	"rice husker" (instrument)
hati sanubari	"heart of hearts"
intip	"Javanese word for the bottom part of cooked rice"
kentang	"potato"
ketéla	"edible roots"
kiser	"rice husker" (instrument)
kwintal	"100 kilograms"
lesung	"a long wooden mortar in which <u>gabah</u> or <u>padi</u> is pounded into <u>beras</u>"
lumpang	"a square or round wooden or stone mortar in which <u>gabah</u> is pounded into <u>beras</u>" A <u>lumpang</u> is also used to refine the <u>beras</u>.
menampi	"to separate <u>beras</u> from <u>gabah</u> or <u>dedak</u> by using round bamboo trays called <u>nyiru</u> or <u>tampah</u>"
menir	"kernels of <u>beras</u> which, having been pounded too hard, are broken into small pieces"
menjemur	"to dry"
menumbuk	(1) "to pound" (of rice); (2) "to hit"
nyiru	"a round bamboo tray used to <u>menampi</u>"
panèn	"to harvest; a harvest"
pejabat	"an official" (city official, state official, etc.)
pendapatan	"income"

penyuluh	"field agent"
sabit	(1) "sickle"; (2) "crescent"
swa sembada bahan	
makanan	"a government project for rice self-supporting activities"
terigu	"flour"

II. JAWABLAH PERTANYAAN2 BERIKUT DENGAN KALIMAT2 LENGKAP

1. Mengapa semboyan "Ono dino ono upo" dianggap kurang menguntungkan?

2. Akibat apa yang timbul dengan naiknya prestige beras sebagai makanan utama?

3. Apa tujuan Bimas?

4. Bagaimana hasil2 Bimas?

5. Apa sebabnya hasil2 Bimas menurun pada tahun ke-2 dan ke-3?

6. Terangkan beberapa cara untuk membuat padi menjadi beras!

7. Apa bedanya antara: beras, gabah, nasi, menir, dan dedek?

8. Apakah ani2 itu?

9. Menurut pendapat anda, bisakah menu Indonesia diganti dari nasi ke roti atau kentang? Mengapa?

III. PENGEMBANGAN KOSA KATA

1. padi   "rice which is still in the rice field or which has been
            harvested but is still attached to the stalk"

   gabah   "single kernels of unpounded padi which are no longer
            attached to the stalk"

   beras   "pounded but uncooked rice"

   nasi   "cooked rice"

   menir   "kernels of beras which have been pounded so hard that
            they become small pieces"

   dedak/dedek   "bran"

            Sebelum padi ditumbuk, harus dijemur dulu dan dijadikan
            gabah.

            Setelah gabah itu ditumbuk, maka keluarlah beras.

            Kalau beras itu ditumbuk terlalu keras, bisa pecah
            kecil-kecil, dan ini namanya menir.

            Yang kita makan namanya nasi, bukan beras.

            Dedak biasanya untuk makanan ayam.

2. (tepung) terigu   "flour"

   gandum   "wheat"

   u(m)bi-u(m)bian/ketéla   "edible root"

   ubi (jalar)   "sweet potato"

   ubi kayu   "manioc; cassava"

   singkòng   "colloquial term for ubi kayu"

   jagung   "corn"

   talas/tales   "taro"

   kentang   "potato"

Gandum harus diolah dulu sebelum dijadikan terigu.

Menu orang gunung biasanya jagung dan umbi-umbian.

Ubi jalar dan ubi kayu atau singkong biasanya dimakan sebagai makanan tambahan.

Pada musim paceklik tales pun dimakan sebagai bahan makanan pokok.

Kentang di Indonesia dipakai sebagai lauk-pauk.

3. pendapatan   "income; revenue"

    pendapatan kotor/bruto   "gross income"

    pendapatan bersih/neto   "net income"

    pengeluaran   "expenditure"

        Untuk menaikkan pendapatan kaum petani, pemerintah menganjurkan agar para petani juga menanam palawija.

        Pendapatan kotor/bruto di Amerika memang tinggi, tapi pendapatan bersih/neto hanya sedikit karena pajak yang harus dibayar juga tinggi.

        Pengeluaran pemerintah untuk mencegah wabah itu sangat besar.

4. menyuluh   "to facilitate"

    penyuluh   (1) "facilitator"; (2) "field agent"

    penyuluhan   "facilitation"

        Kami harus menyuluh para petani supaya mereka mau memakai pupuk buatan.

        Mutu para penyuluh merosot, sehingga hasil Bimas juga menurun.

        Penyuluhan kepada para peternak dimaksudkan agar mereka sadar akan pentingnya pemeliharaan ternak mereka.

464

5. kwintal/kintal   "100 kilograms"

   kati   "unit of weight consisting of approximately 625 grams"

   kilo   (1) "kilogram"; (2) "kilometer"

   liter   "liter"

   Hasil panen sawah Bimas rata2 30 kwintal/kintal tiap hektar.

   Di desa2 ukuran timbangan yang dipakai biasanya kati, kilo, dan liter.

6. panèn   "to harvest; a harvest" (used alone, it always means a rice harvest)

   panènan   "a harvest"

   ani-ani   "a razor-sharp instrument used to cut padi in the rice field"

   sabit   (1) "sickle" (used to cut padi, grasses, etc.); (2) "crescent"

   bajak   (1) "a plow"; (2) "a pirate"

   membajak   (1) "to plow"; (2) "to carry on piracy"

   Musim kemarau yang lalu panen(an) kami agak merosot.

   Minggu depan kami akan panen (jagung, kacang, ikan, dsb.).

   Memakai ani-ani/sabit untuk memetik padi tidak mudah.

   Cangkul dan bajak adalah alat utama para petani.

   Bajak laut itu membajak barang2 dagangan kami.

   Sebelum sawah ditanami harus dibajak dulu.

   Nelayan2 itu dibajak di lautan India.

7. pejabat   "an official (of city, state, etc.); acting" (chairman, president, etc.)

   penjabat   "an official" (of city, state, etc.)

menjabat   "to occupy a position" (as chairman, president, etc.)

jabatan   "position" (as chairman, president, etc.)

> Tugas pejabat/penjabat kantor itu ialah membina kesatuan
> bahasa nasional.
>
> Karena ketuanya sakit, dia bertindak sebagai pejabat
> (not penjabat) ketua.
>
> Saya menjabat ketua BKKBN sejak tahun 1973.
>
> Jabatan bendahara memerlukan ketelitian.

8. menumbuk   (1) "to pound"; (2) "to hit" (in collision)

   menggiling   "to mill"

   menampi   "to separate beras from dedek or gabah by using a
round tray-like instrument called nyiru or tampah"

   menjemur   "to dry (x) in the sun"

> Untuk jadi beras padi harus ditumbuk.
>
> Mobilnya menumbuk orang tadi malam.
>
> Proses menggiling lebih cepat daripada menumbuk.
>
> Setelah padi ditumbuk, lalu ditampi supaya dedaknya
> hilang.
>
> Sebelum ditumbuk padi harus dijemur supaya kering.
>
> Saya mau menjemur pakaian saya sebelum pergi ke surau.

9. lesung   "a long wooden mortar in which gabah or padi is pounded
into beras" About four persons can do the pounding at one
time. Occasionally, they may also use the lesung to make
a musical rhythm.

   lumpang   "a square or round wooden or stone mortar in which
gabah is pounded into beras" A lumpang is usually used by
one or two persons at a time. It is also used to refine

466

beras.

<u>alu</u>   "a stick about 5 cm round and 1½ meters long used to

pound <u>padi</u>, <u>gabah</u>, or <u>beras</u>"

<u>nyiru</u>/<u>tampah</u>   "a round tray-like instrument used to separate

<u>beras</u> from <u>dedak</u> or <u>gabah</u>"

<u>alat</u>/<u>mesin penggiling</u>(an) <u>beras</u>   "rice mill"

Untuk menumbuk padi kita pakai <u>alu</u> dengan <u>lumpang</u> atau

<u>lesung</u>.

Setelah gabah ditumbuk, harus ditampi dengan <u>nyiru</u>/<u>tam</u>-

<u>pah</u> untuk membuang dedaknya.

<u>Alat</u>/<u>mesin penggiling</u>(an) <u>beras</u> bisa menggiling 40 ton

beras tiap 7 jam.

10. <u>koperasi</u>   "a cooperative"

<u>dana</u>   "funds"

<u>kredit</u>   "a (money) loan"

<u>menabung</u>   "to save" (of money)

<u>tabungan</u>   "savings"

Salah satu jalan untuk melancarkan pemberian <u>kredit</u>

kepada petani ialah lewat <u>koperasi</u> tani.

Kami harus mengumpulkan <u>dana</u> untuk daerah2 yang kebanjiran.

Tujuan Bimas antara lain supaya petani bisa <u>menabung</u>.

<u>Tabungan</u> petani sekarang ini berbentuk kerbau atau sapi

saja.

11. <u>mandòr</u>   "foreman"

<u>tengkulak</u>   "middleman" (in buying or selling)

<u>lintah darat</u>   "usurer; loan shark"

Perkebunan karet itu memerlukan beberapa <u>mandor</u> untuk dipekerjakan di Gembangan.

Tengkulak selalu berusaha menekan harga supaya untung-
nya banyak.

Karena kredit pemerintah tidak lancar, seringkali pe-
tani jadi korban lintah darat.

12. ijòn "(from the Javanese word ijo meaning "green") a system
wherein a tengkulak buys padi from a farmer when it is still
young at a very low price"

pasar "market" (as a place)

pasaran "market (as an activity, not place); a day when a
particular market in a small district or village becomes
the center of marketing activities" Each village or small
district usually has a market which is open every day. On
a certain day, however, people from rather distant areas
will come to buy or sell things. This kind of day, called
a pasaran day, moves from one area to another.

pemasaran "marketing"

Kalau petani masuk tangan lintah darat, dia mungkin
terpaksa menjual padinya secara ijon.

Pasaran untuk mobil2 Jepang meningkat tahun ini.

Pada hari pasaran banyak orang dari desa2 lain datang
berjual-beli di sini.

Pemasaran kopra terhambat oleh tidak-adanya pengangkutan
yang teratur.

13. seléra "taste" (in the sense of preference)

rasa (1) "taste" (of food); (2) "feeling"

perasaan "feeling"

468

berasa   "to feel" (sick, happy, etc.)

merasa   "to feel (sick, happy, etc.); to feel (that. . .)"

merasakan   (1) "to taste"; (2) "to experience"

> Selera kaum petani berbeda dengan selera orang kota.

> Menurut orang Indonesia kentang rasanya hambar.

> Rasa susila ada pada hati masing2 orang.

> Perasaan dia tersinggung karena dia tidak kami undang.

> Saya merasa/berasa lekas cape akhir2 ini.

> Penyakap sawah itu merasa bahwa tanamannya akan berhasil tahun ini.

> Saya belum pernah merasakan ubi kayu.

> Dia belum pernah merasakan kesukaran hidup.

14. Beberapa peribahasa:

    a. Biar lambat, asal selamat. "Slow but sure."

    b. Sambil menyelam minum air. "To kill two birds with one stone."

IV. REMEDIASI TATABAHASA

1. ke + X + X + an

    a. This construction, where X is filled with words such as Jawa, Barat, Belanda, etc., is commonly used to mean "to act more X than X." Thus,

        ke-Jawa-Jawa-an   "to act more Javanese than the Javanese"

ke-Barat-Barat-an   "to act more Western than the Westerners"

ke-Belanda-Belanda-an   "to act more Dutch than the Dutch"

It also carries a rather negative connotation.

b.   The more colloquial expression is the word sok, with a slightly different meaning.

    Dia sok Belanda   "He acts as if he were Dutch."

    Dia sok tahu   "He acts as if he were smart."

    Dia sok Barat   "He acts as if he were a Westerner."

2.   The meN-kan affixes

a.   The meN-kan affixes, or their passive correlate di-kan, are so commonly used that their productivity is virtually unlimited. Almost anything can be made a transitive verb by adding these affixes. The verbs below, though perhaps new, are readily understood.

    membimaskan   "to follow the Bimas way"

    memprioritaskan   "to make it a priority"

    mengIndonesiakan   "to Indonesianize"

    diNixonkan   "to be treated (dethroned) like Nixon"

V. LATIHAN

Pilihlah kata2 yang paling tepat untuk kalimat2 berikut.

1. Sawah kami digarap oleh pak Bana dan biasanya ditanami (beras/ padi/gabah) jenis IR-34.

2. Dulu orang2 dari daerah Ambon makan sagu dan bukan (beras/nasi/ menir).

3. Kalau menumbuk padi jangan terlalu keras nanti bisa jadi (beras/ dedak/menir).

4. Yang dipakai untuk makanan ayam biasanya (menir/dedak/gabah).

5. Makanan utama orang Indonesia adalah (gandum/kentang/beras).

6. Orang Barat lebih suka (kentang/tales/singkong) atau (ubi jalar/ gandum/tales) daripada nasi.

7. Setelah pajaknya dibayar maka pendapatan (kotor/bersih/bruto) para petani tidak banyak.

8. Keadaan hidup pegawai negeri sampai akhir2 ini menyedihkan karena (pengeluaran/pendapatan) mereka lebih besar dari (pengeluaran/ pendapatan)-nya.

9. Tiap hektar sawah Bimas bisa menghasilkan 20 (kati/kilo/kwintal) padi.

10. Ladang yang diolah pak Bakri akan (panen/panenan) minggu depan.

11. Untuk memetik padi kami pakai (ani2/alu/bajak).

12. Malapetaka di daerah itu sudah kami laporkan kepada (penjabat/ pejabat/jabatan) bupati.

13. Sekarang pamanmu (menjabat/jabatan) apa?

14. Di pabrik2 padi (ditumbuk/digiling) dan tidak (ditumbuk/digiling/ ditampi).

15. Waktu ditumbuk gabah ditempatkan di (lesung/nyiru/alu).

16. (Alu/lumpang/nyiru) dipakai untuk memisahkan beras dari gabah.

17. Pabrik memakai (lesung/lumpang/mesin penggiling) untuk mengolah

padi.

18. Sebagai (mandor/tengkulak/lintah darat) dia pergi dari satu desa
    ke desa yang lain untuk membeli barang2 dagangan.

19. Jangan pinjam kredit dari dia; dia (mandor/tengkulak/lintah darat).

20. Petani, peternak, dan nelayan sudah mulai mau (menabung/menyelamat-
    kan) uangnya.

21. Kita harus mengumpulkan (kredit/dana/tabungan) untuk korban banjir
    di Jawa Timur.

22. Padimu jangan dijual (hijau/ijon/muda), kamu akan rugi.

23. Mau ke mana, pak Kyai? Ah, mau ke (pasaran/pemasaran/pasar).

24. Desa kami sangat ramai pada hari (pasaran/pemasaran/pasar).

25. Barang2 seperti ini (pasarannya/pasarnya/pemasarannya) sukar.

26. Nasi bulgur tidak memenuhi (rasa/selera/perasaan) kebanyakan
    orang.

27. Bagaimana (selera/rasa/perasaan)-nya? Cukup asin, nggak?

28. Golongan santri (berasa/merasa/merasakan) bahwa pengguguran
    tidak dibenarkan Allah.

29. Apa anda sudah pernah (berasa/merasa/merasakan) ubi kayu?

30. Setelah di luar negeri satu tahun dia jadi (kebaratan/kebarat/
    kebarat-baratan).

31. Teruskan peribahasa-peribahasa ini dan berilah artinya:

    a. Seperti burung pungguk. . . .

    b. Sambil menyelam. . . .

    c. Biar lambat. . . .

    d. Seperti katak. . . .

BAB VII. C.

USAHA MENGATASI MASALAH PANGAN

DI INDONESIA: PROSPEK JANGKA PANJANG - Bagian I

Masalah pangan bersifat serbaneka karena tidak saja menyangkut pangan itu sendiri, tetapi juga menyangkut unsur manusia dengan sarana yang digunakan untuk mendukung usaha-usaha penanganan masalah pangan, serta lingkungan tempat manusia itu hidup. Karena itu, perbincangan masalah pangan secara menyeluruh akan mencakup penelaahan terhadap aspek-aspek konsumsi, distribusi dan lalu lintas barang, serta produksi pangan. Dalam penelaahan aspek konsumsi, seyogyanya memperhatikan hal-hal seperti jumlah dan struktur penduduk, tingkat dan pembagian pendapatan, tingkat dan struktur harga bahan pangan serta selera atau cita rasa dan pola konsumsi penduduk. Penelaahan   10 terhadap aspek distribusi dan lalu lintas barang hendaknya memperhatikan hal-hal seperti prasarana jalan dan angkutan, jaringan komunikasi, lembaga-lembaga yang menangani masalah distribusi itu, dan struktur pasaran. Sedangkan di dalam aspek produksi dapat diperhatikan hal-hal seperti produktivitas sumber-sumber alam, teknologi produksi, dan lembaga-lembaga yang menguasai sumber-sumber produksi itu.

Usaha-usaha yang dirumuskan dan dijalankan oleh pemerintah untuk mengatasi masalah pangan di Indonesia pada galibnya didasarkan pada serangkaian penelaahan yang mendalam terhadap aspek-aspek masalah   20 pangan tersebut di atas. Sebagaimana dikatakan oleh Birowo, aspek-aspek tersebut di atas mempunyai jalinan yang erat dengan pola kebijaksanaan pemerintah yang sekarang sedang berjalan, dengan struktur

474

ekonomi yang dianut sekarang, dan dengan nilai-nilai dan struktur

sosial budaya masyarakat Indonesia. Di dalam tulisan ini penulis

mencoba mengungkapkan usaha-usaha yang telah dijalankan dan yang

direncanakan oleh pemerintah untuk mengatasi masalah pangan, dan

betapa besar permintaan pangan itu di tanah air kita. Juga akan

dicoba dibahas pertanyaan mengenai berapa jauh usaha tersebut ber-

jalan, dan betapa serta bagaimana prospeknya di masa datang.   30

    Sebagaimana dapat dilihat pada Tabel 1 dan 2 berikut *(tidak*

diberikan di sini: SD), beras menempati porsi yang cukup besar, baik

ditinjau dari segi jumlah maupun kalori yang dikonsumsikan. Gambaran

tersebut bukanlah merupakan sesuatu hal yang mengherankan, karena

secara umum beras merupakan makanan pokok bangsa Indonesia. Karena-

nya perbincangan mengenai usaha mengatasi masalah pangan ini ditekan-

kan pada masalah beras dan prospeknya di masa datang.

Konsumsi dan produksi pangan

    Dewasa ini, beras masih memegang peranan penting dalam menu

sehari-hari bangsa Indonesia. Dibandingkan dengan golongan pangan   40

lainnya, beras memberikan jumlah kalori dan protein yang terbesar.

Sekitar 53 persen dari seluruh konsumsi kalori per kapita yang di-

peroleh dari makanan sehari-harinya berasal dari beras dan sekitar

47 persen protein yang dikonsumsi berasal dari beras pula *(Tabel 2*

dan 3 tidak diberikan: SD).

    Bila kita perhatikan Tabel 1, dapat diungkapkan bahwa konsumsi

beras pada tahun 1969 pada tingkat nasional adalah sebesar 12,9 juta

ton dan pada tahun 1972 meningkat menjadi 14,2 juta ton. Gambaran

ini menunjukkan bahwa setiap tahunnya terjadi kenaikan konsumsi beras

rata-rata sebesar 3,1 persen. Apabila jumlah penduduk pada tahun 1969   50
dan 1972 berjumlah lebih kurang 113,6 juta dan 123,1 juta jiwa, maka
ini berarti bahwa konsumsi beras per kapita per tahunnya pada masa
itu adalah sebesar 114,3 kilogram dan 115,5 kilogram. Karena data yang
tersedia belum ada, maka pada tulisan ini belum dapat disajikan pola
konsumsi pada tingkat propinsi. Pola yang telah dikemukakan terdahulu
hanya menggambarkan pola konsumsi dewasa ini pada tingkat nasional.
Dengan demikian aspek distribusi makanan yang memegang peranan cukup
penting dalam masalah gizi di negara kita belum dapat tergambarkan.

    Masih terbatasnya fasilitas fisik lalu lintas perhubungan dan
alat-alat angkutan, menyebabkan kadang-kadang terjadi surplus pangan   60
dengan harga rendah di suatu daerah dan kekurangan pangan dengan harga
tinggi di daerah tetangganya. Adanya perbedaan tingkat pendapatan
dan daya beli masyarakat di berbagai daerah, menyebabkan adanya per-
bedaan konsumsi pangan. Di suatu daerah yang masyarakatnya mempunyai
tingkat pendapatan dan daya beli yang tinggi, konsumsi beras mungkin
sekali di atas angka konsumsi seperti diungkapkan dalam Tabel 1. Dan
keadaan sebaliknya terjadi pada daerah yang masyarakatnya mempunyai
tingkat pendapatan dan daya beli yang rendah. Bagaimanakah konsumsi
pangan bangsa Indonesia bila dibandingkan dengan persyaratan pangan
yang diinginkan? Angka-angka pada Tabel 4 *(tidak diberikan di sini:*   70
SD) mengungkapkan kepada kita bahwa konsumsi pangan bangsa Indonesia
antara tahun 1969-1973 masih di bawah besaran sasaran persyaratan
tersebut, yaitu kira-kira baru mencapai 90 persen. Untuk memenuhi
kebutuhan pangan, ternyata produksi beras dalam negeri selama ini
masih belum mencukupi, walaupun produksi beras setiap tahunnya menun-
jukkan kenaikan-kenaikan yang lebih besar daripada pertumbuhan

476

dengan makin meningkatnya pendapatan per kapita sebagai akibat pen-
ingkatan hasil pembangunan, maka makin meningkat pula kebutuhan akan
beras. Dewasa ini, di beberapa daerah disinyalir bahwa konsumsi
beras telah melampaui sasaran yang diinginkan. Di samping itu dengan   80
makin meningkatnya pendapatan per kapita, orang berkecenderungan
untuk mengubah menu makanannya dan memilih makanan yang dianggapnya
bernilai gizi lebih tinggi. Yang biasa menggunakan ubi-ubian sebagai
bahan pangannya, misalnya, beralih menggunakan beras sebagai makanan
sehari-harinya. Uraian berikut nampaknya dapat menggambarkan bahwa
kebutuhan beras akan meningkat sehubungan dengan meningkatnya jumlah
penduduk dan pendapatan per kapita.

Menurut proyeksi yang dibuat Nicol, permintaan beras pada tahun
1978 adalah di sekitar 18 juta ton pada tingkat konsumen atau sekitar
19 juta ton pada tingkat nasional. Kalau jumlah penduduk pada tahun   90
1978 menjadi sekitar 141,6 juta orang, berarti kebutuhan konsumsi
beras per kapitanya adalah sekitar 140 kilogram/tahun. Bila kita
bandingkan dengan konsumsi beras pada tahun 1972 yang mencapai sekitar
14 juta ton pada tingkat nasional, atau sekitar 115 kilogram/tahun/
kapita, maka permintaan konsumsi beras pada tahun 1978 meningkat men-
jadi sekitar 127 persen pada tingkat nasional dan 121 persen per
kapita. Dari gambaran yang telah dikemukakan di atas, timbullah
pertanyaan, sudah cukupkah usaha-usaha peningkatan produksi beras
yang sementara ini telah dilakukan untuk memenuhi permintaan kebutuhan
pangan jangka panjang?   100

rata-rata penduduk Indonesia. Peranan penyediaan beras meningkat
dari 94,2 persen pada tahun 1969 menjadi 98,2 persen pada tahun 1973
dari rata-rata konsumsi beras per kapitanya. Ini berarti bahwa
lebih kurang 96 persen konsumsi beras per kapitanya disuplai dari
produksi dalam negeri. Dan bila kita hubungkan dengan sasaran per-
syaratan pangan, maka produksi beras dalam negeri akan mensuplai
sekitar 90 persen. Usaha peningkatan beras selama ini yang pada
pokoknya merupakan pelaksanaan program perluasan areal (extensifikasi)
dan program peningkatan produktivitas per satuan luas tanah (intensi-
fikasi) telah menunjukkan hasil yang menggembirakan. Seperti ter-   110
lihat pada Tabel 5 *(tidak diberikan di sini: SD)*, peningkatan produksi
beras nasional selama 1969-1973 mencapai 4,7 persen per tahun, dan
peningkatan produksi beras asal intensifikasi saja meningkat tiap
tahunnya dengan 26,9 persen.

Dalam PELITA II, program peningkatan produksi pangan masih me-
rupakan program yang diprioritaskan. Peningkatan produksi beras
diusahakan dengan meningkatkan usaha-usaha yang telah dilaksanakan
dalam PELITA I, yaitu melalui program intensifikasi dan extensifi-
kasi seperti dikemukakan di atas. Apabila sasaran produksi beras
dalam PELITA II dapat dicapai, dan perkembangan penduduk berjalan   120
seperti yang diperkirakan, maka pada tahun ke-3 PELITA II pengadaan
produksi beras telah dapat mencukupi kebutuhan sasaran persyaratan
pangan seperti terlihat pada Tabel 6 *(tidak diberikan di sini: SD)*,
yakni 16,383 juta dari 16,290 juta ton yang diperlukan. Tercapainya
sasaran persyaratan pangan seperti yang diungkapkan pada Tabel 6
tersebut, belum berarti bahwa secara otomatis pengadaan produksi
beras telah mencukupi permintaan akan konsumsi beras. Karena

478

I. DAFTAR KATA PENOLONG

berkecenderungan	"to have a tendency"
cita-rasa	"an ideal"
daya beli	"purchasing power"
gizi	"nutrition"
jalinan	"(inter)relationship"
jaringan	"network"
kebutuhan	"a need"
lalu-lintas	"traffic"
lingkungan	"environment"
menekankan	"to stress; emphasize"
mengatasi	"to overcome"
mengungkapkan	"to state; express"
mensinyalir	"to sense"
pada galibnya	"basically"
penelaahan	"analysis"
perbincangan	"discussion"
secara menyeluruh	"in a comprehensive manner"
serba-néka	"variety"
seyogyanya	"it would be better if. . . ."

II. JAWABLAH PERTANYAAN2 BERIKUT DENGAN KALIMAT2 LENGKAP

1. Mengapa dalam masalah pangan selera penduduk harus diperhatikan?

2. Berapa persen kenaikan rata2 produksi beras dari tahun 1969
   sampai tahun 1972?

3. Akibat ekonomi apa yang timbul bila sistim pengangkutan tidak
   beres?

4. Apa hubungan antara tingkat pendapatan masyarakat dengan konsumsi
   beras?

5. Kalau produksi beras pada tahun ketiga Pelita II, yakni, tahun
   1967, sudah seimbang dengan permintaan, mengapa ini belum ber-
   arti bahwa secara otomatis masalah beras sudah terpecahkan?

III. PENGEMBANGAN KOSA KATA

1. mengatasi   "to overcome"

   membawahi   "to supervise; act as the head of"

                 Usaha mengatasi masalah pangan bukanlah hal yang mudah.

                 Mandor itu membawahi 20 orang pekerja.

2. secara menyeluruh   "in a comprehensive manner"

   keseluruhan   "totality"

                 Perbincangan masalah pangan ini harus kita lakukan se-

                 cara menyeluruh.

                 Keseluruhan masalah ekonomi kita banyak tergantung pada

                 cukup-tidaknya produksi beras.

3. lalu-lintas   "traffic"

   polisi lalu-lintas   "police in charge of traffic"

   lalu-lintas barang   "flow of merchandise"

macet   (1) "jammed" (with traffic); (2) "not smooth"

Lalu-lintas di samudera Pasifik mulai ramai tahun ini.

Perempatan itu dijaga oleh polisi lalu-lintas.

Supaya harga stabil, lalu-lintas barang antar daerah

harus baik.

Jalan Thamrin macet karena ada tabrakan mobil.

Angket yang mereka lakukan itu macet.

4. seyogyanya/sebaiknya   "it would be better if. . . ."

selayaknya/sepatutnya/sepantasnya   "in a proper manner"

seharusnya   "should"

Seyogyanya/sebaiknya pejabat kepala koperasi itu di-

ganti dengan orang yang makarya.

Bahwa lintah darat dibenci rakyat sudah selayaknya/

sepatutnya/sepantasnya.

Seharusnya pemerintah melarang penjualan padi secara

ijon.

5. penelaahan   (1) "scrutiny"; (2) "analysis"

menelaah   (1) "to scrutinize"; (2) "to analyze"

penelaah   (1) "one who scrutinizes"; (2) "an analyst"

Penelaahan tentang pemasaran barang2 produksi kita

harus dilaksanakan segera.

Pemerintah akan menelaah masalah peremajaan pegawai

negeri.

Penelaah masalah valuta asing itu adalah Dr. Ngawur-

benar.

6. jaringan   "network"

nèt   "net" (for sports)

jala   "net" (for fishing)

         Jaringan baju hijau di daerah itu sangat kuat.

         Net (not jala) untuk badminton itu sudah rusak.

         Kami sering menangkap ikan dengan jala (not net).

7. kalori   "calorie"

gizi/nutrisi   "nutrition"

vitamin   "vitamin"

kadar garam/gula   "salt/sugar content"

menu   (1) "menu"; (2) "diet"

protein [prote?in]   "protein"

         Beras mempunyai kalori lebih banyak daripada ubi.

         Nilai gizi/nutrisi makanan Indonesia harus dinaikkan.

         Kadar gula dalam darah saya terlalu tinggi.

         Menu kita kurang banyak proteinnya.

8. menyajikan   (1) "to present" (not of awards); (2) "to serve"

mempersembahkan   "to present" (from inferior to superior, or

     to an audience)

membawakan   (1) "to present" (of artistic forms such as song,

     dance, etc.); (2) "to carry" (for someone else)

titip/nitip   Knowing that someone is going to a certain place,

     we use these words to mean (1) "to ask someone to take or

     carry something to be delivered at the place of destination";

     (2) "to ask someone to do something at the place of destina-

     tion of such nature that it requires more physical than

     verbal or mental activity" Apart from the above, titip/

     nitip also means (3) "to ask someone to keep an eye on some-

     thing or someone."

titipan   "that which is to be delivered at the place of destination"

> Mereka sering menyajikan lagu2 serbaneka Barat.
>
> Kami hanya bisa menyajikan makanan dari singkong, bu.
>
> Tiap panen petani2 mempersembahkan sebagian dari hasilnya kepada raja.
>
> Saya akan mempersembahkan/membawakan lagu ini untuk para hadirin yang mulia.
>
> Bawakan alu ini ke rumah bu Inah.
>
> Kapan ke Jakarta? Minggu depan. Saya titip/nitip, ya. "May I ask you to (1) take something to someone in Jakarta, or (2) do something while you are in Jakarta (such as buying a batik, mailing a letter, or the like, but not discussing something with someone or seeing if my family is well, etc.)"
>
> Saya titip/nitip uang, ya. "May I ask you to take some money to be delivered to someone in Jakarta?"
>
> Apa saya bisa titip/nitip (untuk) dibelikan batik? "May I ask you to buy a batik for me?"
>
> Saya mau ke pasar, titip/nitip anak saya, ya. "I have to go to the market. Can you keep an eye on my child?"
>
> Pak Ali, saya baru saja datang dari Jakarta, dan ini ada titipan dari bu Ali.

9.   alat-alat (peng)angkutan/transport   "means of transportation"

    gerobak   "ox or water buffalo drawn wagon" A gerobak is used to transport heavy things, such as bricks or cement, to a place nearby.

<u>delman/dokar/andong</u>   "horse drawn cart used to transport people
to a place nearby or within a city"

<u>kòl</u>   "a motor vehicle (Colt manufacture) used to transport peo-
ple from one city to another"

<u>Alat2 pengangkutan</u> seperti <u>gerobak</u> tidak dipakai untuk
mengangkut orang.

Di sebagian besar kota2 di Indonesia, <u>kol</u> sudah mengganti-
kan <u>delman/dokar/andong</u>.

10. <u>daya-tarik</u>   "power of attraction"

<u>daya-serap</u>   "power of absorption; absorbing power"

<u>apa daya</u>   "what can (one) do"

<u>Daya-tarik</u> bumi sangat kuat.

Yang dicari pemerintah adalah industri2 yang mempunyai
<u>daya-serap</u> buruh yang besar.

Ingin hati memeluk gunung, <u>apa daya</u> tangan tak sampai.

11. <u>kebutuhan</u>   "needs; necessities" (food, clothing, and other
basics)

<u>keperluan</u>   (1) "needs; necessities" (food, clothing, or other
needs); (2) "an errand" (to do)

<u>Kebutuhan/keperluan</u> akan tepung terigu, kentang, dan
gandum turun tahun ini.

Di Jakarta punya mobil sudah menjadi suatu <u>keperluan/</u>
<u>kebutuhan</u>.

Maaf, saya harus pergi sekarang; ada <u>keperluan</u> (not
<u>kebutuhan</u>).

Ada <u>keperluan</u> (not <u>kebutuhan</u>) apa, pak? Anu, kalau boleh saya ingin pinjam kursi untuk selamatan.

12. <u>cenderung</u>   "inclined"

<u>kecenderungan/tendensi</u>   "inclination; tendency" (non-physical)

<u>berkecenderungan</u>   "to have a tendency; have an inclination"

<u>condong</u>   "to lean" (literally and figuratively)

<u>kecondongan</u>   "tendency; leaning"

Hatinya <u>cenderung</u> memihak golongan santri.

Ada <u>kecenderungan/kecondongan</u> di pihak yang berwewenang

untuk membiarkan korupsi.

Dia <u>berkecenderungan</u> ke Barat.

Tiang itu <u>condong</u> ke kiri sedikit.

<u>Kecondongan</u> tiang itu disebabkan oleh umurnya yang

sudah tua.

IV. REMEDIASI TATABAHASA

1. <u>dan vs. serta</u>   While both mean the same, <u>serta</u> is usually
   used at the end of a series of things, especially when <u>dan</u>
   has just been used. <u>Serta</u> is not used before <u>dan</u>.

   Soal ini mencakup penelaahan aspek2 konsumsi, distribusi
   <u>dan</u> lalu-lintas barang, <u>serta</u> produksi pangan.

   Dalam hal ini para petani, nelayan, <u>dan</u> peternak <u>serta</u>
   rakyat kecil lainnya dijadikan kambing-hitam.

   Idrus, Tamrin, (<u>dan</u>) Mambar <u>serta</u> kawan-kawannya meng-
   embara selama dua tahun.

2. cukup vs. mencukupi   Generally speaking, cukup is considered

an adjective, whereas mencukupi is considered a transitive

verb. In some contexts, however, when the object is under-

stood, mencukupi can function like cukup, that is, it does

not have to be followed by a noun.

   Pemerintah harus mencukupi (not cukup) kebutuhan pupuk

   untuk petani.

   Pidato saya ini cukup (not mencukupi) sekian saja.

   Produksi beras tahun ini belum cukup/mencukupi.

   Persediaan bahan sandang untuk Lebaran ini sudah cukup/

   mencukupi.

V. LATIHAN

Pilihlah kata2 yang paling tepat untuk kalimat2 berikut.

1. Untuk (membawahi/mengatasi) soal ini pendapatan bersih pegawai
   negeri harus dinaikkan.
2. Sebagai kepala ayah saya (mengatasi/membawahi/mengamat-amati)
   20 orang pegawai di kantornya.
3. Disinyalir oleh pemerintah bahwa wabah itu terdapat di (keseluruhan/
   seluruh/menyeluruh) Indonesia.
4. Laporan yang (keseluruhan/menyeluruh/seluruh) belum selesai dibuat.
5. Polisi (lintas-lalu/lalu-lintas) tugasnya menjaga ketertiban jalan.
6. (Selayaknya/seyogyanya) perbincangan soal penyuluhan Bimas ini

kita tunda.

7. Mengapa lesung dan nyiru itu belum dibersihkan; (selayaknya/
   seyogyanya/seharusnya) sudah dibersihkan kemarin.

8. Yang sedang kita lakukan sekarang ini tidak hanya (perbincangan/
   pembahasan/penelaahan) saja, tapi (perbincangan/penelaahan) yang
   teliti.

9. Soal itu sudah saya (baca/telaah) tetapi belum saya (baca/telaah).

10. Ayo kita nangkap ikan; ambil (net/jala/jaringan) sana!

11. (Jaringan/net/jala) untuk lapangan tenis kami harus diganti.

12. Yang penting dalam makanan adalah (kalori/gizi/kadar gula)-nya.

13. Presiden Soeharto (mempersembahkan/memberikan/menyajikan) surat
    penghargaan kepada Menteri Agama.

14. Makan siang itu (disajikan/dipersembahkan/dibawakan) oleh bu
    Menteri kepada pegawai-pegawainya.

15. Naik apa kamu ke sini? Naik (delman/gerobak), bu.

16. (Andong/gerobak/kol) jalannya sangat lambat.

17. Silahkan masuk, pak. Ada (kebutuhan/keperluan) apa?

18. Saya besok akan terlambat, dik; ada (kebutuhan/keperluan) sedikit
    di kota.

19. Rumah dia sudah sangat tua, sudah (cenderung/condong) sedikit ke
    kanan.

20. (Kecondongan/kecenderungan) dia memihak golongan abangan membuat
    dia tidak disukai di kauman sini.

21. Tabungan, dana, dan kredit (dan/serta) uang lainnya harus segera
    dihitung.

22. Untuk memotong padi orang2 desa (cukup/mencukupi) memakai ani2
    saja.

23. Supaya pertanian subsisten menjadi pertanian komersiil, pemerintah harus (cukup/mencukupi) alat2 modern yang diperlukan petani.

BAB VII. D.

USAHA MENGATASI MASALAH PANGAN

DI INDONESIA: PROSPEK JANGKA PANJANG - Bagian II

Usaha peningkatan produksi beras

Usaha peningkatan produksi beras yang selama ini dilakukan, me-
rupakan kelanjutan dan penyempurnaan dari usaha-usaha yang dasar-
dasarnya telah diletakkan dan dikokohkan dalam 5 tahun terakhir ini.

Kebijaksanaan yang ditempuh dalam pelaksanaan peningkatan pro-
duksi pangan khususnya beras meliputi usaha-usaha: 1. meningkatkan
produksi pangan melalui perluasan areal tanam/panen dan perluasan
intensifikasi dengan panca usaha di daerah-daerah irigasi, tadah
hujan, pasang surut/lebak dan tanah-tanah kering; 2. meningkatkan
kegiatan di bidang penyuluhan; 3. meningkatkan pengadaan dan peng-
gunaan benih unggul; 4. penyempurnaan sistem dan perluasan penyediaan
kredit; 5. penyempurnaan sistem pengadaan dan penyaluran sarana
produksi; 6. meningkatkan penyediaan prasarana produksi, baik prasa-
rana fisik maupun kelembagaan.

Adanya akibat perkembangan penduduk dan terbatasnya areal tanah
pertanian di Pulau Jawa, pada masa mendatang dapat kiranya diperkira-
kan akan terjadinya keseimbangan penekanan usaha antara daerah di
luar Jawa dan Jawa dan daerah-daerah lumbung beras lainnya dalam
pelaksanaan intensifikasi. Perhatian dan usaha-usaha pelaksanaan
intensifikasi bukan saja diarahkan pada tanah-tanah sawah yang sudah
berpengairan, tetapi lebih luas lagi meliputi tanah-tanah sawah tadah
hujan, daerah pasang surut/lebak dan tanah-tanah kering.

Di Pulau Jawa dan mungkin di beberapa daerah pusat palawija

10

20

490

yang padat penduduknya, sistim penanaman tumpang gilir, tumpangsari,

sistem surjan dan sebangsanya akan berkembang dengan pesatnya.

Dengan adanya pengembangan daerah palawija yang diharapkan dapat

meningkatkan hasil palawija, dan dengan meningkatnya pendapatan per

kapita, akan menekan kebutuhan beras sebab dengan makin meningkatnya

pendapatan ada kecenderungan untuk mengubah menu atau memperbaiki

menu dengan menu yang susunannya memenuhi persyaratan nilai gizi.   30

Demikian pula halnya pengembangan daerah pasang surut yang

membutuhkan penerapan teknologi baru (antara lain sistem pengendalian

tata air, pemupukan, dan bibit unggul), memungkinkan berkembangnya

pusat-pusat ekonomi baru di kemudian hari sebagai akibat terjadinya

jalan besar lintas air, dan transmigrasi ke daerah itu.

Potensi daerah pasang surut ini cukup besar. Sekedar gambaran,

dapat disebutkan bahwa luas panen padi di Indonesia setiap tahunnya,

termasuk usaha intensifikasi, sekitar 8 juta hektar, sedang daerah

pasang surut yang mungkin masih dapat dibuka untuk persawahan ber-

jumlah sekitar 7 juta hektar. Kalau untuk membuka 1 juta hektar   40

daerah pasang surut ini diperlukan waktu 5 tahun, maka untuk membuka

7 hektar diperlukan waktu paling sedikit 35 tahun (belum menerapkan

panca usaha). Dan apabila 1 hektar sawah pasang surut paling sedi-

kit menghasilkan 1,6-2,0 ton gabah kering giling (lebih kurang 0,8-

1,04 ton beras) dapat diperhitungkan besarnya sumbangan sawah pasang

surut ini bila seluruh daerah pasang surut ini telah dibuka.

Perluasan penanaman padi pada tanah kering akan mendorong timbul-

nya pusat-pusat kebun bibit hijau dan mungkin pabrik kompos, yang ke-

duanya merupakan pupuk organik yang sangat dibutuhkan dalam menjaga ke-

lestarian kesuburan tanah. Kemudian, adanya perkembangan penganekaragaman 50 usahatani dan peningkatan taraf hidup para petani, dapat diharapkan

pada generasi mendatang akan terjadi perubahan corak usahatani dari

corak keluarga ke arah usahatani yang komersiil. Rintisan usaha ke

arah itu untuk masa mendatang, sedang dimulai, seperti tercermin pada

pokok-pokok kebijaksanaan yang telah dikemukakan di atas.

Prospek permintaan beras di Indonesia

Untuk melihat bagaimana prospek jangka panjang permintaan beras

di Indonesia, pada Tabel 7 dikemukakan angka-angka perkiraan per-

mintaan beras hingga tahun 1998. Angka-angka tersebut disusun menurut

sejumlah asumsi atau anggapan yang diracik dari angka-angka pertumbuhan   60

penduduk dan kenaikan permintaan beras dengan dasar permintaan beras

untuk Indonesia pada tahun 1971 sebesar 14.621 ribu ton.

Asumsi pertama, didasarkan pada perkiraan angka kenaikan penduduk

sebesar 2,49 persen setahun, taksiran kenaikan pengeluaran konsumsi

per kapita sebesar 3,91 persen setahun, elastisitas pengeluaran yang

diperkirakan sebesar 0,4, dan perkiraan kenaikan permintaan beras

sebesar 4 persen.

TABEL 7: Perkiraan permintaan beras di Indonesia, 1978-1998

Tahun	Perkiraan permintaan beras (ribu ton)				
	I	II	III	IV	V
1978	18.766	18.766	18.766	18.766	18.766
1983	22.832	25.611	22.832	22.832	20.333
1988	27.779	32.686	27.779	27.779	23.571
1993	33.797	51.390	33.797	27.326	22.047
1998	41.120	68.771	41.120	31.678	24.342

Asumsi kedua, didasarkan pada perkiraan angka kenaikan penduduk

492

berturut-turut sebesar 2,52 persen, 2,87 persen dan 3,09 persen,

masing-masing untuk periode tahun 1971-1981; 1981-1991; dan 1991-2001, 70

taksiran kenaikan pengeluaran konsumsi per kapita per tahun berturut-

turut sebesar 3,96 persen, 4,51 persen, dan 6,86 persen, masing-

masing untuk periode seperti pada perkiraan angka penduduk, taksiran

elastisitas pengeluaran masing-masing sebesar 0,4: 0,5 dan 0,5 untuk

masing-masing periode, dan perkiraan kenaikan permintaan beras masing-

masing 4 persen, 5 persen dan 6 persen.

Asumsi ketiga, perkiraan angka kenaikan penduduk masing-masing

2,45 persen, 2,53 persen, dan 2,53 persen setahun, taksiran kenaikan

pengeluaran konsumsi per kapita per tahun masing-masing sebesar 3,85

persen dan 3,97 persen, taksiran elastisitas pengeluaran masing- 80

masing 0,4 dan perkiraan kenaikan permintaan beras masing-masing

sebesar 4 persen setahun.

Asumsi keempat, perkiraan angka kenaikan penduduknya masing-

masing 2,37 persen, 2,20 persen dan 1,89 persen setahun, taksiran

kenaikan pengeluaran konsumsi per kapita per tahun masing-masing

3,72 persen, 3,45 persen, dan 3,97 persen, taksiran elastisitas

pengeluaran masing-masing 0,4; 0,4 dan 0,3 dan perkiraan kenaikan

permintaan beras masing-masing 4,4 dan 3 persen setahun.

Asumsi kelima, perkiraan angka kenaikan penduduknya masing-

masing 2,35 persen, 2,08 persen dan 1,64 persen setahun, taksiran 90

kenaikan pengeluaran konsumsi per kapita per tahun masing-masing

3,69 persen, 3,26 persen dan 2,58 persen, taksiran elastisitas penge-

luaran masing-masing 0,4; 0,3 dan 0,3 setahun, dan perkiraan kenaikan

permintaan beras masing-masing 4 persen, 3 persen dan 2 persen setahun.

Dari Tabel 7 dapat dipetik petunjuk atau suatu gambaran bahwa kenaikan permintaan beras paling cepat meningkat--bila dibandingkan

dengan asumsi-asumsi yang lain--apabila angka kenaikan penduduk di-

mulai dari 2,52 persen hingga 3,09 persen di tahun 1998, yakni apa-

bila tanpa keluarga berencana, fertilitas konstan. Sedangkan apabila

angka kenaikan penduduk dimulai dari 2,45 hingga 2,53 persen di tahun   100

1998, asumsi yang dianggap merupakan pangkal tolak perkiraan yang

paling realistis, permintaan beras akan mencapai sekitar 40 juta ton

pada tahun 1998. Selain angka-angka yang disajikan pada Tabel 7

tersebut, pada Tabel 8 dapat dilihat pula arah perkembangan atau

trend permintaan beras hingga tahun 1998 mendatang berdasarkan per-

kiraan arah perkembangan permintaan beras tahun 1968-1972, yakni,

tahun 1978 = 19,16 juta ton; tahun 1983 = 24,17 juta ton; tahun 1988

. . . dsb.

TABEL 8: Trend permintaan beras di Indonesia, 1978-1998

Tahun	Trend permintaan beras (juta ton)
1978	19,16
1983	24,17
1988	30,50
1993	38,49
1998	48,57

Prospek produksi beras

Dengan melihat pada tingkat kenaikan produksi beras selama periode   110

1969-1973 sebesar 4,8 persen/tahun, dan dengan mengasumsikan bahwa

tingkat kenaikan produksi yang direncanakan sebesar 4,9 persen per

tahun dapat dipertahankan dan tetap demikian hingga tahun 1998 men-

datang, maka akan diperoleh gambaran sebagai tercantum pada Tabel 9.

494

TABEL 9: Perkiraan produksi beras di Indonesia, 1978-1998

Tahun	Perkiraan produksi beras (ribu ton)
1978	18.183
1983	23.096
1988	29.337
1993	37.265
1998	47.334

Sedangkan arah perkembangan atau trend produksinya berdasarkan
(i) trend produksi tahun 1968-1972; (ii) trend luas panen dan rata-
rata produktivitas periode 1968-1972; dan (iii) trend produktivitas
dan rata-rata luas panen periode 1968-1972, dapat dilihat pada
Tabel 10.

TABEL 10: Trend produksi beras di Indonesia, 1978-1998

Tahun	Trend produksi beras (juta ton)		
	I	II	III
1978	23,37	13,09	22,32
1983	34,04	13,27	31,60
1988	49,60	13,44	44,74
1993	72,16	13,63	63,34
1998	105,29	13,81	89,66

Trend produksi yang diungkapkan oleh Tabel 10 tersebut menunjuk-   120
kan bahwa trend produksi sedemikian itu akan dapat dicapai dengan
tingkat kenaikan produksi sebesar 5-6 persen per tahun yakni dengan
meningkatkan hasil per hektar atau dengan peningkatan baik areal

panen maupun hasil per hektar. . . .

("Usaha Mengatasi Masalah Pangan di

Indonesia: Prospek Jangka Panjang,"

oleh W. Sugiyanto dan H. Tedjokoe-

soemo, *Prisma*, 2 April 1975.)

I. DAFTAR KATA PENOLONG

kelanjutan	"continuation"
kelestarian	(1) "eternity"; (2) "continuity"
lebak	"a pond for fish farming"
lumbung	"(rice) barn"
mengòkòhkan	"to make (x) sturdy"
meracik	"to mix various things together"
pangkal tolak	"point of departure"
pasang surut	"the rise and fall of the tide"
penerapan	"application" (of theory)
penganekaragaman	"diversification"
penyaluran	"(the) chaneling"
rintisan	"pioneering" (effort, work, etc.)
sistim surjan	"agricultural system practiced in flat areas where water cannot flow easily: irrigation is

	facilitated by ditches dug around the field"
sistim tumpang gilir	"agricultural system in which different crops
	are rotated, that is, planted in succession
	on the same land"
sistim tumpangsari	"agricultural system in which different crops
	are planted on the same land at the same time"
(daerah) tadah hujan	"agricultural land where the water used for
	irrigation comes directly from the rainfall"
taksiran	"(an) estimate"

II. JAWABLAH PERTANYAAN2 BERIKUT DENGAN KALIMAT2 LENGKAP

1. Dengan kata2 anda sendiri, sebutkan usaha2 pemerintah untuk mencukupi kebutuhan pangan.

2. Apa perbedaan antara sawah tadah hujan dengan sawah pasang surut?

3. Dengan kata2 anda sendiri, terangkan sistim tumpangsari dan tumpang gilir serta sistim surjan.

4. Mengapa pemerintah berusaha keras untuk merubah cara bertani yang subsistan menjadi yang komersiel?

5. Bagaimana prospek permintaan beras di Indonesia pada umumnya?

III. PENGEMBANGAN KOSA KATA

1. kelanjutan   "continuation"

   lanjut   "advanced"

   lebih lanjut   "further"

   selanjutnya   "and then"

   melanjutkan   "to continue"

   kelestarian/kelanggengan   (1) "eternity"; (2) "continuity"

   lestari/langgeng   "eternal"

   > G-30-S merupakan kelanjutan dari peristiwa Madiun 1948.

   > Lebih lanjut dia mengatakan bahwa lalu lintas barang masih belum beres.

   > Selanjutnya tengkulak itu pergi sambil marah2.

   > Pemerintah akan melanjutkan proyek Bimas.

   > Kelestarian/kelanggengan cara hidup Indonesia harus dipertahankan.

   > Kenaikan produksi yang sedikit tidak jadi apa, asalkan lestari/langgeng.

2. mengokohkan/mengukuhkan   "to make (x) sturdy"

   pengokohan/pengukuhan   "the process of making (x) sturdy"

   kokoh/kukuh   "sturdy; firm"

   > Jaringan politik ini mengokohkan kedudukan para politikus kita.

   > Dia dikokohkan sebagai gurubesar tahun yang lalu.

   > Pengokohan dia sebagai gurubesar dilakukan di aula universitas.

   > Posisinya sebagai Kepala Koperasi Tani sangat kokoh.

3. menekan   "to press; pressure; push (by using a finger)"

   menekankan   "to press (figuratively); emphasize"

   tekanan   "pressure"

   tekanan batin   "mental pressure"

   mendorong   "to push (by using a hand or arm); encourage"

   dorongan   "a push; encouragement"

   mendukung   "to support (figuratively); encourage"

   dukungan   "a support; encouragement"

       Tekanlah kenop itu sebelum anda masuk.

       Dia ditekan oleh atasannya untuk mengundurkan diri.

       Tekanan ban di muka dan di belakang harus sama.

       Dia berbuat begitu karena dapat tekanan dari istrinya.

       Tekanan batin yang dia terima sangat berat.

       Mobil saya mogok, jadi harus didorong.

       Dialah yang mendorong saya masuk ke Gama.

       Dukungan/dorongan seperti ini sangat saya perlukan.

       Pencalonannya mendapat dukungan (not dorongan) dari PDI.

       Ide itu didukung oleh golongan santri dan abangan.

4. kebijaksanaan   (1) "policy"; (2) "wisdom"

   beleid/policy   "(Dutch and English, respectively) words meaning

      policy"

   bijaksana   "wise"

   arif   (1) "capable"; (2) "wise" This word is often used in

      arif dan bijaksana "capable and wise."

       Kebijaksanaan/beleid/policy pemerintah cenderung untuk

       menaikkan tabungan nasional.

       Bagaimana caranya memecahkan soal ini, saya tidak tahu,

tapi saya minta <u>kebijaksanaan</u> bapak.

Pemimpin rakyat harus <u>arif dan bijaksana</u>.

5. <u>daerah tadah hujan</u>   "agricultural land where the water used
   for irrigation comes directly from the rainfall"

   <u>daerah pasang surut</u>   "agricultural land where the water used
   for irrigation comes from sources such as rivers, lakes, etc."

   <u>sistim tumpang gilir</u>   "an agricultural system in which different
   crops are rotated, that is, planted in succession on the same
   land". After harvesting <u>jagung</u>, for instance, one then plants
   <u>ubi</u>.

   <u>sistim tumpangsari</u>   "an agricultural system in which different
   crops are planted on the same land at the same time" A
   farmer, for instance, may plant <u>jagung</u> and <u>ubi</u> on the same
   plot of land at the same time.

   <u>sistim surjan</u>   "an agricultural system practiced in a flat area
   where water cannot flow easily: irrigation is facilitated
   by ditches dug around the field"

        Daerah <u>tadah hujan</u> dan <u>daerah pasang surut</u> sangat baik
        untuk pertanian.

        Dalam <u>sistim tumpangsari</u> beberapa macam tanaman ditanam
        di tempat yang sama, sedangkan dalam <u>sistim tumpang</u>
        <u>gilir</u> hanya satu macam tanaman ditanam dan sesudah panen,
        baru macam tanaman lainnya ditanam.

        Ongkos untuk menggarap tanah dengan <u>sistim surjan</u> sangat
        mahal.

6. <u>penyaluran</u>   "channeling"

   <u>menyalurkan</u>   "to channel"

saluran   (1) "a channel"; (2) "a pipe" (for water or other liquids)

pipa   (1) "a pipe" (for smoking); (2) "a pipe" (for water or other liquids)

Masalahnya ialah penyaluran pupuk ke seluruh pelosok tanah air dengan cepat dan teratur.

Ide ini akan kami salurkan ke pemerintah lewat saluran2 yang resmi.

Ayah tidak bisa merokok karena pipanya hilang.

Pipa air kami bocor, jadi kamar kami banjir.

7. lumbung   "(rice) barn" Lumbung can refer to a building where rice is actually stored or to an area where rice is found in abundance.

gudang   "warehouse; storehouse; storeroom"

Petani menyimpan beras di lumbung yang biasanya terletak di bagian belakang rumah.

Krawang adalah lumbung/gudang berasnya Jakarta.

Kami bisa beli garam di gudang garam lebih murah.

8. usaha   "an attempt; effort; endeavor (by an individual, group, or institution); to attempt; to make an effort; to endeavor"

ikhtiar   "an attempt; effort; endeavor (not by an institution); to attempt; to make an effort; to endeavor"

Manusia hanya wajib usaha/ikhtiar, Tuhanlah yang bisa memberi.

Usaha (not ikhtiar) pemerintah untuk melarang gerobak di jalan raya dibenarkan.

9. pabrik   "factory"

perusahaan   "enterprise"

pengusaha/usahawan   "entrepreneur; industrialist; businessman"

     Pabrik pupuk buatan itu terletak di Palembang.

     Perusahaan swasta kalah bersaing dengan perusahaan pe-
     merintah.

     Sekarang banyak pengusaha/usahawan asing yang pindah

     dari Singapore ke Jakarta.

10. rintisan   "pioneering" (effort, work, etc.)

     merintis   "to pioneer; to pave the way"

     perintis   "a pioneer"

     Rintisan usaha untuk memenuhi kebutuhan pangan sudah

     dimulai.

     Jalan yang mereka rintis sangat keliru.

     Alisyahbana adalah perintis sastra modern Indonesia.

11. meracik   "to mix" (originally lime, beetle nuts, and a partic-

     ular leaf for bettle nut chewing) Meracik, as used in the

     reading passage above, means "to mix various elements together."

     mencampur   "to mix"

     (ber)campur   "mixed"

     memadu   "to blend"

     Angka statistik ini diracik dari laporan2 yang kami terima.

     Dia mencampur benih unggul dengan benih biasa.

     Minyak dan air tidak akan (ber)campur.

     Kedua remaja itu memadu janji untuk hidup bersama.

12. taksiran/perkiraan   "(an) estimate"

     menaksir   (1) "to estimate" (of value); (2) "a colloquial ex-

     pression for having a romantic feeling toward someone"

memperkirakan   "to estimate"

menerka   "to guess"

terkaan   "(a) guess"

> Taksiran/perkiraan kami ialah bahwa tiap hektar sawah
> akan menghasilkan 15 ton gabah.
>
> Alat penyemprot hama itu ditaksir/diperkirakan seharga
> Rp.20.000.
>
> Dia menaksir (not memperkirakan) anak perempuannya pak
> lurah.
>
> Saya sudah menerka harga ketela itu, tapi terkaan saya
> salah.

13. mempertahankan   (1) "to defend"; (2) "to maintain"

menahan   (1) "to restrain; hold back"; (2) "to detain"

bertahan   "to hold out"

tahan air   "waterproof"

tahan lama   "long lasting"

tahan harga   (1) "not to cheapen onself"; (2) "not to sell too
cheap"

tahan uji   "tried and tested" (and found to be of good quality)
(of a person's worth, character, etc.)

tahan panas/dingin/angin   "capable of enduring heat/cold/wind, etc."

> Para tengkulak mempertahankan cara2 yang mereka pakai
> dalam pembelian beras.
>
> Hasil panen yang baik ini harus kami pertahankan terus.
>
> Saya tidak bisa menahan marah saya.
>
> Tanah longsor itu ditahan oleh tembok yang tebal.
>
> Penjabat itu ditahan karena korupsi.

Para pemberontak masih <u>bertahan</u> di daerah pertambangan minyak.

Alat penyemprot hama bikinan Jepang tidak <u>tahan lama</u>.

Jangan dijual tergesa-gesa, kita harus <u>tahan harga</u>.

Saya nggak mau ke sana. Dia yang harus ke sini. Saya harus <u>tahan harga</u>.

Manusia yang biasa menderita biasanya <u>tahan uji</u>.

Saya tidak mau tinggal di Ithaca--saya tidak <u>tahan dingin</u>.

14. <u>tercantum</u>   "included"

<u>mencantumkan</u>   (1) "to include"; (2) "to list"

Angka2 statistik itu <u>tercantum</u> dalam Tabel 5.

Dia <u>mencantumkan</u> namanya untuk pemilihan lurah di desa kami.

IV. REMEDIASI TATABAHASA

1. <u>mendatang</u>   Despite its appearance as a verb, <u>mendatang</u> is used to indicate future aspect. It is particularly used to modify time words such as <u>tahun</u>, <u>bulan</u>, <u>waktu</u>, etc.

Pada tahun2 <u>mendatang</u> Indonesia akan bisa mengatasi masalah pangan.

Bulan <u>mendatang</u> ini kami akan mulai menggiling padi.

Pada waktu <u>mendatang</u> rakyat Indonesia akan berubah.

504

V. LATIHAN

Pilihlah kata2 yang paling tepat untuk kalimat2 berikut.

1. Ini merupakan (kelanjutan/kelestarian) dari peristiwa dulu itu.

2. Soal ini akan diurus (selanjutnya/lebih lanjut) oleh yang ber-
    wewenang.

3. Kedudukan Kepala Lembaga Kependudukan itu sangat (kokoh/meng-
    okohkan).

4. Di Indonesia orang tua biasanya dianggap mempunyai (beleid/
    policy/kebijaksanaan) yang baik.

5. Kalau tidak ada hujan untuk beberapa waktu lamanya sawah (pasang
    surut/tadah hujan) itu akan kehabisan air.

6. Jagung dan ketela bisa ditanam pada waktu dan tempat yang sama
    dalam sistim (tumpang gilir/tumpangsari).

7. Pendapat anda akan kami (alirkan/salurkan) ke atasan kami.

8. Dia marah-marah karena (saluran/aliran/pipa) rokoknya dicopet
    tadi pagi.

9. Tolong koper2 ini disimpan di (lumbung/gudang).

10. (Ikhtiar/usaha) untuk mengurangi jumlah penduduk dilakukan
    lewat Keluarga Berencana.

11. Para (perusahaan/pengusaha) nasional mengeluh karena kekurangan
    uang.

12. Menurut Kipling Timur dan Barat tidak akan (mencampur/bercampur).

13. Saya (menaksir/memperkirakan) anaknya pak camat!

14. Waktu saya bawa ke toko emas, mereka (menerka/menaksir) harga
    cincin ini Rp.15.000.

15. Dia harus (menahan/mempertahankan/bertahan) tesisnya besok pagi.

16. Harga barang2 tambang masih tetap (menahan/mempertahankan/bertahan).

17. Polisi desa kami (menahan/mempertahankan/bertahan) beberapa lintah darat.

18. Barang2 bikinan Jerman biasanya (tahan/menahan/bertahan) lama.

19. Keluargaku tidak bisa tinggal di Indonesia karena mereka tidak (tahan/menahan/mempertahankan) panas.

20. Namanya (tercantum/dicantumkan) di daftar itu oleh pak lurah.

21. Tahun (datang/mendatang/mendatangi/mendatangkan) ini kami akan ke Indonesia.

22. Yang (ditekan/ditekankan/didorong) dalam Pelita I adalah penyediaan sandang-pangan.

23. Harga bensin harus (ditekan/ditekankan/didukung) serendah mungkin.

24. Kalau tidak ada (dorongan/dukungan/tekanan) dari partai, tidak mungkin kamu bisa menang.

BAB VIII. A.

EKONOMI INDONESIA

Meskipun Indonesia sudah menyatakan kemerdekaannya pada tahun
1945, tetapi Belanda dan pihak sekutu tidak mau mengakui kedaulatan
kita sampai tahun 1949. Tentu saja sebagai negara yang baru saja
merdeka, perang yang dua tahun ini ikut menambah kekacauan politik
dan ekonomi dalam negeri. Baru setelah itu berakhir bisalah kita
mulai hidup baru dengan ketenangan yang waktu itu sangat diperlukan.

Keadaan hidup rakyat pada tahun2 pertama setelah kemerdekaan
itu boleh dikatakan cukup memuaskan, artinya, kebutuhan sehari-hari
seperti sandang, pangan, perumahan dan sebagainya cukup bisa di-
penuhi. Pendapatan per kapita pada tahun 1951 adalah $72, dan naik   10
menjadi $125 pada tahun 1955. Ketenteraman ini mulai menjadi goncang
setelah pertengahan tahun 50-an, ketika Indonesia lebih memikirkan
bentuk pemerintahan yang cocok untuk kepribadian Indonesia. Dalam
usaha untuk mencari bentuk ini bekas presiden Soekarno beberapa
kali merubah sistim pemerintahan dari pemerintahan yang parlementer
ke pemerintahan yang presidensiel, dari demokrasi liberal ke demokrasi
terpimpin, dari sistim pemilihan umum ke sistim presiden seumur hidup.

Pertambahan penduduk yang makin terasa, kesukaran hidup sehari-
hari, meningkatnya koruptor2 tingkat kakap, berkembangnya sistim
sogok-menyogok dan hal2 yang bobrok lainnya menyebabkan kegelisahan   20
di antara rakyat jelata. Anggaran belanja pemerintah sebagian besar
disedot untuk membeli alat2 perlengkapan perang, sehingga masalah
perut menjadi lebih dinomer-duakan. Jumlah uang yang beredar begitu
tinggi, sehingga nilai rupiah tidak mempunyai arti apa2 baik di dalam

maupun di luar negeri.

Menyadari akan makin merosotnya tingkat serta akhlak hidup manu-
sia Indonesia, bekas presiden Soekarno akhirnya pada tanggal 28 Maret
1966, mengumumkan apa yang sekarang terkenal dengan nama Dekon, Dekla-
rasi Ekonomi, yang tujuannya ialah untuk meningkatkan taraf hidup
rakyat dengan suatu sistim ekonomi yang sifatnya sosialis di mana   30
tiap orang dijamin akan pekerjaan, sandang-pangan, perumahan serta
kehidupan kulturil dan spirituil yang layak. Dekon berpangkal pada
kekayaan alam kita yang berlimpah-limpah, terutama pertanian, per-
kebunan, dan pertambangan. Dengan sistim gotong-royong antara pemerin-
tah, rakyat, dan perusahaan2 swasta, pemerintah mengharap tercapainya
penyempurnaan serta penertiban aparatur2 negara dan juga penyeder-
hanaan prosedur2 perdagangan yang waktu itu berbelit-belit. Meskipun
waktu itu modal dalam negeri sangat tipis, bekas president Soekarno
merasa bahwa modal asing bukanlah merupakan jalan keluar yang paling
baik. Karena itu Dekon sedapat-dapatnya dibeayai oleh modal kita   40
sendiri. Untuk mengurangi penghamburan devisa, maka impor barang2
mewah dibatasi.

Ternyata Dekon yang intinya sebenarnya bisa dipakai ini tidak
bisa mengatasi masalah ekonomi yang sudah sangat parah itu. Ke-
gelisahan rakyat mengenai soal perut mereka itu menjadi makin runcing.
Sementara itu adu-domba antara golongan komunis, golongan agama,
dan golongan nasionalis yang tercakup dalam istilah Nasakom juga
meruncing. Pihak ABRI berdiri di luar garis seolah-olah mengawasi
gerak-gerik dari ketiga golongan itu tadi. Akhirnya meletuslah pada
tanggal 30 September 1965, apa yang sekarang kita kenal dengan nama   50
G-30-S. Kegagalan kaum komunis menyebabkan ikut pula jatuhnya

509

presiden Soekarno, raksasa besar di benua Asia Afrika.

Dengan Surat Perintah Sebelas Maret 1966, yang disingkat Super Semar, presiden Soekarno mengangkat Jendral Soeharto menjadi pejabat presiden, dan pada bulan Maret 1968, beliau diangkat menjadi presiden kedua Indonesia. Masalah yang beliau hadapi bukan main beratnya. Pertama, dengan G-30-S itu maka situasi politik dalam negeri goncang sekali. Sebelum beliau bisa berbuat apa2, kesetabilan politik harus dipulihkan lebih dahulu. Itulah sebabnya maka dengan Ketetapan MPRS No. XII/1966 Kabinet Ampera ditugaskan untuk memulihkan kembali ke- 60 amanan nasional sebagai prasarana untuk perkembangan ekonomi.

Waktu Jendral Soeharto menjadi presiden, beliau tidak hanya me- warisi negara yang "gemah ripah loh jinawi" saja, tetapi beliau harus juga menanggung hutang yang jumlahnya lebih dari $2,2 milyar. Hutang ini harus dibayar, padahal untuk hidup sehari-hari rakyat saja tidak ada. Pada tahun itu inflasi mencapai 650%; uang dolar tidak bebas masuk sehingga terdapatlah kurs gelap yang lebih dari seratus kali lipat harga resmi. Jalan pertama yang beliau ambil ialah mengangkat orang2 cendekiawan menjadi anggauta kabinet atau megepalai lembaga2 yang penting. Kabinet Pembangunan yang dibentuk pada bulan Juni 1968 70 beranggautakan ahli2 dari berbagai bidang. Tugas utama dari kabinet ini ialah untuk merubah nasib rakyat yang sudah kedaluwarsa. Sebagai hasil dari kabinet ini maka keluarlah Rencana Pembangunan Lima Tahun, disingkat Repelita, yang mulai dilaksanakan tahun 1969 dan berakhir tahun 1974.

Karena pemerintah harus mulai bekerja tidak dari nol tetapi dari minus, maka masalah pertama yang dihadapi ialah "dari mana kita men- dapat modal untuk menggali kekayaan alam kita itu." Setelah

510

dipertimbangkan masak2, maka diputuskan bahwa cara satu2nya ialah
dengan mengundang modal asing. Pada tanggal 19 Januari 1967, dikeluar-   80
kanlah undang2 penanaman modal asing dengan tujuan agar usahawan2
asing tertarik untuk menanam modal mereka di Indonesia. Usaha ini
ternyata mendapat sambutan yang hangat. Pada tahun 1972 saja sudah
terdapat kira2 1669 penanam modal asing dengan modal lebih dari $1,1
milyar. Sebagian besar modal ini ditanamkan di bidang2 pertambangan,
pertanian, kehutanan, dan perikanan. Tentu saja jumlah penanam
modal ini sekarang makin banyak di samping joint venture yang juga
berkembang.

Di samping penanaman modal asing, pada tahun2 pertama setelah
G-30-S pemerintah juga berusaha untuk memperbaiki "image" di mata   90
luar negeri sehingga mendapat kepercayaan dari negara2 donor yang
tergabung dalam IGGI. Dengan adanya uang pinjaman yang bunganya
relatif rendah dan berjangka panjang serta perkembangan ekonomi dalam
negeri maka Indonesia sudah mulai terangkat dari kesengsaraan ekonomi-
nya. Produksi beras naik terus hingga mencapai 15,2 juta ton pada
tahun 1974. Diharapkan bahwa suatu ketika Indonesia akan bisa ber-
dikari dalam masalah pangan ini. Di samping minyak bumi, ekspor
barang2 seperti kayu, timah, kopi, teh, lada dan beberapa palawija
juga naik. Dari tahun 1969 sampai tahun 1971, umpamanya, ekspor kayu
naik dari $36 juta menjadi $52,9 juta; timah dari $52,9 juta menjadi   100
$60 juta; teh dari $16 juta menjadi $28,7 juta.

Jelaslah bahwa jurang kesengsaraan sudah mulai berkurang. Harapan
kita semoga tidak ada aral-melintang dalam menanggulangi masalah yang
paling sulit ini.

I. DAFTAR KATA PENOLONG

alat2 perlengkapan

  perang   "armaments"

ampera   "abbreviation of Amanat Penderitaan Rakyat--

                  Message of the People's Suffering"

aral-melintang   "obstacle"

berbelit-belit   "complicated"

beredar   "to circulate" (intransitive)

bòbròk   "Javanese word for badly damaged"

gerak-gerik   "movement"

goncang   "shaky"

jurang   "ravine"

kedaluwarsa   "overdue"

kedaulatan   "sovereignty"

memulihkan   "to restore"

menjamin   "to guarantee"

meruncing   "aggravate"

modal   "capital"

MPRS   "abbreviation of Majelis Permusyawaratan

                  Rakyat Sementara--Provisional People's Assembly"

pemerintahan par-

  lementer   "a type of government in which the cabinet is

                  responsible to the parliament"

pemerintahan pre-

  sidensiel   "a type of government in which the cabinet is

                  responsible to the president"

512

penghamburan	"reckless spending"
pihak sekutu	"allied forces"
rakyat jelata	"grass-roots"
runcing	"sharp" (of point)
Super Semar	"abbreviation of Surat Perintah Sebelas Maret-- the March 11, 1966 order from President Soekarno to General Soeharto to restore order"
undang-undang	"law; ordinance; act"
undang2 penanaman modal asing	"foreign capital investment law"

II. JAWABLAH PERTANYAAN2 BERIKUT DENGAN KALIMAT2 LENGKAP

1. Mengapa pencarian bentuk pemerintahan pada tahun 50-an ikut menggoncangkan ekonomi kita?

2. Tahukah anda mengapa kabinet yang parlementer diganti dengan kabinet yang presidensiel sekitar akhir tahun 50-an?

3. Apa yang dimaksud dengan "koruptor tingkat kakap" (baris 19)?

4. Apa tujuan Dekon?

5. Apa tugas Kabinet Ampera?

6. Apa yang dimaksud dengan "negara yang gemah ripah loh jinawi" (b. 63)?

7. Bagaimana komposisi Kabinet Pembangunan?

8. Apa kira2nya keuntungan dan kerugian dengan adanya penanaman modal asing?

9. Apa yang anda ketahui tentang IGGI?

III. PENGEMBANGAN KOSA KATA

1. sekutu   "partner" (in military circles); "allies"

   tentara sekutu   "allied forces"

   bersekutu   "to be united/allied"

   persekutuan   "federation"

   pe(r)sero   (1) "shareholder"; (2) "partner" (in business)

   pasangan   (1) "partner" (in sports or dancing); (2) "couple"

   Amerika dengan sekutu-sekutunya mendarat di pantai

   Normandy.

   Tentara sekutu mendarat di Indonesia tidak lama sesudah

   Indonesia merdeka.

   Dalam perang itu Rusia bersekutu dengan Amerika.

   Malaysia pernah disebut Negara Persekutuan Tanah Melayu.

   Pe(r)sero dagang saya sangat jujur dan bijaksana.

   Dalam pertandingan tenis itu dia jadi pasangan saya.

   Pasangan Rudy Hartono dan Sumirat kalah dalam pertan-

   dingan itu.

2. pendapatan per kapita   "per capita income"

   gaji pòkòk   "basic salary" This is calculated on the basis

      of one's rank. In addition to the gaji pokok, an employee

      also receives other allowances, called tunjangan.

   tunjangan   "an allowance which goes with the gaji pokok"

   tunjangan istri   "allowance for spouse"

   tunjangan anak   "allowance for children, up to three since 1974"

   tunjungan kemahalan   "cost of living allowance"

   tunjungan daerah   "allowance for those who are willing to work

514

in remote places, especially outside Java"

<u>gaji bersih</u>   "net salary" Even after taxes, one's net salary

is always higher than his <u>gaji pokok</u>"

<u>gaji kòtòr</u>   "gross salary"

Pendapatan per kapita di Indonesia tahun 1976 rata2

$135 Amerika.

<u>Gaji pokok</u> Kepala pabrik semen Gresik jauh lebih besar

dari <u>gaji kotor</u> saya.

<u>Gaji bersih</u> terdiri dari gaji pokok ditambah dengan

tunjangan2 yang berlaku.

<u>Tunjangan kemahalan</u> diberikan hanya untuk kota2 ter-

tentu saja.

3. <u>penawaran</u>   (1) "supply" (in the context of supply and demand);

    (2) "an offer"

<u>permintaan</u>   (1) "demand" (in the context of supply and demand);

    (2) "a request"

<u>pasaran bersama</u>   "common market"

<u>jasa(jasa)</u>   (1) "service" (in economics); (2) "merits"

<u>servis</u>   "service" (in hotels, restaurants, etc.)

Harga akan naik kalau <u>permintaan</u> bertambah, dan akan

turun kalau <u>penawaran</u> bertambah.

Negara2 ASEAN belum mempunyai <u>pasaran bersama</u> seperti

negara2 Eropah.

Pendapatan negara dalam bidang <u>jasa2</u> pada tahun 1971

adalah 5,4%.

Dia dinaikkan menjadi mandor karena <u>jasa2nya</u> kepada

perkebunan itu.

Servis (not jasa) di hotel itu sangat memuaskan.

4. Produk Domestik Bruto "gross domestic product" The English

term is often used.

Pendapatan Nasional Bruto "gross national product" The English term is most often used.

barter "an exchange (of one commodity with another); to exchange" (one commodity with another)

tukar-tòmbòk "to exchange" (of commodities where the difference is paid in cash)

niaga "pertaining to trading in general"

berniaga "to carry on trade" There seems to be a tendency to use this word in referring to trade during ancient times.

berdagang "to carry on trade" Berdagang can be used with reference to both modern and ancient times.

mendagangkan "to sell" (as a livelihood)

perniagaan/perdagangan "commerce; trade"

Departemen Perdagangan "Department of Commerce"

Produk Domestic Bruto untuk perdagangan dari tahun 1970 sampai 1971 hanya naik 0,6% saja.

Kita akan barter minyak bumi kita dengan alat2 pertanian modern.

Kalau mau tukar-tombok, ambil deh sepeda ini. Gua kasih lu Rp.2.000.

Pada jaman Sriwijaya banyak orang berniaga/berdagang di Selat Malaka.

Dia sekarang berdagang (usually not berniaga) di Kebayoran.

516

Mereka mendagangkan palawija dari ladangnya.

Perniagaan/perdagangan Indonesia makin maju sekarang.

5. rakyat jelata/kecil   "grass-roots; the common people"

rakyat jèmbèl   "a colloquial expression for rakyat jelata"

Di manapun juga di dunia ini yang harus menderita

selalu rakyat jelata/jembel.

6. menjamin   (1) "to guarantee"; (2) "to serve food" (as a treat

at one's home)

jaminan   (1) "a guarantee"; (2) "food" (served as a treat at

one's home); (3) "collateral"

menggaransi   "to guarantee" (of quality)

garansi   "a guarantee" (of quality)

Ekonomi sosialis menjamin adanya kelestarian hidup yang

sejahtera.

Kamu akan dijamin kalau mau menjaga rumah dia.

Pemerintah sudah menjanjikan jaminan pekerjaan kepada

para penganggur.

Jaminan untuk pinjaman ini ialah sepeda motor saudara.

Para penjaga malam senang jaga di rumah kami, karena

kami selalu memberi jaminan.

Kwalitet barang ini kami jamin/garansi.

Pipa buatan luar negeri ini garansinya 2 tahun.

7. kerja-lembur   "overtime work; to work overtime"

nglembur   "to work overtime"

uang lembur   "overtime payment"

Dia sering nglembur/kerja-lembur di gudang.

Kerja-lembur terlalu berat untuk orang yang tidak sehat.

8. tertib   "orderly"

   ketertiban   "orderliness"

   penertiban   "process of making (x) orderly"

   menertibkan   "to put in order"

   tertib-hukum   "law and order"

   tata-tertib   "rules and regulations" (not as a legal term)

           Setelah pimpinan dipegang oleh pak Bahrin, perusahaan

           itu jadi tertib.

           Ketertiban dalam bidang politik merupakan prasarana

           untuk perkembangan ekonomi.

           Penertiban lalu-lintas barang memerlukan waktu yang

           lama.

           Jaringan ekonomi antar pulau harus ditertibkan supaya

           nilai ekspor bisa naik.

           Tertib-hukum di sini belum begitu sempurna.

9. modal/kapital   "capital"

   penanaman modal asing   "foreign capital investment"

   bank   (pronounced as [baŋ]) "bank"

   perbankan   (pronounced as [pərbaŋan] or [pərbaŋkan] "banking"

   deposito berjangka   "time deposit"

   giro   "clearing account"

   rékening   "bill" (for goods or services rendered)

   bangkrut   "to go bankrupt"

   gulung tikar   "colloquial expression for bangkrut"

           Untuk membuka tanah diperlukan modal asing.

           Penanaman modal asing dianjurkan oleh pemerintah.

           Dunia perbankan di Indonesia baru mulai maju setelah

518

tahun 1966.

Tabungan dalam bentuk <u>giro</u> bisa diambil kapan saja,
tetapi yang dalam bentuk <u>deposito berjangka</u> harus
menunggu sampai waktunya habis.

- Taksiran saya <u>rekening</u> listrik bulan ini akan naik.

Dengan masuknya perusahaan asing banyak perusahaan
nasional yang <u>bangkrut/gulung tikar</u>.

10. <u>penghamburan</u>   "reckless spending"

<u>menghambur(hambur)kan</u>   "to spend recklessly"

<u>menghémat</u>   "to be thrifty with; to be economical"

<u>penghématan</u>   "economizing"

<u>hémat</u>   (1) "thrifty; economical"; (2) "opinion" (in <u>pada hemat</u>
[<u>saya</u>])

Impor barang2 mewah dibatasi untuk mencegah <u>penghamburan</u>
devisa.

Mereka <u>menghambur(hambur)kan</u> uangnya dengan membeli alat2
perlengkapan perang yang tidak perlu.

Pengeluaran kita harus kita <u>hemat</u>, jadi uang ini bisa
cukup sampai akhir bulan.

<u>Penghematan</u> harus dilaksanakan, kalau kita tidak mau ke-
habisan modal.

Dia sangat <u>hemat</u> dalam soal uang.

<u>Pada hemat saya</u> kebijaksanaan ekspor pemerintah kurang
bisa dipertahankan.

11. <u>memulihkan</u>   "to restore"

<u>pemulihan</u>   "restoration"

<u>pulih</u>   (1) "restored"; (2) "recovered" (of illness)

restorasi   (1) "restoration" (of buildings); (2) "a

        (railroad) dining car"

pemugaran   "restoration" (of buildings)

        Kesetabilan politik harus dipulihkan sebelum masalah

        perekonomian ditanggulangi.

        Pemulihan keamanan daerah itu makan waktu 2 bulan.

        Keamanan daerah itu sudah pulih.

        Semoga engkau lekas sembuh dan pulih kembali seperti

        dulu.

        Restorasi/pemugaran candi Borobudur akan makan biaya

        $8 juta.

12. inflasi   "inflation"

    dévaluasi   "devaluation"

    révaluasi   "revaluation"

    resèsi   "recession"

    déprèsi   "depression"

        Inflasi tahun 1974 rata-rata 14,5%.

        Devaluasi dolar menurunkan harga barang Amerika.

        Pada waktu resesi dan dipresi tidak mungkin kita mengada-

        revaluasi.

13. laju   "rate" (of inflation, growth, etc., but not of hotels,

        wages, and the like)

    kurs   "rate" (of exchange only)

    kurs yang mengambang/terapung   "floating rate"

    kurs gelap   "black market rate"

    pasar(an) gelap   "black market"

    harga gelap   "unofficial price"

harga resmi   "official price"

harga mati   "fixed price"

    Dengan laju inflasi yang menurun, maka kurs dolar makin naik.

    Kebijaksanaan yang kami ambil untuk mencegah kurs gelap ialah membebaskan uang dolar.

    Kadang2 suatu negara mengambil jalan tengah dengan mengadakan kurs yang mengambang/terapung.

    Tahun 60-an harga dolar di pasar(an) gelap 100 kali lipat harga resmi.

    Kita bisa untung banyak kalau kita jual barang ini dengan harga gelap.

    Harga yang tercantum dalam daftar ini adalah harga mati.

14. undang-undang   "law; ordinance; act"

Undang-Undang Dasar (UUD)   "Constitution"

peraturan   "regulation; bill" (as law)

hukum   (1) "law"; (2) "the discipline of law"

hukum rimba   "law of the jungle"

hukum perdata/sipil   "civil law"

hukum pidana   "criminal law"

    Peraturan baru menjadi undang2/hukum setelah disyahkan oleh DPR.

    Semua undang2 tidak boleh menyimpang dari Undang-Undang Dasar.

    Dia sedang belajar hukum (not undang2) di Gama.

    Di negara yang sedang berperang sering berlaku hukum rimba.

Perkara hutang perusahaan itu akan diadili dengan <u>hukum perdata</u>.

Perkara2 seperti korupsi, pencurian dan pembunuhan diurus dengan <u>hukum pidana</u>.

15. <u>pajak pendapatan</u>   "income tax"

<u>pajak penjualan</u>   "sales tax"

<u>pajak perusahaan</u>   "general excise tax"

<u>kas</u>   "treasury" (of organizations or institutions)

<u>pajak kekayaan</u>   "tax on wealth" (such as on radios, TVs, cars, etc.)

<u>pajak tanah</u>   "land tax"

<u>sumbangan wajib</u>   "literally, a voluntary contribution, but in reality, a kind of tax which one must pay for certain activities undertaken by the individual or the government" When bringing certain goods home from abroad, for instance, one may have to pay a <u>sumbangan wajib</u> in addition to the regular import duties. People may also have to pay a <u>sumbangan wajib</u> for road construction or other government projects.

Untuk menambah <u>kas</u> negara, <u>pajak pendapatan</u>, <u>penjualan</u> dan <u>perusahaan</u> harus dinaikkan.

Di Indonesia tiap pemilik radio, TV dan kekayaan2 lainnya harus membayar <u>pajak kekayaan</u>.

Para pemilik tanah harus membayar <u>pajak tanah</u>.

Untuk membangun sekolah itu tiap penduduk desa harus memberi <u>sumbangan wajib</u>.

522

IV. REMEDIASI TATABAHASA

1. <u>Acronyms</u>

   a. Indonesian is a language which uses a great number of acro-
       nyms. One very interesting feature here is that many of the
       acronyms are treated as if they were regular words. As
       such, they are often subjected to grammatical processes.
       Thus, the acronyms

   berdikari--berdiri di atas   "to stand on one's
                  kaki sendiri   own feet"
   mahmilub--mahkamah militer   "a military court"
                  luar biasa
   manipol--manifesto politik   "political manifesto"
   gerpol--gerilya politik   "political guerilla"

       are often used as full verbs where appropriate or made into
       verbs by adding the affix <u>meN-/di-</u> or <u>meN-/di + kan</u>:

   diberdikarikan   "to be made to stand on one's own
                         feet"
   dimahmilubkan   "to be court-martialed"
   dimanipòlkan   "to be made to believe/follow
                         <u>manipol</u>"
   nggerpòl   "to sabotage politically"

       Koperasi tani itu harus <u>diberdikarikan</u>.

       Soebandrio sudah <u>dimahmilubkan</u>.

       Waktu itu semua mahasiswa <u>dimanipolkan</u> oleh pe-
       merintah.

       PKI masih saja <u>nggerpol</u> sampai sekarang.

b. The following are some acronyms which may be useful:

Dekon--Deklarasi Ekonomi

Bappenas--Badan Perancang Pembangunan Nasional

Depnaker & Transkop--Departemen Tenaga Kerja, Transmi-
grasi dan Koperasi

Deperdag--Departemen Perdagangan

Tabanas--Tabungan Pembangunan Nasional   "National savings
undertaken by the government"

Taska--tabungan simpanan berjangka   "time deposit"

Kadin--Kamar Dagang dan Industri   "Chamber of Commerce
and Industry"

V. LATIHAN

Pilihlah kata2 yang paling tepat untuk kalimat2 berikut.

1. Dia akan mencantumkan nama saya sebagai (sekutu/pasangan/pesero)
dagang dia.

2. Gua nggak mau pergi dansa, nggak punya (sekutu/pasangan/pesero).

3. Tentara (sekutu/pasangan/pesero) mendarat di Indonesia sesudah
Jepang menyerah.

4. Tunjangan (anak/kemahalan/daerah) diberikan pada mereka yang
tinggal di tempat2 di mana ongkos hidup dianggap sangat tinggi.

5. Kalau anda mau dipekerjakan di kota kecil di luar Jawa, anda akan
mendapat tunjangan (istri/daerah/anak).

6. Gaji (kotor/pokok) selalu lebih tinggi dari gaji bersih.

7. Tunjangan (istri/anak) terbatas sampai tiga saja sekarang.

8. Dalam prinsip ekonomi (permintaan/permohonan/penawaran) akan turun, bila jumlah barang bertambah.

9. Negara2 Eropah sudah mempunyai pasaran (sama-sama/bersama/sama).

10. (Jasa/servis) yang diberikan perusahaan angkutan itu sangat memuaskan.

11. Polisi lalu lintas itu mendapat bintang kehormatan karena (servis/jasa)-nya.

12. Saya mendapat Rp.75.000 waktu saya (barter/tukar-tombok) sepeda-motor saya dengan jam tangan dia.

13. Apa kerja dia sekarang? (Berniaga/Berdagang/Berjual) di pasar.

14. Saya tidak tidur tadi malam karena harus kerja (lembur/lama/nglembur).

15. Bu lurah biasanya kasih kami (garansi/jaminan) waktu kami jaga malam.

16. Kami tidak bisa (menggaransi/menjamin) keselamatan rakyat jelata di daerah itu.

17. Surau itu dibangun secara (gotong-royong/kerja-bakti/kerja-lembur) oleh seluruh penduduk.

18. Kalau kerja-(bakti/lembur/gotong-royong) kita bisa dapat uang tambahan.

19. (Tertib-hukum/tata-tertib/ketertiban) di sekolah Katolik biasanya sangat keras.

20. (Ketertiban/penertiban) keamanan harus segera dipulihkan.

21. Hidup manusia terjamin apabila (tata-tertib/ketertiban/tertib-hukum) di suatu negara diikuti dengan patuh.

22. Tiap perusahaan biasanya mempunyai (giro/deposito berjangka).

23. (Modal/model) para usahawan asing biasanya jauh lebih banyak daripada pengusaha nasional.

24. Apa (peraturan/rekening) dari dokter itu sudah dibayar?

25. Impor barang2 mewah dicegah untuk (menghamburkan/menghemat) pendapatan negara.

26. Pada (penghematan/hemat/pendapat) saya, daya-beli rupiah akan naik terus.

27. (Pemulihan/pemugaran) peninggalan2 kuno itu akan makan banyak uang.

28. Tugas Kabinet Ampera ialah (mengembalikan/memulihkan) keamanan nasional.

29. Dengan adanya devaluasi dolar Amerika beberapa negara memilih (kurs/laju/angka) yang mengambang.

30. Di toko besar biasanya barang dijual dengan harga (gelap/mati/ diperbaiki).

31. Tahun 60-an harga dolar di pasar (hitam/gelap) sangat tinggi.

32. Perkara pembunuhan diadili dengan hukum (rimba/pidana/perdata).

33. Dalam hukum (rimba/pidana/perdata) hanya yang kuat bisa hidup.

34. Fakultas (undang2/hukum/peraturan) kami cenderung untuk meng-ikuti sistim Amerika.

35. Tiap toko diwajibkan menarik pajak (jual/penjualan/menjual).

36. Tiap akhir tahun di Amerika orang harus menghitung pajak (masuk/ pendapatan/perusahaan) mereka.

37. Untuk memperbaiki jembatan tiap penduduk desa itu diminta mem-berikan (pajak/sumbangan/iuran) wajib sebesar Rp.100.

BAB VIII. B.

RENCANA PEMBANGUNAN LIMA TAHUN

Dengan dibentuknya Kabinet Pembangunan pada tahun 1968 maka pe-
merintah mempunyai alat ampuh untuk merencanakan pembangunan yang
jangka pendeknya ialah untuk memberikan kemakmuran pada rakyat sedang-
kan jangka panjangnya untuk memberikan kesejahteraan hidup pada bangsa
dan negara. Dari kabinet ini lahirlah Repelita I, yang kemudian
berubah menjadi Pelita I dan berlaku dari tahun 1969 sampai tahun
1974.

Titik tolak dari kerangka dasar pembangunan ialah bahwa proses
ini makan waktu yang lama. Karena itu jangka waktunya harus dibagi-
bagi pula secara bertahap. Tahap pertama telah dicantumkan dalam   10
Pelita I di mana tekanan diletakkan pada "penyelamatan" proyek2 yang
ekonomis berguna dan pemulaan dari proyek2 baru yang ekonomis diperlu-
kan. Ada tiga dimensi dari Pelita I, yakni, perincian menurut sektor,
perincian menurut waktu, dan perincian menurut daerah.

Perincian menurut sektor mencakup lebih kurang 20 bagian, ter-
masuk sektor2 pertanian, kehutanan, industri, pertambangan, infra-
struktur, koperasi, transmigrasi, pendidikan, keluarga berencana, dsb.
Perincian menurut waktu diwujudkan dalam bentuk anggaran belanja pe-
merintah tiap tahun yang harus mencerminkan beaya yang diperlukan
untuk melaksanakan program2 dan proyek2 yang sudah ditentukan. Perin-   20
cian yang sesuai dengan daerah dimaksudkan agar pembangunan nasional
tidak hanya dicurahkan di pusat dan Jawa saja, tetapi juga di daerah2
yang jauh dari pusat atau Jawa sehingga akan terdapatlah penyebaran
ekonomi yang merata.

528

Karena Indonesia adalah negara yang pada intinya agraris, maka
sektor pertanian mendapat prioritas pertama. Tujuan utama dari
Pelita I ialah untuk mengembangkan sektor pertanian. Karena itulah
perbaikan sistim irigasi, pengendalian erosi dan banjir, pemakaian
benih2 unggul, pupuk dan obat pemberantas hama, perluasan areal
sawah, dan Bimas merupakan faktor2 yang sangat mutlak penting. Meski-   30
pun industrialisasi diakui penting, tetapi dalam tahap pertama ini
hanya industri2 yang mendukung pertanianlah yang diberi prioritas.
Jadi perbaikan ataupun pembangunan pabrik2 pupuk, semen, atau barang2
kapital lainnya didorong supaya tumbuh, sedangkan pabrik2 lainnya
yang belum diperlukan segera ditangguhkan. Di samping hal2 di atas,
untuk memberikan perangsang kepada kaum produsen umumnya dan petani
khususnya maka pengendalian harga terhadap barang2 yang dijual dan
dibeli harus dibikin seimbang. Demikian juga sistim perbankan dan
koperasi harus mencapai desa2 di mana mereka tinggal sehingga mereka
dengan mudah bisa mendapatkan kredit untuk memperbaiki perusahaannya   40
ataupun untuk menggarap sawahnya.

Perbaikan dalam infrastruktur juga harus dilaksanakan. Jalan2,
jembatan, kereta-api, perkapalan, telekomunikasi dan macam2 alat peng-
angkutan lainnya harus segera diperbaiki, sehingga hubungan dagang
antara satu daerah dengan daerah lainnya bisa lancar. Ini sangat
perlu sekali karena tanpa hubungan dagang yang mudah seperti ini bisa
terjadi kelebihan barang di satu tempat dan kekurangan barang di tem-
pat lain.

Untuk melaksanakan ini semua pemerintah harus mempunyai beaya
yang cukup tinggi. Dalam Rencana Anggaran Pendapatan dan Belanja   50
Negara (RAPBN) tahun 1969/1970, umpamanya, beaya yang diperlukan

untuk melaksanakan tahun pertama Pelita I berjumlah Rp.204 milyar,

dan untuk pembangunan sendiri diperlukan Rp.123 milyar. Anggaran

pendapatan diharapkan mencapai Rp.228 milyar, sehingga terdapatlah

surplus sebesar Rp.24 milyar. RAPBN dari tahun 1969 sampai tahun

1976 naik terus. Anggaran belanja untuk tahun 1975/1976, umpamanya,

mencapai Rp.2,734 trilion dengan anggaran pendapatan yang persis

seimbang. Dari jumlah ini Rp.1,268 trilion adalah anggaran untuk

pembangunan. Kenaikan anggaran yang kelihatannya membubung tinggi

ini bukan disebabkan oleh pemborosan tetapi karena proyek2 yang telah   60

dirintis dan diperbaiki pada tahun2 Pelita I sekarang sudah berjalan

dengan baik sehingga memerlukan beaya untuk kelanggengan dan perawatan-

nya.

Salah satu sebab yang sering kita dengar mengapa terjadi pemberon-

takan di Sumatera Tengah dan Menado pada tahun 1958 ialah bahwa peme-

rintah pusat menganak-emaskan Jawa dan Pusat saja dan selalu menganak-

tirikan daerah. Untuk menjaga agar hal seperti ini tidak terulang

lagi maka pemerintah berusaha agar kegiatan2 ekonomi disebarkan ke

seluruh pelosok tanah air sehingga buahnya bisa langsung dirasakan

oleh rakyat setempat. Untuk merangsang kegiatan ekonomi daerah RAPBN   70

1975/1976 menyediakan bantuan sebesar Rp.279,3 milyar.

Perkembangan ekonomi sejak dimulainya Pelita I kelihatan cukup

memberikan harapan yang baik. Pada tahun 1972 penabungan, baik dalam

bentuk deposito berjangka maupun giro, mencapai Rp.150 milyar, lima

kali lipat dibandingkan tahun 1969. Pada tahun yang sama Tabanas juga

naik sampai Rp.25 milyar. Ini membuktikan bahwa kepercayaan masya-

rakat terhadap nilai rupiah meninggi. Bukti lain dari kekuatan nilai

rupiah bisa dilihat dari jumlah mata uang yang beredar dalam hubungannya

530

dengan kurs rupiah. Pada tahun 1969 uang yang beredar ada Rp.180 mil-

yar. Pada tahun 1972 jumlah ini naik menjadi Rp.417 milyar, sedangkan   80

kurs valuta asing tetap berkisar pada Rp.400 tiap dolar Amerika. Eks-

por barang2 kerajinan tangan juga naik sampai Rp.20 juta. Demikian

juga bidang pariwisata mencapai 250,000 orang pada tahun 1972 dengan

menghasilkan uang masuk sebesar $10 juta.

Pelita I berakhir pada tahun 1974 dan segera disusul dengan Pelita

II yang masa berlakunya ialah dari tahun 1974 sampai tahun 1979.

Karena Pelita II adalah kelanjutan dari Pelita I maka dasar filsafat

ekonominya juga sama. Pelita II meneruskan usaha2 yang telah dicapai

oleh Pelita I dan memulai usaha2 yang belum bisa dilaksanakan oleh

Pelita I. Hal2 seperti pengangguran, pembagian pendapatan yang merata,   90

perkembangan daerah, dan pendidikan masih harus ditanggulangi dalam

Pelita II.

I. DAFTAR KATA PENOLONG

anggaran belanja   "budget"

kerajinan tangan   "handicraft"

membubung   "to rise" (of smoke, vapor, etc.)

menangguhkan   "to postpone"

mencurahkan   "to devote"

menganak-emaskan   "to treat with favor"

menganak-tirikan   "to treat as a stepchild"

pariwisata   "tourism"

531

perincian	"breakdown"
Rencana Anggaran Pen-dapatan dan Belanja Negara (RAPBN)	"Yearly Plan for State Budget and Expenditure"
tahap	"phase"
triliun	"trillion"

II. JAWABLAH PERTANYAAN2 BERIKUT DENGAN KALIMAT2 LENGKAP

1. Apa yang dimaksud dengan "penyelamatan" proyek2 yang ekonomis berguna?

2. Berikan paling tidak dua alasan mengapa pembangunan daerah sangat dipentingkan dalam Pelita?

3. Mengapa industrialisasi dalam Pelita I ditekankan pada industrialisasi pertanian saja?

4. Mengapa penyebaran barang yang merata sangat penting untuk perekonomian kita?

5. Berapa jumlah uang yang terdapat dalam RAPBN 1969 dan dalam tahun 1975?

6. Sebutkan dua faktor untuk membuktikan bahwa nilai rupiah stabil pada pertengahan tahun 70-an?

III. PENGEMBANGAN KOSA KATA

1. <u>laku</u>   "to sell" (intransitive)

   <u>berlaku</u>   "to be in effect; valid"

   <u>berlaku surut</u>   "retroactive"

   <u>masa berlaku(nya)</u>   "period in which certain things, such as re-
       gulations, are valid"

   <u>melakukan</u>   "to do"

   <u>memperlakukan</u>   "to treat" (badly, well, etc.)

   <u>perlakuan</u>   "treatment"

   <u>mentraktir</u>   "to treat" (to a restaurant, movie, etc.)

   <u>traktiran</u>   "a treat" (to a restaurant, movie, etc.)

       Meskipun sudah tua, mobil ini masih bisa <u>laku</u> tiga juta.

       Undang2 penanaman modal asing <u>berlaku</u> mulai tahun 1969.

       Kenaikan gaji kami <u>berlaku surut</u> dari bulan Januari.

       <u>Masa berlakunya</u> undang2 agraria hanya lima tahun saja.

       Tiap penanam modal asing <u>diperlakukan</u> dengan adil.

       <u>Perlakuan</u> tentara sekutu terhadap tahanan sangat kejam.

       Untuk meringankan pajak para usahawan sering <u>mentraktir</u>

       pegawai pajak ke restoran yang mewah.

       <u>Traktiran</u> mereka kadang2 sampai puluhan ribu rupiah.

2. <u>tahap</u>   "phase; stage" (of time, development, etc.)

   <u>bertahap</u>   (1) "in a gradual manner"; (2) "in steps"

       <u>Tahap</u> pertama pembangunan kita ialah penyelamatan proyek2

       yang sudah dimulai sebelumnya.

       Pemulihan keamanan dilakukan secara <u>bertahap</u>.

Rencana yang mereka ajukan tidak <u>bertahap</u>.

3. <u>perincian</u>   "breakdown"

   <u>memerinci</u>   "to give detailed specifications"

   (secara) <u>terperinci</u>   "in a detailed manner"

   <u>Perincian</u> dari Pelita II akan diberikan oleh presiden
   di sidang parlemen.

   Tiap tahap harus <u>diperinci</u> lagi sesuai dengan kebutuhan
   tiap tahunnya.

   Rencana yang lebih <u>terperinci</u> akan kami sajikan minggu
   depan.

4. <u>wujud</u>   "shape; form"

   <u>mewujudkan</u>   (1) "to realize" (an idea, aim, etc.); (2) "to give
   shape to"

   <u>berwujud</u>   "to have the shape of"

   <u>perwujudan</u>   "realization"

   <u>Wujud</u> benda itu seperti sabit yang agak besar.

   Untuk <u>mewujudkan</u> ide ini, kita semua harus bersedia
   untuk kerja-bakti.

   Benda yang saya lihat itu <u>berwujud</u> piring terbang.

   <u>Perwujudan</u> gagasan seperti ini memerlukan modal yang
   cukup.

5. <u>anggaran belanja</u>   "budget"

   <u>anggaran pendapatan</u>   "revenue"

   <u>Rencana Anggaran Pendapatan dan Belanja Negara</u> (RAPBN)   "Plan
   for State Budget and Expenditure" This plan, which includes
   both revenues and expenditures, is presented yearly by the
   government before the parliament for its approval.

<u>tahun anggaran/fiskal</u>   "fiscal year"

<u>Anggaran belanja</u> keluarga kami Rp.60.000 tiap bulan.

<u>Anggaran belanja</u> negara tahun ini tidak seimbang dengan

<u>anggaran pendapatan.</u>

<u>RAPBN</u> tahun 1975/1976 mencapai hampir Rp.3 triliun.

Depnaker dan Transkop harus menghabiskan uangnya sebelum

<u>tahun anggaran</u> baru mulai.

6. <u>bòròs</u>   "wasteful"

<u>membòròskan</u>   "to spend prodigally"

<u>pembòròsan</u>   "prodigal spending"

<u>kebòròsan</u>   "state of being wasteful"

Buat apa punya mobil besar, sangat <u>boros</u>.

Sebagai bendahara dia hanya <u>memboroskan</u> uang koperasi

itu.

<u>Pemborosan</u> uang negara menyebabkan negara itu bangkrut.

<u>Keborosan</u> adalah sumber kebangkrutan.

7. <u>berédar</u>   "to circulate" (intransitive)

<u>mengédarkan</u>   "to circulate (x)"

<u>perédaran</u>   "circulation"

<u>pengédaran</u>   "(the) circulation of (x)" (agent implied)

<u>cèk</u>   "a check"

<u>cèk kosong</u>   "a bounced check"

<u>mengecèk</u>   "to check"

<u>menguangkan</u>   "to cash"

<u>uang tunai</u>   "cash"

<u>bayar kontan</u>   "to pay cash"

<u>mengangsur</u>   "to pay in installments"

Siapa yang mengedarkan uang palsu akan ditindak.

Peredaran uang yang lancar sangat perlu untuk pertumbuhan
ekonomi yang sehat ; uang yang beredar harus dibatasi.

Pengedaran pupuk di desa2 akan memperlancar usaha petani.

Yang membuat cek kosong itu ditangkap polisi.

Cek ini harus diuangkan sebelum akhir bulan.

Saya akan mengecek apa perkara ini termasuk perkara per-
data atau perkara pidana.

Di Indonesia lebih banyak dipakai uang tunai daripada cek.

Ini harus dibayar kontan, tidak bisa diangsur.

8. kerajinan tangan   "handicraft"

pramuria   "host/hostess" (not in social relationship)

pramuniaga   "salesperson"

pòtòngan   (1) "a discount"; (2) "style"

kasir   "cashier"

menyetòr   (1) "to deposit"; (2) "to pay for the rental of cer-
tain things (such as becak, taksi, etc.) which the borrower
uses for business purposes"

setòran   (1) "money which is deposited"; (2) "money paid for
the rental of certain things used for business purposes"

Barang2 kerajinan tangan Indonesia dijamin mempunyai
mutu yang tinggi.

Uang lembur yang diterima pramuniaga itu banyak.

Dia bekerja di hotel sebagai pramuria.

Kalau beli sekarang bisa dapat potongan 25%.

Dia memakai baju potongan Cina.

Uang dari sumbangan wajib itu harus disetor ke kasir.

536

Saya mau <u>menyetor</u> uang ke bank.

Kapan kamu harus <u>setor</u> ke pemilik becak itu?

<u>Setoran</u> taksi ini berapa tiap harinya, bang? Lima ribu perak, pak!

9. <u>pariwisata/pelancongan/turisme</u>   "tourism"

<u>wisatawan/turis/pelancong</u>   "tourist"

<u>melancong/pesiar</u>   "to go sightseeing"

<u>tarip/tarif</u>   "fare; tariff"

Untuk menambah kas negara <u>pariwisata/pelancongan/turisme</u> harus dikembangkan.

<u>Wisatawan/turis/pelancong</u> yang rambutnya gondrong tidak boleh masuk.

<u>Tarif</u> angkutan umum di Indonesia sangat rendah.

10. <u>N.V.</u>   "abbreviation of the Dutch term <u>Naamloze Vennootschap</u>--Limited" (company)

<u>P.T.</u>   "abbreviation of <u>Perseroan Terbatas</u>--Limited" <u>P.T.</u> is the Indonesian equivalent of <u>N.V.</u>

<u>firma</u>   "a firm"

<u>lisensi</u>   "license; permit" (for business)

<u>Kamar Dagang</u>   "chamber of commerce"

Pacar Dahlia bekerja di <u>N.V./P.T.</u> Timur Besar.

<u>Firma</u> kami sedang cari <u>lisensi</u> untuk mengimpor pipa air minum.

Para pengusaha nasional tergabung dalam <u>Kamar Dagang</u>.

11. <u>buruh</u>   (1) "employee"; (2) "laborer"; (3) "labor" (usually of non-governmental affiliation)

<u>majikan</u>   "employer"

serikat buruh   "labor union"

       Sebagai buruh kecil, kami harus hidup sederhana.

       Karena tidak ada serikat buruh kedudukan majikan di

       Indonesia sangat kuat.

12. saham   "share" (on the market)

    pemegang saham   "shareholder"

    andil   (1) "share; stock"; (2) "contribution"

       Saham/andil pemerintah dalam perusahaan itu ada 30%.

       Rapat pemegang saham akan diselenggarakan di Hotel Arya-

       duta.

       Andil dia dalam perjuangan kemerdekaan sangat besar.

13. tekanan ekonomi   "economic pressure"

    kesempatan ekonomi   "economic opportunity"

    pertumbuhan/perkembangan ekonomi   "economic growth/development"

       Pada umumnya petani dan nelayan kecil tidak merasakan

       adanya tekanan ekonomi.

       Orang2 desa banyak yang pergi ke kota untuk mencari ke-

       sempatan ekonomi yang lebih baik.

       Karena pertumbuhan/perkembangan ekonomi tidak terarah,

       banyak orang yang meninggalkan negaranya untuk mencari

       perubahan nasib.

14. Beberapa peribahasa:

    a.   Gali lubang, tutup lubang. This means "to pay a debt by

       borrowing money from somewhere else."

    b.   Duduk sama rendah, berdiri sama tinggi. "We are all equal

       under the law."

538

IV. REMEDIASI TATABAHASA

1. "foreign" adverbs

Indonesian borrows a great number of foreign words, some of
which are adapted to fit the Indonesian sound system. One
clear example is the use of -is as in ekonomis, praktis, logis,
etc. When these words are used as adverbs to modify a verb
or an adjective, they tend to be placed before the verb or
adjective they modify. Thus, constructions such as

ekonomis berguna	"economically useful"
ekonomis diperlukan	"needed economically"
praktis menguntungkan	"practically advantageous"
logis salah	"logically wrong"
tehnis mustahil	"technically impossible"

are often used nowadays.

V. LATIHAN

Pilihlah kata2 yang paling tepat untuk kalimat2 berikut.

1. Hukum rimba biasanya tidak (syah/berlaku/berlaku surut) di
    negara yang sudah maju.

2. Peraturan pemerintah itu berlaku (pasang/surut) dari tahun yang
    lalu.

3. Dia (melakukan/memperlakukan/mentraktir) pamong desa itu sewenang-wenang.

4. Waktu saya ditahan saya (diperlakukan/ditraktir) secara kejam.

5. Saya mau pergi dengan kamu asal kamu (traktir/perlakukan) saya.

6. Repelita dibagi menjadi beberapa (panggung/tratak/tahap).

7. Dia menjelaskan istilah "tunjangan" secara (diperinci/terperinci/perincian).

8. Gagasan itu (disadari/diwujudkan) dalam bentuk peraturan pemerintah No. 5 tahun 1976.

9. Yang saya lihat (berwujud/wujud/mewujudkan) sebuah ani2 dari emas.

10. Anggaran (belanja/pendapatan/rumah tangga) diperoleh antara lain dari pajak penjualan.

11. Cara hidup dia sangat (hambur/boros/memboroskan).

12. (Keborosan/pemborosan) yang dilakukan oleh bendahara kami menyebabkan kas kami kosong.

13. Tolong surat ini (diedarkan/beredar) kepada rekan2 kita.

14. Waktu itu banyak sekali uang palsu yang (mengedarkan/beredar/berputar) di negara kita.

15. (Peredaran/pengedaran) uang palsu oleh gerombolan itu mengacau ekonomi kita.

16. Jumlah matauang yang ada dalam (pengedaran/peredaran) sekarang ini sangat besar.

17. Saya mau (mengecek/menguangkan) cek, karena saya perlu uang tunai.

18. Orang yang menjual barang, seperti barang kerajinan tangan, disebut (pramuria/pramugari/kasir).

19. Sebagai tukang becak dia harus (mengirim/menyetor/memberi) uang

kepada si pemilik becak tiap hari.

20. Berapa (setoran/sewa) rumah seperti ini tiap bulan?

21. Tahun ini (pariwisata/wisatawan/jemaah) yang mengunjungi Bali tidak banyak.

22. Orang kaya itu sering (berkunjung/pesiar) ke rumah mereka.

23. Karena banyak uang dia sering (berkunjung/pesiar) ke luar negeri untuk senang2.

24. Karena (P.T./firma)-nya bangkrut, semua kekayaan dia juga ikut hilang.

25. Pak, apa saya bisa minta (ijin/lisensi) untuk tidak masuk kantor besok?

26. Anggauta2 dari Kamar (Berdagang/Dagang/Niaga) itu akan mengadakan rapat besok.

27. Dia sudah jadi (buruh/pegawai/pekerja) negeri sejak berumur 17 tahun.

28. Di Amerika kedudukan (persatuan/perhimpunan/serikat) buruh sangat kuat.

29. Untuk memperbaiki gedung sekolah itu tiap kepala keluarga harus memberikan (andil/sumbangan/saham).

30. (Sumbangan/andil) saya dalam firma itu berjumlah Rp.3 juta.

31. Yang boleh dibangun hanyalah pabrik2 yang (dibutuhkan tehnis/ tehnis dibutuhkan).

32. (Penumbuhan/pertumbuhan) ekonomi yang sehat akan memberikan lebih banyak (tekanan/kesempatan) ekonomi.

33. Teruskan peribahasa berikut dan berilah artinya:

    a.   Sambil menyelam. . . .

    b.   Gali lubang. . . .

541

c.   Duduk sama rendah. . . .

d.   Biar lambat. . . .

BAB VIII. C.

PROSPEK PEREKONOMIAN INDONESIA 1973: SUATU RINGKASAN

PENDAPAT - Bagian I

Pendahuluan: Beberapa Perkembangan Penting dalam Tahun 1972 yang lalu.

Salah satu sifat yang paling menjengkelkan dari fakta2 adalah
bahwa fakta2 tersebut seringkali tidak mau dikekang oleh ramalan2
yang dibuat oleh para ahli. Demikian juga halnya dengan beberapa
realitas yang telah terjadi didalam tahun yang lalu. Kalau tadinya
buku *Prospek Perekonomian Indonesia Tahun 1972* meramalkan bahwa se-
cara keseluruhan perekonomian Indonesia akan berkembang dengan 7,5%
dalam tahun 1972, perkiraan sekarang adalah bahwa di tahun yang lalu
itu ekonomi Indonesia hanya berkembang dengan 6,8%. Sebab terutama
dari laju pertumbuhan yang kurang dari yang diharapkan itu adalah   10
krisis produksi beras. Dalam *Prospek* diperkirakan bahwa produksi
beras akan mencapai 13,6 juta ton, sedangkan kenyataannya adalah jauh
lebih kurang. Berapa sebenarnya produksi beras di tahun yang lalu
itu sampai sekarang belum ada angkanya yang pasti.

Melesetnya perkiraan produksi beras dengan sendirinya telah
menyebabkan jauh melesetnya perkiraan tentang laju perkembangan
harga2 di tahun yang lalu. Tadinya diperkirakan bahwa laju inflasi
di tahun 1972 tidak akan lebih dari 5%. Kenyataan menunjukkan hal
lain, yakni, bahwa laju inflasi telah mencapai 25%, jika indeks harga
akhir Desember 1972 dibandingkan dengan akhir Desember 1971. Jika   20
kita pakai sebagai pengukur angka indeks harga rata2 tiap bulan, maka
laju inflasi selama 1972 adalah 6,5%.

Kesemua hal di atas menggaris-bawahi kenyataan bahwa perekonomian

544

Indonesia tetap untuk sebagian terbesar masih didominasi oleh sektor pertanian.

Walaupun di dalam aspek produksi bahan makanan telah terjadi be- berapa hal yang memelesetkan ramalan2 yang telah dibuat dalam buku *Prospek* di atas, pada umumnya tahun yang lalu masih merupakan tahun yang tidak terlalu buruk. Produksi sektor2 lainnya telah menunjukkan kemajuan yang berarti. Laju perkembangan ekspor Indonesia cepat dan sekarang diperkirakan bahwa realisasi ekspor di tahun yang lalu telah mencapai US $1.801,9 juta, yang tidak seberapa besar bedanya dari perkiraan semula, yakni, sebesar US $1.834 sampai US $1.860 juta. Impor, yang tadinya diperkirakan akan naik sebesar 23,1% di atas tahun 1971, sekarang diperkirakan telah naik sebesar 23,3%. 30

Tendensi makin tergantungnya ekspor Indonesia kepada beberapa komoditi tertentu saja, terutama minyak bumi, agaknya semakin terasa. Disamping itu, perkembangan di tahun yang lalu menunjukkan bahwa sektor2 pertambangan di luar minyak bumi juga semakin maju, yang menyebabkan dipertajamnya satu masalah perekonomian Indonesia, yakni, masalah bahwa sektor2 perekonomian yang pesat majunya justeru merupa- kan sektor2 yang tidak banyak menyerap tenaga kerja. Sebaliknya, sektor2 yang justeru memberikan nafkah kepada sebagian terbesar rak- yat Indonesia, yaitu, sektor pertanian baik untuk produksi bahan makanan maupun sektor pertanian untuk ekspor, malah mengalami kemundur- an2. Jatuhnya produksi beras telah menyebabkan jatuhnya ekspor bahan makanan lainnya, seperti jagung dan gaplek. Disamping itu, ekspor karet yang tadinya diharapkan akan naik sedikit ternyata jauh menurun nilainya. Ini sekarang diduga terutama disebabkan oleh karena mening- katnya biaya angkutan dan karena baik volume ekspor maupun harga2 40

50

harga2 karet dunia untuk tahun 1972 tidak seberapa jauh bedanya dari tahun 1971.

Prospek untuk Tahun 1973.

Tahun 1973 sekarang ini diramalkan akan merupakan tahun yang baik perkembangan ekonominya. Laju perkembangan ekonomi secara keseluruhan diperkirakan akan sebesar 7,5%. Ini terutama didorong oleh pesatnya perkembangan di dalam ekspor Indonesia yang secara keseluruhan diperkirakan akan meningkat dengan 26,53 sampai 32,64% di atas tingkat nilai ekspor tahun 1972 yang diperkirakan telah mencapai realisasi sebesar US $1.801,9 juta. Sebagaimana sudah lazimnya bagi perekonomian Indonesia selama beberapa tahun berselang ini, di antara barang2 ekspor Indonesia yang paling akan meningkat laju ekspornya di tahun ini adalah minyak bumi, yang akan meningkat dengan 37,53 sampai 44,47% di atas nilainya di tahun 1972. Ekspor Indonesia di luar minyak bumi akan menanjak dengan lebih lamban, yaitu, dengan 15,01 sampai 20,24% di atas nilainya di tahun 1972, dan diproyeksikan akan mencapai nilai sebesar US $1.102 juta sampai US $1.158 juta di tahun 1973 ini. Di dalam kelompok ekspor di luar minyak bumi ini, ekspor kayu diproyeksikan akan meningkat sebesar 23,91% sampai 29,58%, yaitu, dari US $229,2 juta di tahun 1972 sampai mencapai US $284 juta sampai US $297 juta di tahun 1973. Barang2 tradisionil juga akan meningkat walaupun dengan tidak secepat ekspor kayu dan barang2 non-tradisionil. Pasaran karet diperkirakan telah mencapai titiknya yang paling rendah di tahun yang lalu dan akan meningkat di tahun2 selanjutnya, hal mana sudah mulai terasa di dalam bulan2 pertama tahun ini. Di antara barang2 non-tradisionil yang diperkirakan akan meningkat nilai ekspornya adalah: ikan dan udang, binatang2 ternak, kulit kering, bungkil kopra,

60

70

jamur, minyak eteris dan hasil2 kerajinan dan industri. Ekspor bahan

makanan diperkirakan akan menurun, karena produksi bahan makanan di-

perkirakan akan banyak dipergunakan untuk konsumsi dalam negeri untuk   80

mengimbangi akibat2 lanjut dari krisis beras yang kita alami bersama

di tahun 1972 yang lalu. Di samping barang2 ekspor traditionil lain-

nya, ekspor kopra diperkirakan akan tetap seperti di tahun 1972 atau

bahkan malah menurun, walaupun harga2 dunia di tahun ini diperkirakan

akan lebih baik daripada di tahun 1972. Sebabnya adalah terutama

bahwa produksi kelapa akan masih mengalami akibat buruk dari musim

kemarau yang lama tahun yang lalu dan bahwa trend makin meningkatnya

ekspor minyak kelapa akan berlangsung terus.

Kesemua perkiraan2 ini masih belum memperhitungkan akibat2

daripada devaluasi matauang US dollar terhadap matauang2 lainnya di   90

dunia yang tentu akan ada pengaruhnya terhadap kemungkinan2 ekspor

hasil2 Indonesia. Walaupun prospek keseluruhan bagi ekspor Indonesia

adalah cerah, ini tidak berarti bahwa tidak perlu dilakukan kegiatan2

untuk meningkatkan ekspor itu. Keadaan malah sebaliknya: proyeksi2

di atas hanyalah merupakan kesempatan2 yang terbuka dan yang masih

harus dimanfaatkan dengan dilakukannya kebijaksanaan2 yang kongkrit.

Yang diperlukan adalah suatu rangkaian2 kebijaksanaan yang terkoordi-

nir, terintegrasi dan tersinkronisasi dari ber-bagai2 instansi pe-

merintah yang semuanya bertujuan untuk menunjang satu sasaran pokok,

yakni: penggalakan ekspor secara terkonsentrasi ("concentrated export   100

drive"). Unsur2 dari kebijaksanaan penggalakan ekspor ini antara lain

adalah: dilakukan usaha2 yang lebih intensif untuk mencari pasaran2

bagi hasil2 ekspor Indonesia; intensifikasi dari pengaturan-pengaturan

di bidang jenis 1 dan kwalitas dari komoditi2 ekspor Indonesia sehingga semakin besar tekanan diletakkan kepada ekspor barang2 yang bersifat

hasil produksi atau hasil2 olahan dan bukan ekspor yang berbentuk

barang2 mentah. Semua ini dibarengi dengan pemberian insentif untuk

ekspor yang berupa peringanan dan penghapusan secara selektif pajak2

ekspor serta pemberian fasilitas2 kelonggaran2 di dalam biaya untuk

mendapatkan modal kerja. Di samping itu, harus pula dilakukan ke-   110

bijaksanaan di bidang pengangkutan, baik di dalam aspek peningkatan

kapasitas angkutan maupun di dalam aspek pengaturan biaya angkutan ...

                              (Dari *Prospek Perekonomian In-*
                              donesia 1973, oleh Suhadi Mangku-
                              suwondo dkk, 1973.)

I.   DAFTAR KATA PENOLONG

berselang	"just past; ago"
bungkil kopra	"copra chips"
cerah	(1) "clear" (of weather); (2) "bright" (of face)
gaplèk	"dried cassava/tapioca"
jamur	"Javanese word for <u>cendawan</u>"
kelonggaran	"dispensation"

548

lamban	"slow"
lazim	"usual; common"
menanjak	"to go up"
menggaris-bawahi	"to underline"
mentah	"raw"
melèsèt	"off-target"
memelèsètkan	"to cause (x) to be off-target"
mengekang	"to bridle; curb"
menjèngkèlkan	"to upset (x)"
minyak eteris	"ethereal oil"
penggalakan	"intensification"
ringkasan	"summary"
udang	"shrimp"

II. JAWABLAH PERTANYAAN2 BERIKUT DENGAN KALIMAT2 LENGKAP

1. Apa yang sering menyebabkan ramalan para ahli ekonomi meleset?

2. Apakah perekonomian Indonesia betul-betul buruk tahun 1972?
   Terangkan!

3. Mengapa kemajuan ekspor minyak bumi, meskipun mendatangkan devisa
   yang baik, agak kurang menguntungkan kalau ditinjau dari segi te-
   naga kerja?

4. Mengapa dengan jatuhnya produksi beras, ekspor jagung dan gaplek
   juga ikut menurun?

5. Mengapa pemerintah mengekang ekspor bahan2 mentah?

549

III. PENGEMBANGAN KOSA KATA

1. ringkasan/ikhtisar   "summary"

   meringkas(kan)/mengikhtisarkan   "to summarize; to make (x)

        concise"

   ringkas   "concise"

   singkat   "short" (of letters, passages, speeches, etc.)

   singkatan   "abbreviation"

   menyingkat(kan)   (1) "to abbreviate"; (2) "to shorten" (in-

        tangible objects) The preposition menjadi is used for

        "into."

   pèndèk   "short" (of letters, passages, stature)

   kepèndèkan   (1) "abbreviation"; (2) "state of being short"

   memèndèkkan   (1) "to abbreviate"; (2) "to shorten" The prep-

        osition menjadi is used for "into."

        Tulisan ini merupakan ringkasan/ikhtisar dari buku

        yang terbit tahun yang lalu.

        Artikel ini harus diringkas/disingkat/dipendekkan sedikit.

        Laporan yang dia tulis sangat ringkas/singkat/pendek.

        RAPBN singkatan/kependekan dari apa?

        "Berdiri di atas kaki sendiri" disingkat/dipendekkan

        menjadi "berdikari."

        Suami dia agak pendek (not singkat).

2. jèngkèl   "Javanese word for being upset"

   menjèngkèlkan   "to upset (x)"

   kejèngkèlan   "upset"

        Anak itu selalu bikin orang-tuanya jengkel.

550

Dia selalu menjengkelkan orang-tuanya.

Perstatistikan di Indonesia sering menjengkelkan para pembacanya.

Kejengkelan kaum buruh menyebabkan mereka mogok.

3. mengekang   "to bridle; curb; constrain; restrain"
   kekangan/pengekangan   "bridle; curb; constraint; restraint"

   Kudanya dia kekang erat-erat.

   Laju inflasi harus dikekang terus supaya harga bisa stabil.

   Dia jatuh waktu kekangan kudanya lepas.

   Pengekangan tarif angkutan berlaku sampai bulan depan.

4. melèsèt   "off-target"
   memelèsètkan   "to cause (x) to be off-target"
   kemelèsètan   "state of being off-target"

   Ramalan ahli ekonomi itu meleset sekali.

   Yang memelesetkan ramalan itu ialah kurangnya anggaran belanja pemerintah untuk pembangunan.

   Kemelesetan taksiran mereka menyebabkan mereka rugi Rp.50.000.

5. menggaris-bawahi   "to underline"
   garis bawah   "underline"

   Fakta2 ini menggaris-bawahi perlunya pasaran bersama negara2 ASEAN.

   Kata2 asing harus digaris-bawahi.

   Taruhlah garis-bawah pada kata2 itu.

6. gaplèk   "dried cassava/tapioca"
   bungkil kopra   "copra chips"

cengkèh   "clove"

lada   "pepper"

    Gaplek adalah makanan rakyat jelata.

    Bungkil kopra dan lada sering tidak bisa diekspor
karena tidak ada pengangkutan.

    Cengkeh sangat diperlukan untuk membuat rokok kretek.

7. menanjak   "to go up" (subject not physically moving; process
is continuous and gradual)

membubung   "to go up" (subject may or may not be moving, but
is itself not potent; process is rather abrupt and vertical)

    Karena inflasi dan resesi maka harga barang menanjak/
membubung.

    Jalan ke Kamar Dagang itu agak menanjak (not membubung).

    Asap rokok itu membubung (not menanjak) ke angkasa.

8. memperhitungkan   "to calculate" (of profit/loss, advantage/
disadvantage)

menghitung   "to count" (figures)

perhitungan   "calculation" (of profit/loss, etc.)

penghitungan   "the counting"

    Sebagai majikan dia harus memperhitungkan pengeluaran
tiap harinya.

    Wisatawan itu sedang menghitung sisa uangnya.

    Perhitungan Depernag ialah bahwa dengan bea ekspor yang
rendah jumlah ekspor akan naik.

    Penghitungan uang tunai yang kami terima ini makan waktu
dua jam.

9. galak   "Javanese word meaning wild"

penggalakan   "used in contemporary Indonesian to mean intensi-
fication or drive"

      Awas, ada anjing galak di sana!

      Penggalakan ekspor bungkil kopra harus segera dilaksana-
kan.

10. mentah   (1) "raw"; (2) "unripe"

    matang   (1) "cooked"; (2) "ripe; mature"

      Orang Jepang suka makan ikan mentah.

      Apa nasinya sudah matang, bu?

      Apa mangga yang di belakang rumah itu masih mentah?

      Nggak, sudah matang.

      Meskipun masih muda pikiran dia sudah matang.

11. lònggar   "loose" (due to too large a size)

    kendòr   "loose" (in the sense of slack, not tight/taut)

    kelònggaran   (1) "dispensation"; (2) "colloquial form for
loose due to too large a size"

    dispensasi   "dispensation"

    keringanan   (1) "break" (as in tax break); (2) "colloquial form
for too light"

      Sepatu yang kamu belikan itu terlalu longgar untuk saya.

      Tali itu kendor, harus ditarik sedikit lagi.

      Pemerintah memberi kelonggaran/dispensasi kepada peng-
usaha2 kecil nasional.

      Blus ini kelonggaran untuk saya.

      Penanam modal asing diberi keringanan dalam pembayaran
pajak mereka.

      Koper kecil itu keringanan untuk orang kuat seperti dia.

IV. REMEDIASI TATABAHASA

1. disebabkan + oleh + karena

   This construction means "due to." The verb is always in

   the passive form with di-. The presence of oleh or karena

   or both is determined by the following rules: if disebabkan

   is followed by a sentence in which the subject is present,

   karena must occur. Oleh can also occur, but it is not ob-

   ligatory. If what follows disebabkan is a phrase, at least

   one (oleh or karena) must occur.

      Kenaikan harga beras disebabkan (oleh) karena pemerintah

      meleset dalam perhitungannya.

      Bangkrutnya kas kita disebabkan (oleh) karena kasir kita

      tidak bisa menghemat.

      Kenaikan harga itu disebabkan oleh (or karena) melesetnya

      perhitungan pemerintah.

      Kebangkrutan itu disebabkan (oleh or) karena keborosan

      para pengurusnya.

V. LATIHAN

Pilihlah kata2 yang paling tepat untuk kalimat2 berikut.

1. Saya lebih (singkat/pendek/rendah) dari adik saya.

2. MPR (singkatan/ringkasan) dari Majelis Permusyawaratan Rakyat.

3. Tali ini terlalu panjang, tolong (disingkatkan/dipendekkan/
   diringkas) sedikit.

4. Rumah kami lebih (pendek/rendah/singkat) dari rumahmu.

5. Karena terlalu (dikendalikan/dikekang) orang-tuanya gadis itu
   jadi gila.

6. (Kejengkelan/kemarahan) para ahli ekonomi itu disebabkan oleh
   karena ramalan mereka meleset.

7. Kemelesetan ramalan itu menggaris-(bawah/bawahi/bawahkan) perlu-
   nya data2 yang lebih lengkap.

8. Ekspor gaplek, bungkil kopra, cengkeh dan lada (menanjak/mem-
   bubung/menaikkan) terus.

9. Kalau ke rumah dia tidak bisa naik sepeda karena jalannya
   (menanjak/membubung/menaiki).

10. Gumpalan awan itu (menanjak/membubung/menaikkan) tinggi ke
    angkasa.

11. Majikan perusahaan kami sedang (menghitung/berhitung/memperhitung-
    kan) untung-ruginya berdagang minyak eteris.

12. Tiap sore tengkulak itu (menghitung/berhitung/memperhitungkan)
    uang yang baru diterimanya.

13. Biasanya (penghitungan/perhitungan) dagang orang Cina lebih
    teliti dari orang bumiputera.

14. (Penggalakan/pengemudian) dalam bidang pariwisata mulai diper-
    hatikan oleh pihak swasta juga.

15. Dia belum berpengalaman, masih (mentah/hijau).

16. Sebagai anak yang masih kecil, pikirannya sudah kelihatan (tua/
    matang).

17. Celana yang kamu jahitkan itu terlalu (kendor/longgar) untuk saya.

18. Tali sepatumu terlalu (longgar/kendor), nanti bisa lepas.

19. Rok ini (kelonggaran/dispensasi) untuk adikmu.

20. Bapenas mengusulkan agar pengusaha2 kerajinan tangan diberi
(kelonggaran/dispensasi/keringanan) pajak.

21. Tidak lancarnya tahap pertama Pelita I disebabkan (oleh/karena)
anggaran belanja yang disediakan tidak cukup.

BAB VIII. D.

PROSPEK PEREKONOMIAN INDONESIA 1973: SUATU RINGKASAN

PENDAPAT - Bagian II

Meningkatnya laju perekonomian Indonesia juga terdorong oleh meningkatnya laju investasi di dalam perekonomian Indonesia, baik oleh pemerintah maupun oleh swasta. Tingkat investasi di dalam tahun 1973 ini dari berbagai-bagai sumber diperkirakan akan mencapai antara 16% sampai 22% dari Produk Domestik Bruto. Dilihat dari sumber2 pembiayaannya maka komposisi investasi di tahun yang silam, yakni, Anggaran Belanja Pemerintah sebagai sumber investasi utama, diikuti ber-turut2 oleh penanaman modal dalam negeri dan penanaman modal asing.

Sektor industri diperkirakan akan tetap menunjukkan perkembangan2. 10
Sampai pada saat ini Indonesia masih belum mempunyai suatu indeks produksi dari sektor industri. Walaupun demikian, dapatlah dikatakan bahwa laju perkembangan sektor industri di tahun 1973 ini tidak akan kurang dari 10%.

Salah satu masalah yang sudah mulai sering dibahas orang yang berkenaan dengan pengembangan sektor industri adalah: sampai di mana-kah perkembangan2 yang telah dicapai di sektor tersebut merupakan perkembangan yang dipaksakan? Sampai di manakah perkembangan sektor industri merupakan perkembangan yang semu yang didorong terutama oleh 20 pemberian subsidi2 dan proteksi2 oleh pemerintah dan yang mungkin akan menimbulkan masalah di kemudian hari karena hasil2 industri dalam negeri tidak dapat bersaing dengan produksi luar negeri dan dengan hasil2 produksi modal asing yang ditanamkan di Indonesia? Jawaban

pada pertanyaan tersebut pada saat ini haruslah merupakan jawaban
yang samar2 yang didukung oleh alasan2 yang samar2 pula. Memang,
kenyataan adalah bahwa beberapa sektor industri, seperti industri
tekstil, merupakan sektor yang sangat terlindung baik oleh subsidi
maupun oleh proteksi di dalam harga dan pemasaran. Alasannya mungkin
adalah bahwa subsidi2 dan perlindungan2 tersebut merupakan biaya yang   30
sama2 harus kita pikul untuk mendapatkan stabilisasi harga sandang
yang merupakan salah satu dari bahan2 kebutuhan pokok.

Masalah lainnya di dalam kebijaksanaan pengembangan sektor in-
dustri adalah hubungan antara perkembangan industri, pengaturan
perdagangan, dan pengurangan tingkat pengangguran. Pada satu pihak
dirasakan bahwa sektor industri haruslah dikaitkan dengan usaha
merubah komposisi ekspor Indonesia ke arah pemberian tekanan yang
lebih besar kepada ekspor hasil2 industri dan hasil2 olahan. Pada
lain pihak dirasakan pula bahwa pengembangan industri harus ditujukan
pula kepada pemberian kesempatan kerja bagi angkatan kerja yang se-   40
makin meningkat. Di dalam pembicaraan2 dalam lokakarya mengenai
prospek perekonomian Indonesia, agaknya sudah bisa ditarik adanya
suatu konsensus bahwa hendaklah di sini juga dilakukan suatu kebijak-
sanaan yang terkoordinasi, integrasi dan sinkronisasi antara berbagai
pemerintah ke arah sasaran pembentukan pola pengembangan industri
yang sebanyak mungkin menyerap tenaga kerja dan sebanyak mungkin men-
yumbang kepada neraca pembayaran yang positip. Untuk tercapainya
hal ini mungkin dapat dipakai sebagai patokan bahwa kegiatan2 industri
yang terutama ditujukan pada pasaran dalam negeri harus sebanyak mung-
kin menyerap tenaga kerja. Patokan lainnya adalah bahwa dalam pemili-   50
han type barang modal peralatan sebaiknyalah dipilih barang2 modal

yang padat-karya, yakni, yang setiap satuannya menggunakan jumlah
tenaga buruh yang semaksimal mungkin.

Menyinggung masalah tenaga kerja timbullah pertanyaan: berapakah
tingkat pengangguran di tahun ini? Jawabnya adalah bahwa tingkat per-
sentase pengangguran diperkirakan akan tetap seperti di tahun yang
sudah, yang berarti bahwa secara absolut jumlah orang yang akan meng-
anggur akan bertambah. Dalam tahun ini, jumlah orang yang mencari
kerja akan bertambah dengan 1.028 juta orang, yaitu dengan sekitar
154 ribu orang di daerah kota dan 874 ribu orang di daerah pedesaan.   60
Pertumbuhan ekonomi yang digambarkan di muka hanya memungkinkan se-
bagian dari jumlah tersebut mendapat pekerjaan. Selama tahun 1973
perekonomian Indonesia akan dapat memberikan tambahan pekerjaan untuk
sejumlah 1.012 juta saja. Dilihat secara sektoral, lapangan pekerjaan
yang dalam tahun ini paling banyak akan memberikan kemungkinan men-
dapatkan tempat pekerjaan adalah sektor perdagangan yang akan dapat
menyerap sebanyak 375 ribu orang, diikuti dengan industri dan pengolahan
dengan daya serap sebanyak 230 ribu orang, sektor pertanian dengan
kemampuan menampung sebanyak 168 ribu orang, dan sektor bangunan dengan
kemampuan mempekerjakan sebanyak 125 ribu orang. Jelas dari perkiraan2   70
ini bahwa masalah mencarikan kerja, terutama untuk penduduk di daerah
pedesaan, merupakan masalah yang sangat pelik untuk tahun2 yang akan
mendatang ini. Sekiranya tidak ditingkatkan usaha2 pemerintah untuk
menumbuhkan kegiatan2 ekonomi di daerah pedesaan bahayanya adalah
bahwa arus urbanisasi akan semakin deras di dalam tahun2 mendatang ini.

Makin mengalirnya penduduk dari daerah pedesaan ke kota2 akan
paling terasa akibatnya di DKI Jakarta yang di dalam keadaan sekarang
saja sudah merupakan daerah yang terpadat penduduknya di Indonesia

560

(7.944 orang per km^2). Jakarta juga merupakan daerah yang sangat cepat
pertumbuhan penduduknya (5,7% setahun). Memang, DKI Jakarta pada saat   80
ini merupakan daerah yang menunjukkan banyak hal yang ekstrim. Se-
bagian terbesar dari Anggaran Pembangunan Pemerintah Pusat diperuntukkan
bagi Jawa dan Madura. Dari bagian ini DKI Jakartalah yang mendapatkan
bagian yang paling besar. Investasi Pemerintah Pusat di Jakarta ada-
lah 32% dari seluruh Anggaran Pembangunan. Di samping itu, Tanjung
Priok merupakan pelabuhan impor yang terbesar untuk pulau Jawa.

Semuanya ini menunjukkan bahwa walaupun secara global perekonomian
Indonesia makin menunjukkan perbaikan2, perekonomian kita ini tumbuh
dengan tidak seimbang. Di samping terdapat ketidak-seimbangan antara
pertumbuhan sektor2 kegiatan ekonomi, ketidak-seimbangan pertumbuhan   100
ekonomi antar-propinsi juga merupakan masalah yang besar. Ketidak-
seimbangan ini dikirakan akan berlangsung terus di dalam tahun 1973
ini dan akan tetap merupakan latarbelakang dari pendapat2 sementara
orang bahwa di balik kecerahan pertumbuhan ekonomi kita dewasa ini
masih terdapat masalah2 berat yang harus dicarikan penyelesaiannya.

Salah satu masalah yang dianggap oleh banyak orang merupakan masa-
lah yang semakin perlu diperhatikan oleh pemerintah adalah masalah
keseimbangan di dalam kekuatan dan partisipasi aktif di dalam ekonomi
antara golongan2 di dalam masyarakat kita; khususnya masalah kese-
imbangan antara mereka yang disebut "golongan ekonomi lemah" dan   110
"golongan ekonomi kuat." Golongan ekonomi lemah meliputi banyak
macam penduduk--petani, nelayan, buruh, dan pengusaha. Salah satu
kelemahan golongan2 ini di bidang ekonomi adalah kurang mampunya
mereka melawan tekanan2 ekonomi dari pihak2 yang membeli hasil2 kerja-
nya dan/atau sama2 bergerak dalam bidang yang sama. Para petani tidak

kuat melawan pedagang2 perantara; para pengusaha tidak kuat melawan

persaingan dari pengusaha2 ekonomi kuat. Banyak orang menganggap bahwa

ketidak-seimbangan ini merupakan sesuatu yang tidak sehat. Di dalam

tahun yang lalu terdengar makin banyak pendapat mengenai perlunya

pemerintah melakukan tindakan2 untuk mengurangi ketidak-seimbangan2   120

tersebut. Apakah tindakan2 tersebut sudah akan dapat membawa perbaik-

an2 di dalam tahun 1973 ini masih merupakan tandatanya. Khususnya

bagi pengusaha golongan ekonomi lemah dikhawatirkan bahwa tendensi

makin menurunnya partisipasi aktif mereka dalam kegiatan ekonomi

masih akan tetap berlangsung terus di dalam tahun 1973 ini.

    Benar tidaknya ramalan tersebut di atas sangat tergantung dari

apa yang akan terjadi di dalam struktur dan persoalan Aparatur Pemerin-

tah di tahun ini. Yang jelas akan terjadi di tahun ini adalah bahwa

personalia pimpinan2 Departemen2 dan Lembaga2 Non-Departemental Pe-

merintah akan mengalami perubahan. Di samping itu yang juga sudah   130

jelas akan terjadi adalah kenaikan gaji dari pegawai negeri sebanyak

100% dari gaji pokok. Yang mungkin akan terjadi juga adalah dilaku-

kannya beberapa perubahan2 dalam struktur pemerintah. Perubahan

dalam struktur ini akan merupakan tanda2 permulaan dari penyesuaian

struktur Aparatur Negara kepada tugas2nya di dalam tahun2 yang men-

datang dalam menjalankan Repelita Tahap Kedua mulai tahun anggaran

1974/75.

    Kenaikan gaji pegawai negeri sebanyak 100% dari gaji pokok sudah

pasti akan dijadikan alasan oleh dunia perdagangan untuk menaikkan

harga2. Di samping itu tiap penurunan dalam nilai matauang dollar   140

Amerika terhadap matauang lainnya di dunia akan menaikkan harga

barang2 impor, karena nilai matauang rupiah dikaitkan dengan nilai

matauang dollar. Adalah sangat mungkin bahwa kita akan melihat naik-
nya harga2 beberapa komoditi lainnya dalam tahun ini, khususnya minyak
bumi (bensin dan minyak tanah) serta tekstil. Kesemuanya ini akan
mendorong tingkat biaya hidup naik sekitar 5% dalam tahun ini, walau-
pun masih ada kemungkinan bahwa kenaikan biaya hidup itu dalam tahun
ini akan dapat ditekan lebih rendah oleh pemerintah ...

(Dari *Prospek Perekonomian Indonesia
1973*, oleh Suhadi Mangkusuwondo dkk,
1973.)

I.   DAFTAR KATA PENOLONG

(di) balik   "behind"

berkenan dengan   "in connection with"

DKI   "abbreviation of <u>Daerah Khusus Ibukota</u>--a city,
                      in this case Jakarta, which has the status of
                      a province headed by a governor rather than
                      a mayor"

lokakarya   "workshop"

mengaitkan   "to hook up"

menyinggung   "to allude to"

padat-karya   "labor-intensive"

padat-modal	"capital intensive"
pelik	"complicated"
perlindungan	"protection"
semu	"unreal"
silam	"gone; disappeared"

II. JAWABLAH PERTANYAAN2 BERIKUT DENGAN KALIMAT2 LENGKAP

1. Apa yang dimaksud dengan "perkembangan yang dipaksakan" dalam sektor industri?

2. Mengapa pemerintah memberikan subsidi dan proteksi kepada industri2 nasional?

3. Jalan mana yang lebih disukai pemerintah: industrialisasi yang padat-karya atau yang mekanis? Mengapa?

4. Mungkinkah suatu industrialisasi bersifat padat-karya? Pertahankan pendapat anda!

5. Akibat2 apa yang bisa terjadi apabila kegiatan ekonomi di pedesaan tidak ditumbuhkan?

6. Perkembangan ekonomi yang belum merata mempunyai akibat apa saja?

7. Mengapa petani, buruh, dan pengusaha di Indonesia termasuk golongan ekonomi lemah? Samakah hal ini dengan keadaan di negara anda?

8. Mengapa kenaikan gaji pegawai negeri mengakibatkan pula naiknya harga2 barang? Samakah hal ini dengan keadaan di negara anda?

564

III. PENGEMBANGAN KOSA KATA

1. silam   "gone; disappeared" (usually of time)

    selam   "submerge"

    menyelam   "to submerge"

    menyelami   "to penetrate; fathom" (one's feelings, emotions,
        etc.)

>   Ekspor udang tahun yang silam menghasilkan Rp.9 juta.
>
>   Kapal-selam itu bisa menyelam sampai 200 meter di bawah
>   permukaan laut.
>
>   Untuk menyelami perasaan orang Jawa, anda harus bisa
>   berbahasa Jawa.

2. proteksi   "protection"

    perlindungan   "protection; shelter" (usually for purposes of
        safety)

    berlindung   "to take shelter"

    melindungi   "to protect"

>   Sampai di manakah proteksi/perlindungan pemerintah ter-
>   hadap usaha nasional akan berlangsung?
>
>   Waktu serangan itu tiba, semua lari masuk perlindungan
>   (not proteksi).
>
>   Tengkulak gaplek itu berlindung di bawah pohon menanti
>   hujan berhenti.
>
>   Kedudukan dia kuat karena berlindung di bawah seorang
>   jendral.
>
>   Untuk mengembangkan produksi kerajinan tangan, kami harus
>   melindungi perusahaan2 kecil.

3. tenun   "pertaining to weaving"

   benang   "thread" (for sewing or weaving)

   luntur   "to run" (of color)

             Karena saingan dengan barang impor, banyak perusahaan

             tenun yang terpaksa gulung tikar.

             Benang tenun bikinan dalam negeri biasanya luntur.

4. mengaitkan   "to hook up; connect" (literally and figuratively)

   kaitan   "connection" (not pertaining to travel)

   konèksi   "connection" (pertaining to jobs, travel)

   menyambung   (1) "to connect" (also of communication); (2) "to

      renew" (of friendship)

   sambungan   (1) "connection"; (2) "a knot"; (3) "continuation"

             Tali kapal itu dikaitkan pada sebuah tiang yang besar.

             Pemerintah mengaitkan kelambanan laju perkembangan

             ekonomi dengan adanya musim kemarau yang terlalu pan-

             jang.

             Ada kaitan antara nilai ekspor dengan neraca pembayaran

             luar negeri.

             Dia mudah mendapat pekerjaan karena koneksinya (not

             kaitan or sambungan) banyak.

             Tali yang putus itu harus disambung.

             Untuk menyambung pertemanan kita, apa bisa singgah di

             rumah kami dalam perjalanan ke Indonesia?

             Cerita ini apa ada sambungannya?

5. lokakarya   "workshop"

   muker   "abbreviation of musyawarah kerja--working seminar"

   penataran   "upgrading"

<u>menatar</u>   "to upgrade"

Dalam <u>lokakarya</u> itu akan ditelaah bagaimana penggalakan ekspor kopra bisa dilaksanakan sebaik-baiknya.

Dalam <u>muker</u> itu diusulkan agar tunjangan anak dibatasi maksimal tiga.

<u>Penataran</u> di Puncak itu khusus ditujukan untuk para penyuluh KB.

Untuk melancarkan KB para dukun bayi akan <u>ditatar</u>.

6. <u>padat-modal</u>   "capital-intensive"

   <u>padat-karya</u>   "labor-intensive"

Perusahaan rakyat biasanya tidak <u>padat-modal</u>.

Untuk menampung para tuna-karya, industri yang kita perlukan adalah industri yang <u>padat-karya</u>.

7. <u>menyinggung</u>   (1) "to allude to"; (2) "to offend"; (3) "to elbow"

   <u>tersinggung</u>   "to feel slighted; offended"

Masalah tarif pengangkutan ini sudah kami <u>singgung</u> sebelumnya.

Perbuatan lintah darat itu <u>menyinggung</u> perasaan para peternak.

Dia memberi tanda dengan <u>menyinggung</u> badan saya.

(Perasaan) dia <u>tersinggung</u> karena tidak diundang ke pesta kami.

8. <u>pelabuhan</u>   "harbor"

   <u>bandar</u>   (1) "less commonly used word for harbor"; (2) "banker" (in gambling)

   <u>syahbandar</u>   "harbor master"

veem [vim]   "warehouse" (only in a harbor)

duane   "customs"

pangkalan   "base" (as in military base)

pangkalan udara   "air base"

landasan   (1) "base" (literally or figuratively, but not a
military base); (2) "surface" (of a landing strip)

>Untuk mengambil barang di pelabuhan kita harus bayar
pajak di kantor duane.

>Siapa sekarang yang mau jadi bandar?

>Tugas syahbandar ialah mengurusi kapal yang masuk dan
keluar.

>Pangkalan militer Amerika di Muangtai makin diperkecil.

>Dalam G-30-S, bekas Presiden Soekarno lari ke pangkalan
udara Halim.

>Landasan veem itu dibuat dari semen.

>ABRI merupakan landasan politik yang kuat untuk Presiden
Soeharto.

>Landasan di lapangan terbang Halim tidak kuat untuk kapal
terbang yang besar.

9. pedagang perantara   "middleman" (in business)

pedagang kaki lima   "a street/sidewalk vendor"

penjaja   "peddler"

menjajakan   "to peddle"

barang klòntòng   "variety of daily-used goods (soap, pots and
pans, plastic articles, etc.) which are sold at small stores
or by street vendors or peddlers"

>Harga dedak naik karena permainan para pedagang perantara.

Kadang2 harga barang yang dijual <u>pedagang kaki lima</u>
lebih murah daripada di toko.

Sebagai seorang <u>penjaja</u> dia <u>menjajakan</u> barang2 dagangan-
nya dari satu kampung ke kampung lainnya.

Di daerah Sawah Besar banyak orang yang menjual <u>barang2</u>
<u>klontong</u> tiap malam.

10. <u>menyelundupkan</u>   "to smuggle"

   <u>penyelundup</u>   "smuggler"

   <u>penyelundupan</u>   "smuggling"

   <u>selundupan</u>   "that which is smuggled"

Waktu kurs gelap untuk dolar sangat tinggi, banyak orang
<u>menyelundupkan</u> uang dolar ke Indonesia.

Para <u>penyelundup</u> itu ketahuan polisi dan kemudian ditangkap.

Di pelabuhan Tanjung Priok <u>penyelundupan</u> merupakan hal
yang biasa.

Barang2 <u>selundupan</u> itu masih ditahan di kantor duane.

IV. REMEDIASI TATABAHASA

1. Grammatical innovations

We have discussed constructions such as "<u>tehnis mustahil</u>,"
"<u>ekonomis berguna</u>," etc., wherein the first word modifies
a following verb or adjective. This type of construction,
in which the modifier precedes the modified, seems to be
creeping further into the language. Thus, we have, for

instance:

> padat-modal for yang modalnya padat
>
> padat-karya for yang karyanya padat
>
> tuna-karya for yang karyanya tidak ada
>
> tuna-netra for yang netra (mata)nya tidak ada
>
> tuna-susila for yang susilanya tidak ada, etc.

2. Adalah at the beginning of a sentence

> There is also a tendency for many people, perhaps among western educated individuals, to begin a sentence with adalah to equate more or less with the English "it is."
>
> Adalah sangat mungkin kita akan melihat naiknya harga beras tahun ini.
>
> Adalah tidak benar kalau kita memberi kelonggaran kepada pengusaha asing.
>
> Adalah mustahil untuk menurunkan laju inflasi begitu saja.

V. LATIHAN

Pilihlah kata2 yang paling tepat untuk kalimat2 berikut

1. Uang saya sudah (silam/selam/habis) untuk beli benih padi yang unggul.

2. Dia (hilang/menghilang/silam) tanpa memberitakan apa2 kepada kami.

3. Tahun yang (menghilang/silam/selam) P.T. kami rugi Rp.1 juta.

4. Cara yang terbaik untuk (menyelam/menyelami/selam) kebudayaan suatu masyarakat ialah dengan tinggal di masyarakat itu.

5. Waktu serangan udara itu dilakukan banyak penduduk yang mati karena di kota itu tidak ada cukup banyak (perlindungan/proteksi).

6. Untuk (melindungi/berlindung/perlindungan) para petani, sistim ijon dilarang oleh pemerintah.

7. Rakyat tidak suka beli tenun Indonesia karena warnanya sering (lari/luntur/hilang).

8. Kalau punya (kaitan/koneksi/sambungan) di duane, enak, nggak harus bayar pajak.

9. Kedua tali itu harus (dikaitkan/disambung) supaya jadi lebih panjang.

10. Surat ini untuk (mengaitkan/menyambung) persahabatan kita yang telah lama terputus.

11. (Sambungan/sumbangan/kaitan/koneksi) artikel ini akan dimuat bulan depan.

12. Masalah penyediaan bahan pokok ini telah kita (raba/sentuh/ singgung) dalam lokakarya tahun yang silam.

13. Di daerah Aceh makan pada siang hari pada bulan puasa (ter-singgung/menyinggung/menyentuh) perasaan penduduk.

14. Dia (menyinggung/tersinggung/tersentuh) karena tidak kita ikut sertakan dalam panitia.

15. (Bandar/pelabuhan) Teluk Bayur ada di Sumatera Tengah.

16. Sebagai syah-(bandar/pelabuhan) dia punya nafkah yang lumayan.

17. Karena kelebihan barang, sebagian akan saya masukkan ke (gudang/ veem/lumbung).

18. Semua barang yang masuk lewat pelabuhan harus dimasukkan ke (lumbung/veem) lebih dulu.

19. Hanya orang2 militerlah yang boleh tinggal di (dasar/pangkalan/ landasan).

20. Keuntungan para pedagang (lima kaki/kaki lima) cukup untuk kehidupan sehari-hari.

21. (Pelayan/penjaja/penjajah) itu menjual barang2 klontongnya sampai luar kota.

22. Barang2 (penyelundupan/selundupan) tidak boleh disimpan di veem.

BAB IX. A.

POLITIK DI INDONESIA

Meskipun perjuangan melawan kaum penjajah di Indonesia sudah
mulai pada abad ke-18, tetapi perjuangan yang bersifat nasional baru-
lah bisa dikatakan muncul pada tahun 1908 ketika suatu pergerakan
nasional yang disebut Budi Utomo berdiri. Tahun ini, yang sekarang
kita anggap sebagai tahun kebangkitan nasional, merupakan tahun
sejarah yang penting karena dari tahun inilah bangsa Indonesia ber-
usaha menanam dan memupuk kesadaran nasional.

Bahwa permulaan abad ke-20 adalah permulaan abad kebangunan
jelas bisa kita lihat dari peristiwa2 sejarah dunia. Tiga tahun
sebelum Budi Utomo berdiri, Jepang menaklukkan Rusia. Tahun 1911   10
Dr. Sun Yat Sen mendirikan Republik Cina, dan pada tahun2 ini pula
Kemal Ataturk dari Turki berhasil juga mengusir orang2 Barat. Per-
istiwa2 ini membuka mata bangsa Indonesia: bahwa orang Asia pun
mempunyai kemampuan untuk bersaing dan mengalahkan orang Barat.
Puncak dari kebangunan nasional di Indonesia ini dicapai pada tanggal
28 Oktober 1928, ketika pemuda2 Indonesia berikrar untuk berbangsa
satu, bertanah-air satu, dan berbahasa satu.

Sejak dari tahun itu perjuangan melawan Belanda sudah lebih
teratur dan terarah. Bangsa Indonesia sudah mulai mempunyai pemimpin2
yang berpendidikan, dan rasa kebangsaan mulai menyala di tiap hati   20
sanubari pemuda Indonesia. Kemenangan2 Jepang dan sekutu2nya pada
Perang Dunia II memaksa Panglima Angkatan Perang Hindia Belanda, Letnan
Jendral H. Ter Poorten, menyerah tanpa syarat kepada pihak Jepang pada
tanggal 8 Maret 1942.

Saat inilah penjajahan Belanda di Indonesia roboh dan digantikan den-
gan penjajahan Jepang.

Menyadari bahwa di Indonesia waktu itu sudah terdapat golongan2
nasionalis yang kuat, maka pada tahun pertama Jepang berusaha untuk
mengadu-domba golongan2 ini. Di pihak Indonesia sendiri terdapat dua
aliran politik: mereka yang menganggap bahwa kooperasi dengan Jepang   30
akan memberikan kita kesempatan untuk berjuang dari dalam, dan mereka
yang berpendapat bahwa kerjasama itu akan sia-sia saja. Bung Karno
dan Bung Hatta bersedia bekerja-sama dengan pihak Jepang dengan
pengertian bahwa dari dalamlah mereka akan mendapatkan bahan2 yang
diperlukan untuk mematangkan revolusi kita.

Tahun kedua pendudukan Jepang mempunyai corak yang agak lain.
Setelah Jepang menyadari bahwa tentaranya sedang dikalahkan di mana-
mana, maka pemerintah Jepang berusaha untuk memikat hati rakyat Indo-
nesia. Perdana Menteri Jepang Kuniaki Koiso, umpamanya, mengatakan
dalam Parlemen Jepang bahwa Indonesia akan "diberi" kemerdekaan "di   40
kelak kemudian hari." Kapan persisnya, dia tidak mau mengatakan.

Sementara itu Jepang merasa perlu untuk mendapat bantuan militer
dari rakyat setempat. Karena itulah rakyat Indonesia diberi pendidikan
kemiliteran--sesuatu yang sangat diperlukan oleh rakyat Indonesia
sendiri untuk suatu kepentingan tertentu. Pada masa itulah orang
Indonesia bisa menjadi tidak hanya tamtama dan bintara saja, tetapi
sebagian dari orang2 kita juga bisa menjadi perwira. Banyak dari pe-
mimpin ABRI kita sekarang ini yang dulu pernah mendapat didikan mili-
ter dari Jepang.

Setelah mengalami penjajahan Belanda selama lebih dari 300 tahun,   50
dan kekejaman Jepang dua tahun, rakyat Indonesia sudah tidak bisa lagi

menahan penderitaan lahir maupun batinnya. Karena itu pada permulaan

tahun 1945 mulailah pemberontakan2 terhadap tentara Jepang yang di-

mulai di Blitar dan kemudian menyebar ke Indramayu, Pekalongan, Aceh,

Kalimantan, dan tempat2 lainnya. Untuk "menentramkan" pergolakan2 ini

maka Jepang membentuk suatu panitia yang disebut Badan Penyelidik

Persiapan Kemerdekaan yang bersidang pertama kali pada tanggal 29 Mei

1945. Sidang ini merumuskan dasar negara, yakni, Pancasila. Setelah

itu berdirilah Panitia Persiapan Kemerdekaan Indonesia yang tugasnya

ialah untuk menyiapkan proklamasi kemerdekaan Indonesia.   60

Ketika Jepang menyerah, Indonesia segera memproklamirkan kemer-

dekaannya dengan pembacaan naskah proklamasi oleh Ir. Soekarno. Belum

lagi kemerdekaan itu hidup seumur jagung, pihak sekutu dibawah Laksa-

mana Muda Inggris Louis Mountbatten mendarat di Jawa dan memerintahkan

pada tentara Jepang agar mempertahankan status quo Indonesia. Ini

berarti bahwa Indonesia masih harus tetap dalam keadaan dijajah.

Sudah barang tentu pemuda2 Indonesia tidak menghendaki hal semacam

ini. Maka terjadilah pertempuran lagi antara tentara Indonesia dengan

tentara Serikat. Pada waktu itu Belanda juga ingin menanamkan kekuasa-

annya kembali di Indonesia dan mereka mendarat lagi di tanah-air kita.   70

Serbuan Belanda yang pertama dilancarkan pada tanggal 21 Juli 1947 dan

mereka berhasil menembus garis pertahanan Tentara Nasional Indonesia,

meskipun serbuan ini tidak berhasil mematahkan tulang punggung per-

tahanan kita.

Pusat pemerintahan terpaksa dipindahkan ke Yogyakarta, tetapi

ibukota sementara ini pun mereka serbu pula pada tanggal 19 Desember

1948, dan mereka berhasil menangkap pemimpin2 kita seperti Soekarno

dan Hatta. Semangat kemerdekaan yang berapi-api tidak padam hanya

576

karena pemimpin2nya ditangkap. Setelah melalui berbagai perundingan, gencatan senjata, dan persetujuan, akhirnya diadakanlah perjanjian di Den Haag pada tahun 1949 yang terkenal dengan nama Konperensi Meja Bundar. Dalam KMB ini Belanda mengakui kedaulatan Indonesia dengan wilayah yang dulu dijajah oleh Belanda, kecuali Irian Barat.

Dengan ini lahirlah republik baru yang dikenal sebagai Republik Indonesia Serikat (RIS) yang setahun kemudian diganti dengan negara kesatuan. Dengan adanya negara kesatuan ini maka Undang Undang Dasar 1945 tidak dipakai lagi dan diganti dengan Undang Undang Dasar Sementara tahun 1950. UUDS-1950 ini memberikan bentuk demokrasi liberal kepada republik baru kita. Sesuai dengan sistim demokrasi ini maka Dewan Perwakilan Rakyat memegang kekuasaan yang besar, karena kabinet bertanggung jawab bukan kepada presiden tetapi kepada DPR. Karena kepartaian di Indonesia waktu itu seperti cendawan yang tumbuh di musim hujan, maka sering sekali kabinet jatuh. Dalam delapan tahun yang pertama sesudah Indonesia mengikuti demokrasi semacam ini terdapatlah delapan kali penggantian kabinet. Tiap partai oposisi selalu berusaha untuk memegang tampuk pemerintahan dengan jalan memberikan mosi tidak percaya dalam DPR. Diharapkan bahwa Pemilu yang diadakan tahun 1955 bisa merubah suasana seperti ini, tetapi ternyata Pemilu itu hanya memperuncing perselisihan pendapat di antara partai2 politik. Pertentangan itu makin tidak bisa dikendalikan dan akhirnya pada tanggal 5 Juli 1959 presiden Soekarno mengeluarkan dekritnya yang membubarkan konstituante dan mengembalikan UUD-1945 ke dalam sistim pemerintahan Indonesia. Dari sinilah kita mulai demokrasi baru yang dinamakan Demokrasi Terpimpin.

Dalam demokrasi terpimpin suara masih ada di tangan rakyat tetapi cara mengambil keputusan tidak lagi dengan pemungutan suara tetapi dengan musyawarah dan mupakat. Kalau tidak bisa tercapai mupakat maka keputusan terakhir diserahkan kepada presiden. Karena presiden menjadi pengambil keputusan terakhir, maka bisa kita mengerti mengapa makin lama demokrasi semacam ini makin menyandarkan dirinya pada kekuasaan seseorang. Hal ini menjadi makin jelas dengan diangkatnya presiden Soekarno sebagai presiden seumur hidup oleh Majelis Permusyawaratan Rakyat Sementara (MPRS).

110

Sementara itu kekuatan PKI yang mendapat angin dari Bung Karno makin kentara. Demikian juga rasa tidak puas di antara rakyat mengenai kebobrokan ekonomi makin meluas, sedangkan golongan militer juga cemas. Takut akan kedahuluan oleh golongan militer, pada tanggal 30 September 1965, PKI mengadakan coup d'etat. Usaha ini gagal, dan inilah yang menjadi titik-tolak hancurnya Orla.

I. DAFTAR KATA PENOLONG

bekerja-sama	"to cooperate; to work together"
berapi-api	"fiery; fervent"
bintara	"junior officer" (in the armed forces)
corak	(1) "design; motif"; (2) "type"
dékrit	"decree"
démokrasi terpimpin	"guided democracy"
gencatan senjata	"cease-fire"
kebangkitan nasional	"national awakening"

kebòbròkan	"state of being dilapidated"
kedahuluan	"to beat (x) to the punch"
kekejaman	"cruelty"
kerja-sama	"cooperation; teamwork"
kesadaran nasional	"national awareness"
konstituante	"Constitutional Assembly"
mematangkan	(1) "to let ripen"; (2) "to make (x) mature"
memikat hati	"to win one's heart"
mendapat angin	"to get some sort of support"
menentramkan	"to pacify; calm down (x)"
mengadu-domba	"to incite one against the other; set against each other"
menyerbu	"to attack"
mosi tidak percaya	"vote of no confidence"
mupakat	"a consensus; to achieve a consensus; agree"
musyawarah	"deliberation"
naskah proklamasi	"a bill of proclamation"
padam	"extinguished"
panglima angkatan perang	"commander-of-war"
pemilu	"abbreviation of pemilihan umum—general election"
pemungutan suara	"voting"
pergerakan nasional	"nationalist movement"
pergolakan	"disturbance" (usually political)
pertempuran	"a battle"
perwira	"senior officer" (in the armed forces)

579

serbuan	"an attack"
sudah barang tentu	"naturally"
tampuk pemerintahan	"the reign of government"
tamtama	"a private" (in the armed forces)
tulang punggung	"backbone"
Undang Undang Dasar	"Constitution"

II. JAWABLAH PERTANYAAN2 BERIKUT DENGAN KALIMAT2 LENGKAP

1. Mengapa berdirinya Budi Utomo dianggap sebagai patokan dari ke-
   bangunan nasional Indonesia?
2. Apa pengaruh nasionalisme di Asia terhadap nasionalisme di
   Indonesia?
3. Apa yang terjadi pada tanggal 28 Oktober 1928?
4. Mana yang baik menurut anda: kerja-sama dengan Jepang atau tidak?
   Terangkan.
5. Keuntungan apa yang kami dapat dengan pendidikan kemiliteran
   dari Jepang?
6. Tahukan anda bunyi naskah proklamasi?
7. Apa yang dimaksud dengan "Belum lagi kemerdekaan itu hidup se-
   umur jagung. . . ." (baris 62)?
8. Kapan kedua serbuan Belanda dilakukan?
9. Apa perbedaan antara demokrasi liberal dengan demokrasi terpimpin?
10. Mengapa demokrasi terpimpin mudah sekali membuat seorang presiden
    menjadi diktator?

III. PENGEMBANGAN KOSA KATA

1. <u>kebangkitan/kebangunan nasional</u>   "national awakening"

    <u>bangkit</u>   "to rise" (from a lying or sitting position; also
         used figuratively)

    <u>membangkitkan</u>   "to arouse (x)"

                Kebangkitan/kebangunan nasional itu mulai tahun 1908.

                Dia <u>bangkit</u> dari duduknya dan terus pergi.

                Pekerja2 pabrik tenun itu <u>bangkit</u> dan melawan majikan
                mereka.

                Kemenangan Jepang tahun 1905 itu <u>membangkitkan</u> semangat
                pemuda2 Indonesia.

2. <u>menyala</u>   (1) "to flare up"; (2) to be on" (of fire or lights)

    <u>menyalakan</u>   (1) "to turn on" (of lights, radio, etc.); (2)
         "to ignite"

    <u>menyala, bob</u>   "a slang expression meaning 'you turn (me) on'"

                Keinginan untuk merdeka waktu itu <u>menyala</u> di tiap dada
                orang Indonesia.

                Lampu itu belum <u>menyala</u>, harus <u>dinyalakan</u> dari dapur.

                Wah, kalau gitu, <u>menyala, bob</u>!

3. <u>tentara sekutu/serikat</u>   "allied forces"

    <u>tentara</u>   "generally refers to the Army, but also often used
         for the armed forces in general"

    <u>angkatan bersenjata</u>   "more technical term for <u>tentara</u>"

    <u>ABRI</u>   "abbreviation of <u>Angkatan Bersenjata Republik Indonesia</u>--
         the Indonesian Armed Forces" These include the Air Force,
         the Navy, the Army, and the Police.

Angkatan Darat (AD)   "Army"

Angkatan Laut (AL)   "Navy"

Angkatan Udara (AU)   "Air Force"

Angkatan Kepolisian   "Police Force"

TNI   "abbreviation of Tentara Nasional Indonesia--Indonesian
    National Armed Forces" Older than ABRI, this term includes
    only the Army, Navy, and Air Force.

    Tentara Sekutu/Serikat menyerbu Jakarta tahun 1947.

    Suaminya tentara? Ya, di Angkatan Laut.

    ABRI juga merupakan kesatuan politik.

    Angkatan Kepolisian tidak termasuk TNI.

    Semua angkatan militer, AD, AL, AU, and Kepolisian

    ada dibawah Menteri Pertahanan.

4. KASAB   "abbreviation of Kepala Staf Angkatan Bersenjata--
    Armed Forces Chief of Staff"

    KASAD   "abbreviation of Kepala Staf Angkatan Darat--Army
        Chief of Staff"

    KASAL   "abbreviation of Kepala Staf Angkatan Laut--Navy
        Chief of Staff"

    KASAU   "abbreviation of Kepala Staf Angkatan Udara--Air Force
        Chief of Staff"

    Kapolri   "abbreviation of Kepala Kepolisian Republik Indonesia--
        Chief of Police of Indonesia"

    panglima angkatan perang   "commander-of-war"

        KASAB membawahi KASAD, KASAL, KASAU dan Kapolri.

        Presiden Indonesia adalah juga panglima angkatan perang.

5. menyerah tanpa syarat   "to surrender unconditionally"

582

gencatan senjata   "a cease-fire"

mengadakan gencatan senjata   "to call a cease-fire"

berunding   "to hold talks; to confer"

perundingan   "a talk; conference" (usually official and insti-

tutional)

Setelah Nagasaki dan Hiroshima dijatuhi bom atam, Jepang

menyerah tanpa syarat.

Dalam perundingan itu dicapai persetujuan untuk mengada-

kan gencatan senjata.

Perdana Menteri kita bersedia berunding dengan pihak

Sekutu.

Kita bisa berunding tentang harga sepeda itu.

Perundingan tingkat tinggi itu akan diadakan di New Delhi.

6. mengadu-domba   "to incite one against the other; set against

each other"

mengadu nasib/untung   "to try one's luck"

mengadu   (1) "to confront"; (2) to have (x) fight"; (3) "to

complain"

Politik penjajah Belanda dari dulu ialah mengadu-domba

para pemuda kita.

Dia mengadu nasib/untung dengan pergi ke Jakarta untuk

mencari pekerjaan.

Kedua ayam jago itu diadu sampai salah satunya mati.

Kalau tidak puas, anda bisa mengadu kepada kepala kantor.

7. (be)kerja sama   "to cooperate; teamwork"

kerja-sama   "cooperation; teamwork"

kooperasi   "cooperation"

Pada jaman pendudukan Jepang beberapa pemimpin kita

mau bekerja-sama dengan pemerintah Jepang.

Kerja-sama/kooperasi itu untuk menyelidiki gerak-gerik

pemerintah Jepang dari dalam.

8. memikat hati   "to win one's heart"

  menarik hati   "to be interesting" When the context is obvious,

   hati is often deleted.

  menarik perhatian   "to draw attention" (but not as in the ex-

   pression "I'd like to draw your attention to. . . .")

  menarik   (1) "to be interesting"; (2) "to pull"; (3) "to

   attract"

      Jepang berusaha memikat hati orang2 Indonesia dengan

      memberikan janji yang muluk2.

      Cara2 untuk mendapatkan lisensi kadang2 sangat menarik.

      Peristiwa Malari itu menarik perhatian politikus2 kita.

      Gerobak biasanya ditarik oleh sapi atau kerbau.

      Proyek itu dimaksudkan untuk menarik lebih banyak turis.

9. tamtama   "a private" (in the armed forces)

  bintara   "junior officer" (in the armed forces)

  perwira   "senior officer" (in the armed forces)

  kroco   (1) "a slang expression for low ranking military per-

   sonnel"; (2) "people of low rank in general"

  serdadu   "an outdated term for tentara, now seldom used"

  prajurit   "soldier"

      Dalam peristiwa G-30-S itu beberapa perwira telah di-

      bunuh oleh tamtama dan bintara.

      Kehidupan kroco selalu menyedihkan di mana saja.

Serdadu2 Belanda ada juga yang terdiri dari orang2
Indonesia.

Sebagai prajurit kita tidak boleh menentang perintah.

10. laksamana   "admiral"

laksamana muda   "rear admiral" For Air Force and Navy, the
   terms udara and laut are added respectively.

jendral   "general" (of the Army)

Laksamana Udara Suryadarma katanya terlibat dalam per-
istiwa itu.

Waktu peristiwa itu terjadi hanya jendrallah yang di-
bunuh.

11. sudah barang tentu   "naturally; of course"

barang-siapa   "whoever"

Sudah barang tentu naskah proklamasi itu merupakan
dokumen yang sangat penting.

Barang-siapa melakukan penyelundupan akan ditindak.

12. menyerbu   "to attack" (in literal sense only, and by a group)

serbuan   "an attack" (in literal sense; by a group)

menyerang   "to attack" (literally and figuratively; can be
   by an individual or by a group)

serangan   "an attack" (literally and figuratively; by individual
   or by group)

Serdadu2 Inggris dibawah Laksamana Muda Mountbatten
menyerbu/menyerang TNI kita.

Serbuan/serangan tentara kami mematahkan pertahanan musuh.

Politik luar negeri Indonesia diserang (not diserbu)
oleh golongan kiri.

Serangan (not serbuan) politikus itu ditujukan kepada
Perdana Menteri.

Pak Hardi bangkit dan menyerang (not menyerbu) musuhnya.

13. Undang Undang Dasar (UUD)   "Constitution"

Undang Undang Dasar Sementara (UUDS)   "Provisional Constitution"

Lembaran Negara   "official gazette"

dékrit   "decree"

mengundangkan   "to enact" (a law)

   Undang Undang Dasar 1945 sejak tahun 1959 dipakai lagi
   di Indonesia.

   Pemberian amnesti kepada para pemberontak itu diberikan
   dalam Lembaran Negara No. 88 tahun 1959.

   Dekrit 5 July 1959 mengembalikan Indonesia ke bentuk
   kabinet yang presidensiil.

   Peraturan itu diundangkan di Jakarta tanggal 15 Augustus
   1959.

14. mosi tidak percaya   "a vote of no confidence"

memungut suara   "to call for votes"

pemungutan suara   "voting"

fòrmatir   "one who is charged with forming a cabinet"

   Dengan adanya mosi tidak percaya itu Kabinet Ali diganti.

   Setelah diadakan pemungutan suara ternyata dia kalah.

   Marilah kita sekarang memungut suara untuk menentukan
   siapa yang menang.

   Formatir itu hanya diberi waktu 2 minggu untuk membentuk
   kabinet baru.

15. pemilu   "abbreviation of pemilihan umum—general election"

<u>hak memilih</u>   "right to vote"

<u>hak dipilih</u>   "right to serve"

<u>memilih</u>   (1) "to choose; select"; (2) "to elect"

<u>tanda gambar</u>   "picture or symbol used for party identification"

<u>surat suara</u>   "ballot"

<u>menyòblòs</u>   (1) "to punch a ballot, that is, to vote by punctur-
ing the <u>tanda gambar</u>"; (2) "to poke"

<u>kotak suara</u>   "ballot box"

<u>Pemilu</u> pertama diadakan tahun 1955.

Tiap warganegara mempunyai <u>hak memilih</u> dan <u>hak dipilih</u>.

Untuk <u>memilih</u> baju, dia selalu minta pendapat suaminya.

Cara <u>memilih</u> dalam pemilu ialah dengan <u>menyoblos tanda
gambar</u> dari partai yang disukai dan memasukkannya ke
dalam <u>kotak suara</u>.

16. <u>démokrasi liberal</u>   "liberal/western type of democracy"

<u>démokrasi terpimpin</u>   "guided democracy" (wherein decisions are
reached not through voting but through <u>musyawarah</u> and <u>mupa-
kat</u>)

<u>musyawarah dan mupakat</u>   "a process of decision-making by group
deliberation and consensus" In the context of guided democ-
racy, if consensus cannot be reached, the case is forwarded
to the president (or head, as the case may be) for his help
in resolving the problem.

Indonesia mengikuti sistim <u>demokrasi liberal</u> sampai
tahun 1959.

Sejak 5 Juli 1959, kami mengikuti sistim <u>demokrasi ter-
pimpin</u>.

Dalam demokrasi terpimpin keputusan diambil berdasarkan
<u>musyawarah</u> dan <u>mupakat</u>.

17. <u>kampanye</u>   "to campaign; a campaign"

    <u>suara mayoritas/(yang) terbanyak</u>   "majority vote"

    <u>minòritas</u>   "minority"

         Dulu sebelum pemilu tiap partai <u>kampanye</u> dengan gigih.

         <u>Kampanye</u> di Amerika makan uang banyak.

         Dalam demokrasi liberal <u>suara (yang) terbanyak</u> memegang

         peranan penting.

         Golongan <u>minoritas</u> sukar sekali bergerak bebas.

IV. REMEDIASI TATABAHASA

1. <u>kedahuluan</u>

         This verb has the following features: (i) someone else has

         done or can do first what the subject of the sentence wants

         to do, thereby causing the subject to be (too) late in per-

         forming whatever the action is; and (ii) there is an adverse

         effect as far as the subject is concerned. Thus,

         a. PKI takut kedahuluan golongan ABRI

             means that the PKI is afraid that ABRI will do what-

             ever it is before they themselves do it.

         b. Sebenarnya dia ingin beli mobil itu, tapi sudah ke-

             dahuluan temannya.

             "In fact he wanted to buy the car, but his friend

588

had bought it (earlier)."

c. Kalau nggak berangkat sekarang, nanti kedahuluan
   orang lain.

   "If you don't go now, someone else will beat you
   to the punch."

V. LATIHAN

Pilihlah kata2 yang paling tepat untuk kalimat2 berikut.

1. Tanggal 8 Mei adalah hari (pembangkitan/pembangunan/kebangkitan)
   nasional kita.

2. Setelah (bangkit/bangun) tidur, saya mandi dan makan pagi.

3. Siapa yang (menyala/menyalakan) lampu di wese?

4. Semangat pemuda2 itu (menyala/menyalakan) terus sampai cita2
   mereka tercapai.

5. Istilah (serdadu/tentara) lebih tua dari (serdadu/tentara).

6. President Indonesia adalah juga panglima (ABRI/AD/AL/AU).

7. (KASAD/KASAB/Kapolri) lebih tinggi kedudukannya dari KASAU/KASAL.

8. Tentara Jepang (menyerahkan/menyerah) tanpa syarat tahun 1945.

9. Sebagai hasil (pembicaraan/percakapan/perundingan) itu diadakan-
   lah gencatan senjata.

10. Politik penjajah waktu itu ialah mengadu-(kambing/domba/ayam)
    pemimpin2 kita.

11. Maksudnya pindah ke kota besar ialah untuk mengadu (nasib/hidup)

di tempat yang lebih banyak kesempatan ekonominya.

12. Pupuk buatan itu bisa dibeli di (koperasi/kooperasi/kerja-sama) tani.

13. Soekarno mau bekerja-(sama2/bersama/sama) dengan Jepang demi kemerdekaan kita.

14. Untuk (menarik/memenangkan/memikat) hati rakyat Indonesia, Jepang pura2 jadi saudara tua kita.

15. (Kroco2/perwira2)-nya hidup menderita, tapi (kroco2/perwira2)-nya pesta terus.

16. Sudah (hal/benda/barang) tentu ramalan yang meleset itu menjengkelkan ahli2 ekonomi kita.

17. (Barang/hal/saja) siapa melanggar hukum harus ditindak.

18. Peraturan itu diundangkan dalam Lembaran (Pemerintah/Negeri/Negara) No. 15, 1973.

19. Partai oposisi itu memberikan mosi tidak (mempercayai/mempercayakan/percaya)-nya.

20. Dalam demokrasi terpimpin tidak ada pemungutan (bunyi/suara).

21. Tahun 1977 ini hanya ada tiga (gambar tanda/tanda gambar) dalam pemilu.

22. Dalam demokrasi terpimpin keputusan diambil dengan (pemungutan suara/musyawarah dan mupakat).

23. Dalam demokrasi liberal suara (banyak/terbanyak)-lah yang menentukan.

24. Manusia tidak boleh (mendahului/kedahuluan) kehendak Tuhan.

25. Dia mau melamar anaknya pak asisten, tetapi sudah (mendahului/kedahuluan) orang lain.

BAB IX. B.

LUBANG BUAYA DAN PENEGAKAN ORBA

Hasil Pemilu 1955 menunjukkan bahwa Partai Komunis Indonesia, PKI, yang waktu itu belum begitu populer menjadi makin naik kekuatannya. Dari jumlah 22 kursi naik menjadi 39 kursi setelah Pemilu selesai. Demikian juga partai Islam Nahdatul Ulama, NU, yang dulunya hanya memiliki 8 anggauta dalam Dewan Perwakilan Rakyat, DPR, mendapatkan keuntungan dengan tambahan suara 37. Selama itu PKI selalu bertindak sebagai partai oposisi. Dengan naiknya jumlah anggauta partai itu maka presiden Soekarno menghendaki agar PKI dimasukkan juga sebagai partai pemerintah. Keinginan ini ternyata tidak bisa dilaksanakan karena kabinet Ali yang dibentuk waktu itu berkoalisi   10
dengan partai Masyumi dan NU.

Karena kegagalan ini presiden Soekarno mulai melancarkan rasa ketidakpuasannya dengan demokrasi liberal yang telah dianut sejak tahun 1950. Dalam sebuah pidatonya beliau berkata: "Aku tidak mau jadi Togog saja." Seperti kita ketahui bersama empat tahun sesudah Pemilu presiden Soekarno melarang diteruskannya demokrasi liberal dan menggantinya dengan demokrasi terpimpin di mana kedaulatan masih ada di tangan rakyat tetapi pemungutan suara ditiadakan dan diganti dengan sistim musyawarah dan mupakat.

Kemudian presiden Soekarno merasa bahwa sebenarnya dasar hidup   20
bangsa Indonesia adalah kenasionalan, keagamaan, dan komunisme. Sebab dari itu maka pada tanggal 17 Augustus 1959, beliau menciptakan suatu wadah yang dinamakan Nasakom, singkatan dari Nasionalis, Agama, dan Komunis, untuk menampung ketiga golongan itu tadi. Di samping bermain

592

api dengan ketiga golongan politik ini, presiden Soekarno juga mencoba untuk mengurangi kekuatan ABRI. Beliau memberi angin pada ide golongan PKI untuk membentuk angkatan bersenjata kelima. Sudah barang tentu pihak ABRI menolak ide ini karena angkatan kelima hanya akan dipakai oleh PKI untuk menandingi kekuatan ABRI saja.

Perselisihan antara ABRI di satu pihak dengan PKI di pihak lain serta kecurigaan ABRI terhadap golongan Islam bukan tidak mempunyai landasan. Kita ingat bahwa PKI-lah yang mencoba merebut kekuasaan pada tahun 1948 dengan "peristiwa Madiun"nya, justru pada waktu Indonesia sedang berjuang melawan Inggris dan Belanda. Kecurigaan terhadap golongan Islam disebabkan oleh kerasnya keinginan golongan ini untuk memakai Piagam Jakarta sebagai landasan negara. Hal ini diperkuat lagi dengan terlibatnya beberapa pemimpin agama dalam pemberontakan Dewan Banteng di Sumatera pada tahun 1958.

Sementara itu penyakit presiden Soekarno kumat lagi. Pada suatu malam ketika beliau sedang berpidato di Istora, beliau mendadak jatuh sakit di podium. Golongan komunis menjadi makin cemas karena kalau Bung Karno meninggal padahal mereka belum memegang kekuasaan besar kemungkinannya ABRI akan mengambil tampuk pemerintahan. Ini berarti bahwa PKI akan menjadi sasaran utamanya. Oleh karena perhitungan inilah maka PKI memutuskan untuk merebut kekuasaan dengan kekerasan sebelum Bung Karno wafat.

Peristiwa berdarah yang sekarang terkenal dengan nama G-30-S PKI atau Gestapu ini dimulai pada tanggal 30 September 1965. Pagi2 benar kira2 jam 3 prajurit2 tamtama dari pasukan Cakrabirawa disertai dengan orang2 komunis ditugaskan untuk menculik perwira2 terkenal seperti Letnan Jendral Ahmad Yani selaku Kepala Staf Angkatan Bersenjata,

Mayor Jendral Soeprapto, Mayor Jendral Parman dan beberapa jendral

lainnya. Mereka ini akhirnya dibawa ke suatu daerah di dekat pangkalan

Halim dan di sana mereka dianiaya dan dibunuh secara keji, kemudian

dimasukkan ke dalam lubang yang dinamakan Lubang Buaya.

Untung saja Jendral Nasution dan Jendral Soeharto bisa terhindar

dari malapetaka itu, dan merekalah yang kemudian mengorganisir per-

tahanan yang waktu itu kacau-balau. Dalam waktu yang relatif singkat

akhirnya coup d'etat itu bisa dipatahkan. Tetapi ekor dari peristiwa

berdarah ini tidak berhenti sampai di situ saja. Beberapa daerah di

60

Jawa ikut memberontak dan makin banyaklah pertumpahan darah terjadi.

Golongan komunis membunuh golongan Islam; golongan Islam membunuh

golongan komunis; golongan Islam dan komunis menyerbu golongan nasio-

nalis, dan sebaliknya, dan seterusnya. Berapa yang menjadi korban dalam

peristiwa ini tak ada seorang pun yang tahu dengan pasti. Taksiran

yang ada ialah di antara 80 ribu sampai mendekati satu juta.

Setelah keadaan politik makin berantakan, presiden Soekarno dengan

Super Semarnya menunjuk Jendral Soeharto dan menugaskan kepadanya untuk

memulihkan keamanan nasional. Segera dimulai pembersihan terhadap sisa2

komunis dengan antek2nya. Mereka yang tidak tertangkap lari dan mem-

70

bentuk gerakan di bawah tanah.

Pada tahun berikutnya setelah keadaan politik sudah makin reda,

Jendral Soeharto diangkat menjadi pejabat presiden dan pada bulan Maret

1967, dengan Ketetapan MPRS beliau dengan resmi diangkat sebagai presi-

den ke-dua Republik Indonesia. Orde Lama jatuh dan ditegakkanlah Orde

Baru, Orba. Tugas presiden baru ini ialah untuk memulihkan keamanan

nasional dan menstabilkan ekonomi negara.

Di samping membasmi sisa2 komunisme, pemerintah juga berusaha untuk menertibkan partai2 yang tinggal. Penyederhanaan partai2 ini

tercapai pada tahun 1973 dengan diperkecilnya jumlah mereka dari 9   80

menjadi 2 partai saja, yakni, Partai Demokrasi Indonesia yang me-

rupakan paduan antara partai2 nasionalis dan non-Islam, dan Partai

Persatuan Pembangunan yang merupakan gabungan dari semua partai Islam.

Di samping kedua partai ini ada lagi satu golongan yang disebut Gol-

kar, singkatan dari Golongan Karya, yang merupakan suara pemerintah.

Dalam Pemilu yang diselenggarakan tahun 1971, dari 460 kursi

DPR, Golkar memenangkan 236 kursi. Ditambah dengan 25 anggauta yang

diangkat dan 75 anggauta ABRI maka ada 336 suara yang menjamin ke-

langgengan pemerintah. Ini merupakan landasan politik yang sangat

kuat untuk melancarkan program2 ekonomi pemerintah yang diperlukan   90

untuk memperbaiki nasib rakyat jelata.

I. DAFTAR KATA PENOLONG

antèk-antèk	"henchman; follower" (derogatory)
bermain api	"to play with fire"
gabungan	"fusion"
gerakan dibawah tanah	"underground movement"
justru	"precisely"
kecurigaan	"suspicion"
keji	"despicable"
kumat	"to act up"
lubang	"hole"

melancarkan	(1) "to launch" (an attack); (2) "to smooth"
membasmi	(1) "to wipe out"; (2) "to burn off (x)"
mendadak	"unexpectedly"
menegakkan	"to erect"
menertibkan	"to put in order"
menganiaya	"to torture"
meniadakan	"to abolish"
pertumpahan darah	"bloodshed"
pasukan	"troops"
penegakan	"erection" (of buildings, government, etc.)
podium	"podium; rostrum"
terhindar	"escaped from"
terlibat	"involved"
sisa	"remnants; remainder"
wadah	"receptacle"

II. JAWABLAH PERTANYAAN2 BERIKUT DENGAN KALIMAT LENGKAP

1. Mengapa bekas presiden Soekarno ingin memasukkan PKI dalam kabi-
    net sesudah Pemilu 1955?

2. Ingatkah anda apa yang dimaksud dengan "Aku tidak mau jadi Togog
    saja"?

3. Apakah yang dimaksud dengan Nasakom?

4. Tahukah anda mengapa PKI menghendaki adanya angkatan ke-lima?

5. Tahukah anda apa yang dimaksud dengan "peristiwa Madiun 1948"?

6. Mengapa ABRI curiga dengan golongan Islam?

7. Apa anda tahu isi dari Piagam Jakarta?

8. Kalau G-30-S terjadi tanggal 30 September jam 3 malam, mengapa peristiwa ini tidak dinamakan Gerakan Satu Oktober?

9. Mengapa nama "Lubang Buaya" menjadi terkenal?

10. Apa isi "Super Semar"?

11. Ceritakan komposisi DPR.

III. PENGEMBANGAN KOSA KATA

1. Òrla   "abbreviation of orde lama--referring to the Soekarno regime"

   Òrba   "abbreviation of orde baru--referring to the Soeharto regime"

   Òrmas   "abbreviation of organisasi massa--mass organization"

   Òrpol   "abbreviation of organisasi politik--political organization"

   >   Pada jaman orla modal asing tidak boleh masuk.
   >   Waktu orba mulai penanaman modal asing diperbolehkan.
   >   Dalam keadaan darurat perang semua ormas dan orpol dibubarkan.

2. penegakan   (1) "erection" (of buildings, government, etc.); (2) "establishment" (of x)

   tegak   "upright; straight up"

   menegakkan   "to erect; make (x) upright"

Penegakan orba memerlukan dukungan dari semua rakyat.

Dia berdiri tegak menghadap ke Ka'bah.

Untuk menegakkan hukum, para pemimpin harus memberi contoh yang baik.

3. Dewan Perwakilan Rakyat (DPR)   "Parliament"

   wakil rakyat   "representative" (in DPR)

   DPR sekarang ini terdiri dari wakil2 partai, ABRI, dan wakil2 Golkar.

   Sebagai wakil rakyat kita harus memberi contoh yang pantas.

4. Nasakòm   "abbreviation of Nasional, Agama, Komunis--a term coined by former President Soekarno in 1959 to represent the concept that the nationalist, religious, and communist factions were in fact a united entity within the nation"

   manipòl   "abbreviation of manifesto politik--a term coined by former President Soekarno in 1959 in which he outlined the main points of Indonesia's political course"

   USDÈK   "abbreviation of (i) Undang Undang Dasar 1945, (ii) Sosialisme Indonesia, (iii) Demokrasi Terpimpin, (iv) Ekonomi Terpimpin, (v) Kepribadian Indonesia--coined by former President Soekarno in 1959, detailing the actual forms of the manipol"

   Menurut bekas presiden Soekarno rakyat Indonesia berjiwa Nasakom.

   Dalam manipol dan Usdek jelas dinyatakan bahwa imperialisme adalah musuh kita.

5. terlibat   "involved"

melibatkan diri   "to involve oneself (in)"

    Laksamana Muda Udara Umar Dani katanya terlibat dalam

    peristiwa itu.

    Dia melibatkan diri dalam pemberontakan di Sumatera itu.

6. peristiwa berdarah   "bloody incident"

  pertumpahan darah   "(a) bloodshed"

    Peristiwa berdarah itu terjadi jam 3 malam di Lubang

    Buaya.

    Dalam pertempuran itu terjadilah pertumpahan darah yang

    kejam.

7. menganiaya   "to torture" (literally)

  penganiayaan   "a torture" (literally)

  menyiksa   "to torture" (literally and figuratively)

  penyiksaan   "torturing" (literally and figuratively)

  siksaan   "a torture" (literally and figuratively)

    Penyelundup itu dianiaya/disiksa di dekat pangkalan Halim.

    Penyiksaan/penganiayaan itu berlangsung jam 3 malam.

    Keinginan untuk menjadi kaya itu menyiksa (not menganiaya)

    hidupnya.

    Perintis kemerdekaan itu sekarang hidup dengan siksaan

    batin yang luar biasa.

8. antèk-antèk   "henchman; follower" (derogatory)

  tangan kanan   (1) "right arm"; (2) "right hand" (literally and

    figuratively)

  tangan besi   "iron hand" (usually in figurative sense)

    Kalau mau jadi antek-antek orang besar bisa hidup enak.

    Tangan kanannya luka kena tembakan.

Jendral Suigian sekarang jadi <u>tangan kanannya</u> presiden.

Sebagai pemimpin besar revolusi dia memerintah dengan

<u>tangan besi</u>.

9. <u>gerakan subversi(f)</u>   "subversive movement"

<u>gerakan di bawah tanah</u>   "underground movement"

<u>pasukan</u>   "troops" (military)

<u>gerilya</u>   "guerrilla"

Pada jaman Jepang, pemerintah Jepang menganggap <u>gerakan</u>

<u>di bawah tanah</u> kami <u>gerakan subversi</u>.

<u>Pasukan</u> Cakrabirawa menyerbu dari tiga jurusan.

Dengan memakai siasat <u>perang gerilya</u> kita mencapai ke-

merdekaan kita.

10. <u>membasmi</u>   "to totally wipe out" (as if fire were used in the

process) This is a stronger word than <u>memberantas</u>.

<u>bumi-hangus</u>   "to burn to the ground"

Dalam <u>membasmi</u> korupsi kita harus <u>membasmi</u> kakap2nya.

Dalam pertempuran itu Surabaya <u>dibumi-hangus</u>.

11. <u>Gòlkar</u>   "abbreviation of <u>Golongan Karya</u>--Technocrat Group"

Though not officially a political party, it acts as one

and is considered as representing the views of the govern-

ment.

<u>parpòl</u>   "abbreviation of <u>partai politik</u>"

<u>hansip</u>   "abbreviation of <u>pertahanan sipil</u>--civil defense"

Sebagian besar anggauta <u>Golkar</u> adalah pegawai negeri.

Di Indonesia sekarang hanya ada dua <u>parpol</u> saja.

Tiap daerah biasanya mempunyai <u>hansip</u>.

12. <u>arena/percaturan/gelanggang/kancah politik</u>   "political arena"

tapòl   "abbreviation of <u>tahanan politik</u>--political prisoner"

<u>napi</u>   "abbreviation of <u>nara pidana</u>--criminal prisoner"

<u>diciduk</u>   (1) (literally) "to be scooped up"; (2) (euphemisti-
cally) "to be picked up as a suspect"

<u>ganyang</u>   "to crush to cinders" (a term used in the early '60s
when former President Soekarno was engaged in a confronta-
tion with Malaysia)

Dalam <u>arena/percaturan/gelanggang/kancah politik</u>, yang
jujur tidak selalu menang.

Sebagian besar <u>tapol</u> sekarang ditempatkan di pulau Buru.

<u>Napi</u> di Amerika diperlakukan terlalu baik.

Karena ikut PKI dia <u>diciduk</u> dan dibuang ke pulau Buru.

Waktu itu semboyan "<u>Ganyang</u> Malaysia" menjadi buah bibir
tiap orang.

13. Beberapa peribahasa:

a. <u>Guru kencing berdiri, murid kencing berlari</u>. This means
that "a bad example set by a leader/parent will bring
about worse deeds by his underlings/children."

b. <u>Gajah di pelupuk mata tak tampak, kuman di seberang
lautan kelihatan</u>.   "One can see others' mistakes but
not his own."

IV. REMEDIASI TATABAHASA

1. <u>sedang</u>

601

There are several meanings of <u>sedang</u>:

a. If used before a verb, it means that the process is
    or was going on.

>   Tanda gambar itu <u>sedang</u> dicetak.

>   Waktu beliau <u>sedang</u> berpidato, penyakitnya kumat
>   lagi.

Please note that <u>sedang</u> is not used for the immediate
future as in "I am graduating this semester."

b. If used as a full predicate, it means that the subject
    is neither (X) nor (Y).

>   Rumahnya <u>sedang</u> saja (neither too big nor too small).

>   Gajinya di universitas <u>sedang</u> saja (neither too much
>   nor too little).

c. In

>   Dia <u>sedang</u> apa?

it means "What is he/she doing?"

V. LATIHAN

Pilihlah kata2 yang paling tepat untuk kalimat2 berikut.

1. Jaman (orla/orba) adalah jamannya bekas presiden Soekarno.
2. Orpol itu (didirikan/ditegakkan) tahun 1963, tapi baru (didiri-
    kan/ditegakkan) dua tahun kemudian oleh pemimpin barunya.
3. Garis besar politik Indonesia pada tahun 50-an tercantum dalam

(Nasakom/Manipol).

4. Dalam pertumpahan darah itu beberapa perwira ikut (dilibat/ terlibat/dilibatkan diri).

5. Kroco itu (teraniaya/tersiksa) oleh keinginannya yang sangat mustahil.

6. Impiannya itu (menganiaya/menyiksa) hidupnya.

7. Orang yang tak berpendirian seperti dia itu bisa menjadi (tangan kanan/antek2/tangan besi).

8. Laksamana itu memerintah dengan tangan (besi/kanan/kiri).

9. (Golongan/rombongan/pasukan) gerilya itu menyerang pertahanan musuh.

10. Sisa2 komunis harus kami (berantas/basmi/singkirkan) sampai akar2nya.

11. Waktu itu kota Bandung mereka (hangus-bumi/bumi-hangus/tanah-hangus).

12. Partai Demokrasi Indonesia termasuk (Golkar/orpol/ormas/parpol).

13. Di Indonesia sekarang hanya ada dua (parpol/orpol/ormas) saja.

14. Bekas tapol tidak boleh ikut dalam (catur/percaturan) politik.

15. Karena terlibat dalam G-30-S, dia (diambil/diciduk/dibawa).

16. Waktu itu bekas presiden Soekarno ingin (membasmi/mengganyang/ bumi-hangus) Malaysia.

17. Yang ditahan di pulau Buru adalah para (napi/tapol).

18. Teruskan peribahasa ini dan berilah artinya:

    a. Guru kencing. . . .

    b. Gali lubang. . . .

    c. Duduk sama rendah. . . .

    d. Gajah di pelupuk mata. . . .

BAB IX. C.

FORMAT BARU POLITIK INDONESIA

Apa yang sekarang dikenal sebagai "Peristiwa 30 September 1965"
(Peristiwa GESTAPU atau G30S/PKI) dengan cepat telah merubah warna
dan bentuk kehidupan politik Indonesia. Peristiwa itu telah menye-
babkan berakhirnya riwayat dua kekuatan politik utama, almarhum Pres-
iden Sukarno dan Partai Komunis Indonesia (PKI), yang sebelumnya
memainkan peranan sangat penting, disamping militer (ABRI, terutama
TNI Angkatan Darat), dalam sistim politik Indonesia. Dalam bulan
Maret 1968 Majelis Permusyawaratan Rakyat Sementara (MPRS) secara
resmi menjadikan Jenderal Soeharto presiden penuh kedua, dan ini se-
kaligus berarti bahwa struktur kekuasaan baru yang diberi nama "Orde   10
Baru" sudah menjadi semakin mantap posisinya menggantikan rezim Su-
karno yang diberi julukan "Orde Lama."

        Akan tetapi, bersamaan pula dengan itu, muncul sebuah pertanyaan
tentang sistim politik yang bagaimana yang akan dibangun oleh "Orde
Baru" ini. Sebab, walaupun perintang-perintang yang menghalangi ber-
dirinya praktis sudah berhasil dikesampingkan, namun satu soal masih
perlu dipecahkan, yaitu bagaimana mendapatkan sebuah mekanisme politik
yang mampu memuaskan pendukung-pendukung utamanya. Sebagaimana Sukarno
membutuhkan sesuatu hal ditahun 1958-1959 untuk melaksanakan "Demokrasi
Terpimpin," menurut Herbert Feith, Soeharto ditahun 1968 juga menghadapi   20
persoalan yang serupa, yaitu keperluan untuk mencari sebuah format
politik baru yang bakal dapat diandalkan.

        Proses perkembangan politik dari tahun 1968 sampai sekarang me-
nunjukkan kejadian-kejadian yang melukiskan bagaimana terbentuknya

sebuah format politik baru dimaksud. Peranan politik kaum militer, terutama TNI Angkatan Darat, sudah menancap bagaikan sebuah kenyataan yang kuat, sejalan dengan semakin kurang berartinya peranan partai-partai politik. Kemenangan mutlak organisasi politik yang menjadi sambungan tangan penguasa, Golongan Karya (GOLKAR), dalam pemilihan umum yang diadakan dalam bulan Juli 1971 tambah memperkokoh peranan 30 dominan ABRI dalam politik. Usaha-usaha penyederhanaan sistim kepartaian yang idenya sudah lama dilontarkan tetapi baru digarap secara sungguh-sungguh oleh penguasa sejak tahun 1970, sudah men-datangkan hasil dengan berfusinya 9 partai politik yang ada kedalam 2 partai politik baru, Partai Demokrasi Indonesia dan Partai Persatuan Pembangunan. Disamping menetapkan Garis-garis Besar Haluan Negara (GBHN) baru, acara terpenting dari sidang umum MPR hasil pemilihan umum 1971 dalam bulan Maret 1973 ialah memilih dan mengangkat Pres-iden dan Wakil Presiden baru, yaitu Jenderal Soeharto dan Sultan Hamengkubuwono. Dengan demikian, Soeharto bersama-sama dengan ABRI 40 boleh dikatakan sudah berhasil menemukan dan membangun sebuah format politik baru seperti lebih kurang terlukis diatas. Lalu, apa artinya itu semua?

Selama beberapa tahun menjelang "Peristiwa 30 September 1965" gelanggang politik Indonesia boleh dikatakan didominir oleh Sukarno bersama-sama dengan dua kekuatan penting lainnya, militer dan PKI. Hal ini sebahagian dianggap sebagai disebabkan oleh karena ketidak mampuan partai-partai politik, antara lain karena jumlahnya terlalu banyak, membendung percekcokan antara mereka sendiri sehingga meng-hasilkan suasana ketidak stabilan politik sebagaimana tergambar dalam 50 pergantian kabinet yang sering terjadi dipermulaan tahun 1950an.

Sebahagian lagi dianggap sebagai disebabkan oleh keinginan Sukarno memainkan peranan yang lebih besar dan lebih berarti dalam politik daripada hanya sekedar lambang sebagaimana ditentukan oleh Undang- undang Dasar Sementara 1950 yang berlaku pada waktu itu. Sebahagian lagi juga dianggap sebagai disebabkan oleh keinginan tokoh-tokoh militer untuk ikut mempunyai peranan pula dalam politik, antara lain karena semakin menurunnya kepercayaan mereka pada pemimpin-pemimpin partai atau politisi sipil dalam menjalankan roda pemerintahan.

UUDS 1950 yang mencerminkan sistim demokrasi liberal seperti 60 yang terdapat dibeberapa negara Barat memberikan peranan yang sangat penting kepada Dewan Perwakilan Rakyat Sementara (Parlemen) karena ia yang menentukan nasib Pemerintah atau Eksekutif yang berkuasa, yang menentukan hidup matinya kabinet. Karena parlemen terdiri atas wakil-wakil partai, maka kekuasaannya yang begitu besar langsung men- cerminkan pengaruh partai-partai politik didalamnya. Kekuasaan dominan parlemen berarti sama atau sejalan dengan peranan utama partai- partai politik didalam sistim politik yang berlaku.

Pada mulanya tampak berkembang suatu kerja-sama yang cukup baik antara dua kekuatan utama dalam parlemen, yaitu antara Partai Nasional 70 Indonesia (PNI) dan partai Islam Masyumi, yang telah memungkinkan mereka bersama-sama memimpin pemerintahan, walaupun kabinet didalam mana mereka berkoalisi sering berganti. Biasanya koalisi yang mereka pimpin itu didukung pula oleh sebuah kekuatan menengah didalam parle- men, yaitu Partai Katholik dan Partai Kristen Indonesia (Parkindo).

Sungguhpun begitu, ada beberapa faktor yang telah menyebabkan pola koalisi PNI-Masyumi (atau sering pula disebut pola koalisi PNI- Masyumi-PSI) ini tidak bisa bertahan. Salah satu daripadanya adalah

606

karena persaingan dalam berebut posisi-posisi (kursi-kursi) penting

didalam kabinet semakin lama menjadi semakin sengit dan tajam. Se-   80

jalan dengan itu, pertentangan ideologi tampak pula menjadi semakin

mengeras, antara lain sebagai akibat dari keinginan untuk menang

dalam pemilihan umum yang sudah semakin dekat waktunya. Keluarnya

NU (Nahdatul Ulama) dari Masyumi memungkinkan PNI berkoalisi dengan

NU (yang kekuatannya di parlemen jauh lebih kecil dari Masyumi) untuk

membentuk kabinet bersama-sama beberapa partai kecil lain tanpa

mengikut sertakan Masyumi dan PSI. Kemungkinan ini tambah diperbesar

lagi oleh taktik politik sebuah kekuatan menengah lain, PKI, yang

menyatakan sikap akan mendukung kabinet semacam itu, walaupun ia

sendiri tidak ikut serta duduk didalamnya, selama Masyumi tidak pula   90

ada didalamnya. Pertentangan ideologi yang sangat keras antara

Masyumi dan PKI, antara Islam dan Komunisme, menempatkan PNI dan NU

ditengah-tengah diantara dua kekuatan yang saling bertentangan pada

peta bumi politik Indonesia pada waktu itu. Semua itu telah memberi

jalan kepada lahirnya sebuah pola koalisi baru, yaitu koalisi PNI-NU

dengan bantuan dukungan suara PKI di parlemen, menggantikan pola

koalisi lama, koalisi PNI-Masyumi, yang terjadi dalam tahun 1953

dalam bentuk sebuah kabinet yang dipimpin oleh Ali Sastroamijoyo,

atau lebih dikenal dengan sebutan Kabinet Ali Sastroamijoyo I.

Ditinjau dari segi pembahagian jatah kursi didalam kabinet, pola   100

koalisi PNI-NU ini terang menguntungkan kedua partai tersebut, antara

lain karena mereka tidak perlu memberi jatah kepada PKI yang secara

sukarela mendukung mereka di parlemen. Ditinjau dari segi PKI, sum-

bangan dukungan kepada koalisi PNI-NU telah menghasilkan tersingkir-

nya dua lawan politik utamanya, Masyumi dan PSI, dari kabinet.

Walaupun ia tidak mendapat jatah dalam kabinet, secara politis PKI

memperoleh sebuah kemenangan dengan terisolirnya Masyumi dan PSI

dari pusat kekuasaan. Tidak perlu diperjelas lagi, kedua partai

kanan disebut terakhir ini menemukan diri mereka mengalami sebuah

kekalahan politik yang cukup pahit. Secara keseluruhan, kalau pola   110

koalisi PSI-Masyumi secara politis menguntungkan posisi kekuatan

kaum kanan, maka pola koalisi PNI-NU menguntungkan posisi kekuatan

kaum kiri, disamping keuntungan yang diperolah oleh kaum tengah

sendiri yang memimpin kabinet.

Walaupun beberapa bulan sebelum pemilihan umum pertama diadakan,

September 1955, koalisi PNI-NU diatas berhasil dijatuhkan dan diganti

dengan sebuah kabinet baru, Kabinet Burhanudin Harahap, yang intinya

terdiri atas koalisi antara Masyumi-NU-PSI ditambah dengan beberapa

partai kecil seperti Partai Katholik, Parkindo, PSII, namum sukses

taktik politik PKI selama ini rupanya sudah terlalu jauh untuk dapat   120

dibendung oleh lawan-lawan utamanya, Masyumi dan PSI. Hubungan

buruk antara PNI dan Masyumi terutama antara tokoh-tokohnya tampak

sudah sangat sukar untuk diperbaiki, dan kenyataan ini dengan sendiri-

nya secara politis menguntungkan PKI.

Kalau hasil pemilihan umum 1955 dapat dipakai sebagai salah satu

ukuran, maka ia jelas menunjukkan kemenangan pola koalisi PNI-NU, di

mana dari empat partai besar yang dihasilkannya tiga (PNI, NU, dan

PKI) daripadanya adalah partai-partai pendukungnya, sedangkan dari

kekuatan-kekuatan yang pernah ber-oposisi kepadanya hanya Masyumi

yang berhasil keluar sebagai partai besar lainnya. Keempat partai   130

besar ini bersama-sama berhasil memperoleh 198 buah (77,3%) dari semua

kursi DPR yang diperebutkan (257), sedangkan kalau tiga partai (PNI,

NU, dan PKI) pendukung pola koalisi PNI-NU saja yang dihitung maka

mereka bersama-sama dengan memenangkan 141 kursi (55%) masih memper-

oleh mayoritas didalam DPR baru hasil pemilihan umum. Dengan lain

perkataan, kalau mereka mau, pola koalisi PNI-NU dengan mudah akan

bisa diteruskan.

Akan tetapi, masa kampanye yang lama serta gambaran hasil pe-

milihan umum itu sendiri telah menimbulkan suasana baru, suasana yang

kurang baik, kedalam hubungan antara ketiga partai pendukung pola   140

koalisi ini. Kampanye pemilihan umum sebagai usaha untuk merebut

suara pemilih telah memaksa partai-partai politik yang bersaing

untuk memperjelas posisi ideologi mereka vis-a-vis partai-partai

lain. Dalam hal ini, NU umpamanya, sebagai partai Islam yang me-

musatkan kampanyenya pada apa yang disebut sebagai golongan santri

hanya mungkin berhasil mempengaruhi mereka kalau ia mampu membangkit-

kan perasaan solidaritas golongan yang tinggi, dan itu berarti mem-

perjelas perjuangan mereka untuk memenangkan ideologi Islam dan

sekaligus menunjukkan sikap politik yang anti komunis, lebih kurang

sebagaimana yang ditunjukkan oleh Masyumi selama ini. Demikianlah,   150

perasaan solidaritas Islam dan anti komunis semakin meningkat di-

kalangan NU. Antara lain, mungkin inilah sebabnya mengapa NU ber-

hasil keluar sebagai partai yang paling sukses dalam pemilihan umum,

yaitu dengan menaikkan jumlah kursinya di parlemen dari 8 buah men-

jadi 45 buah.

Kalau bagi NU kini dirasakan semakin sulit untuk melanjutkan

pola koalisi PNI-NU yang didukung PKI karena alasan ideologi dari

partai terakhir ini tidak bisa diterimanya, maka PNI menemukan diri-

nya berhadapan langsung dengan PKI dalam memperebutkan suara golongan abangan. Hasil gemilang yang diperoleh PKI dalam pemilihan umum ini,   160

yaitu menaikkan jumlah kursinya di parlemen dari 22 menjadi 39 buah,

sebahagian terbesar berasal dari suara golongan abangan tersebut yang

juga merupakan sumber utama bagi PNI. Kemenangan PKI, oleh karena

itu, berarti bahaya besar bagi PNI. Meneruskan semacam kerja-sama

dengan PKI berarti membiarkan adanya sebuah kekuatan yang akan selalu

mengancam sumber suara yang paling dipentingkan PNI. Sejalan dengan

itu, bertambah sukar pula bagi PNI untuk meneruskan semacam kerja-

sama dengan PKI dalam bentuk pola koalisi PNI-NU di atas . . .

(Dari "Format Baru Politik Indo-

nesia," oleh Alfian. *Indonesia*

Magazine, No. 24, 1974.)

I.   DAFTAR KATA PENOLONG

almarhum   "the late"

jatah   "quota; allocation"

mantap   "unshakeable; resolute; determined"

membendung   "to block" (usually of water from flowing)

memperebutkan   "to fight for (x)"

menancap   "to be stuck" (in the ground)

mengikut-sertakan   "to ask (x) to participate"

mengisolir   "to isolate"

II.   JAWABLAH PERTANYAAN2 BERIKUT DENGAN KALIMAT2 LENGKAP

1. Apa yang dimaksud dengan "orba" dan "orla"?

2. Apakah arti kemenangan Golkar dalam Pemilu 1971?

3. Mengapa almarhum Soekarno akhirnya tidak suka dengan UUDS-1950?

4. Mengapa PKI mau mendukung koalisi antara PNI dan NU pada tahun
     1953?

5. Bagaimana pengaruh kampanye untuk Pemilu 1955 terhadap kelanjutan
     koalisi antara PNI-NU-dan PKI? Mengapa?

III. PENGEMBANGAN KOSA KATA

1. almarhum   "the late"

    bangkai   "corpse" (of humans or animals)

    mayat   "corpse"

    jenazah   "more respectful term for mayat"

            Almarhum ayah saya dimakamkan di Surabaya.

            Bangkai2 itu banyak yang dibuang ke sungai Brantas.

            Mayat itu terapung di sungai dekat rumah kami.

            Jenazah almarhum Soekarno dimakamkan di Blitar.

2. mantap   "unshakeable; resolute; determined" (of intentions,

desires, thoughts, etc.)

bulat   (1) "round; spherical" (of balls, marbles, etc.); (2) "resolute; determined" (of intentions, etc.)

bundar   "round" (may or may not be spherical; of tables, pools, leaves, as well as balls, marbles, etc.)

> Posisi orba semakin mantap dengan adanya dukungan dari Golkar.
>
> Tekad untuk membasmi komunisme sudah mantap/bulat.
>
> Telur berbentuk agak bulat/bundar.
>
> Di restoran Cina sering dipakai meja yang bundar (not bulat).

3. menancap/tertancap   "to be stuck" (in the ground, etc.)

menancapkan   (1) (literally) "to stick (x)" (in the ground, etc.); (2) (in a figurative sense) "to fix/plant (x) (firmly)" (e.g., to fix/plant one's policy, power, ideas, etc., firmly, just as in the literal sense of the word, one would stick/ plant a pole firmly into the ground)

> Peranan politik kaum militer sudah menancap/tertancap kuat sekali.
>
> Tiang itu ditancapkan di tanah sebagai patokan.
>
> Golkar menancapkan kekuatan politiknya dengan mendukung pemerintah.

4. sidang   "session" (of meetings)

sidang plèno/paripurna   "plenary session"

sidang umum   "general session"

> Dalam sidang itu akan diambil pemungutan suara untuk me- nentukan apakah pemilu perlu diadakan segera.

MPR harus mengadakan <u>sidang pleno/paripurna</u> paling

tidak sekali dalam lima tahun.

<u>Sidang umum</u> PBB akan diadakan bulan September.

5. <u>membendung</u>   "to block" (water from flowing; also used fig-

uratively)

Waduk itu <u>membendung</u> air sungai Tjitarum.

Arus politik PKI harus <u>dibendung</u> supaya jangan berkembang.

6. <u>ikut serta</u>   "participate"

<u>mengikut-sertakan</u>   "to ask (x) to participate"

<u>peserta</u>   "participant"

Yang <u>ikut serta</u> dalam perundingan itu hanyalah anggauta2

IGGI.

Golongan militer tidak mau PKI <u>diikut-sertakan</u> dalam kabi-

net.

Perlombaan berenang itu diikuti oleh <u>peserta2</u> dari

negara2 ASEAN.

7. <u>jatah</u>   "quota; allocation"

<u>Jatah</u> kursi dalam DPR sudah diatur oleh undang2.

<u>Jatah</u> beras untuk tiap orang ialah 14 kilo.

8. <u>memperebutkan</u>   "to fight for something which is free for any-

one to grab"

<u>merebut</u>   "to fight for something which is already in the hands

of others; to snatch by force"

Setelah pemimpin itu meninggal, partai2 politik berusaha

<u>memperebutkan</u> kekuasaan.

Tahun 1942 Jepang <u>merebut</u> kekuasaan dari tangan Belanda.

9. <u>òknum</u>   "this word, which actually means <u>orang</u>, is now often

used (with derogatory connotations) to refer particularly

to those involved in the 1965 coup d'etat attempt"

Garis-garis Besar Haluan Negara (GBHN)   "Main Outlines of

the State Ideology"

Meskipun G-30-S sudah bubar, oknum2nya masih terus

bergerak di bawah tanah.

GBHN merupakan hasil rapat MPR tahun 1971.

IV.   REMEDIASI TATABAHASA

1. Multiple affixes

a.   Generally, Indonesian permits the addition of one prefix and
a suffix to a base. There are cases, however, in which more
than one prefix is added.

(1) mempertajam   "to make (x) sharper"

memperluas   "to make (x) wider"

memperlambat   "to make (x) slower"

mempertahankan   "to defend"

(2) memberangkatkan   "to dispatch"

memberhentikan   "to fire (from work); to stop"

Percekcokan antara PKI dengan ABRI dipertajam lagi

dengan adanya masalah angkatan ke lima.

Pasukan itu akan diberangkatkan segera.

Mereka yang terlibat G-30-S diberhentikan dari

pekerjaannya.

614

        Bis itu <u>diberhentikan</u> persis di muka polisi lalu
lintas.

b.   In rather rare cases, che affixes are also added to a base
which already has a preposition.

    (1)   samping   "side"

          ke samping   "to the side"

          mengesampingkan   "to put aside"

          tengah   "center"

          ke tengah   "to the center"

          mengetengahkan   "to put to the center; put forward"

          mana   "where"

          ke mana   "to where"

          dikemanakan   "to be placed (sent to) where"

             Sisa2 orla sudah bisa <u>dikesampingkan</u> oleh orang2 orba.

             Tolong, gelas itu <u>diketengahkan</u> sedikit.

             Masalah tapol akan <u>diketengahkan</u> lagi oleh golongan
oposisi.

             Orang2 yang diciduk itu lalu mau <u>dikemanakan</u> sekarang?

2. <u>-ir as a verb marker</u>

    a.   Because of the influence of other languages, particularly
Dutch, some people still occasionally use the <u>-ir</u> ending
as a verb marker on words of foreign origin.

        (1)   mengisolir   "to isolate"

             didominir   "to be dominated"

             mengorganisir   "to organize"

             merealisir   "to realize"

mensinyalir   "to sense"

These -ir verbs are often Indonesianized by nominalizing
the bases and sometimes also by adding the suffix -kan.
Thus we can have, respectively, mengisolasi(kan), didominasi,
mengorganisasi, merealisasi. The verb mensinyalir does not
seem to have been Indonesianized yet.

V. LATIHAN

Pilihlah kata2 yang paling tepat untuk kalimat2 berikut.

1. (Mayat/bangkai/jenazah) almarhum Menteri Pertahanan itu dimakam-
kan di Medan.

2. (Mayat/bangkai/jenazah) anjing kami ditemukan di semak belukar.

3. Niatnya sudah (bulat/bundar) untuk menegakkan tertib-hukum.

4. Tanda gambar partai itu ialah bulan yang (bulat/bundar) dengan
sabit.

5. Kekuasaan orba sudah (menancap/ditancap/menancapkan) dengan tegak.

6. Untuk (menancap/menancapkan) pengaruhnya, parpol itu memihak
pemerintah.

7. Sidang (umum/paripurna) adalah sidang yang dihadiri oleh semua
yang berhak hadir.

8. Untuk (mensabot/membendung) air itu, kita perlukan waduk.

9. Saya nggak bisa (ikut/ikut serta/serta ikut) ke pasar, bu.

10. Siapa saja yang (diserta-ikutkan/diikut-sertakan) dalam musyawarah

616

itu?

11. Jatah yang kecil itu (direbut/diperebutkan) diantara para pegawai.

12. Indonesia (memperebutkan/merebut) kemerdekaan dari tangan Jepang
tahun 1945.

13. Ada limabelas (orang/manusia/oknum) yang mengikuti lokakarya
Deperdag.

14. Kereta api itu akan (diangkat/diberangkat/diberangkatkan) tepat
jam 6:05.

15. Karena korupsi dia (berhenti/diberhentikan/dihentikan) dari pe-
kerjaannya.

16. Pendapat prajurit itu tidak bisa (disampingkan/disamping/dike-
sampingkan) begitu saja.

17. Sesudah dibungkus, barang ini mau (dimana/dimanakan/dikemanakan)?

18. Gelanggang politik Indonesia (didominasir/didominir/didominasikan)
oleh Golkar dan ABRI.

19. Hansip (diorganisir/diorganisasikan/diorganisasir) oleh orang2
sipil.

BAB IX. D.

PEMBANGUNAN POLITIK: DEMOKRASI DALAM SISTIM

POLITIK INDONESIA

. . . Ketentuan-ketentuan Juridis tentang Kehidupan Politik di Indo-
nesia dalam Rangka Pembinaan Sistim Politik Demokrasi Pancasila

Kehidupan politik sesuatu bangsa hakekatnya ialah suatu proses

pengambilan keputusan-keputusan dalam rangka mencapai tujuan per-

joangan bangsa tersebut yang dikembangkan dari kenyataan-kenyataan

yang hidup dalam masyarakatnya. Setiap kehidupan politik mempunyai

landasan idiil yang menjadi penggerak dan pengembang nilai-nilai

kejiwaan dalam proses pengambilan keputusan yang bersangkutan. Di

samping landasan idiil terdapat pula landasan-landasan yang memberi

wadah penyaluran aspirasi-aspirasi masyarakat dan yang meletakkan

aturan-aturan dasar dalam memadukan aspirasi-aspirasi tersebut, se-

hingga aspirasi itu dapat diterjemahkan dalam keputusan-keputusan   10

politik yang konkrit. Dengan demikian, maka kebutuhan kehidupan

politik untuk melaksanakan partisipasi rakyat dalam proses pengambilan

keputusan dapat ditampung.

Dalam kehidupan politik di Indonesia, landasan idiil jelas ada-

lah Pancasila sebagaimana tercantum dalam Pembukaan Undang-Undang

Dasar 1945. Dengan landasan idiil tersebut nilai-nilai kejiwaan yang

bersumber pada nilai-nilai budaya bangsa membentuk persepsi-persepsi

dasar tentang kehidupan politik yang kemudian menelorkan konsepsi-

konsepsi dasar sebagai landasan mekanisme strukturil dan operasionil

dalam menata kehidupan masyarakat.   20

618

Dari landasan idiil Pancasila dengan kelima sila sebagai tiang-
tiang pendukungnya, lahirlah landasan konstitusionil Undang-Undang
Dasar 1945 yang mencerminkan konsepsi-konsepsi dasar tentang kelembagaan
dan proses politik di negara kita.

Di bidang kelembagaan, ciri-ciri penonjolan Demokrasi Pancasila
tertampung dalam bentuk-bentuk sebagai berikut:

1. Partisipasi masyarakat dalam proses pengambilan keputusan dicermin-
    kan dalam pembentukan M.P.R. sebagai lembaga tertinggi negara.
    Unsur demokrasi di sini tercermin dengan mutlak dalam ketentuan
    bahwa "kedaulatan adalah di tangan rakyat dan dilakukan sepenuhnya   30
    oleh Majelis Permusyawaratan Rakyat" (pasal 1 ayat (1) U.U.D. 1945).

2. Lembaga Kepresidenan sebagai lembaga eksekutif berada di bawah
    M.P.R. Kedudukan Presiden adalah "unterdeordnet" dan bukannya
    "nebengeordnet" kepada M.P.R. (Penjelasan U.U.D. 1945 tentang Sis-
    tim Pemerintahan Negara No. III ayat 3).

Di sini kita lihat proses partisipasi rakyat dalam pengambilan
keputusan politik sebagai pencerminan azas kedaulatan rakyat (demokrasi)
dengan pelaksanaan keputusan politik tersebut oleh seorang mandataris,
dalam hal ini adalah Presiden sebagai pengemban amanat M.P.R.

Kalau kita kaji dengan nilai-nilai yang melembaga sebagai nilai-   40
nilai budaya rakyat, unsur konfrontasi atau kompetisi tidak terdapat
dalam sistim Demokrasi Pancasila, karena M.P.R. adalah pemberi mandat,
sedang Presiden adalah penerima dan pelaksana mandat M.P.R. tersebut.
Sedangkan dalam sistim demokrasi Barat, misalnya melalui sistim
"checks and balances," unsur konfrontasi itu terlihat dengan jelas.
Dalam sistim demokrasi Barat ini Presiden, sebagai pengemban kekuasaan
eksekutif yang langsung dipilih rakyat (seperti Amerika Serikat, betapapun

secara teknis, bukan dalam hakekat, pemilihan Presiden di AS disebut

pemilihan "indirek") dihadapkan dengan kongres sebagai pengemban ke-

kuasaan legislatif yang juga langsung dipilih rakyat. Di sini kekuasaan   50

legislatif dan kekuasaan eksekutif dipisah sama sekali (separation of

powers) dan dari konfrontasi atau kompetisi ini diharapkan akan dapat

dicapai hal-hal yang "paling baik" untuk kepentingan rakyat.

Bahwa sistim konfrontasi ini dapat menimbulkan kerawanan-kerawanan

politik yang fundamentil, telah kita saksikan dari berbagai krisis

politik baik di Amerika Serikat (kemacetan Eksekutif dan Legislatif),

Australia (krisis konstitutionil) dan bahkan di Inggris sendiri yang

terkenal sebagai "the cradle of democracy" (adalah krisis politik yang

bersumber pada kenyataan tentang keragu-raguan mengenai siapakah yang

memerintah Inggris sekarang ini: Parlemen atau Serikat-serikat Buruh).   60

3. Lembaga D.P.R. memberikan persetujuan dalam pembentukan undang-

    undang yang kekuasaannya dipegang oleh Presiden (pasal 5 ayat

    (1) U.U.D. 1945). Kedudukan lembaga D.P.R. adalah "neben-

    geordnet" dengan lembaga eksekutif, dalam hal ini Presiden.

    Sekalipun Presiden tidak bertanggung jawab kepada D.P.R., namun

    seperti dikemukakan oleh Presiden dalam amanat beliau kepada

    seminar di Universitas Gadjah Mada baru-baru ini, jelas bahwa

    D.P.R. pun mempunyai tugas pengawasan terhadap Presiden, terutama

    karena semua anggota D.P.R. adalah anggota M.P.R. pula, sehingga

    ia dapat mengambil prakarsa mengadakan sidang khusus M.P.R. untuk   70

    meminta pertanggungan jawab Presiden.

Kedudukan yang "nebengeordnet" antara Presiden dan D.P.R. tidak

menimbulkan bahaya kompetisi atau konfrontasi antara kedua lembaga

tersebut (sebagai dilihat misalnya di Amerika Serikat) karena adanya proses "akomodasi" dalam pengambilan keputusan sebagai dikemukakan di atas yang manifestasinya terlihat dalam sistim musyawarah untuk sampai kepada mufakat atau konsensus. Bahwa hal ini merupakan kenyataan yang hidup dalam alam Demokrasi Pancasila, terbukti dalam proses pembicaraan undang-undang yang "berat" seperti U.U. Perkawinan, U.U. Parpol dan Golkar, dan U.U. Perobahan Undang-undang No. 15 dan 16 tentang Pemilu   80 dan Susunan Keanggotaan M.P.R., D.P.R., dan D.P.R.D.

4. Adanya Lembaga Dewan Pertimbangan Agung menggaris-bawahi penon-
    jolan Demokrasi Pancasila khususnya yang menyangkut partisipasi
    semua unsur-unsur masyarakat dalam proses pengambilan keputusan-
    keputusan politik. Dibentuknya sebuah "adviesraad" yang terdiri
    dari orang-orang yang sudah matang dan berpengalaman dalam ke-
    hidupan politik bangsa memberikan arti khas kepada proses musya-
    warah dalam pengambilan keputusan-keputusan tersebut.

5. Lembaga Mahkamah Agung dan Badan Pemeriksa Keuangan (masing-
    masing pasal 24 dan pasal 23 ayat (5) U.U.D. 1945) memegang   90
    kekuasaan kehakiman dan pemeriksa keuangan negara. Kedua lembaga
    ini hakekatnya menjalankan kontrol di bidang pelaksanaan per-
    adilan dan pengelolaan keuangan negara. Dengan demikian unsur
    pengawasan tidak terlupakan dan bahkan dijamin kemantapan di
    segala bidang dalam sistim kehidupan politik berdasar Demokrasi
    Pancasila.

Proses penyelenggaraan Demokrasi Pancasila berdasar landasan idiil Pancasila dan landasan konstitusionil U.U.D. 1945-pun senantiasa diusahakan untuk menjunjung tinggi nilai-nilai budaya bangsa, terutama nilai-nilai yang tercermin dalam sikap-sikap akomodatif, saling hidup-   100 menghidupi, tenggang rasa, saling bantu-membantu dan lain-lain yang

keseluruhannya tercakup dalam sikap berdasarkan azas "symbiosis mutual-
is."

M.P.R. sebagai lembaga tertinggi negara merupakan wadah yang menam-
pung wakil-wakil rakyat dan diselenggarakan melalui pemilu. Adanya
lembaga pemilu sebetulnya merupakan konvensi ketata-negaraan yang secara
eksplisit dicantumkan dalam U.U.D. 1945. Begitu pula pengelompokan lem-
baga-lembaga politik yang sekarang kita kenal dengan parpol dan golkar
merupakan konvensi kenegaraan dalam arti tidak disebutkan dalam U.U.D.
1945. Pada pasal 2 ayat (1) hanya dicantumkan bahwa "M.P.R. terdiri   110
atas anggota-anggota D.P.R., ditambah dengan utusan dari daerah-daerah
dan golongan-golongan, menurut aturan yang ditetapkan dengan Undang-
undang." Namun, mengingat bahwa M.P.R. adalah pemegang kedaulatan
rakyat menurut U.U.D. maka adanya pemilu, dan pengelompokan-pengelompokan
politik dalam bentuk dua parpol dan golkar merupakan konsekwensi logis
dari kehidupan ketata-negaraan yang demokratis berdasarkan Pancasila.
Pola konsepsi yang terkandung dalam penataran struktur politik tersebut
adalah sebagai berikut:

1.   M.P.R. merupakan wadah penyaluran aspirasi-aspirasi yang hidup di
     kalangan seluruh anggota masyarakat (berlakunya prinsip partisipasi   120
     rakyat dalam proses pengambilan keputusan-keputusan politik);

2.   Aspirasi yang betul-betul hidup di kalangan rakyat, sebagaimana
     pernah dikatakan Bapak Presiden, mewakili kelompok-kelompok besar
     dengan tekanan pada aspek spirituil-materiil, materiil-spirituil
     dan kekaryaan;

3.   Dengan berlandasan idiil Pancasila dan landasan konstitusionil
     U.U.D. 1945 bagi seluruh negara dan bangsa, maka penyaluran
     aspirasi-aspirasi rakyat tersebut perlu lebih diarahkan kepada

pengisian program pembangunan dan bukannya kepada ideologi lagi
seperti keadaan pada zaman Demokrasi Liberal dahulu.   130

4. Dengan terpadunya aspirasi-aspirasi rakyat tersebut dalam M.P.R.
melalui proses musyawarah dan mufakat, akan terdapat keselarasan
dan keseimbangan yang mantap dalam mengantisipasikan tantangan-
tantangan yang kita hadapi, dan dalam merumuskan langkah-langkah
pemecahannya yang harus diambil.

Dalam proses penyelenggaraan Demokrasi Pancasila ini, seperti
kita ketahui, M.P.R. merumuskan Garis-Garis Besar Haluan Negara (GBHN)
sebagai program pembangunan negara selama lima tahun. GBHN yang
mencakup Pola Besar Pembangunan Nasional, Pola Umum Pembangunan Jangka
Panjang dan Pola Umum REPELITA II ini kemudian dijabarkan oleh Manda-   140
taris dalam Sapta Krida Kabinet Pembangunan (Stabilisasi Politik,
Stabilisasi Keamanan dan Ketertiban, Stabilisasi Ekonomi, Perencanaan
dan Pelaksanaan REPELITA II, Kesejahteraan Rakyat, Pemilu dan Pener-
tiban Aparatur Negara). Unsur REPELITA II kemudian dituangkan dalam
rencana-rencana pembangunan tahunan yang anggarannya dimasukkan tiap-
tiap tahun dalam Anggaran Pendapatan dan Belanja Negara (APBN).

Dari penjelasan tersebut di atas dapat kita ambil kesimpulan bahwa
dilihat dari segi hukum, kehidupan demokrasi Pancasila sebetulnya tidak
lain dari pada proses pengikut-sertaan rakyat atas dasar musyawarah
untuk mufakat (pencerminkan azas saling ketergantungan dan saling   150
kerjasama) dalam mengisi kemerdekaan bangsa melalui pembangunan,
dalam rangka meningkatkan kesejahteraan masyarakat materiil dan
spirituil, yang berarti meningkatkan taraf kehidupan rakyat sesuai
dengan harkat dan martabatnya sebagai manusia . . .

623

(Dari "Pembangunan Politik: Demokrasi
dalam Sistim Politik Indonesia," oleh
Mashuri. *Indonesia Magazine*, No. 36,
1976.)

I.   DAFTAR KATA PENOLONG

amanat	"message" (from higher rank or body; refers to content of message)
adviesraad	"Dutch word for advisory council"
D.P.R.D.	"abbreviation of <u>Dewan Perwakilan Rakyat Daerah</u>--Regional D.P.R."
hakékat	(1) "essence"; (2) significance"
Mahkamah Agung	"Supreme Court"
mandat	"mandate"
mandataris	"one who receives a <u>mandat</u>"
menata	"Javanese word for <u>mengatur</u>"
manjabarkan	"to explain in minute detail"
menelòrkan	"to bring about"
menuangkan	"to pour"
nebengeordnet	"German word for coordinate status"
pasal	"article" (of law)
pengelolaan	"management"
pengemban	"one who is entrusted" (to do something)
penònjòlan	"the act of making (x) visible"

prakarsa	"initiative"
untergeordnet	"German word for subordinate status"
utusan	"representative" (of people)

II. JAWABLAH PERTANYAAN2 BERIKUT DENGAN KALIMAT2 LENGKAP

1. Sebutkan kelima sila dalam Pancasila!

2. Sebutkan ciri2 Demokrasi Pancasila!

3. Bandingkan Demokrasi Liberal, Demokrasi Terpimpin, dan Demokrasi Pancasila.

4. Apakah yang dimaksud dengan "mandataris?"

5. Terangkan kedudukan Presiden dalam hubungannya dengan M.P.R. dan D.P.R. dalam Demokrasi Pancasila.

6. Apakah fungsi dari Dewan Pertimbangan Agung?

7. Badan manakah yang memegang kekuasaan kehakiman?

8. Setujukah penulis dengan Demokrasi Pancasila?

III. PENGEMBANGAN KOSA KATA

1. ketentuan   (1) "certainty"; (2) "stipulation"; (3) "provision"

    menentukan   "to determine; decide; be decisive"

    penentuan   "act of determining or deciding"

    tentu   "certain; definite"

keputusan   "decision"

memutus(kan)   (1) "to decide"; (2) "to break"

putus   "broken" (of anything with length; also used figuratively)

Kapan jatah itu akan diberikan belum ada ketentuannya/

keputusannya.

Ketentuan dalam undang2 itu mengatakan bahwa kabinet

bertanggung jawab pada presiden.

D.P.R.-lah yang menentukan/memutuskan kapan kabinet bubar.

Suara dari Golkar sangat menentukan.

Dia memutus(kan) hubungan diplomatik dengan Amerika.

Hubungan diplomatik kami sudah putus.

2. menelòrkan   "to bring about"

melahirkan   (1) "to give birth to"; (2) "to bring about"

G-30-S secara tidak langsung menelorkan/melahirkan orde

baru.

Bu Imam baru saja melahirkan anaknya yang ketiga.

3. menònjòl   (1) "to bulge"; (2) "conspicuous"; (3) "outstanding";

(4) "visible"

menònjòlkan   (1) "to stick (x) out"; (2) "to show off"

penònjòlan   "act of menonjolkan (x)"

Sakunya menonjol karena penuh uang.

Kekuatan politik Golkar sangat menonjol.

Dia menonjolkan kepalanya dari jendela.

Parpol itu menonjolkan kekuatannya dalam Pemilu.

Penonjolan kekuatan parpol itu ialah untuk membendung

arus politik parpol2 yang lain.

4. mandat   "mandate"

mandataris   "one who receives a mandate"

> Mandat dari kabinet Ampera ialah untuk memulihkan
> keamanan dan ekonomi.
>
> Presiden sebagai mandataris M.P.R. mempunyai kekuasaan
> yang besar.

5. mengemban   "Javanese word meaning 'to carry (x) on the chest'
   (usually with the use of a long cloth); figuratively, it
   means to be entrusted to do something"

> Dia sedang mengemban anaknya yang sakit.
>
> Presiden Soeharto mengemban tugas berat yang diberikan
> M.P.R.
>
> Sebagai pengemban tugas itu, beliau memerlukan bantuan
> dari semua ormas dan parpol.

6. amanat   "message" (from higher rank or body; refers to content
   of message)

   (ke)wibawa(an)   "charisma"

   berwibawa   "to have the ability to instill confidence in others"

> Amanat presiden itu ditujukan kepada semua angkatan ber-
> senjata.
>
> Untuk bisa berhasil seorang pemimpin harus mempunyai
> (ke)wibawa(an).
>
> Pemerintah yang berwibawa bisa melaksanakan program2-nya
> dengan baik.

7. (badan) eksekutif   "executive (body)"

   (badan) legislatif   "legislative (body)"

   (badan) yudikatif   "judicative (body)"

> Dalam Demokrasi Pancasila kekuasaan eksekutif ada di tangan

presiden.

Badan legislatif Indonesia namanya Dewan Perwakilan

Rakyat.

Tugas badan yudikatif ialah untuk mengawasi pelaksanaan

hukum.

8. hakim   "a judge"

juri   "jury" Since Indonesia does not have a jury system, the

term juri refers to a non-legal group that judges events such

as singing, dancing, and swimming contests and the like.

kantor pengadilan   "court" (of law)

meja hijau   "euphemism for court"

Mahkamah Agung   "Supreme Court"

Dewan Pertimbangan Agung (DPA)   "Advisory Council" (to the President)

Jaksa Agung   "Attorney General" Often humorously abbreviated

as Jagung.

jaksa/penuntut umum   "public prosecutor"

pembéla   "defender"

terdakwa   "defendant"

penggugat   "plaintiff"

Seorang hakim harus bertindak secara adil demi tegaknya

hukum.

Seorang anggota juri dalam perlombaan berenang itu berat

sebelah.

Tapol itu dibawa ke kantor pengadilan/meja hijau.

Mahkamah Agung adalah badan yudikatif tertinggi dan ada

di bawah Jaksa Agung.

Dalam menjalankan tugasnya Presiden bisa meminta nasehat dari Dewan Pertimbangan Agung.

Sebagai jaksa/penuntut umum dalam Mahmilub itu ialah Brigjen Tampubolon SH.

Terdakwa Soebandrio dibela oleh pembela terkenal Yap Tiang Hin SH.

Kalau seorang penggugat kalah, dia harus bayar semua ongkos pengadilan.

9. prakarsa   "initiative"   Inisiatif/p is also used.

   prakata   "foreword"

   prasangka   "suspicion"

   M.P.R. bisa saja mengambil prakarsa/inisiatif untuk mengadakan sidang istimewa.

   Prakata dalam bukunya itu ditulis waktu dia di Manila.

   Prasangka ABRI terhadap PKI sudah mulai sejak peristiwa Madiun.

10. pengelolaan   "management" This newly-coined word is used interchangeably with the more common words management and manajemen. The verb mengelola has also been coined. Although pengelola often appears in various journals and newspapers, the English word manager (or boss) is more popular.

    Pengelolaan keuangan negara diawasi oleh Badan Pemeriksa Keuangan.

    Manajemen perusahaan itu masih di tangan orang asing.

    Siapa yang menjadi manager hotel itu?

11. tatanegara   "government" (as a discipline)

    ketatanegaraan   "affairs related to tatanegara"

Semua murid SMA harus belajar <u>tatanegara</u>.

<u>Tatanegara</u> Indonesia berbeda dengan <u>tatanegara</u> Amerika.

<u>Ketatanegaraan</u> negara2 yang baru lahir sering agak kacau.

12. <u>menjabarkan</u>   "to explain in minute detail"

   <u>Sapta Krida (Kabinet Pembangunan)</u>   "Seven Goals (of the Devel-

   opment Cabinet): political stability, security and law and

   order, economic stability, planning and implementation of

   Pelita II, well-being of the people, general election, and

   reorganization of the state apparatus"

   Arti dari Demokrasi Pancasila sudah <u>dijabarkan</u> oleh

   Menteri Penerangan Mashuri.

   Tujuan dari <u>Sapta Krida</u> ialah untuk menaikkan taraf

   hidup rakyat.

13. <u>menuangkan</u>   (1) "to pour"; (2) "to manifest"

   Air teh itu <u>dituangkan</u> ke gelas-gelas yang ada di meja.

   Semua ideologi itu <u>dituangkan</u> dalam wadah yang bernama

   Nasakom.

   Segala kesedihannya dalam hidup telah dia <u>tuangkan</u>

   kepada saya waktu kami bertemu pertama kali.

14. <u>harkat</u>   (1) "worth" (as a human being); (2) "dignity"

   Usaha pemerintah ialah meningkatkan taraf hidup rakyat

   sesuai dengan <u>harkat</u> dan martabat mereka sebagai manusia.

15. <u>menyelèwèng</u>   "to deviate" (with negative connotations)

   <u>penyelèwèngan</u>   "deviation"

   <u>menyimpang</u>   "to deviate; branch off"

   <u>penyimpangan</u>   "deviation"

   <u>(per)simpang(an)</u>   "crossroads"

630

simpang-siur   (1) "crisscrossing"; (2) "conflicting"

Barangsiapa menyeleweng/menyimpang dari tujuan revolusi akan disingkirkan.

Penyelewengan dari ketentuan2 yang sudah disetujui D.P.R. tidak bisa dibiarkan begitu saja.

Di sana jalan itu menyimpang ke utara.

Penyimpangan2 dalam angka statistik itu disebabkan karena datanya kurang lengkap.

Di (per)simpang(an) itu ada gedung di mana oknum2 PKI ditahan.

Pada tanggal 1 Oktober 1965, berita mengenai coup itu masih simpang siur; ada yang mengatakan Aidit terbunuh dan ada yang bilang dia lari ke Yogya.

IV. REMEDIASI TATABAHASA

1. sama sekali

Sama sekali means "entirely," "totally," "completely," "at all." There are some constraints which we must observe:

(i) sama sekali is generally used in sentences with the negative tidak or bukan

Berita itu sama sekali tidak benar.

Saya sama sekali tidak percaya dengan berita itu.

Dia sama sekali bukan pacar saya.

Saya sama sekali bukan tapol.

(ii) in sentences without <u>tidak</u> or <u>bukan</u>, there seems to be
a tendency to accept <u>sama sekali</u> only when the adjective
or verb which follows has some kind of adverse, negative,
or undesireable effect. Thus, we can have

Dia <u>sama sekali salah</u> (= tidak benar).

Saya <u>sama sekali lupa</u> (= tidak ingat) untuk membawa
buku itu.

Ramalan dia <u>meleset</u> <u>sama sekali</u>.

Kekuasaan eksekutif <u>sama sekali dipisah</u> dari kekuasaan
legislatif.

but not

*Dia <u>sama sekali cantik</u>.

*Saya <u>sama sekali pandai</u>.

*Dia <u>sama sekali ingat</u>.

*Kekuasaan kedua badan itu <u>sama sekali bersatu</u>.

V. LATIHAN

Pilihlah kata2 yang paling tepat untuk kalimat2 berikut.

1. Suara yang (memutuskan/tentu/menentukan) datang dari parpol Islam.

2. (Ketentuan/penentuan) nasib kaum buruh akan dilaksanakan dalam
pemungutan suara besok.

3. Dalam (keputusan/ketentuan/penentuan)-nya hakim mengatakan bahwa
Soebandrio salah.

4. Hubungan dagang kedua negara itu (memutus/putus/patah) tahun yang lalu.

5. Ibuku (menelorkan/melahirkan) anak di rumahsakit Cikini.

6. Pengaruh almarhum Soekarno sangat (menonjolkan/menonjol) pada permulaan tahun 1960.

7. Presiden sebagai pengemban (mandat/mandataris) M.P.R. bertanggung jawab pada M.P.R.

8. Saya sudah meninggalkan (amanat/pesan/kesan) supaya dia menyusul kami ke aula.

9. (Amanat/pesan/kesan) yang diberikan M.P.R. itu tidak mudah di-laksanakan.

10. Saya tidak bisa mengurus soal itu karena saya tidak (berwibawa/berwewenang) dalam hal ini.

11. Saya memilih dia sebagai ketua karena dia (berwibawa/berwewenang).

12. Kita tidak boleh main (hakim/jaksa/pembela) sendiri.

13. Yang akan bertindak sebagai penuntut umum adalah (hakim/jaksa/pembela) Satimin SH.

14. Siapa saja yang salah akan dibawa ke (meja hijau/meja pengadilan/meja putih).

15. (Prakata/prakarsa/prasangka) yang ada padamu itu tidak berlandasan.

16. M.P.R. bisa saja mengambil (prakata/prakarsa/prasangka) untuk me-minta pertanggungan jawab dari Presiden.

17. Dia ditahan karena (menyimpang/menyeleweng) dari aturan2 yang ada.

18. Keadaan negara itu kacau karena banyaknya (penyimpangan/penye-lewengan).

19. Berita yang kami terima masih (siur-simpang/simpang-siur/simpang).

20. Pertunjukan itu sama sekali (menggembirakan/mengecewakan/

menguntungkan).

21. Hubungan cinta kami sudah sama sekali (pulih/putus/baik).

22. Serbuan mereka sama sekali (berhasil/gagal).

wear, 364
weaving, 565
wedding, 25
well, 339
well-being, 412
wellknown, 99
well-to-do, 8
what can (one) do,
  483
what else can one do
  but, 254
what is (x) to (y),
  343
wheat, 462
when, 259
whether one likes it
  or not, 169
whimper, 334
whoever, 584
whole (night/day),
  194
widow(er), 27
wife, unfaithful, 113
wiggle, 196
waiter/waitress, 130
wild, 100, 551
will, at, 339; God's
  -, 182; - to work,
  316; -ing, 381
willy-nilly, 169
win one's heart, 583
winter, 445
wipe out, 450, 599
wise, 498
withered, 132
within one's reach,
  415
without regard to
  sex, race, etc.,
  223
witness, 29
word, 78; abbrevi-
  ated -, 65-6; du-
  plicated -, 67-8;
  household -, 259;
  Indonesianized
  foreign -, 64, 184
work (of), 259; - of
  art, 97; - on, 443,
  444; - overtime,
  516; - up a sweat,
  275; field -er,
  414; white collar

-er, 214
workshop, 565
world, 179; - here-
  after, 258
worn-out, 364
worried, 132
worship, 221
worth, 629
would be better if,
  480
wounded, 357
wring out, 274
wrong, 271-2
young, 449

MONOGRAPHS IN INTERNATIONAL STUDIES

Africa Series

ISBN Prefix 0-89680-

38. Wright, Donald R. *Oral Traditions From the Gambia: Volume II, Family Elders.* 1980. 200pp.
084-9 $15.00

43. Harik, Elsa M. and Donald G. Schilling. *The Politics of Education in Colonial Algeria and Kenya.* 1984. 102pp.
117-9 $12.50

45. Keto, C. Tsehloane. *American-South African Relations 1784-1980: Review and Select Bibliography.* 1985. 159pp.
128-4 $11.00

46. Burness, Don, and Mary-Lou Burness, eds. *Wanasema: Conversations with African Writers.* 1985. 95pp.
129-2 $11.00

47. Switzer, Les. *Media and Dependency in South Africa: A Case Study of the Press and the Ciskei "Homeland."* 1985. 80pp.
130-6 $10.00

48. Heggoy, Alf Andrew. *The French Conquest of Algiers, 1830: An Algerian Oral Tradition.* 1986. 101pp.
131-4 $11.00

49. Hart, Ursula Kingsmill. *Two Ladies of Colonial Algeria: The Lives and Times of Aurelie Picard and Isabelle Eberhardt.* 1987. 156pp.
143-8 $11.00

51. Clayton, Anthony, and David Killingray. *Khaki and Blue: Military and Police in British Colonial Africa.* 1989. 235pp.
147-0 $18.00

52. Northrup, David. *Beyond the Bend in the River: African Labor in Eastern Zaire, 1864-1940.* 1988. 195pp.
151-9 $15.00

53. Makinde, M. Akin. *African Philosophy, Culture, and Traditional Medicine.* 1988. 175pp.
152-7 $13.00

54. Parson, Jack ed. *Succession to High Office in Botswana. Three Case Studies.* 1990. 443pp.
157-8 $20.00

55. Burness, Don. *A Horse of White Clouds.* 1989. 193pp.
158-6 $12.00

56. Staudinger, Paul. *In the Heart of the Hausa States.* Tr. by Johanna Moody. 1990. 2 vols. 653pp.
160-8 $35.00

57. Sikainga, Ahmad Alawad. *The Western Bahr Al-Ghazal Under British Rule: 1898-1956.* 1991. 183pp.
161-6 $15.00

58. Wilson, Louis E. *The Krobo People of Ghana to 1892: A Political and Social History.* 1991. 254pp.
164-0 $20.00

59. du Toit, Brian M. *Cannabis, Alcohol, and the South African Student: Adolescent Drug Use 1974-1985.* 1991. 166pp.
166-7 $17.00

60. Falola, Toyin, ed. *The Political Economy of Health in Africa.* 1992. 254pp.
168-3 $17.00

61. Kiros, Tedros. *Moral Philosophy and Development: The Human Condition in Africa.* 1992. 178pp.
171-3 $18.00

62. Burness, Don. *Echoes of the Sunbird: An Anthology of Contemporary African Poetry.* 1993. 198pp.
173-X $17.00

63. Glew, Robert S., and Chaibou Babalé. *Hausa Folktales from Niger.* 1993. 136pp.
176-4 $15.00

Latin America Series

9.   Tata, Robert J. *Structural Changes in Puerto Rico's Economy: 1947-1976.* 1981. xiv, 104pp.
        107-1 $11.00

11.   O'Shaughnessy, Laura N., and Louis H. Serra. *Church and Revolution in Nicaragua.* 1986. 118pp.
        126-8 $11.00

12.   Wallace, Brian. *Ownership and Development: A comparison of Domestic and Foreign Investment in Colombian Manufacturing.* 1987. 186pp.
        145-4 $10.00

13.   Henderson, James D. *Conservative Thought in Latin America: The Ideas of Laureano Gomez.* 1988. 150pp.
        148-9 $13.00

14.   Summ, G. Harvey, and Tom Kelly. *The Good Neighbors: America, Panama, and the 1977 Canal Treaties.* 1988. 135pp.
        149-7 $13.00

15.   Peritore, Patrick. *Socialism, Communism, and Liberation Theology in Brazil: An Opinion Survey Using Q-Methodology.* 1990. 245pp.
        156-X $15.00

16.   Alexander, Robert J. *Juscelino Kubitschek and the Development of Brazil.* 1991. 429pp.
        163-2 $25.00

17.   Mijeski, Kenneth J., ed. *The Nicaraguan Constitution of 1987: English Translation and Commentary.* 1990. 355pp.
        165-9 $25.00

18.   Finnegan, Pamela May. *The Tension of Paradox: José Donoso's The Obscene Bird of Night as Spiritual Exercises.* 1992. 179pp.
        169-1 $15.00

19.   Sung Ho Kim and Thomas W. Walker, eds., *Perspectives on War and Peace in Central America.* 1992. 150pp.
172-1 $14.00

Southeast Asia Series

47.   Wessing, Robert. *Cosmology and Social Behavior in a West Javanese Settlement.* 1978. 200pp.
072-5 $12.00

56A. Duiker, William J. *Vietnam Since the Fall of Saigon.* Updated edition. 1989. 383pp.
162-4 $17.00

64.   Dardjowidjojo, Soenjono. *Vocabulary Building in Indonesian: An Advanced Reader.* 1984. xviii, 256pp.
118-7 $26.00

65.   Errington, J. Joseph. *Language and Social Change in Java: Linguistic Reflexes of Modernization in a Traditional Royal Polity.* 1985. xiv, 211pp.
120-9 $20.00

66.   Binh, Tran Tu. *The Red Earth: A Vietnamese Memoir of Life on a Colonial Rubber Plantation.* Tr. by John Spragens. Ed. by David Marr. 1985. xii, 98pp.
119-5 $11.00

68.   Syukri, Ibrahim. *History of the Malay Kingdom of Patani.* Tr. by Connor Bailey and John N. Miksic. 1985. xix, 113pp.
123-3 $12.00

69.   Keeler, Ward. *Javanese: A Cultural Approach.* 1984. xxxvi, 522pp., Third printing 1992.
121-7 $25.00

70.   Wilson, Constance M., and Lucien M. Hanks. *Burma-Thailand Frontier Over Sixteen Decades: Three Descriptive Documents.* 1985. x, 128pp.
124-1 $11.00

71. Thomas, Lynn L., and Franz von Benda-Beckmann, eds. *Change and Continuity in Minangkabau: Local, Regional, and Historical Perspectives on West Sumatra.* 1986. 363pp.
127-6 $16.00

72. Reid, Anthony, and Oki Akira, eds. *The Japanese Experience in Indonesia: Selected Memoirs of 1942-1945.* 1986. 411pp., 20 illus.
132-2 $20.00

73. Smirenskaia, Zhanna D. *Peasants in Asia: Social Consciousness and Social Struggle.* Tr. by Michael J. Buckley. 1987. 248pp.
134-9 $14.00

74. McArthur, M.S.H. *Report on Brunei in 1904.* Ed. by A.V.M. Horton. 1987. 304pp.
135-7 $15.00

75. Lockard, Craig Alan. *From Kampung to City. A Social History of Kuching Malaysia 1820-1970.* 1987. 311pp.
136-5 $16.00

76. McGinn, Richard. *Studies in Austronesian Linguistics.* 1988. 492pp.
137-3 $20.00

77. Muego, Benjamin N. *Spectator Society: The Philippines Under Martial Rule.* 1988. 232pp.
138-1 $15.00

79. Walton, Susan Pratt. *Mode in Javanese Music.* 1987. 279pp.
144-6 $15.00

80. Nguyen Anh Tuan. *South Vietnam Trial and Experience: A Challenge for Development.* 1987. 482pp.
141-1 $18.00

81. Van der Veur, Paul W., ed. *Toward a Glorious Indonesia: Reminiscences and Observations of Dr. Soetomo.* 1987. 367pp.
142-X $16.00

82. Spores, John C. *Running Amok: An Historical Inquiry.* 1988.
190pp.
140-3 $13.00

83. Malaka. *From Jail to Jail.* Tr. and ed. by Helen Jarvis. 1990. 3
vols. 1,226pp.
150-0 $55.00

84. Devas, Nick. *Financing Local Government in Indonesia.* 1989.
344pp.
153-5 $16.00

85. Suryadinata, Leo. *Military Ascendancy and Political Culture: A
Study of Indonesia's Golkar.* 1989. 250pp.
154-3 $18.00

86. Williams, Michael. *Communism, Religion, and Revolt in Banten.*
1990. 356pp.
155-1 $14.00

87. Hudak, Thomas John. *The Indigenization of Pali Meters in Thai
Poetry.* 1990. 237pp.
159-4 $15.00

88. Lay, Ma Ma. *Not Out of Hate: A Novel of Burma.* Tr. by
Margaret Aung-Thwin. Ed. by William Frederick. 1991. 222pp.
167-5 $20.00

89. Anwar, Chairil. *The Voice of the Night: Complete Poetry and
Prose of Anwar Chairil.* 1993. Revised Edition. Tr. by Burton
Raffel. 180pp.
                                                       $17.00

90. Hudak, Thomas John, tr. *The Tale of Prince Samuttakote: A
Buddhist Epic from Thailand.* 1993. 275pp.
174-8 $20.00

91. Roskies, D. M., ed. *Text/Politics in Island Southeast Asia:
Essays in Interpretation.* 1993. 321pp.
175-6 $25.00

ORDERING INFORMATION

Orders for titles in the Monographs in International Studies series may be placed through the Ohio University Press, Scott Quadrangle, Athens, Ohio 45701-2979 or through any local bookstore. Individuals should remit payment by check, VISA, or MasterCard.* People ordering from the United Kingdom, Continental Europe, the Middle East, and Africa should order through Academic and University Publishers Group, 1 Gower Street, London WC1E, England. Orders from the Pacific Region, Asia, Australia, and New Zealand should be sent to East-West Export Books, c/o the University of Hawaii Press, 2840 Kolowalu Street, Honolulu, Hawaii 96822, USA.

Other individuals ordering from outside of the U.S. should remit in U.S. funds to Ohio University Press either by International Money Order or by a check drawn on a U.S. bank.** Most out-of-print titles may be ordered from University Microfilms, Inc., 300 North Zeeb Road, Ann Arbor, Michigan 48106, USA.

Prices are subject to change without notice.

* Please include $3.00 for the first book and 75¢ for each additional book for shipping and handling.

** Please include $4.00 for the first book and 75¢ for each additional book for foreign shipping and handling.